最高人民检察院公益诉讼检察典型案例汇编

2021年度

最高人民检察院第八检察厅/编

ZUIGAORENMINJIANCHAYUAN
GONGYI SUSONG JIANCHA
DIANXING ANLI HUIBIAN

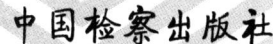

中国检察出版社

图书在版编目（CIP）数据

最高人民检察院公益诉讼检察典型案例汇编.2021年度/最高人民检察院第八检察厅编.—北京：中国检察出版社，2022.7
ISBN 978-7-5102-2770-7

Ⅰ.①最… Ⅱ.①最… Ⅲ.①诉讼法—案例—汇编—中国—2021 Ⅳ.① D925.04

中国版本图书馆 CIP 数据核字（2022）第 111396 号

最高人民检察院公益诉讼检察典型案例汇编（2021年度）
最高人民检察院第八检察厅　编

责任编辑：王　欢
技术编辑：王英英
美术编辑：曹　晓

出版发行：	中国检察出版社
社　　址：	北京市石景山区香山南路109号（100144）
网　　址：	中国检察出版社（www.zgjccbs.com）
编辑电话：	（010）86423703
发行电话：	（010）86423726　86423727　86423728
	（010）86423730　86423732
经　　销：	新华书店
印　　刷：	河北宝昌佳彩印刷有限公司
开　　本：	710mm×960mm　16开
印　　张：	30
字　　数：	517千字
版　　次：	2022年7月第一版　2022年7月第一次印刷
书　　号：	ISBN 978-7-5102-2770-7
定　　价：	98.00元

检察版图书，版权所有，侵权必究
如遇图书印装质量问题本社负责调换

编写说明

一个案例胜过一打文件。检察机关为大局服务，为人民司法，关键在办案。对于司法机关，案例的功效在于业务指导、政策指引和理念引领；对于社会，则是更直观的释法说理、法治教育，促进社会公众理解、遵守法律，提升法治意识。

最高检新一届党组高度重视案例指导工作。张军检察长多次强调指出，案例是检察产品和法治产品的最主要体现之一，要把案例指导工作作为提升检察官政治、业务能力水平的重要内容来抓。张雪樵副检察长指导发布多批公益诉讼典型案例，并就相关案例接受央视等媒体访谈，向社会公众宣传公益诉讼制度和实践。

公益诉讼是一项新的司法制度和检察业务，法律、司法解释等制度规范尚不完善，难以跟上快速发展的业务实践需求。为此，最高检针对公益诉讼实践中的突出问题，不断总结各地办案实践中的创新智慧，通过发布案例提炼一些规则，明确一些可以探索拓展的新领域，梳理总结一些经验和做法。这些案例既可以在一定程度上起到规范办案的作用，也可以为地方实践探索提供引领和参考借鉴，在指导实践和完善制度建设等方面都具有特殊的功能意义。

为了更好地引导公益诉讼检察人员增强案例意识，最高人民检察院第八检察厅拟将每年最高检发布的公益诉讼典型案例汇编成书，便于办案人员学习、应用，并做好自身的案例培育、编写工作。同时，通过典型案例展示公益诉讼检察的办案情况以及探索实践和制度发展的脉络，便于专家学者和社会各界关心关注、了解研究公益诉讼检察。本书完整收录了2021年度最高检发布的公益诉讼典型案例，共159件，其中包括第八检察厅牵头发布的案例12批151件，及由第一、第四检察厅以及研究室牵头发布的不同批次典型案例中涉及公益诉讼业务的案例。本书收录的案例主题多样、领域广泛、类型丰富，在众多的公益诉讼案件中具有很强的代表性，提炼的要旨和典型意义对公益诉讼检察实践也具有较强的示范引导价值。各级检察机关公益诉讼检察部门都要充分利用好案例这个多效载体，推动公益诉讼检察工作高质量发展。

公益诉讼检察实践蓬勃发展，现在的案例规则有可能成为未来的法律条文，每一位公益诉讼检察官都可以在案例这片"富矿"中深耕细作，成为推动完善中国特色公益诉讼检察制度的建设者和参与者。2022年是公益诉讼检察全面推开五周年，既是收获满满的既往节点，更是朝气蓬勃开启新篇章的闪亮起点。我们期待，越来越多优秀的公益诉讼案例在公益诉讼检察制度成长过程中留下重要的印记。

编 者
2022 年 6 月

目　录

一、公益诉讼检察服务乡村振兴助力脱贫攻坚典型案例
（2021年2月24日）

加强涉农公益诉讼检察工作　服务保障乡村振兴
——最高检第八检察厅负责人就公益诉讼检察服务
乡村振兴助力脱贫攻坚典型案例答记者问 …………… 3

1. 河北省沽源县人民检察院督促落实社会救助兜底保障和贫困人口赡养政策系列行政公益诉讼案 …………… 8
2. 浙江省金华市婺城区人民检察院督促整治保护箬阳茶质量与品牌行政公益诉讼案 …………… 10
3. 广西壮族自治区南宁市良庆区人民检察院督促整治废弃农资包装物污染行政公益诉讼案 …………… 12
4. 新疆生产建设兵团人民检察院第一师检察机关督促整治农业残膜污染系列行政公益诉讼案 …………… 14
5. 黑龙江省红兴隆人民检察院督促保护黑土地行政公益诉讼案 …………… 16
6. 湖北省随县人民检察院督促整治非法占用耕地行政公益诉讼案 …………… 18
7. 河南省洛阳市老城区人民检察院督促整治垃圾污染行政公益诉讼案 …………… 21
8. 广东省廉江市人民检察院督促整治灌溉渠污染行政公益诉讼案 …………… 23

9. 福建省惠安县人民检察院督促整治农村旱厕行政公益
   诉讼案 ·· 25
10. 甘肃省酒泉市肃州区人民检察院督促保护无公害蔬菜
    质量安全行政公益诉讼案 ··· 27
11. 湖南省慈利县人民检察院督促保护食用农产品质量
    安全行政公益诉讼案 ··· 29
12. 贵州省清镇市人民检察院督促保护农村食品安全行政
    公益诉讼案 ·· 31
13. 江西省鹰潭市检察机关督促保护农村饮用水安全系列
    行政公益诉讼案 ·· 33
14. 四川省兴文县人民检察院督促保护毓秀苗族乡饮用水
    水源地行政公益诉讼案 ··· 36
15. 新疆维吾尔自治区吉木乃县人民检察院督促保护
    萨吾尔山冰川水资源行政公益诉讼案 ······························· 38

二、"3·15"食品药品安全消费者权益保护 检察公益诉讼典型案例

（2021年3月15日）

 "3·15"食品药品安全消费者权益保护检察公益诉讼
典型案例答记者问 ·· 43

1. 北京铁路运输检察院督促整治直播和短视频平台食品
   交易违法违规行为行政公益诉讼案 ····································· 48
2. 四川省彭州市人民检察院督促整治现制现售水安全问题
   行政公益诉讼案 ·· 50
3. 陕西省汉中市汉台区人民检察院督促落实食品领域从业
   禁止行政公益诉讼案 ·· 52

4. 湖北省松滋市人民检察院督促保护零售药品安全行政
   公益诉讼案 …………………………………………… 54
5. 江苏省常州市人民检察院诉常州某生物科技有限公司等
   消费欺诈民事公益诉讼案 ……………………………… 56
6. 浙江省松阳县人民检察院诉刘某某、纪某某生产、销售
   有毒、有害食品刑事附带民事公益诉讼案 …………… 58
7. 贵州省遵义市红花岗区人民检察院诉刘某美等三人生产、
   销售不符合安全标准食品刑事附带民事公益诉讼案 …… 60
8. 安徽省滁州市检察机关支持省消费者权益保护委员会
   起诉董某明等人销售假冒注册商标白酒民事公益诉讼案 …… 62

三、安全生产领域公益诉讼典型案例

（2021 年 3 月 23 日）

积极探索安全生产公益诉讼　用心守护人民群众美好生活
——最高检第八检察厅、应急管理部政策法规司负责人就
联合发布安全生产领域公益诉讼典型案例答记者问…… 67

1. 陕西省略阳县人民检察院督促整治尾矿库安全隐患行政
   公益诉讼案 …………………………………………… 71
2. 安徽省蚌埠市禹会区人民检察院诉安徽省裕翔矿业商贸
   有限责任公司违规采矿民事公益诉讼案 ……………… 74
3. 浙江省衢州市衢江区人民检察院督促整治自备储油加油
   设施安全隐患行政公益诉讼案 ………………………… 76
4. 黑龙江省七台河市检察机关督促整治燃气安全隐患行政
   公益诉讼系列案 ……………………………………… 78
5. 江苏省泰州市人民检察院督促整治违法建设安全隐患
   行政公益诉讼案 ……………………………………… 81
6. 浙江省海宁市人民检察院督促整治加油站扫码支付安全
   隐患行政公益诉讼案 ………………………………… 84

7. 山西省晋中市榆次区人民检察院督促整治违法施工安全
隐患行政公益诉讼案 ·· 87
8. 江西省贵溪市人民检察院督促整治危险化学品安全隐患
行政公益诉讼案 ··· 90
9. 黑龙江省检察机关督促整治小煤矿安全隐患行政公益
诉讼系列案 ·· 93

四、检察机关个人信息保护公益诉讼典型案例
（2021年4月22日）

回应人民关切 净化网络环境 为公民个人信息保护提供
更加优质的公益诉讼检察产品
——最高检第八检察厅负责人就检察机关个人信息保护
公益诉讼典型案例答记者问 ···································· 99

1. 江西省南昌市人民检察院督促整治手机APP侵害公民
个人信息行政公益诉讼案 ·· 103
2. 浙江省温州市鹿城区人民检察院督促保护就诊者个人
信息行政公益诉讼案 ·· 105
3. 甘肃省平凉市人民检察院督促整治快递单泄露公民个人
信息行政公益诉讼案 ·· 107
4. 江苏省无锡市人民检察院督促保护学生个人信息行政
公益诉讼案 ·· 109
5. 江西省乐安县人民检察院督促规范政府信息公开行政
公益诉讼案 ·· 111
6. 河南省濮阳市华龙区人民检察院督促整治装饰装修行业
泄露公民个人信息行政公益诉讼案 ································ 113
7. 浙江省杭州市余杭区人民检察院诉某网络科技有限公司
侵害公民个人信息民事公益诉讼案 ································ 115

8. 河北省保定市人民检察院诉李某侵害消费者个人信息和
   权益民事公益诉讼案 …………………………………… 117
9. 上海市宝山区人民检察院诉 H 科技有限公司、韩某某等
   人侵犯公民个人信息刑事附带民事公益诉讼案 ………… 119
10. 贵州省安顺市西秀区人民检察院诉熊某某等人侵犯公民
    个人信息刑事附带民事公益诉讼案 ……………………… 122
11. 广东省广宁县人民检察院诉谭某某等人侵犯公民个人
    信息刑事附带民事公益诉讼案 …………………………… 124

五、无障碍环境建设检察公益诉讼典型案例

（2021 年 5 月 14 日）

无障碍环境建设检察公益诉讼典型案例答记者问 ………… 129

1. 浙江省检察机关督促规范无障碍环境建设行政公益诉讼
   系列案 ……………………………………………………… 135
2. 青海省人民检察院督促维护公共交通领域残疾人权益
   行政公益诉讼案 …………………………………………… 138
3. 浙江省杭州市人民检察院督促整治信息无障碍环境行政
   公益诉讼系列案 …………………………………………… 141
4. 福建省晋江市人民检察院督促执行无障碍设计规范行政
   公益诉讼案 ………………………………………………… 143
5. 广东省深圳市宝安区人民检察院督促整治道路无障碍
   设施行政公益诉讼案 ……………………………………… 145
6. 江苏省宝应县人民检察院督促规范文物保护单位、英烈
   纪念设施无障碍环境建设行政公益诉讼案 ……………… 147
7. 四川天府新区成都片区人民检察院督促规范公共基础
   设施适老化建设行政公益诉讼案 ………………………… 149

8. 浙江省宁波市鄞州区人民检察院督促整治无障碍指引
   标识行政公益诉讼案 ………………………………… 152
9. 黑龙江省铁路检察机关督促健全铁路旅客车站无障碍
   设施行政公益诉讼系列案 …………………………… 154
10. 北京市延庆区人民检察院督促整治无障碍设施问题
    行政公益诉讼案 ……………………………………… 156

六、检察机关大运河保护公益诉讼检察专项办案典型案例
（2021 年 6 月 3 日）

 检察机关大运河保护公益诉讼检察专项办案典型案例
答记者问 ………………………………………………… 161

（一）生态环境和资源保护 …………………………………… 166
1. 浙江省湖州市人民检察院诉某公司环境污染民事公益
   诉讼案 …………………………………………………… 166
2. 江苏省沛县人民检察院督促整治京杭大运河违建码头
   行政公益诉讼案 ………………………………………… 168
3. 天津市静海区人民检察院督促整治大运河生态环境公益
   诉讼系列案 ……………………………………………… 170

（二）文物和文化遗产保护 …………………………………… 172
4. 江苏省扬州市广陵区人民检察院督促保护大运河沿岸
   谢馥春旧址行政公益诉讼案 …………………………… 172
5. 安徽省濉溪县人民检察院督促保护大运河淮北段遗址
   行政公益诉讼案 ………………………………………… 174
6. 北京市通州区人民检察院督促保护大运河金口新河故道
   遗址行政公益诉讼案 …………………………………… 176
7. 河北省沧州市人民检察院督促保护大运河世界文化遗产
   谢家坝行政公益诉讼案 ………………………………… 178

8. 山东省临清市人民检察院督促整治大运河国家重点文物
   安全隐患行政公益诉讼案 ·· 180
9. 河南省开封市祥符区人民检察院督促保护隋唐大运河
   陈留段文物遗迹行政公益诉讼案 ······································ 182
10. 浙江省余姚市人民检察院督促保护大运河水工遗存
    "斗门老闸"行政公益诉讼案 ·· 184

（三）公共安全保护 ·· 186
11. 江苏省无锡市锡山区人民检察院督促保护大运河水上
    交通安全行政公益诉讼案 ·· 186

（四）其他 ·· 188
12. 浙江省绍兴市柯桥区人民检察院督促综合保护浙东运河
    环境行政公益诉讼系列案 ·· 188
13. 江苏省苏州市虎丘区人民检察院督促综合整治大运河
    环境行政公益诉讼系列案 ·· 190

七、红色资源保护公益诉讼典型案例
（2021年6月27日）

充分发挥检察公益诉讼职能作用　用心用情用力做好
红色资源保护和利用工作
——最高检和退役军人事务部有关负责人就红色资源
保护公益诉讼典型案例答记者问 ······································ 195

（一）行政公益诉讼起诉案例 ·· 200
1. 陕西省志丹县人民检察院督促保护保安革命旧址行政
   公益诉讼案 ·· 200

（二）行政公益诉讼诉前案例 ·· 203
2. 贵州省人民检察院督促保护刀靶水红色遗址行政公益
   诉讼案 ·· 203

3. 广东省台山市人民检察院、广州军事检察院督促保护
   鸡罩山散葬烈士墓行政公益诉讼案 ………………………… 205
4. 四川省旺苍县人民检察院督促保护木门军事会议纪念馆
   行政公益诉讼案 …………………………………………… 207
5. 江西省宜丰县人民检察院督促保护熊雄烈士故居行政
   公益诉讼案 ………………………………………………… 210
6. 黑龙江省牡丹江市爱民区人民检察院督促保护烈士纪念
   设施行政公益诉讼案 ……………………………………… 213
7. 浙江省开化县人民检察院督促保护红色革命史迹行政
   公益诉讼系列案 …………………………………………… 215
8. 新疆维吾尔自治区和硕县人民检察院督促保护马兰红
   山军博园军事遗迹行政公益诉讼案 ……………………… 217
9. 西宁铁路运输检察院、西宁军事检察院督促保护铁道兵
   英烈纪念设施行政公益诉讼案 …………………………… 219
10. 福建省晋江市人民检察院督促保护"八·二三"
    金门炮战遗迹行政公益诉讼案 …………………………… 221
11. 湖南省平江县人民检察院、长沙军事检察院督促保护
    湘鄂赣省委、省苏维埃政府、省军区旧址革命文物
    行政公益诉讼案 …………………………………………… 223
12. 河北省保定市莲池区人民检察院督促保护"七六"
    殉难烈士纪念碑行政公益诉讼案 ………………………… 226
13. 江苏省淮安市清江浦区人民检察院督促保护周恩来
    童年读书处旧址周边文物行政公益诉讼案 ……………… 228
14. 山西省古县人民检察院督促保护岳北军分区驻地旧址
    行政公益诉讼案 …………………………………………… 231

八、公益诉讼检察听证典型案例

（2021 年 7 月 22 日）

加强公益诉讼检察听证工作　以看得见的方式守护公共利益
——最高检第八检察厅负责人就公益诉讼检察听证典型案例答记者问……………………………………… 235

1. 万峰湖流域生态环境保护公益诉讼案 ……………… 238
2. 河南省人民检察院郑州铁路运输分院督促保护黄河湿地、饮用水水源地行政公益诉讼案 ……………… 241
3. 山东省青岛市检察机关督促大河东湿地生态修复行政公益诉讼案 …………………………………… 244
4. 重庆市两江地区人民检察院督促整治截污管网溢流污染环境行政公益诉讼案 ……………………… 247
5. 湖北省黄石市铁山区人民检察院督促整治乱占耕地违建房屋行政公益诉讼案 ……………………… 249
6. 四川省广元市利州区人民检察院督促整治违法占用国有存量土地停车乱象行政公益诉讼案 ……… 251
7. 新疆维吾尔自治区布尔津县人民检察院督促收缴水土保持补偿费行政公益诉讼案 ………………… 254
8. 福建省人民检察院督促保护英雄烈士纪念设施行政公益诉讼案 ………………………………………… 256
9. 浙江省温州市鹿城区人民检察院督促保护不可移动文物行政公益诉讼案 ………………………… 258
10. 北京铁路运输检察院督促保护消费者知情权行政公益诉讼案 ………………………………………… 260
11. 广东省江门市江海区人民检察院督促整治保护个人信息安全行政公益诉讼案 …………………… 263
12. 湖南省平江县人民检察院诉张某某等人非法捕捞水产品破坏生态资源刑事附带民事公益诉讼系列案 …… 266

九、"公益诉讼守护美好生活"专项监督活动典型案例

（2021年9月9日）

"公益诉讼守护美好生活"专项监督活动典型案例
答记者问 ·· 271

1. 广东省惠州市人民检察院督促保护东江流域饮用水水源
   行政公益诉讼案 ·· 277
2. 四川省宜宾市检察机关督促整治金沙江水域污染行政
   公益诉讼案 ·· 279
3. 辽宁省抚顺市东洲区人民检察院督促整治东洲河阿金沟段
   水环境行政公益诉讼案 ·································· 282
4. 甘肃省酒泉市肃州区人民检察院诉金塔县天亿化工有限
   公司、鑫海源化工有限公司、董某某等人污染环境刑事
   附带民事公益诉讼案 ···································· 285
5. 浙江省温州市鹿城区瓯江山福庄岩段固体废物污染治理
   公益诉讼系列案 ·· 288
6. 广东省鹤山市人民检察院督促整治农用物资废弃物污染
   行政公益诉讼案 ·· 291
7. 福建省清流县人民检察院督促整治尾矿库行政公益
   诉讼案 ·· 293
8. 安徽省怀远县人民检察院督促履行禁渔监管职责行政
   公益诉讼案 ·· 295
9. 浙江省杭州市富阳区人民检察院督促保护冷鲜禽食品
   安全行政公益诉讼案 ···································· 297
10. 宁夏回族自治区银川市西夏区农贸市场食用农产品
    质量安全行政公益诉讼案 ································ 299
11. 江苏省徐州市人民检察院督促保护食品安全行政公益
    诉讼案 ·· 302

12. 北京市通州区人民检察院诉段某某等 6 人生产销售有毒
    有害食品刑事附带民事公益诉讼案 ………………………… 304
13. 海南省海口市琼山区人民检察院督促整治农贸市场快检室
    未依法检测行政公益诉讼案 ……………………………… 306

十、检察公益诉讼起诉典型案例

（2021 年 9 月 15 日）

以诉的形式履行法律监督本职　不断发展和完善中国特色检察公益诉讼制度
——最高检第八检察厅负责人就检察公益诉讼起诉典型
案例答记者问 ………………………………………………… 311

民事公益诉讼 ……………………………………………… 317

（一）生态环境和资源保护 ……………………………………… 317

1. 广东省广州市人民检察院诉卫某垃圾厂、李某污染环境
   民事公益诉讼案 ………………………………………… 317
2. 广西壮族自治区钦州市人民检察院诉某锰业有限公司等
   跨省转移危险废物污染环境民事公益诉讼案 …………… 320
3. 河南省濮阳市人民检察院诉某化工有限公司等污染环境
   民事公益诉讼案 ………………………………………… 323
4. 上海市人民检察院第三分院诉某固废处置公司等进口
   "洋垃圾"污染环境民事公益诉讼案 …………………… 326
5. 海南省人民检察院第二分院诉福建省安某康船务有限
   公司等非法采砂民事公益诉讼系列案 …………………… 328
6. 贵州省遵义市人民检察院诉肖某开、肖某波违法占用
   溶洞资源民事公益诉讼案 ………………………………… 331
7. 江苏省灌南县人民检察院诉李某兴等人非法采矿刑事
   附带民事公益诉讼案 ……………………………………… 334

8. 青海省西宁市城西区人民检察院诉李某某等人非法捕捞
   水产品刑事附带民事公益诉讼案 ………………………… 336

（二）食品药品安全 …………………………………………… 338

9. 浙江省松阳县人民检察院诉刘某某等生产、销售有毒、
   有害食品刑事附带民事公益诉讼案 ……………………… 338

10. 新疆维吾尔自治区伊犁哈萨克自治州人民检察院诉
    某气体制造有限公司非法销售假药民事公益诉讼案 …… 340

（三）英烈权益保护 …………………………………………… 342

11. 湖南省常德市检察院诉唐某成侵害刘磊烈士名誉民事
    公益诉讼案 ………………………………………………… 342

（四）产品质量安全 …………………………………………… 344

12. 浙江省杭州市余杭区人民检察院诉蔡某某等销售伪劣
    口罩民事公益诉讼案 ……………………………………… 344

▶ 行政公益诉讼 ………………………………………………… 346

（一）生态环境和资源保护 …………………………………… 346

13. 内蒙古自治区呼和浩特市赛罕区人民检察院督促履行
    环境保护监管职责行政公益诉讼起诉案 ………………… 346

14. 吉林省德惠市人民检察院督促履行环境保护监管职责
    行政公益诉讼起诉案 ……………………………………… 349

15. 海南省人民检察院第一分院督促履行自然保护区监管
    职责行政公益诉讼起诉案 ………………………………… 352

16. 山东省临朐县人民检察院督促履行环境保护监管职责
    行政公益诉讼起诉案 ……………………………………… 355

17. 河南省信阳市浉河区人民检察院督促履行林业资源监管
    职责行政公益诉讼起诉案 ………………………………… 358

18. 湖北省老河口市人民检察院督促履行渔业资源监管职责
    行政公益诉讼起诉案 ……………………………………… 361

19. 西藏自治区朗县人民检察院督促履行矿山环境资源监管
　　职责行政公益诉讼起诉案 ………………………………… 364

（二）国有财产保护、国有土地使用权出让 ………………… 366

20. 江西省芦溪县人民检察院督促履行财政补贴资金监管
　　职责行政公益诉讼起诉案 ………………………………… 366

21. 安徽省怀宁县人民检察院督促履行国有土地出让金
　　追缴职责行政公益诉讼起诉案 …………………………… 369

（三）安全生产 ……………………………………………………… 371

22. 陕西省宁强县人民检察院督促履行尾矿库安全监管职责
　　行政公益诉讼起诉案 ……………………………………… 371

（四）文物保护 ……………………………………………………… 373

23. 陕西省泾阳县人民检察院督促履行文物保护监管职责
　　行政公益诉讼起诉案 ……………………………………… 373

十一、烈士纪念设施保护行政公益诉讼典型案例

（2021 年 9 月 29 日）

1. 陕西省延安市检察机关督促保护南泥湾三五九旅革命
　　史迹行政公益诉讼系列案 ………………………………… 379
2. 甘肃省榆中县人民检察院、兰州军事检察院督促保护
　　甘肃省榆中县兴隆山烈士纪念设施行政公益诉讼案 …… 381
3. 广西壮族自治区河池市金城江区人民检察院督促保护
　　烈士遗骸行政公益诉讼案 ………………………………… 383
4. 湖南省韶山市人民检察院、长沙军事检察院督促保护
　　毛新梅等十五名散葬烈士墓行政公益诉讼系列案 ……… 385
5. 新疆维吾尔自治区人民检察院和田分院、乌鲁木齐军事
　　检察院督促保护康西瓦烈士陵园行政公益诉讼案 ……… 387

6. 浙江省宁波市镇海区人民检察院督促保护朱枫烈士纪念
　　设施行政公益诉讼案 ································ 389
7. 重庆市北碚区人民检察院督促保护张自忠烈士陵园保护
　　行政公益诉讼案 ···································· 391
8. 河南省桐柏县人民检察院、郑州军事检察院督促保护
　　红色资源行政公益诉讼案 ···························· 393
9. 河北省石家庄市灵寿县人民检察院督促零散烈士纪念
　　设施集中管护行政公益诉讼起诉案 ···················· 395

十二、生物多样性保护公益诉讼典型案例
（2021 年 10 月 9 日）

生物多样性保护公益诉讼典型案例答记者问 ················ 399

1. 四川省剑阁县人民检察院督促保护古柏行政公益
　　诉讼案 ·· 404
2. 江苏省泰州市人民检察院诉王某某等人损害长江
　　生态资源民事公益诉讼案 ···························· 407
3. 山东省青岛市人民检察院诉青岛市崂山区某空间艺术
　　鉴赏中心非法收购、出售珍贵、濒危野生动物及制品
　　民事公益诉讼案 ···································· 410
4. 浙江省丽水市莲都区人民检察院督促保护原生态樟树群
　　行政公益诉讼案 ···································· 412
5. 内蒙古自治区阿拉善盟额济纳旗人民检察院诉王某某
　　失火刑事附带民事公益诉讼案 ························ 414
6. 辽宁省丹东市宽甸县人民检察院督促保护中华蜜蜂品种
　　资源行政公益诉讼案 ································ 416
7. 吉林省松原市乾安县人民检察院督促整治黄花刺茄保护
　　生物多样性行政公益诉讼案 ·························· 418

8. 黑龙江省齐齐哈尔市龙沙区人民检察院诉李某某等 13 人
   非法狩猎刑事附带民事公益诉讼案 ……………………… 421
9. 浙江省舟山市人民检察院诉沈某某等破坏海洋生物资源
   民事公益诉讼系列案 …………………………………… 423
10. 福建省晋江市人民检察院诉邱某某等人非法猎捕、
    杀害珍贵、濒危野生动物（海豚）刑事附带民事公益
    诉讼案 …………………………………………………… 425
11. 湖北省宜昌市西陵区人民检察院督促保护中华鲟自然
    保护区生存环境行政公益诉讼案 ……………………… 427
12. 广西防城港市检察机关督促保护红树林生存环境行政
    公益诉讼案 ……………………………………………… 429
13. 海南省文昌市人民检察院督促保护文昌市麒麟菜省级
    自然保护区行政公益诉讼案 …………………………… 431
14. 云南省寻甸县人民检察院督促全面履行生物多样性
    保护职责行政公益诉讼案 ……………………………… 433

十三、其他公益诉讼典型案例

1. 河南省人民检察院全面推行"河长 + 检察长"制 ……… 437
2. 甘肃省兰州市人民检察院创新大数据研判与衔接平台
   建设推进公益诉讼工作机制创新 ……………………… 441
3. 贵州省黔西县人民检察院督促整治网络餐饮平台不正当
   竞争行为行政公益诉讼案 ……………………………… 444
4. 湖南省永兴县人民检察院督促整治婴幼儿配方食品安全
   隐患行政公益诉讼案 …………………………………… 446
5. 四川省李某某等 5 人生产、销售有毒、有害食品民事
   公益诉讼案 ……………………………………………… 448
6. 广东省深圳市宝安区人民检察院督促某区生态环境局
   履职行政公益诉讼案 …………………………………… 450

7. 浙江省嘉兴市人民检察院督促保护嘉兴市国界桥行政
   公益诉讼案 …………………………………………… 452
8. 江苏省南京市建邺区人民检察院诉仇某明侵害英雄烈士
   名誉、荣誉罪刑事附带民事公益诉讼案
   ——弘扬社会正气　维护清朗网络 ………………… 454

一、公益诉讼检察服务乡村振兴助力脱贫攻坚典型案例

（2021年2月24日）

加强涉农公益诉讼检察工作
服务保障乡村振兴

——最高检第八检察厅负责人就公益诉讼检察服务
乡村振兴助力脱贫攻坚典型案例答记者问

2021年2月24日，最高人民检察院发布公益诉讼检察服务乡村振兴助力脱贫攻坚典型案例，最高检第八检察厅厅长胡卫列就相关问题回答了记者提问。

1. 发布这批公益诉讼检察服务保障乡村振兴典型案例的主要背景是什么？

民族要复兴，乡村必振兴，做好"三农"工作意义重大。习近平总书记在中央农村工作会议上突出强调，坚持把解决好"三农"问题作为全党工作的重中之重，促进农业高质高效、乡村宜居宜业、农民富裕富足。最高检党组要求检察机关以高度的政治自觉、法治自觉、检察自觉，结合检察职能把中央关于"三农"工作的战略部署实施好、落实好。全国检察机关聚焦农村人居环境整治、食用农产品安全保护、农业面源污染治理、耕地保护、精准识贫扶贫等领域的突出问题，积极履行公益诉讼检察职能，办理了一批有影响、有实效的案件。

在打赢脱贫攻坚战，接续推进乡村振兴的时间节点，专题发布公益诉讼检察服务保障乡村振兴典型案例，主要考虑有以下几个因素：一是发挥工作示范作用，推进各级公益诉讼检察部门提高政治站位，主动融入服务党和国家工作大局，为乡村振兴战略实施提供法治保障。二是发挥办案指引作用，促进各级公益诉讼检察部门更加准确把握"三农"领域办案重点和法律政策界限，提高办案质量和效果。三是发挥以案释法作用，增进社会各界对"三农"领域公益保护的关注度和认同度，形成乡村善治合力。

2. 检察机关如何发挥公益诉讼职能服务保障乡村振兴？取得了哪些成效？

全国检察机关认真贯彻落实党中央决策部署，准确把握"产业兴旺、生态宜居、乡风文明、治理有效、生活富裕"的总要求，积极履行公益诉讼检察职能，为打赢脱贫攻坚战、实施乡村振兴战略提供法治保障。2020年1月至11月（以下同），全国检察机关共立案涉农公益诉讼案件29249件，发出诉前检察建议和公告22015件，提起行政公益诉讼137件、民事公益诉讼（含刑事附带民事公益诉讼）646件，以实实在在的办案成效助力乡村治理。

重点围绕以下几个方面开展工作：

一是参与农村人居环境整治，提升乡村宜居水平。按照农村人居环境整治行动要求，针对农村生活垃圾乱堆乱放、农业面源污染、乡镇污水排放、饮用水水源地污染等问题，持续加大公益诉讼力度，推动以绿色发展引领乡村振兴。截至11月，共督促清除处理各类生活垃圾、固体废物630.3万余吨，整治违法养殖场750家，追偿修复生态、治理环境费用8.5亿余元。黑龙江检察机关开展"农村面源污染治理公益保护专项监督工作"，立案1845件，发出检察建议1267件。河北省雄安新区检察机关在"白洋淀生态环境卫士"专项行动中，集中推动解决一批农村垃圾随意倾倒、生活污水管道不健全、沟渠水污染等问题。

二是保障食用农产品质量，守护群众舌尖上的安全。最高检组织全国检察机关开展"公益诉讼守护美好生活"专项监督活动，将"线上线下"销售不符合安全标准的食用农产品、食品问题作为六项重点之一，切实加大办案力度，督促查处、销毁假冒伪劣食品15.3万余千克，促进相关部门深化源头治理。新疆维吾尔自治区乌鲁木齐市新市区检察院针对一些农家庄园、度假村存在餐厨人员无健康证及食品安全隐患问题，依法督促有关部门加强监管，促进农家乐餐饮规范经营。广西壮族自治区忻城县检察院针对农药、种子等农资保护问题向农业农村局发出检察建议，促成对全县范围内14个集贸市场、330多家农资经营门店进行拉网式检查、整顿，共查处违法案件3起，查处违法经营的农药1270公斤，查处违法经营的种子1063公斤。

三是加强农用地司法保护，严守耕地保护红线。坚持把土地资源保护作为公益诉讼办案重点，加大对耕地"非农化"等行为惩治力度，落实最严格的耕地保护制度。截至11月，共督促挽回、复垦被非法改变用途和占用的耕地2.7万余亩，恢复被毁损的林地12.4万余亩、草原5.1万余亩。西藏自治区白朗县检察院针对9个乡镇存在的非法占用基本农田修建住宅、简易仓库等问题，分别向自然资源部门和有关乡镇政府发出检察建议，推动依法处置。

四是聚焦惠农资金管理使用，精准服务脱贫攻坚战。突出抓好扶贫领域国有财产安全保护公益诉讼工作，督促行政机关全面有效履行监管职责，推动解决农业项目扶持资金、惠农补贴等管理、发放过程中不规范问题。截至11月，共督促保护、收回被套取或冒领的国家补贴和扶持类资金6200万余元。浙江省义乌市检察院针对个别企业通过零元购机、虚开发票等手段，利诱农户购买不符合当地农业生产需求和作业条件机器，违法套取高额农机购置补贴问题发出检察建议，督促农业部门开展专项监督检查，追回被套取的补贴150余万元。河北张家口检察机关开展贫困人口赡养和社会救助兜底保障监督专项活动，督促取消违规低保311户、352人。

3. 这批发布的典型案例有什么特点？

此次发布的15件涉农公益诉讼典型案例主要有以下特点：

一是聚焦乡村振兴战略实施和民生福祉，彰显服务保障党和国家工作大局的检察担当。从案例的领域看，涉及耕地保护案件2件，农村人居环境整治案件3件，农村面源污染整治案件2件，农村饮用水安全保护案件3件，食用农产品质量安全保护案件3件（含农产品地理标志品牌保护案件1件），农村食品安全整治案件1件，社会救助兜底保障案件1件。这些案件涉及的问题，既是乡村治理的重点，也是民生热点。有的检察院还立足办案，主动服务保障乡村特色产业发展。比如，浙江省金华市婺城区检察院针对假冒箬阳茶叶问题发出检察建议，督促市场监管部门开展行业整治，推动建立地理标志农产品质量安全溯源体系。

二是坚持把诉前维护公益目的作为最佳司法状态，以最小的司法、行政资源投入取得最大的公益保护效果。灵活运用诉前磋商、公开宣告、圆桌会议等方式，督促行政机关依法履职，推动相关违法主体积极整改。比如，福建省惠安县检察院针对多个乡（镇）部分旱厕卫生状况较差，存在安全隐患，影响农村环境问题，向9个乡（镇）政府发出检察建议。同时，组织相关职能部门、人大代表、群众代表召开行政公益诉讼诉前圆桌会议，推动因地制宜、分类分段进行整治，同步推进农村公厕建设。截至目前，惠安县农村旱厕整治数量达1.4万余个，整改率达99.7%。对于检察建议到期后，行政机关仍不依法充分履职，受损公益未能有效恢复的，则依法提起诉讼。湖北省随县检察院针对自然资源和规划局逾期未有效整治非法占用耕地的行为，依法提起诉讼，获法院支持。案件判决后，随县自然资源和规划局积极履行职责，依法重新作出了行政处罚决定。

三是准确把握办案尺度和法律政策界限，确保"三个效果"有机统一。办案时充分考虑民生、就业、社会稳定等各方面因素，不搞一律关停、搬迁等"一刀切"做法。比如，四川省兴文县检察院针对扶贫项目存在污染饮用水水源地的问题，从保障建档立卡贫困户的合法权益出发，推动行政机关采取将取水点上移1公里的方式保护饮用水水源安全，避免65名贫困户的生产生活因养殖场搬迁、关停而受到影响，确保脱贫攻坚工作顺利进行，体现了司法温度。

四是注重以点带面，推动解决行业、领域、系统内普遍性和根源性问题。贵州省清镇市检察院针对农村集市存在销售过期食品、"山寨食品""三无食品"的问题，依法向市场监管部门发出检察建议，督促其依法履职，推动开展农村食品安全专项整治。案件办结后，贵州省检察院在全省检察机关部署农村食品安全专项监督工作，截至目前，共受理农村食品安全公益诉讼案件线索141件，立案55件，发出检察建议52件。广西壮族自治区南宁市良庆区检察院在办理督促整治废弃农资包装物污染行政公益诉讼案过程中，积极推动相关部门共同建立健全"农户自行收集—回收企业集中—中转站分类—专业机构处理"的废弃农资包装物回收处置闭环管理模式，实现废弃农资综合长效治理。

4. 对下一步涉农公益诉讼检察工作有何计划？

习近平总书记指出，全面建设社会主义现代化国家，实现中华民族伟大复兴，最艰巨最繁重的任务依然在农村，最广泛最深厚的基础依然在农村。我们将持续深化涉农公益诉讼检察工作，为巩固拓展扶贫攻坚成果，接续推进乡村全面振兴提供司法保障。

一是提高政治站位，更加主动融入服务乡村振兴。认真贯彻落实党的十九届五中全会精神和中央农村工作会议部署要求，深刻认识新发展阶段做好"三农"工作的重要性和紧迫性，聚焦"三农"短板和突出问题，发挥公益诉讼检察职能作用，精准服务保障农业高质高效、乡村宜居宜业、农民富裕富足。

二是坚持以人民为中心，加大涉农公益诉讼力度。持续聚焦广大农民群众所思所盼，紧盯耕地资源保护、农业面源污染治理、农村人居环境整治、传统村落和乡村特色风貌保护等领域问题，加大公益诉讼办案力度。

三是加强协作配合，形成"三农"工作合力。加强与民政、财政、自然资源、生态环境、水利、市场监管等部门的沟通协调，完善公益诉讼检察与行政执法衔接机制，推动信息资源共享、案件线索移送、配合调查取证等工作机制落实落地。

四是强化源头治理，促进提高乡村治理水平。加强办案分析，有针对性提出检察建议，推动健全治理措施和配套制度机制，完善乡村治理体系。落实普法责任制，结合涉农公益诉讼典型案件，加强以案释法，增强全社会保障"三农"的法治意识。

河北省沽源县人民检察院督促落实社会救助兜底保障和贫困人口赡养政策系列行政公益诉讼案

【关键词】

行政公益诉讼诉前程序　精准识贫扶贫　社会救助兜底保障　贫困人口赡养

【要旨】

针对社会救助兜底保障和贫困人口赡养政策实施中存在的监管漏洞，检察机关督促乡镇政府、民政部门依法履行职责，及时取消不符合政策条件人员的申领资格。通过释法说理、签订承诺书、劝诫、调解、支持起诉等方式，督促赡养义务人履行赡养义务，弘扬社会主义核心价值观。

【基本案情】

河北省沽源县原是国家级贫困县，该县有的乡（镇）在落实国家社会救助兜底保障和贫困人口赡养政策中，对申请人家庭经济状况、负有赡养义务子女的供养能力等情况未尽到严格审查核实职责，导致部分不符合条件人员享受了社会救助兜底保障政策，影响精准扶贫，损害了国家利益。

【调查和督促履职】

河北省沽源县人民检察院（以下简称沽源县院）在履行职责中发现，西辛营乡在落实国家社会救助兜底保障和贫困人口赡养政策中履行职责不到位，存在不符合条件的人员享受了此项政策的情况，遂于2020年5月25日决定立案调查，通过询问该乡民政部门负责人、走访申请人和部分村民及村干部等方式，对105份申报材料的真实性和申报审批程序的合法性进行调查核实。发现有的申请人家庭经济状况填报不真实，乡政府在核查工作中，未严格履行入户调查、邻里访问、家庭经济状况核对、民主评议、结果公示等程序。

同时发现个别具备赡养能力和条件的子女，将赡养父母的义务推给社会，既损害国家利益，又违背社会主义核心价值观。

2020年6月20日，沽源县院依据《国务院社会救助暂行办法》《民政部关于印发最低生活保障审核审批办法（试行）的通知》等有关规定，向西辛营乡政府公开宣告送达检察建议书，建议对全乡已享受社会救助兜底保障和贫困人口赡养政策的人员进行重新审核，严格落实申请审批程序，全面核实申请人家庭经济状况；对不符合政策条件和处于贫困人口渐退期的居民，区分不同情况，落实应退尽退、应保尽保政策；加强对工作人员的教育培训，强化依法履职，确保国家扶贫惠民政策正确实施。

西辛营乡政府收到检察建议后，高度重视，立行立改，组织相关工作人员进行集中培训，迅速对全乡23个村已享受社会救助兜底保障和贫困人口赡养政策的1819户进行重新审核，取消了3户不符合政策条件人员的申领资格。对13户处于贫困渐退期的家庭完善了档案，落实了动态管理。

沽源县院经进一步调查发现，辖区内其他乡（镇）也不同程度地存在类似问题，遂于同年8月19日向沽源县民政局发出检察建议，建议对全县已享受社会救助兜底保障和贫困人口赡养政策的人员进行重新审核。

沽源县民政局收到检察建议后，专门成立工作领导小组，召开专题会议部署安排，督促指导全县其他14个乡（镇）对已享受社会救助兜底保障和贫困人口赡养政策的19550户重新进行审核，取消了60户不符合政策条件人员的申领资格。同时，完善了救助对象基础信息，建立了《有供养能力子女名单》《子女供养能力及供养情况备案表》《赡养承诺书》等信息台账共计3000余份。沽源县院还针对个别子女不履行赡养义务的行为，依法支持起诉3件。

针对该领域存在的问题，张家口市人民检察院部署开展专项监督活动，指导下辖17个基层院主动与当地民政部门和乡（镇）对接，对全市31万户享受社会救助兜底保障和贫困人口赡养政策的情况进行重新调查核实。各基层院通过发出检察建议，督促取消了479户不符合享受政策条件人员的申领资格。

【典型意义】

社会救助和最低生活保障是打赢脱贫攻坚战的兜底手段。检察机关坚持以人民为中心，聚焦该领域存在的监管漏洞，积极履行公益诉讼检察职能，促进相关部门严格依法行政，确保精准扶贫政策落实落地。同时以点及面，部署开展专项活动，凝聚工作合力，推动区域内同类问题得到全面整治，服务保障打赢脱贫攻坚战。

最高人民检察院公益诉讼检察典型案例汇编（2021年度）

浙江省金华市婺城区人民检察院督促整治保护箬阳茶质量与品牌行政公益诉讼案

【关键词】

行政公益诉讼诉前程序　农产品质量安全　地理标志产品保护

【要旨】

针对假冒劣质农产品侵害消费者权益，影响农产品品牌声誉问题，检察机关发挥公益诉讼检察职能作用，督促行政机关依法履职，保护农产品质量安全。推动农产品申请国家地理标志保护，形成标准化品牌，实现政治效果、法律效果和社会效果的统一。

【基本案情】

浙江省金华市婺城区箬阳乡地处高山，茶业种植历史悠久，因其得天独厚的水质和气候条件，种植箬阳茶一直是当地村民的主要收入来源。2020年以来，一些商户使用质次价低的劣质茶叶冒充箬阳茶，不仅存在食品安全隐患，还严重破坏箬阳茶的品牌声誉，侵害广大消费者和茶农、茶企的合法权益。

【调查和督促履职】

2020年3月，浙江省金华市婺城区人民检察院（以下简称婺城区院）在箬阳乡开展帮扶调研时发现本案线索。同年4月8日，婺城区院决定立案调查，成立办案组，将当地茶叶经销商比较集中的金华市农贸市场作为重点调查场所。在前期摸排基础上，检察机关对相关对象深入开展调查询问，调取在售茶叶标识、进销货凭证等书证。查清部分商户存在从外地低价购进其他品种的茶叶，并使用伪造的箬阳茶标签在茶叶外包装上贴标后高价销售等违法行为。为提升监督精准度，检察机关聘请资深茶农和技术人员对抽样样品的外观品相及口感进行评判，并出具专业意见。同时，在婺城区院快速检测实验室进行初检后，又将涉案茶叶委托金华市食品药品检验检测研究院做进一步检测，证实涉案茶叶的铅含量超标三倍，不符合 GB 2762—2017 食品安全国家标准。

2020 年 4 月 29 日，婺城区院向婺城区市场监督管理部门发出检察建议，建议对违法商户作出处理，进一步规范对茶叶市场的管理，加强对箬阳茶这一地方特色农产品的质量监管和品牌保护。

市场监督管理部门收到检察建议后高度重视，全面清查问题茶叶，抽查茶叶经营户 83 家，茶叶产品 240 余批次，查扣问题茶叶 220 余公斤，对 9 家违法主体作出行政处罚。同时，婺城区院积极向区委、区政府汇报案件情况，推动市场监管、农业农村、生态环境和公安等职能部门联合开展箬阳茶产业专项治理行动，有效净化了茶叶市场环境。

2020 年 5 月，在跟踪督促检察建议落实的过程中，婺城区院针对案件中暴露出的箬阳茶品牌保护意识欠缺、生产管理体系散乱、质量标准缺失等问题，向政府部门提出加大茶产业规范保护，提升箬阳茶商标品牌价值的对策建议。有关部门经深入研讨，将箬阳茶中的名品"箬阳龙珍"向农业农村部申请国家农产品地理标志保护。2020 年 9 月 22 日，"箬阳龙珍"顺利通过国家农产品地理标志登记评审。该地理标志拟保护面积 1300 公顷，惠及 54 个行政村的 3000 多户茶农，当年人均增收达 20% 以上。

【典型意义】

培育提升乡村产业品牌，有利于增强乡村持续增长力，推进质量兴农。检察机关聚焦当地乡镇特色茶产业发展问题，积极发挥法律监督职能，一手抓办案，一手抓帮扶，针对办案中发现的制约茶产业发展的症结，督促行政机关依法整治制约农村产业高质量发展问题。寓治理于监督，推动箬阳茶品牌获得国家农产品地理标志保护，进一步提升乡村特色产业的知名度和市场竞争力，促进农民收入持续稳定增长。

最高人民检察院公益诉讼检察典型案例汇编（2021年度）

广西壮族自治区南宁市良庆区人民检察院督促整治废弃农资包装物污染行政公益诉讼案

【关键词】

行政公益诉讼诉前程序　废弃农资包装物　农业生态保护

【要旨】

检察机关针对基层废弃农资包装物回收责任落实不到位、工作体系不健全、行政协同不足等造成环境污染问题，发挥公益诉讼检察职能作用，督促行政机关依法全面履职。通过办案，推动探索废弃农资包装物回收闭环管理模式，建立长效综合治理机制。

【基本案情】

2019年，广西壮族自治区南宁市良庆区人民政府（以下简称区政府）将废弃农资包装物回收处置列入打赢污染防治攻坚战任务，安排专项资金，明确牵头单位及相关责任部门，推进废弃农资包装物回收处置体系建设，确保回收处置任务达标。但因事项涉多个部门，职责不清，协同共治不够。截至2020年4月，各镇废弃物回收中转站等硬件设施建设不达标；回收公司、农资店、农户等回收义务主体责任未落实，收处链条未形成闭环管理；含有农药残留的农药包装瓶袋等废弃物仍随意丢弃，污染生态环境，成为公众健康隐患。

【调查和督促履职】

2020年3月，广西壮族自治区南宁市良庆区人民检察院（以下简称良庆区院）在履职中发现该案线索，经现场核实，遂决定于4月8日成立专案组立案调查。专案组向农户、村委干部、农资店经营者发放调查问卷，核实相关部门履职情况；走访镇政府工作人员和回收公司代表了解此项工作存在的问题；运用无人机航拍、现场勘查、询问等方式，收集固定废弃农资包装物随意丢弃田间地头、与其他垃圾混同处理等相关证据。经以上工作查明，良庆区农业农村局、各镇人民政府未全面履行监管职责，在已有专项公共资金保障下，废弃农资包装物回收处置工作未落到实处；大量内含毒性的废弃农资包装物随意丢弃在田间或与其他垃圾混同处理，农村土壤、水源持续存在受污染风险，破坏农村人居环境，侵害了社会公众利益。

同年4月24日至30日，良庆区院依法向区农业农村局和有关镇政府发出检察建议。建议农业农村局依法加大行政执法力度，压实生产者、经营者对售出农药追踪溯源、农药包装废弃物回收的法定义务，督促城区供销联社立即整改，增建废弃物防渗漏凹槽和消毒池，保证废弃物集中存贮标准规范；各镇人民政府加强与回收公司对接，督促村委干部发动农户主动回收废弃物；各部门协同共治，加大政策法规宣传，推动完善城区废弃农资包装物回收处置体系建设，引导各责任主体主动参与废弃农资包装物污染防治工作。

检察建议发出后，良庆区院主动向地方党委政府报告案件办理情况。区党委、区政府主要领导高度重视，要求相关部门认领责任，合力整治，并邀请检察机关同步监督落实。随后，区政府召开专题会议督促相关部门加快推进检察建议落实。良庆区院持续跟进监督，及时跟进推动回收处置工作情况。截至2020年12月底，城区共投入40多万元在4个回收中转站增建了防渗漏凹槽和消毒池，累计回收废弃农资包装物300余万件，总重量75.94吨，并全部交专业机构外运处置，回收处置率达100%。

办案过程中，良庆区院积极延伸检察服务，推动相关部门共同建立健全"农户自行收集—回收企业集中—中转站分类—专业机构处理"的废弃农资包装物回收处置闭环管理模式，形成长效机制。目前，区政府已将此事项列入2021年重点工作。

【典型意义】

乡村振兴、治理为先。检察机关从解决主体责任落实不到位、行政监管协力不足问题入手，通过个案办理推动系统综合治理，既解决了废弃农资包装物回收难、处置难等农业面源污染防治难题，又协同推动把废弃农资包装物的回收处置体系建成无害化处理并持续高效运行的废弃农资包装物闭环管理体系，实现废弃农资综合长效治理，保障农村生态文明建设。

新疆生产建设兵团人民检察院第一师检察机关督促整治农业残膜污染系列行政公益诉讼案

【关键词】

行政公益诉讼诉前程序　农业残膜污染　土地保护　一体化办案

【要旨】

检察机关聚焦农业残膜污染问题，积极发挥公益诉讼检察职能作用，通过检察建议督促行政机关依法履行监管职责，有效保护生态环境和土地资源。

【基本案情】

农业是新疆生产建设兵团的主要产业，地处南疆的第一师是棉花、水稻的主产区。因农用薄膜具有保温、保墒、增肥、除草等作用，被大量应用于农业生产。第一师辖区各团镇、连队未及时回收农用残膜，致使其大量堆积在田间地头。残留在土壤中的塑料薄膜难以降解，形成大面积"白色污染"，不利于农作物生长，导致农作物减产。

【调查和督促履职】

2019年3月，新疆生产建设兵团人民检察院第一师分院在开展农田塑料薄膜严重污染土壤领域专项行动中发现土壤中的农用残膜严重影响生态环境问题线索，按照属地管辖原则分别交由阿拉尔垦区检察院、阿克苏垦区检察院、沙井子垦区检察院立案办理。

三个基层院经调查，辖区团镇、连队的田地、排碱渠、林带散落着大量的农用薄膜、农药包装物等在农耕活动中产生的废弃物。这些农业废弃物不仅破坏了土壤结构，降低了机械播种质量，导致农作物减产。同时，残膜中的塑化剂释放到土壤中，对农作物也造成了污染。经兵团农业局抽样检测结果为土地残膜四级严重污染（30公斤以上/亩），严重违反了农业、土壤和环境保护等相关法律法规，损害了国家利益和社会公共利益。2019年4月，三个基层院及时向有关单位发出检察建议，建议三个团镇积极履行法定职责，对辖区内田间地头堆放的废弃农用薄膜、农药包装物等废弃物进行有效清理；履行监管职责严格禁止在春耕春播时期，对回收的耕层残膜掩埋或焚烧；合理布局回收网点，通过加强对农业生产、经营者的指导，帮助其科学处置农业废弃物，从根本上解决农田"白色污染"问题，保护农业生产环境和生态环境免受破坏。

收到检察建议后，三个团镇党委高度重视，第一时间对残膜治理进行了安排部署，制定整改方案，采取了源头控制降低回收难度、健全网点保证回收率、强化行政监管保证捡拾率等务实举措。经过整改，共投入人力 23000 人次，设立残膜回收站 6 个，回收废旧残膜 360 余吨，治理被污染耕地 197400 亩，地膜回收率达到 90%。整改期间，检察机关深入田间地头跟进监督，通过面对面讲解、印发宣传手册、微信公众号发布信息等方式，宣传残膜的危害和使用者的义务，提升了职工群众环保和绿色发展意识。

【典型意义】

农业面源污染综合治理是推进农业绿色发展的重要一环。检察机关在办理农业面源污染系列案中，深入一线调查研究，以法律法规为依据，以调查证据为基础，努力消除污染源头，形成了促进依法行政、保护生态环境、维护社会公益的良好局面。同时，对检察建议整改情况和集中整治活动跟进监督，主动参与整治，及时派员了解整改工作。尤其在集中清理回收残膜工作中，办案检察官深入田间地头，加大宣传，有效督促整治工作的全面落实。

黑龙江省红兴隆人民检察院督促保护
黑土地行政公益诉讼案

【关键词】

行政公益诉讼诉前程序　采煤塌陷区　黑土地保护　综合治理

【要旨】

针对煤矿开采导致土地塌陷、黑土地损毁的问题，检察机关充分发挥公益诉讼检察职能，督促行政机关依法履职，并由点及面开展专项行动，推动区域综合治理，有效保护耕地中的"大熊猫"。

【基本案情】

二九一农场隶属于北大荒农垦集团有限公司红兴隆分公司，地处广袤的黑土地带，耕地面积62万亩，是国家重要的商品粮基地。位于该农场内的龙煤矿业集团双鸭山矿业有限责任公司（以下简称双鸭山矿业公司）下属企业东荣二矿、三矿（以下简称双鸭山矿业公司所属二矿、三矿）经过三十余年的开采，造成该农场土地塌陷23205亩，其中耕地面积18585亩，区域生态环境遭到严重破坏，国家利益受损。

【调查和督促履职】

2020年8月5日，黑龙江省红兴隆人民检察院（以下简称红兴隆院）通过走访摸排发现该公益损害线索。经层报黑龙江省人民检察院指定管辖后，8月10日红兴隆院对该案进行立案调查。经调取地籍资料、勘测图标、复垦方案、卫星图片等证据材料查明，双鸭山矿业公司所属二矿未依据《土地复垦条例》编制土地复垦方案、建立土地复垦费用专门账户，也未缴纳土地复垦费和矿山地质环境治理恢复保证金；双鸭山矿业公司所属三矿虽已编制土地复垦方案、建立了土地复垦费用专门账户，但按照《矿山地质环境保护与土地复垦方案》要求，2020年需缴纳土地复垦费和矿山地质环境治理恢复保证金共计1247.39万元。截至2020年8月底，尚余647.39万元未缴纳。集贤县自然资源局作为县域土地复垦的监督管理行政机关，对双鸭山矿业公司的上述行为，既未依法催缴，也未作出行政处罚，存在怠于履职的情形，造成生态环境破坏，损害国家利益。

2020年9月17日，红兴隆院向集贤县自然资源局发出检察建议，要求依法履行监管职责，督促双鸭山矿业公司所属二矿补充编制土地复垦方案、建立土地复垦费用专门账户，依据方案要求缴纳相应土地复垦费用和矿山地质环境治理恢复基金；督促双鸭山矿业公司所属三矿按照《矿山地质环境保护与土地复垦方案》，签订三方监管协议，缴纳复垦费，清理矸石山超占的耕地。集贤县自然资源局接到检察建议后高度重视，召开专题会议，成立专门工作小组，下发了《催缴土地复垦费和矿山地质环境治理恢复基金通知书》。

目前，双鸭山矿业公司所属二矿的土地复垦方案已编制完成，同时双鸭山矿业公司对其所属其他缺少复垦方案的煤矿也一并编制了复垦方案，正在上报审核中。双鸭山矿业公司所属三矿土地复垦费和矿山地质环境治理恢复基金1247.39万元全部缴纳完毕，并与自然资源局、银行共同签订了土地复垦费用使用监管协议，在银行建立三方监管账户；投入100余万元对轻度塌陷区内的沟渠、田间道路等基础设施进行修复，以满足正常的农业生产；投入300余万元将矸石山巷道改道，对矸石山堆放点重新选址，清理超占煤矸石10.2万立方米，预计矸石山清理后将恢复耕地28余亩。

【典型意义】

习近平总书记指出："黑土地是耕地里的大熊猫"，强调"采取有效措施切实把黑土地保护好、利用好，使之永远造福人民"。黑龙江垦区地处东北黑土区核心区域，承载着我国商品粮生产的重要使命。检察机关督促自然资源部门征收土地复垦费和矿山地质环境治理恢复基金，推动土地复垦和生态修复，解决了多年来形成的采煤区土地塌陷问题。树立"边开采边治理"的生态综合治理新理念，为土地塌陷治理复垦修复提供有益探索，体现了检察机关服务保障国家生态和粮食安全战略的担当。

湖北省随县人民检察院督促整治非法占用耕地行政公益诉讼案

【关键词】

行政公益诉讼　耕地保护　违章建筑　依法全面履职

【要旨】

对于非法占用耕地违法行为，行政机关未依法履行监督管理职责的，检察机关经检察建议督促后，违法行为持续存在的，应当向人民法院提起行政公益诉讼。

【基本案情】

2013年5月，随县齐心石材厂（以下简称齐心石材）未经批准，擅自占用随县唐县镇双丰村五组1.2万平方米耕地及其他农用地，用于建设厂房、办公楼、堆料场及附属设施，不符合土地利用总体规划。同年12月16日，随县原国土资源局责令齐心石材限期拆除土地上新建的建筑物和其他设施、处以罚款7万元。齐心石材缴纳罚款后，并未实施拆除行为。2018年6月，随县原国土资源局向随县人民法院申请强制执行，因申请逾期，被随县人民法院驳回。

2019年3月，因机构改革，随县原国土资源局、原住房和城乡建设局等部门职责整合，组建随县自然资源和规划局。针对齐心石材前期非法占用耕地及其他农用地行为，随县自然资源和规划局采取办理农用地转建设用地措施，将齐心石材生产车间非法占用的5537平方米土地转为建设用地，但齐心石材办公楼及大部分石材堆场不在城市建设用地批复方案之内，且涉案土地均未办理供地手续。2019年以来，齐心石材另非法占用3783平方米耕地及其他农用地。

【调查和督促履职】

2019年上半年，随县人民政府在全县范围内开展石材行业专项清理。随县人民检察院（以下简称随县院）在履行职责中发现随县原国土资源局未依法履职的案件线索，遂立案调查。经调阅行政执法卷宗、实地走访、现场勘查，查明了齐心石材非法占用耕地及行政机关履职不到位的事实。

2019年8月28日，随县院向县自然资源和规划局发送检察建议书，建议该局依法履行监督管理职责，责令齐心石材限期拆除土地上新建的建筑物和其他设施、退还土地、恢复土地原状。

2019年9月16日，县自然资源和规划局回复随县院：因企业生产经营困难作出上述处理决定，正在督促整改；对新增违法占地行为正在调查处理。同年12月24日，随县自然资源和规划局向齐心石材送达行政处罚决定书，对齐心石材新增违法占地3783平方米行为予以行政处罚。但对齐心石材2013年非法占地行为未重新作出行政处理，齐心石材非法占地行为持续存在，社会公共利益仍处于受侵害状态。

【诉讼过程】

2020年6月1日，随县院向随县人民法院提起行政公益诉讼。请求判令撤销随县原国土资源局行政处罚决定书，责令随县自然资源和规划局在一定期限内继续履行监督管理职责。

同年7月17日，随县人民法院公开开庭审理了本案。

法庭审理过程中，随县自然资源和规划局答辩称：齐心石材系唐县镇政府招商引资企业，存在"边建设、边办理用地手续"情况，因调整产业布局等原因未能完成供地手续；将按照法院判决，重新对齐心石材违法行为进行处理；已对新增违法占地行为进行处理。

随县院向法院提交了涉案行政执法材料、现场勘查笔录、证人证言、《省人民政府关于随县2018年度第9批次城市建设用地的批复》《土地征收公告与补偿方案》等证据。同时提出辩论意见：随县自然资源和规划局负有辖区内土地违法行为监管职责，其对齐心石材不符合土地利用总体规划擅自占用土地违法行为，未依法责令齐心石材退还土地、恢复土地原状，适用法律法规确有错误；在申请强制执行逾期后，没有采取向县政府和向上级国土部门报告、停止办理与本案有关的许可、审批等手续，没有穷尽行政管理手段；其采取办理农用地转建设用地措施，既与生效的行政决定相悖，也违反《国土资源行政处罚办法》等规定；随县自然资源和规划局应当依法继续履行监管职责，强化耕地保护。

2020年7月23日，随县人民法院作出一审判决，判令撤销原行政处罚决定书，责令随县自然资源和规划局在判决生效六十日内，重新对齐心石材的违法行为作出行政处理；同时责令随县自然资源和规划局继续履行监管职责。

案件判决后，随县自然资源和规划局积极履行职责，依法重新作出了行政处罚决定，责令齐心石材将非法占用的11483平方米土地退还给随县唐县镇双丰村村委会，没收4215.8平方米的建筑物，处以罚款122369元。截至目前，齐心石材已缴纳罚款122369元，涉案土地已经全部退还至村委会。同时，不符合土地利用规划的5689平方米耕地上的附着物已全部拆除，恢复土地原状。

【典型意义】

守住耕地保护红线，是土地资源保护的基本国策。对非法占用耕地的违法行为，检察机关充分发挥公益诉讼检察职能作用，首先通过检察建议督促行政机关依法履行监督管理职责，严格落实耕地保护政策。对于行政机关仍不依法全面履职的，依法提起诉讼，彰显"耕地红线不能碰"的底线。

对于行政机关不依法全面履职的判断和认定，应当以法律规定的行政机关法定职责为依据，以是否全面运用行政监管手段制止违法行为，国家和社会公共利益是否得到有效保护为标准。

一、公益诉讼检察服务乡村振兴助力脱贫攻坚典型案例（2021年2月24日）

河南省洛阳市老城区人民检察院
督促整治垃圾污染行政公益诉讼案

【关键词】

行政公益诉讼诉前程序　生态环境　农村人居环境整治

【要旨】

针对行政机关在乡村环境治理中存在的职能交叉、权责不清、履职不尽责等执法难题，检察机关应厘清行政机关的职责，分别发出行政公益诉讼诉前检察建议，督促负有相应监管职责的行政机关依法履职，保障美丽乡村建设。

【基本案情】

洛阳市老城区井沟村属丘陵地形，位于城乡接合部，紧邻黄河支流瀍河岸边。自2010年以来，李某等人在租赁井沟村吕祖庙附近土地期间，收取费用后由他人长期在租赁的土地上倾倒建筑垃圾和生活垃圾，形成巨大的垃圾山，近80亩土地种植条件遭到破坏，污染周边环境，影响居民正常生产生活。随着倾倒的垃圾不断增多，垃圾山逐渐逼近村民住宅，夏季散发阵阵恶臭，群众向相关部门反映多年，一直未得到有效解决。

【调查和督促履职】

2019年3月20日，河南省人民检察院在履职中发现该案件线索后，逐级交由洛阳市老城区人民检察院（以下简称老城区院）办理。2019年4月1日，老城区院立案调查。该院公益诉讼、技术、法警等部门干警密切配合，多次到现场勘查，使用无人机航拍取证，并联系环境鉴定评估机构针对环境污染损害程度等问题进行咨询、鉴定。经调查发现，大量的垃圾因长期倾倒堆积，已经将井沟村吕祖庙附近几十米深的山沟填平，形成巨大的垃圾山并且绵延至瀍河周边，严重破坏土地种植条件，一旦发生滑坡，将堵塞瀍河河道，造成河水污染，进而威胁洛河、黄河水质安全。

垃圾山位于城乡接合部，情况复杂，整治工作涉及多个行政部门，行政机关管理职能存在交叉。老城区院主动向区委汇报，得到老城区委的大力支持。经进一步深入调查，在全面厘清各行政机关职责后，老城区院于2019年6月，分别向区环保局、国土局、洛浦办事处、城管局及应急管理局发送检察建议，要求各行政机关依法全面履行其行政监管职责，相互配合，督促李某等人尽快清理垃圾，修复土地和受损环境，恢复土地原貌和种植条件。公安机关已对涉及的刑事部分立案调查。

检察建议发出后，老城区院持续跟进监督，多次推动召开联席会议，研究确定整改标准、整改进度等问题，督促各方开展垃圾山综合整治工作。经过各方的深入工作和释法说理，李某等人深刻认识到其行为的违法性及危害性，按照环境修复标准积极配合，开展整改工作。此次整改活动，共清理违法堆放建筑垃圾20余万立方米，生活垃圾400余吨，并积极开展生态修复，复垦土地200余亩，覆土平整绿化被占土地植树2万余株。李某等人在限定期限内将垃圾清运完毕，昔日垃圾山变成环境优美的特色游园。

【典型意义】

乡村垃圾堆积涉及土地保护、农村人居环境整治等问题，未能得到有效解决，破坏了乡村生态环境，有碍美丽乡村建设。面临多个行政部门职能交叉、权责不清，导致生态环境难以得到有效治理的问题，检察机关充分发挥公益诉讼检察职能作用，厘清有关行政部门责任，主动争取党委支持，形成检察监督与行政执法合力，共同推动环境污染问题扎实有效整改，破解了行政执法难题。

检察机关在办案中，要充分利用现代科技辅助公益诉讼案件办理，使用无人机航拍取证，科学测算垃圾占地情况及污染程度，为案件办理提供扎实的证据基础。

一、公益诉讼检察服务乡村振兴助力脱贫攻坚典型案例（2021年2月24日）

广东省廉江市人民检察院督促整治灌溉渠污染行政公益诉讼案

【关键词】

行政公益诉讼诉前程序　灌溉渠污染　农村人居环境　综合治理

【要旨】

针对农村灌溉渠污染影响人居环境的问题，检察机关发挥公益诉讼检察职能作用，督促和支持行政机关依法履行行政监管职责、多管齐下综合治理，并持续跟进监督，确保实际效果，助推乡村人居环境整治和经济社会发展。

【基本案情】

广东省廉江市安铺镇南灌渠支渠流经茂桂路村及欧家村，全长约3000米。灌溉渠附近禽畜养殖户养殖过程中产生的废弃物，部分村民的生活污水和生活垃圾、废弃农作物，未进行任何处置，直接排入该灌溉渠。造成渠道堵塞，水体发黑发臭，严重影响两村几百亩农田灌溉以及村民居住环境。

【调查和督促履职】

2019年12月，廉江市人民检察院（以下简称廉江市院）接到茂桂路村委会反映的欧茂灌溉渠污染公益线索后，决定由该院检察长担任主办检察官立案办理。办案组通过沿途查看污染情况，询问村委干部、向当地村民了解农田灌溉和生活污水、生活垃圾的处理情况，询问安铺镇人民政府相关履职情况，开展调查取证，查明多种因素造成欧茂灌溉渠污染、灌溉功能丧失的事实。当地村委和村民多次向镇政府书面请求帮助解决清理疏通欧茂灌溉渠、加强畜禽养殖户的管理，村民也曾自发筹资聘请挖掘机对灌溉渠进行部分清理，但污染源尚未消除，灌溉渠的情况没有得到较好改善。根据《中华人民共和国环境保护法》《村庄和集镇规划建设管理条例》《广东省环境保护条例》等相关规定，安铺镇人民政府对欧茂灌溉渠污染负有行政监管职责。2020年

3月17日，廉江市院向安铺镇人民政府发出检察建议，建议其依法履行职责，采取有效措施对相关区域环境污染进行综合治理，修复并保护相关区域的生态环境。

安铺镇人民政府收到检察建议后，协同各个部门、各个村委会、自然村开展欧茂灌溉渠流域综合治理行动：一是筹集资金实施疏通欧茂灌溉渠的生态工程项目；二是加强"散乱污"畜禽养殖场管理，对禁养区范围内的所有畜禽养殖场予以关闭、搬迁和取缔，责令限养区、适养区范围内所有畜禽养殖场建设配套粪污处理设施；三是完善农村生活垃圾收运设施，推进垃圾焚烧设施与垃圾中转站配合使用；四是合理布局农村生活污水处理设施，设置警示牌，严控生活污水乱排放行为；五是实行河道常态化管理和长效养护，加强辖区内网格员和保洁员对河道的管护，定期巡查和清洁；六是加大宣传教育力度，增强村民环保意识。

廉江市院于2020年5月收到安铺镇人民政府复函后，积极组织开展"回头看"，不定期实地回访跟进调查。截至2020年12月，该灌溉渠河道清淤、护岸、绿化等工程全长1750米，总预算164多万元，工期分两期，第一期已全面完成，渠道清淤扩挖宽4米、深2米。镇政府为沿岸村民安装生活污水排放管道，沿线每个自然村庄均设立一个标准垃圾收集点（垃圾池），各村也按需求合理配置保洁员，负责上门上户收集生活垃圾，村庄垃圾做到"日产日清"。欧茂灌溉渠综合整治工作有序开展，灌溉功能基本恢复。

【典型意义】

乡村振兴，生态宜居是关键。加强农村人居环境整治，有利于构建人与自然和谐共生的乡村发展新格局。廉江市院在开展"守护美丽乡村"公益诉讼专项监督活动中，及时回应群众诉求，检察长带头办案，迅速厘清行政机关监管责任，有针对性地向属地镇政府发出检察建议，推动实施"减少外源污染，控制内源污染"的综合治理工程，切实发挥了服务农村人居环境建设的积极作用。

一、公益诉讼检察服务乡村振兴助力脱贫攻坚典型案例（2021年2月24日）

福建省惠安县人民检察院督促整治农村旱厕行政公益诉讼案

【关键词】

行政公益诉讼诉前程序　生态环境　公共安全　农村旱厕

【要旨】

针对农村废弃旱厕污染环境、存在安全隐患等问题，检察机关发挥公益诉讼检察职能作用，督促行政机关依法履行生态环境治理和保障人民群众安全职责，推进辖区人居环境改善和美丽乡村建设。

【基本案情】

2017年以来，惠安县以卫生城镇创建为抓手全面推进"厕所革命"，但村民"以厕保地"的心理、整治资金缺口大等问题给工作推进带来一定难度。惠安县涂寨镇等多个乡（镇）的旱厕设施简陋，大多以条石或砖头砌成，部分旱厕墙体出现倾斜或已倒塌，露天旱厕没有进行围护、设置警示标志，被掩盖在周边的杂草之中，存在较大安全隐患。部分旱厕废弃物未被填埋，裸露在外，未采取无害化处理措施，存在传播疾病风险，严重影响农村人居环境。

【调查和督促履职】

2019年11月上旬，惠安县人民检察院（以下简称惠安县院）在履职中发现，涂寨镇多个旱厕长期未使用、维护，留存大量淤泥和积水，个别深达两三米，存在安全隐患、污染农村生态环境。2019年12月11日，惠安县院决定立案。经调查查明，多个乡（镇）的诸多旱厕没有得到有效整治，存在旱厕设施简陋、未设置警示标志、卫生状况较差等问题，存在安全隐患，影响农村生态环境。有关乡（镇）政府怠于履行生态环境治理和人民群众安全保障职责。

惠安县院与相关行政机关磋商沟通后，于 2020 年 1 月 11 日先后向 9 个乡（镇）政府发出检察建议，督促继续加大旱厕整治力度，提升农村人居环境质量，避免社会公共利益持续处于被侵害状态。有关乡（镇）政府收到检察建议后，严格按照中央关于《农村人居环境整治三年行动方案》要求，立即加大对旱厕的整治力度，有序推动农村旱厕问题解决。

为确保切实解决有关问题，惠安县院持续跟进监督，同年 3 月中旬组织相关职能部门、人大代表、群众代表召开行政公益诉讼诉前圆桌会议，形成了整改方案。提出要因地制宜、因村施策、因户施策、分类分段进行整治，同步推进农村公厕建设。该院还推动县政府部署开展乡村振兴旱厕整治专项行动，对全县 207 个行政村进行全面排查处置，并拨付专项资金补贴鼓励群众填埋旱厕，切实消除农村旱厕带来的安全隐患。截至目前，惠安县农村旱厕整治数量达 1.4 万余个，整改率达 99.7%，取得良好的整改效果。

【典型意义】

小厕所连着大民生，厕所问题是城乡文明建设的重要方面。惠安县院聚焦人民群众关注、社会舆论关切的严重公益受损问题，以整治农村旱厕作为"小切口"，以点带面，推动农村旱厕问题"一揽子"解决，有效改善了农村人居环境，保障人民群众生命安全。

一、公益诉讼检察服务乡村振兴助力脱贫攻坚典型案例（2021年2月24日）

甘肃省酒泉市肃州区人民检察院督促保护无公害蔬菜质量安全行政公益诉讼案

【关键词】

行政公益诉讼诉前程序　戈壁生态农业　农产品质量　行业规范

【要旨】

针对农产品存在质量问题，检察机关发挥公益诉讼检察职能作用，准确把握依法履职与服务大局的契合点，以地区特色产业戈壁农业作为监督重点，督促多个行政机关协同履行监管职责，推动戈壁生态农业规范发展。

【基本案情】

甘肃省酒泉市肃州区是全国最大的戈壁日光温室基地和有机蔬菜无土栽培示范区。域内建成东洞、总寨、银达、西洞四个戈壁生态农业示范园区，日光温室面积达2.63万亩，形成大规模无公害蔬菜生产基地。由于园区检测中心、农产品质量安全追溯点未实现全覆盖，存在追溯体系不健全、检测效率不高等问题，农产品质量安全存在隐患。因缺乏有效监管，出现蔬菜因农药残留超标被退市后，重新流向市场的问题，危害人民群众身体健康，损害了社会公共利益。

【调查和督促履职】

2019年3月，甘肃省酒泉市肃州区人民检察院（以下简称肃州区院）在履行职责中发现该案线索并立案调查。办案组通过深入园区走访调查、座谈交流、查阅资料等方式查明，四个戈壁生态农业园区农产品质量检测配套设施、检测效率、追溯体系、蔬菜尾菜处置等不能满足戈壁生态农业大规模发展需要。区农业农村局对农产品质量安全监管职责履行不到位，园区农产品质量安全存在隐患。

2019年3月28日，肃州区院在总寨镇戈壁园区召开检察建议公开宣告送达会，向区农业农村局发出行政公益诉讼诉前检察建议。督促该局依法履行职责，加强对戈壁园区及全区农产品质量安全监管力度，完善农产品质量安全监管措施，健全农产品质量追溯体系。同时向戈壁园区属地乡镇及农作物种植面积较大的12个乡镇发出检察建议，配合农业农村局共同做好农产品质量安全监管工作。

接到检察建议后，肃州区农业农村局部署开展"农产品质量提升专项活动"，制定《农产品质量安全例行检测实施方案》，完善相关工作制度，与辖区15个乡镇签订农产品目标责任书。各乡镇共制定完善农产品质量安全监管工作制度44项，与村委会签订目标责任书68份，与企业、合作社签订承诺书73份。四个园区均建立农产品质量追溯点，新增8个农产品检测追溯点，15个乡镇均成立农产品质量监督管理站、建成农产品质量检测室，配备专职检测、监管人员45人，81个行政村配备村级农产品质量安全监管员，47个行政村配备农残速测仪等设备，并对检测人员进行培训。自检察建议发出至回复之日，检测站共对农民自产及集贸市场蔬菜开展农残检测1800余次，均在合格范围内。

该案办结后，肃州区院牵头制定《服务戈壁农业生态产业园公益保护监督管理办法》，联合区生态环境局等八部门会签《关于在戈壁生态农业建设中运用检察资源加强公益保护促进绿色发展的协作机制》，将该项工作常态化、规范化、制度化。同时出台《关于在戈壁生态农业建设中运用检察资源加强公益保护促进绿色发展的实施意见》，确定五项服务措施。区委区政府充分肯定了该意见，并将其向全区印发，推行食用农产品合格证制度，建立肃州区食用农产品合格证数据库，有效杜绝不合格农产品上市销售。

【典型意义】

加快完善农产品质量和食品安全标准、监管体系，是保障农产品质量安全，实现农业现代化的重要举措。肃州区院以戈壁农业园区生态保护与农产品质量安全监管为切入点，通过公开宣告送达检察建议、召开工作推进会、建立工作机制等方式，充分调动各职能部门协同履职的积极性与主动性，最大限度凝聚保护无公害蔬菜质量安全的合力，为戈壁生态农业健康发展提供法治保障。

一、公益诉讼检察服务乡村振兴助力脱贫攻坚典型案例（2021年2月24日）

湖南省慈利县人民检察院督促保护食用农产品质量安全行政公益诉讼案

【关键词】

行政公益诉讼诉前程序　食用农产品安全　农业投入品使用记录制度　农产品质量安全检测

【要旨】

针对农民专业合作经济组织未落实农业投入品使用记录制度和农产品质量检测制度的问题，检察机关督促农业行政主管部门依法履职，消除食用农产品安全隐患，堵塞管理漏洞。

【基本案情】

湖南省张家界市慈利县12家农民专业合作社在种植农作物的过程中使用农药、化肥等农业投入品，但未如实记载其使用农业投入品的名称、来源、用法、用量和使用、停用的日期等情况，生产的农产品在销售前也没有依法进行农产品质量安全状况检测，导致食用农产品存在安全隐患。

【调查和督促履职】

2019年初，张家界市人大代表向检察机关反映本市农民专业合作社未经检测将农产品投入市场的质量安全问题。湖南省慈利县人民检察院（以下简称慈利县院）经研判分析，决定于2019年4月24日立案调查，并确定由该院检察长担任主办检察官。办案组对全县15个乡镇130家农民专业合作社的农业投入品以及食用农产品入市前的检测情况进行全面调查。重点调查内容包括：是否建立了农产品生产记录；台账是否如实记载了使用农药、化肥等农业投入品的名称、来源、用法、用量和使用、停用的日期等；是否依法合理使用农业投入品及落实安全间隔期、休药期规定情况；是否使用了国家明令禁止使用的农业投入品；是否在销售前检测了食用农产品质量状况。经调查，发现12家农民专业合作社没有按照《中华人民共和国农产品质量安全法》《中华人民共和国食品安全法》的规定建立农产品生产记录、记载农业投入品的使用情况、销售前进行农产品质量检测，致使流入市场的农产品存在食品安全隐患。慈利县院于2019年7月4日向慈利县农业农村局发出检察建议，建议该局依法履行农产品质量安全监督管理职责，对12家农民专业合作社依法予以处理。

慈利县农业农村局收到检察建议后高度重视，对12家农民专业合作社发出了责令改正通知书。同时就抓好全县农产品质量安全监管工作，从加强组织领导、强化协作配合、加大抽样检测、加强体系建设四个方面采取了具体措施。该局于2019年8月8日书面回复其履职情况。慈利县院经"回头看"核查确认，12家农民专业合作社均完善了农产品生产记录档案并如实记载了农业投入品购进、使用的全过程，检察建议提出的问题全部整改到位。

【典型意义】

推动农产品生产经营企业走绿色健康发展之路，是助力乡村振兴的重要推手。本案中，检察机关落实食品安全"四个最严"的要求，充分发挥公益诉讼检察职能，监督保护食用农产品质量安全，顺应人民群众需求。一方面，有效督促农业主管部门严格执法、压实责任、建章立制，从源头堵塞管理漏洞；另一方面，引导农民专业合作社充分认识农产品生产记录和检测对食品安全的重要性，依法生产经营，从源头把好食用农产品流入市场的第一道安全关，守护老百姓"米袋子、菜篮子、餐桌子"的安全。

一、公益诉讼检察服务乡村振兴助力脱贫攻坚典型案例（2021 年 2 月 24 日）

贵州省清镇市人民检察院督促保护
农村食品安全行政公益诉讼案

【关键词】

行政公益诉讼诉前程序　　农村食品安全保障　　专项整治

【要旨】

针对农村集市存在销售过期食品、"山寨食品""三无食品"的问题，检察机关通过履行公益诉讼检察职能，督促行政机关依法履职，推动开展农村食品安全专项整治。

【基本案情】

贵州省清镇市麦格乡、暗流乡、红枫湖镇等地农村集市摊贩，存在着销售外包装标识不规范，与"奥利奥""可口可乐"等知名品牌高度相似、以假乱真的"山寨食品"，无生产厂家、生产日期、生产许可的"三无食品"和过期食品等情况，形成食品安全隐患。

【调查和督促履职】

2020 年 11 月，最高人民检察院将贵州省清镇市农村地区存在"山寨食品""三无食品"问题线索交由贵州省人民检察院调查。贵州省院经对案件线索情况进行初步调查，发现清镇市农村集市确实存在着销售"山寨食品""三无食品"以及过期食品的问题，决定逐级转交清镇市人民检察院（以下简称清镇市院）办理。

清镇市院于 2020 年 11 月 27 日立案后，成立以检察长为组长的专案组，赴清镇市麦格乡、暗流乡、红枫湖镇等地乡镇集市，逐摊逐点摸排核实，共走访乡镇集市 8 个，暗访摊点、摊贩 100 余次，巡查品种 200 余种，实物取证 14 次。经以上工作，查明清镇市部分乡镇农村集市摊贩销售过期食品、"山寨食品""三无食品"，严重危害人民群众身体健康，清镇市市场监督管理局怠于履行监督管理职责。同年 11 月 30 日，清镇市院邀请市人大代表、政协委员参加检察建议公开宣告送达会，向清镇市市场监督管理局送达检察建议书，建议依法全面履行监管职责，对清镇市农村集市食品安全问题全面排查清理和查处，并加强源头监管力度，规范食品市场。

清镇市市场监督管理局收到检察建议后，主动联系清镇市院，磋商排查整改相关事宜。2020 年 12 月 11 日，部署开展"清镇市农村假冒伪劣食品专项整治行动"，并同步推进常态化监管治理，从源头上消除盲区。

截至 2020 年 12 月 29 日，清镇市市场监督管理局及相关部门集中检查农村集市 35 个（次）、批发市场 1 个，食品生产主体 116 家，食品经营主体 1486 家；出动执法人员 577 人次，接处投诉 5 件，立案查处 4 件，收缴假冒伪劣食品 137 公斤，罚没 2.91 万元；移送涉嫌刑事犯罪线索 1 件，公安机关已立案侦查；举办食品生产经营者培训 7 次。同时，将专项整治中发现的外省线索向相关部门移送。

案件办结后，贵州省院及时下发通知，在全省检察机关部署农村食品安全专项监督工作，共受理农村食品安全公益诉讼案件线索 141 件，立案 55 件，发出检察建议 52 件。

【典型意义】

民以食为天，食以安为先。农村食品安全治理水平滞后，直接影响人民群众的幸福感、获得感。检察机关聚焦农村食品安全问题，积极履行公益诉讼检察职能，推动相关行政机关依法履职，促成农村食品安全专项整治，督促相关行政机关加强源头监管力度，规范农村食品市场，切实保护人民群众"舌尖上的安全"。

一、公益诉讼检察服务乡村振兴助力脱贫攻坚典型案例（2021年2月24日）

江西省鹰潭市检察机关督促保护农村饮用水安全系列行政公益诉讼案

【关键词】

行政公益诉讼诉前程序　农村饮用水安全　一体化办案　专项监督

【要旨】

针对农村饮用水安全问题，检察机关可以采取一体化办案方式，集中力量开展专项监督，依法向负有监督管理职责的行政机关提出检察建议，并可以向政府提交专项调查报告，推动健全长效管护机制，以有效治理推动乡村振兴。

【基本案情】

鹰潭市辖区内32个乡镇实行农村集中式供水，有28家农村集中式供水自来水厂存在水源选址不科学、未办理饮水卫生行政许可、从业人员未办理健康证、未建立水质监测室、未运行消毒设备、未按规定使用水质快速检测设备进行日常水质监测等经营方式和制度管理方面的问题，18家农村集中式供水自来水厂存在生活饮用水水质不达标的问题，危害农村居民饮水安全，影响生活质量，损害社会公共利益。

【调查和督促履职】

鹰潭市贵溪市检察院收到群众反映农村饮用水安全隐患的举报后，同步上报鹰潭市检察院。鹰潭市检察院经分析研判，决定在全市范围内开展保障农村饮用水安全专项监督活动。依托公益诉讼指挥中心，抽调市、县两级院18名检察干警组成专班集中办案，对鹰潭市实行集中式供水的32个农村自来水厂开展拉网式调查，逐一查明农村自来水厂在运营、监管方面存在的问题。围绕水质是否达标这一群众密切关注的问题，该院委托第三方鉴定机构抽取水样进行鉴定，鉴定结果显示部分水厂水质细菌超标、pH值偏低，锰含量超标，不符合 GB 5749—2006《生活饮用水卫生标准》。为准确查明公益损害事实，该院联合卫生健康委员会、水利部门、鉴定机构以及研究机构等召开水质安全论证会，明确鉴定结果显示的水质问题会对人体健康造成影响。

根据《中华人民共和国水污染保护法》《中华人民共和国水法》《农村饮水安全工程建设管理办法》《生活饮用水卫生监督管理办法》等规定，卫生健康委员会、水利部门以及乡镇政府对农村饮用水设施运行管理及供水水质安全负有监督管理职责，以上行政机关存在履行行政监管职责不到位的情形。2018 年 10 月至 2019 年 11 月，鹰潭市两级检察院向卫生健康委员会、水利局、相关乡镇先后发出 19 份诉前检察建议，建议相关职能部门做好饮用水卫生监测、督促农村自来水厂做好水质净化消毒和日常检验、依法查处未办理取水许可的水厂、划定水源地保护范围、加强对农村自来水厂监管。

针对办案中发现的全市农村自来水厂存在的共性问题和监管薄弱环节，鹰潭市两级检察院分别向市、县（区）两级政府呈报《关于农村集中式供水饮水安全的调查报告》，得到了两级政府的高度重视。鹰潭市政府主要领导作出批示，要求相关部门根据调查情况和检察建议，采取有力措施进行整改，保障从水源地到水龙头的安全，让百姓喝上放心水、干净水。

在市、县（区）两级政府的统筹部署与大力支持下，相关部门积极落实检察建议，推动问题整改。卫生健康委员会、水利局等行政机关依法对 6 个农村自来水厂处以罚款；责令 19 个农村自来水厂补办卫生许可证、取水证、健康证等证照；专门设置饮用水水源地围栏及警示牌，加强水源地保护，并开展联合执法，加大巡查力度；卫生健康委员会组织 100 多名农村自来水厂从业人员开展制水、日常检测等专业化培训。鹰潭市政府投入 4700 多万元对全市农村自来水厂进行改造提升。其中新建、改建农村自来水厂 19 个，新建取水口 4 个，废弃 1 个农村自来水厂并接入鹰潭城区自来水。

2020 年 6 月，鹰潭市检察院组织开展保障农村饮用水安全专项监督整改"回头看"活动。针对部分农村自来水厂存在整改不到位的问题，提出检察建议 3 份。截至目前，所有案件均已办结，相关部门均向检察机关提交了水质达标检测报告。

【典型意义】

习近平总书记强调"饮水安全有保障主要是让农村人口喝上放心水""不能把饮水不安全问题带入小康社会"。农村饮用水安全事关人民群众健康安全，对改善农村人居环境、提高农民生活质量具有重要意义。检察机关坚持以人民为中心，针对群众反映的农村自来水厂运行不规范、水质不达标、行政监管力度不够等问题，充分发挥检察一体化组织优势，统筹精干力量开展集中监督。通过水质鉴定、专家论证，深入调查公益受损问题，为公益诉讼精准监督提供了技术支撑、智慧借助。针对办案中发现的共性问题和监管薄弱环节，主动向人民政府提交专项调查报告，争取重视支持，持续跟进监督，推动农村供水设施升级改造，完善长效管护机制，促进提升农村供水标准和质量。

四川省兴文县人民检察院督促保护毓秀苗族乡饮用水水源地行政公益诉讼案

【关键词】

行政公益诉讼诉前程序　饮用水水源地保护　服务精准脱贫与污染防治攻坚战

【要旨】

对于扶贫项目造成饮用水水源地污染隐患的问题，检察机关发挥公益诉讼检察职能作用，督促行政机关依法履职。办案中，不搞一律关停、搬迁等"一刀切"做法，既消除饮用水水源地污染隐患，又确保贫困户生产生活不受影响，实现了服务精准脱贫攻坚战和污染防治攻坚战双重保障。

【基本案情】

兴文县毓秀苗族乡迎春村一组的毓秀河饮用水水源地是周边3000余名群众的饮用水保障。在该饮用水水源一级保护区范围内，有四川省级财政资产扶贫试点项目——毓秀苗乡林下散养黑猪专业合作社（以下简称合作社）。合作社的养殖场有65户社员为建档立卡贫困户，养殖场主要经营"满山跑"林下散养黑猪，年均出栏黑猪400头以上，每年能为每户贫困户增加收入12万元。因该养殖场存在干湿分离不到位、雨污分流不彻底、污水处理设施管理不规范、散养场地围栏破损等问题，对毓秀河饮用水水源造成安全隐患。

【调查和督促履职】

毓秀苗族乡迎春村是四川省兴文县人民检察院（以下简称兴文县院）的对口帮扶贫困村。2018年6月，兴文县院开展对口扶贫时，发现位于毓秀苗族乡迎春村一组的合作社养殖场存在污染问题，决定立案调查。经实地勘查、询问相关人员后查明，合作社的养殖场及散养场地均在毓秀河饮用水水源一级保护区范围内，违反相关规定。合作社虽修建有雨污分流沟等污水处理设施,但仍对饮用水水源产生安全隐患。县环保局、水务局和毓秀苗族乡人民政府履职监管不到位。

2018年9月11日,兴文县院依法向县水务局、县环保局和毓秀苗族乡人民政府发出检察建议,建议及时采取有效措施,保障毓秀苗族乡饮用水水源安全。考虑到合作社养殖场是扶贫项目,无论是搬迁,还是停业,都会对65名贫困户的生产生活造成重大影响,拖缓毓秀苗族乡脱贫工作进度。兴文县院多次与县水务局、县环保局、毓秀苗族乡人民政府召开座谈会,提出采取上移取水口的方式保护饮用水水源,确保65户贫困户的生产生活不受影响的建议,得到行政机关的一致认同。

县水务局、县环保局、毓秀苗族乡人民政府利用新建集镇供水项目契机共同争取财政资金30万元,将饮用水取水点上移1公里,毓秀苗族乡饮用水水源不再因合作社养殖污染而受影响。同时兴文县人民政府将毓秀苗族乡饮用水水源保护区范围从迎春村一组调整为迎春村四组。县环保局牵头成立合作社养殖污染整改领导小组,全面整治合作社养殖污染问题,县水务局为毓秀苗族乡新建了集镇供水站,确保了毓秀苗族乡3000多名群众饮用水安全。

2018年底,毓秀苗族乡迎春村实现脱贫摘帽。2019年3月5日,兴文县院经实地回访调查,确认毓秀苗族乡饮用水水源存在的污染隐患已全面消除。

【典型意义】

四川是全国脱贫攻坚任务最重的省份之一,是全国脱贫攻坚的主战场。兴文县位于四川四大连片特困地区之一的乌蒙山区。针对扶贫项目存在污染饮用水水源地的问题,兴文县院认真践行为大局服务、为人民司法的理念,摒弃就案办案、机械办案的思维。在督促治理合作社养殖污染、保护饮用水水源地的过程中,坚持以人民为中心,从保障建档立卡贫困户的合法权益出发,推动行政机关采取将取水点上移1公里的方式保护饮用水水源安全,避免65名贫困户的生产生活因养殖场搬迁、关停而受到影响,确保脱贫攻坚工作顺利进行,体现了司法温度和检察担当。

新疆维吾尔自治区吉木乃县人民检察院督促保护萨吾尔山冰川水资源行政公益诉讼案

【关键词】

行政公益诉讼诉前程序　冰川水域环境保护　饮用水水源地安全　农村人居环境整治

【要旨】

针对破坏冰川水域生态环境，污染乡村饮用水水源问题，检察机关积极履行公益诉讼检察职能，加强与行政机关沟通协调，推动多部门协同履职，综合治理，有效维护饮用水水源地安全。

【基本案情】

塔斯特河发源于吉木乃县萨吾尔山脉，主要由泉水和融冰雪水汇集而成，是吉木乃县托斯特乡主要水源。塔斯特水库、塔斯特河饮用水水源一级保护区公示牌附近围栏破损，牛羊牲畜随意进入河床放养，水源保护区及周边散布大量粪便，有的病死牲畜尸体抛弃在河道及周边，病原体造成水污染风险较大；水库、河道附近牧民随意向河道及河岸斜坡内倾倒生活垃圾，河流上游3处牧家乐经营场所，彩钢板房、毡房及设施建在河道两侧，附近水坑内积满了大量酒瓶、塑料瓶、垃圾袋等，造成固体废物污染和水污染。

【调查和督促履职】

2020年4月底，新疆维吾尔自治区检察院阿勒泰分院在参与脱贫攻坚督查中发现该案线索，遂交由吉木乃县检察院（以下简称吉木乃县院）办理。同年5月6日，吉木乃县院决定立案调查。办案人员沿河道、水库周边实地查看水源设施建设、围栏防护、水源管护、生态环境卫生等现状，并使用无人机拍摄固定证据。6月11日，两级检察院会同县自然资源局、生态环境局，再次实地勘查冰川周边环境、水源分布、牲畜承载量、人为因素对冰川环境影响等情况，了解雪山冰川变化动态，掌握冰川水源地保护情况。

2020年8月27日，吉木乃县院向该县冰川水资源管委会、水利局、生态环境局、农业农村局、托斯特乡人民政府发出检察建议，督促依法履职，对饮用水水源保护区内污染源进行综合治理，依法清理与水源地保护无关的一切生产和开发活动，加强农牧民生态环境保护引导宣传，确保农村饮水安全。

检察建议发出后，吉木乃县院向县委县政府专题报告冰川水源保护情况。县委、县政府高度重视，组织相关部门在萨吾尔冰川塔斯特流域召开现场办公会。县政府督察室向相关职能部门下发《关于萨吾尔山冰川水资源（塔斯特河流域）水源地保护的督办通知》，要求托斯特乡人民政府及其他相关职能部门明晰职责，积极整改。

2020年9月25日，被建议单位向吉木乃县院回复了整改情况。吉木乃县院对整改情况进行实地查看。沿河各村已按照环境综合整治的要求和标准，对所属区域内的垃圾堆、牧道和沿河粪便进行集中清理，共清理垃圾和牲畜粪便130余吨；卫生部门对水库和河道周边死亡牲畜尸体已进行了无害化处理，定期检查水质，排查周边环境；河流上游经营的牧家乐已关停，河道两侧彩钢板房、毡房等与水源保护无关的建筑设施已进行清理；塔斯特河水库周边破损围栏已经修复加固；河道显著位置设置了保护水源相关法律政策宣传板。

【典型意义】

"三山夹两盆"的特殊地貌使雪山冰川成为新疆独特的生态资源，冰雪融水是城乡居民赖以生存的重要水资源。检察机关切实发挥公益诉讼职责，针对萨吾尔山冰川水资源（塔斯特河流域）保护不到位问题，积极主动争取上级检察机关和当地党委政府大力支持，督促相关行政机关依法履职。通过上下贯通、协调联动，形成冰川水源保护齐抓共管共治格局，确保吉木乃县城乡居民饮水安全，促进农村人居环境整治。

二、"3·15"食品药品安全消费者权益保护检察公益诉讼典型案例

（2021年3月15日）

"3·15"食品药品安全消费者权益保护检察公益诉讼典型案例答记者问

2021年3月15日,最高人民检察院发布食品药品安全消费者权益保护检察公益诉讼典型案例,最高检第八检察厅副厅长徐全兵就相关问题回答了记者提问。

1. 此次典型案例发布的背景是什么?食品药品领域保护消费者权益检察公益诉讼工作成效怎么样?

食品药品安全直接关系人民群众的身体健康和生命安全,是重大的政治问题、民生问题,涉及消费者最基本、最重大权益保护。根据民事诉讼法、行政诉讼法等相关法律规定,检察机关对于在食品药品领域损害国家利益和社会公共利益的违法行为,可以提出检察建议、提起公益诉讼、支持起诉等方式履行公益诉讼检察监督职责。2019年5月9日,中央印发《中共中央国务院关于深化改革加强食品安全工作的意见》,要求深化改革创新,用最严谨的标准、最严格的监管、最严厉的处罚、最严肃的问责,进一步加强食品安全工作,确保人民群众"舌尖上的安全"。最高人民检察院先后在全国检察机关开展"保障千家万户舌尖上的安全"等多个专项监督活动,取得显著成效。在最高人民检察院、国家市场监督管理总局、国家药品监督管理局于2019年9月至2020年12月联合开展落实食品药品安全"四个最严"要求专项行动期间,各级检察机关共立案食品药品领域公益诉讼案件3.5万余件,办理诉前程序案件3万余件,提起诉讼1600余件,取得了显著成效。2020年7月,最高检部署开展了为期3年的"公益诉讼守护美好生活"专项监督活动,并将线上线下销售不符合安全标准的食用农产品、食品,保健食品虚假宣传、违法广告等作为专项监督活动第一阶段的工作重点。全国检察机关公益诉讼部门紧紧围绕重点工作内容全面发力,加强组织指导,着力破解办案难题,加强与行政机关沟通协作,积极回应群众诉求和社会关切。截至2020年12

月，全国检察机关共立案办理食品药品安全公益诉讼案件 7569 件，其中，农贸市场及超市农产品食品违法类 4718 件、网络食品违法类 1887 件，保健食品违法类 964 件。

❷ 2. 此次发布的典型案例的特点是什么？具体有哪些考虑？

此次发布的 8 件食品药品领域保护消费者合法权益公益诉讼典型案例主要有以下特点：

一是紧盯食品生产、销售新业态中民生关注的新问题，回应社会关切。如北京铁路运输检察院针对"网红代言""直播带货"等网络销售新业态涉及的食品安全问题，发送检察建议督促行政机关依法履行监管职责，并推动出台行政监管指导意见，协助构建销售新业态行业自律机制，促进行业健康发展。江苏省常州市检察院办理的保健品虚假宣传，诱导和欺诈老年人购买消费的"保健品坑老"民事公益诉讼案，对违法者重拳惩罚，责其为虚假宣传和欺诈销售的行为"买单"。

二是充分发挥检察建议作用，坚持将诉前维护公益目的作为最佳司法状态。此次发布了 4 件行政公益诉讼典型案例，其中 3 件为诉前程序案例。如陕西省汉中市汉台区检察机关针对因食品安全犯罪被判处有期徒刑以上刑罚人员刑期结束后仍从事食品生产经营管理工作的问题，通过发出检察建议，督促市场监督管理部门依法履行职责，确保食品领域从业禁止制度得以落实。对于发出检察建议后，行政机关仍然没有全面依法履行职责的，检察机关依法提起诉讼。如湖北省松滋市检察机关通过检察建议和提起行政公益诉讼的方式，督促行政机关依法全面适用药品管理法，加大对药品违法行为的处罚力度，推动药品安全领域"处罚到人"制度的落实，获得法院支持。案件判决后，行政机关全面依法履行职责，重新作出行政处理。

三是对民生热点问题，抓点带面，推动系统整治行业内共性问题。如四川省彭州市检察院通过检察建议有效督促有关行政机关依法履行对现制现售水经营的个案监管职责，并推动开展全市范围内的饮用水安全公益诉讼专项监督活动，促进实现卫健、住建、水务等部门对现制现售水行业进行联合监管和专项整治，保障群众的饮用水安全。浙江省松阳县检察院针对办案中发现的网络销售及线下食品安全监管漏洞等问题，及时对接当地市场监管部门、公安机关，建立起食品安全领域"刑事司法＋公益诉讼＋行政执法"联动配合协作机制，推动形成打击食品安全违法行为合力。

四是探索推进食品药品领域提起民事公益诉讼惩罚性赔偿诉讼请求，让违法者"痛到不敢再犯"。此次发布了3件检察机关提起民事公益诉讼惩罚性赔偿典型案例。江苏省常州市、浙江省松阳县和贵州省遵义市检察院对欺诈销售、保健品虚假宣传,生产销售非法添加盐酸西布曲明等禁用成分减肥产品,生产销售使用明矾等非法添加物质的溶液浸泡湿米粉等违法行为,在民事公益诉讼案件中提出惩罚性赔偿诉讼请求。安徽省滁州市检察机关支持省消费者保护委员会对欺诈销售假冒注册商标白酒违法行为提出惩罚性赔偿请求。通过让违法者承担惩罚性赔偿责任,加大了违法者的违法成本,有效震慑和警示了潜在的制假售假违法者。

五是检察机关与消费者权益保护组织积极协作配合,形成保护消费者权益合力。安徽省滁州市检察机关支持消保委提起民事公益诉讼案件中,对于假冒注册商标侵害消费者权益这类不属于检察机关提起民事公益诉讼法定领域的案件,检察机关在追究被告刑事责任的同时,督促省消保委积极行使公益诉权,并通过协助调查收集证据、出席法庭等方式支持省消保委依法参与诉讼,保证了庭审效果,有效保护了消费者合法权益。

3. 检察机关在办理公益诉讼案件中,与食品药品有关部门的关系如何?与食品药品相关部门的协作情况如何?

近年来,各地区各有关部门深入实施食品安全战略,食品药品安全总体形势不断好转,但仍面临不少问题和挑战,形势依然复杂严峻,需要进一步加强执法、司法力量的协同配合,加大工作力度。在办理行政公益诉讼案件过程中,各级检察机关树立"双赢多赢共赢"理念,立足法律监督本职,注重与行政机关协作配合,共同维护国家利益和社会公共利益。此次发布的4件行政公益诉讼案例,无论是检察机关发出检察建议后接续协调促进落实,推动行政机关自我纠错、积极整改,还是提起行政公益诉讼后行政机关履行判决全面依法履行职责,最终都是通过行政机关的尽责履职实现维护公益目的的,均达到了办理一案、警示一片、教育社会面的良好效果。在民事公益诉讼案件中,检察机关发挥着公共利益保护的兜底性作用,注重以支持起诉等方式加强与消费者权益保护组织的协作配合,共同保护消费者合法权益。2020年7月,最高检与国务院食品安全办、国家市场监督管理总局等行政监管部门进行了充分的协商沟通,达成了广泛的共识,会签了《关于在检察公益诉讼中加强协作配合依法保障食品药品安全的意见》,针对公益诉讼和执法司法中遇到的实际困难和突出问题,从线索移送、立案管辖、调查取证、诉前程序、提起诉讼、日常联络、人员交流等方面对工作机制构建作出了安排。

各级检察机关与相关行政机关加强沟通交流，在落实协作意见中进一步完善了相关工作机制。

4. 此次发布4件民事公益诉讼典型案例均提起了惩罚性赔偿诉讼请求，请介绍一下该制度的进展情况。

《中共中央国务院关于深化改革加强食品安全工作的意见》中明确提出"探索建立食品安全民事公益诉讼惩罚性赔偿制度"的要求，这是立足于加大对侵害食品安全违法行为的责任追究，更好地维护食品药品安全，保障消费者合法权益，维护社会公共利益的重要制度安排。各级检察机关结合实际，强化责任担当，在办理食品药品民事公益诉讼案件中积极探索提起惩罚性赔偿诉讼请求，取得了一定成效。此次发布的4件民事公益诉讼案例中既有检察机关提起的民事公益诉讼案件，也有支持起诉案件；既有保健品虚假宣传，也有销售假冒注册商标食品案件；既有对生产销售有毒有害食品行为的10倍惩罚性赔偿案件，也有对虚假宣传、欺诈销售的3倍惩罚性赔偿案件，均获得法院判决支持。通过向侵权人主张惩罚性赔偿，维护消费者合法权益，加大其违法成本，同时震慑和警示社会上潜在违法者。目前，关于民事公益诉讼惩罚性赔偿制度还缺乏完善系统的法律规定。2020年8月，最高检邀请中央依法治国办、国务院食安办、最高人民法院、国家市场监督管理总局、中国消费者协会等单位召开了探索建立食品安全领域民事公益诉讼惩罚性赔偿制度专题座谈会，各相关单位一致表示检察机关对食品安全领域的侵权违法行为发挥了极大的震慑作用，将积极支持检察机关并配合深化探索，推进制度构建。此次会议纪要也正在出台过程中，将进一步固化各方共识，指导办案实践。

5. 食品药品领域检察公益诉讼下一步有哪些工作打算？

各级检察机关将贯彻落实习近平总书记关于食品药品安全"四个最严"要求始终作为公益诉讼检察工作今后的重要方向和着力点，聚焦群众关心关切的食品药品安全问题，持续深入推进食品药品领域公益诉讼检察工作，切实增强人民群众的获得感、幸福感、安全感。

一是紧紧围绕健康中国战略和乡村振兴战略，结合"公益诉讼守护美好生活"专项监督活动部署要求，聚焦食品药品领域公益损害突出问题，切实加大办案力度。二是结合"十四五"规划新形势新要求，提供高质量检察产品，充分发挥公益诉讼检察独特职能作用，更加注重办理公益受损严重、社会反映强烈的食品药品领域公益诉讼案件,努力提升办案质效。三是深入落实《关于在检察公益诉讼中加强协作配合依法保障食品药品安全的意见》,不断完善协作机制,形成协同共治的合力。四是持续推进食药领域惩罚性赔偿制度理论研究和实践探索,以出台会议纪要、指导意见、发布典型案例等方式,凝聚各方共识,推动制度与立法完善。

北京铁路运输检察院督促整治直播和短视频平台食品交易违法违规行为行政公益诉讼案

【关键词】

行政公益诉讼诉前程序　食品安全　直播带货　网络营销　行业自律

【要旨】

针对"网红代言""直播带货"等网络销售新业态涉及的食品安全问题，检察机关可以通过检察建议督促行政机关依法履行监管职责，并推动出台行政指导意见，协同引导行业自律，维护消费者合法权益，促进行业健康发展。

【基本案情】

部分短视频平台用户在"直播带货""视频推荐"时存在违法行为，如销售没有食品标签、生产许可证编号不真实等"三无"食品；在食品销售详情页面对成分或者配料表、净含量、生产日期、生产者的名称、地址、联系方式、保质期等信息未予明示；对普通食品宣传具有保健、治疗功能；通过直播、短视频的形式展示所销售的食品后，在个人主页标明微信号或其他联系方式要求线下交易，以逃避平台对交易的监管。上述行为造成了食品安全隐患，损害消费者权益和社会公共利益。

【调查和督促履职】

最高人民检察院通过媒体发现线索后交办北京市检察机关。在北京市人民检察院指导下，北京铁路运输检察院（以下简称北京铁检院）与北京市消费者协会、"12345"热线等取得联系，进一步收集消费者对此类问题的投诉举报情况，审查后认为有必要督促加强网络营销食品新业态监管，2020年5月26日决定立案调查。

北京铁检院重点围绕以下问题依法展开调查：一是迅速圈定重点人群。从违法行为多发的"网红食品""手工自制食品"等领域，以关键字检索的方式锁定部分主播,对其直播带货和短视频宣传行为实时关注、持续跟踪。二是多种手段固定证据。针对直播、短视频用户名称变化快、违法视频删除快、违法商品下架快、即时直播没有视频留存等难点问题,采取"技术+人工"手段,综合运用录屏、截图、录音、人工记录等多种方式固定违法行为证据。三是分门别类确定违法情形。通过调查发现,有两个短视频平台内30余个用户存在销售不符合安全标准食品、对食品功能虚假宣传、销售信息展示不全、引导线下交易等违法违规行为。

2020年6月5日,北京铁检院依法向两家平台住所地的北京市海淀区市场监督管理局送达检察建议书,建议该局依法履行监督管理职责,及时对直播和短视频营销平台中的违法行为进行查处;加大对平台内直播和短视频电子商务行为的监督管理力度,开展专项整治。

接到检察建议后,海淀区市场监督管理局高度重视,对案件涉及的平台立案调查,发出行政告诫书,要求依法建立日常巡查机制、加强短视频内容审核等,督促平台积极整改;在辖区内开展为期一个月的网络食品安全专项整治活动,重点核查企业1319户次,下线问题商户950户,规范信息公示问题741户。

为建立健全长效机制,北京铁检院持续跟进监督,协同市场监督管理部门引导在京短视频行业领域龙头企业联合签署《网络直播和短视频营销平台自律公约》,从平台自律、保护消费者权益、协同共治等方面压实平台管理责任;推动北京市海淀区市场监督管理局出台《促进网络视频营销主体规范经营的指导意见(试行)》,加强对辖区内直播和短视频营销活动的统一、全面监管,达到"办理一案、规范一片"的目的。

【典型意义】

近年来,"网红代言""直播带货"等网络销售新业态发展迅猛,由此带来的侵害消费者合法权益、损害社会公共利益的问题也时有发生。检察机关通过发挥公益诉讼检察职能作用,积极回应社会关切。在新业态行业迅速发展、法律规定相对滞后的情况下,检察机关协同市场监督管理部门,引导平台加强自治,签署自律公约,督促企业履行社会责任,构建新业态行业自律机制,护航民营经济规范健康发展,有效规范网络直播和短视频营销食品行为,切实保护了消费者合法权益。

四川省彭州市人民检察院督促整治现制现售水安全问题行政公益诉讼案

【关键词】

行政公益诉讼诉前程序　现制现售水　饮用水安全　行业系统治理

【要旨】

聚焦居民小区现制现售水经营者未按规定检测水质、使用"三无"水处理材料等问题，检察机关立足公益诉讼职能，督促卫健部门进行整治，推动现制现售水经营的全面系统治理，保障人民群众饮水安全。

【基本案情】

彭州市现制现售水经营者余某某从 2018 年 5 月起在彭州市城市花园、恒昌贵筑、满庭芳、中和新城小区设置多台现制现售水设备，向居民提供饮用水。余某某在经营过程中未办理工商营业执照，且违反《四川省生活饮用水卫生监督管理办法》规定，使用"三无"水处理材料、更换水处理材料后未开展水质检测、供水操作人员无健康证上岗等违法情形，造成饮用水安全隐患。

【调查和督促履职】

彭州市人民检察院（以下简称彭州市院）在履行职责中发现该案线索后，于 2020 年 5 月 21 日立案。通过询问现制现售水经营者余某某及小区物业公司工作人员、现场勘验等调查取证工作，确认了余某某未取得工商营业执照从事现制现售水经营，以及使用"三无"水处理材料、更换水处理材料后未开展水质检测、供水操作人员无健康证上岗等事实。8 月 4 日，彭州市院向彭州市卫健局发出检察建议，督促其对现制现售水不规范经营问题履行监管职责。彭州市卫健局于 8 月 14 日下达监督意见书，责令余某某在七日内按规定更换其在四个小区设置的制水设备的水处理材料，并开展水质检测，办理供水操作人员健康证。因余某某未在指定期限内整改到位，彭州市卫健局责令其停用制水设备。目前，彭州市中和新城小区设备已拆除，其余小区设备已停用，余某某将预收购水款项退还300余名消费者。

成都市检察院以该案为契机，在全市部署开展饮用水安全公益诉讼检察专项监督活动，对全市262个现制现售水应用现场进行调查，就现制现售水及二次供水不规范经营问题制发67件检察建议。成都市检察院向成都市卫健委提出社会治理检察建议，督促其在全市开展行业治理。截至2021年1月，成都市卫健部门共检查现制现售水设备1569个，对392个现制现售水销售现场开展水质检测，下达217份卫生监督意见书。成都市卫健委会同成都市财政局、水务局下发文件，将现制现售水的水质抽检列入城市供水水质第三方检测项目，明确各职能部门相关责任，形成卫健、水务、住建部门合力开展现制现售水行业监管的工作模式。

【典型意义】

近年来，现制现售水供水模式迅速发展，其中因不规范经营问题带来的饮用水安全隐患日益凸显。检察机关通过检察建议，有效督促有关行政机关依法履行对现制现售水经营的个案监管职责，并推动开展全市范围内的饮用水安全公益诉讼专项监督活动，促进实现卫健、住建、水务等部门对现制现售水行业进行联合监管和专项整治，以点带面解决现制现售水这一新业态迅速发展过程中的突出问题，保障上千万群众的饮用水安全。

陕西省汉中市汉台区人民检察院督促落实食品领域从业禁止行政公益诉讼案

【关键词】

行政公益诉讼诉前程序　食品安全　从业禁止　两法衔接

【要旨】

针对因食品安全犯罪被判处有期徒刑以上刑罚人员刑期结束后仍从事食品生产经营管理工作的问题，检察机关通过检察建议，督促市场监督管理部门依法履行职责，确保食品领域从业禁止制度得以落实，切实维护市场从业秩序和消费者合法权益。

【基本案情】

2015年10月，某火锅调料厂负责人彭某在生产粉皮时，添加明矾制作宽粉皮、细粉皮，均超出国家标准。2016年12月21日，陕西省汉中市汉台区人民法院以生产、销售不符合安全标准的食品罪，判处彭某有期徒刑6个月，并处罚金5000元。彭某在刑期结束后，仍继续经营涉案火锅调料厂，从事粉皮生产、销售工作，违反了《食品安全法》第135条"因食品安全犯罪被判处有期徒刑以上刑罚的，终身不得从事食品生产经营管理工作"的规定，侵害了社会公共利益。

【调查和督促履职】

陕西省汉中市汉台区人民检察院（以下简称汉台区院）于2020年1月22日立案，通过查阅刑事案卷、现场调查等方式，查明了案件事实，并发现涉案火锅调料厂的食品小作坊生产许可证仍在使用、未被吊销。汉台区院于2月18日依法向汉台区市场监督管理局（以下简称汉台区市场监管局）发出检察建议，建议其对彭某依法履行监管职责，切实维护食品安全。3月31日，汉台区市场监管局书面回复称，已于同年2月28日向涉案火锅调料厂作出行政处罚决定，吊销其食品小作坊生产许可证，责令其负责人彭某终身不得从事食品生产经营管理工作、不得担任食品生产经营企业管理人员。

汉台区院以本案为契机，对2017年至2019年该院办理的食品安全类刑事案件全面排查，另发现5件刑事案件存在同样问题，遂向汉台区市场监管局发出检察建议，督促其依法履行职责。汉台区市场监管局收到检察建议后，下发《关于郑某等九人限制办理营业执照的通知》，要求全面排查、依法整改。截至2020年4月，汉台区市场监管局吊销了涉事主体的食品生产、经营证照，并将郑某等9人纳入"黑名单"管理，建立了从业禁止人员长效监管机制。

汉台区院分析发现，存在监管漏洞的原因是人民法院作出刑事判决后未抄告市场监督管理部门。汉台区院随即向人民法院发出检察建议，建议其将相关刑事判决及时抄告市场监督管理部门。同时，为加强行政执法与刑事司法两法衔接，汉台区院与区纪委监委、区政法委、区法院、区市场监督管理局等13家机关单位召开联席会议，建立线索移送、信息共享等协作机制。

汉中市院及时总结汉台区院经验做法，并在全市开展专项监督活动。汉中市检察机关经全面排查，发现28件刑事案件被告人被判处有期徒刑后仍继续从事食品生产经营管理工作，遂向相关行政机关发出检察建议，督促行政机关吊销了涉事主体的食品生产、经营证照，并将28人纳入"黑名单"进行监管，监督食品领域从业禁止制度落实到位。

【典型意义】

严格落实食品领域从业禁止制度，是依法严厉打击食品违法犯罪行为、维护市场从业秩序、保障食品安全的必然要求。为确保食品领域从业禁止制度落实到位，检察机关通过发出诉前检察建议督促行政机关依法履行职责，通过向人民法院发出检察建议堵塞监管漏洞，通过建立协作机制加强刑事司法与行政执法衔接，有效整治违法从业问题，切实维护食品生产经营秩序和人民群众"舌尖上的安全"。

湖北省松滋市人民检察院督促保护零售药品安全行政公益诉讼案

【关键词】

行政公益诉讼　药品安全　行刑衔接　处罚到人

【要旨】

对于行政机关将案件移送司法机关后，仍然需要作出责令停产停业、暂扣或者吊销许可证等与刑罚措施不同种类、性质的行政处罚或决定的，检察机关可以通过提出检察建议或者提起诉讼的方式，督促行政机关依法履行职责。从事药品违法行为的企业注销后，行政机关仍要依法追究相关责任人的法律责任，确保药品安全领域"处罚到人"制度的落实。

【基本案情】

松滋市某药店经营者黄某于2017年通过微信向他人购买无随货同行单的"波立维""可定""拜新同""阿司匹林"等药品，金额四万余元。上述药品除已被公安机关扣押的130盒拜阿司匹灵阿司匹林肠溶片外，其他药品均无存货，且无购销记录。2018年7月23日，松滋市公安局对黄某销售假药案立案侦查。同月27日，松滋市食品药品监督管理局对该药店涉嫌销售假药立案调查。经鉴定，涉案"阿司匹林肠溶片"为假药。

【调查和督促履职】

2019年1月28日，松滋市人民检察院收到举报线索后对本案立案调查。经查，松滋市市场监督管理局立案后一直未对该药店作出行政处理决定，该药店一直正常营业。2019年4月4日，该院向松滋市市场监督管理局发出检察建议，督促该局对药店的药品违法行为依法履行管理和监督职责。

2019年5月5日，松滋市市场监督管理局向该药店下达行政处罚决定书，认定其从不具有药品经营资格的企业购进药品并销售假药，违反了《药品管理法》第三十四条和第四十八条的规定，责令其改正违法行为，并作出停业整顿六个月的行政处罚。同年5月6日,该药店向松滋市市场监督管理局申请注销注册登记。5月7日,黄某将药店转让给他人,由他人在该门店另行办理手续成立新的药店。5月9日,松滋市市场监督管理局准予原药店注销登记。

【诉讼过程】

在对检察建议的跟进监督过程中,松滋市人民检察院认为松滋市市场监督管理局作出的行政处罚存在错误:(1)对违法事实认定不全面。该药店除了违反《药品管理法》第三十四条和第四十八条的规定外,还违反了《药品管理法》第十七条、第十八条的规定,即未建立并执行进货检查验收制度,验明药品合格证明和其他标识,也没有真实完整的购销记录;(2)行政处罚适用法律不全面,行政机关并未对违法行为人予以警告、没收违法所得和并处罚款。对于情节严重的,还应考虑吊销《药品经营许可证》,并对责任人员实施禁业限制。该院于2019年10月30日向松滋市人民法院提起行政公益诉讼,请求判令松滋市市场监督管理局依照《药品管理法》等法律规定履行监督管理职责。

2019年12月6日,松滋市人民法院公开开庭审理,双方就行政相对人被刑事立案后行政机关是否应继续履行监管职责、行政相对人的行为是否因存在牵连和法条竞合而适用"从一重处罚"、行政相对人注销后行政机关能否继续履行监管职责等展开质证和论辩。法院审理后作出一审判决支持检察机关的全部诉讼请求,认为行政相对人被刑事立案后,行政机关仍应当履行行政监管职责;行政机关在检察建议督促后,仍未对药品违法行为全面履行监管职责,且作出的行政处罚适用法律错误;原药店注销后,行政机关还应当追究危害药品安全个人的行政法律责任。一审判决生效后,行政机关撤销了之前作出的《行政处罚决定》,重新作出了行政处罚,并吊销了原药店的《药品经营许可证》。

【典型意义】

推动药品安全"最严谨的标准、最严格的监管、最严厉的处罚、最严肃的问责"要求的落实落地,是检察机关重要的职责使命。本案中,检察机关通过检察建议及提起行政公益诉讼的方式,督促行政机关依法全面适用《药品管理法》,加大对药品违法行为的处罚力度,确保药品安全领域"处罚到人"制度的落实,防止违法行为人通过注销工商登记等方式逃避责任追究。本案明确行政相对人被刑事立案后,行政机关仍然应该继续履行监管职责,作出责令停产停业、暂扣或者吊销许可证等与刑罚措施不同种类、性质的行政处罚或命令,有效制止实施药品违法行为的药店继续经营等违法行为。

江苏省常州市人民检察院诉常州某生物科技有限公司等消费欺诈民事公益诉讼案

【关键词】

民事公益诉讼　消费欺诈　虚假宣传　惩罚性赔偿

【要旨】

检察机关对非法经营者欺诈销售、虚假宣传具有危害健康安全隐患的保健品产品，侵害广大老年消费者的合法权益，依法提起民事公益诉讼，诉请不法经营者承担惩罚性赔偿责任，保障消费者合法权益，维护社会公共利益。

【基本案情】

2017年2月以来，常州某生物科技有限公司（以下简称某生物公司）主要经营保健品批发和零售业务，在未取得食品药品生产许可的情况下，以进口食品名义从美国购入大盐湖水成品及原料（进口货物名称为"氯化镁"），组织工人自行勾兑灌装，并以"金能量"产品对外销售。其产品外包装和说明书均未注明食品或药品生产许可证号。通过制作宣传册、组织销售人员冒充专家授课等方式，虚假夸大宣传该产品含81种矿物质和微量元素，对心脑血管系统、内分泌代谢疾病、呼吸疾病、消化系统疾病等多种病症有治疗作用，导致众多老年消费者上当受骗，社会影响恶劣。

【调查和诉讼】

常州市人民检察院于2019年7月16日立案。检察机关调查发现，某生物公司向全国各地大量批发销售"大盐湖水"。经专家鉴定，该产品不具备其宣传的功效，且长期或高浓度服用该产品会导致电解质紊乱，诱发腹泻等肠胃道疾病，甚至对心脏产生不良影响。检察机关调查收集了记录销售情况的U盘电子数据、顾客消费登记表和外销记录本等证据，调取了银行交易记录等证据，查明某生物公司销售"大盐湖水"共计8万余瓶，总销售金额为

2300余万元。

检察机关发布公告后，没有法律规定的机关或组织提起诉讼。2019年12月25日，常州市人民检察院向常州市中级人民法院提起民事公益诉讼，请求判令某生物公司及其法定代表人谢某某等在国家级媒体上公开赔礼道歉，并连带支付销售总金额3倍的惩罚性赔偿金70105591.5元；涉案公司股东在各自未出资范围内承担连带赔偿责任。

2020年12月10日，常州市中级人民法院一审判决支持了检察机关的全部诉讼请求。某生物公司及谢某某等未上诉，一审判决生效。

【典型意义】

近年来，社会上"保健品坑老"现象频发，违法经营者采取虚假夸大宣传保健品功效，诱导和欺诈老年人购买，骗取老年人钱财，甚至造成老年人生命健康受到严重危害的后果。检察机关通过提起民事公益诉讼，请求人民法院判令违法者承担惩罚性赔偿责任，加大违法者的违法成本，让违法者"痛到不敢再犯"，同时对潜在的违法者予以威慑，有效遏制社会上"保健品坑老"违法行为，维护消费者合法权益。

浙江省松阳县人民检察院诉刘某某、纪某某生产、销售有毒、有害食品刑事附带民事公益诉讼案

【关键词】

刑事附带民事公益诉讼　食品安全　惩罚性赔偿

【要旨】

针对生产、销售有毒、有害食品的违法犯罪行为，检察机关通过提起刑事附带民事公益诉讼，提出惩罚性赔偿诉讼请求，让违法者在被追究刑事责任的同时承担惩罚性赔偿责任。结合办案，检察机关推动构建食品安全领域"刑事司法＋公益诉讼＋行政执法"常态化协同治理机制，织密食品安全防护网。

【基本案情】

2018年10月至2019年6月，刘某某、纪某某通过互联网购买淀粉、荷叶提取物、橙子粉等原材料及国家规定禁止在食品中添加使用的盐酸西布曲明，自行生产加工减肥胶囊、果蔬酵素粉等食品，并通过百度贴吧、微信、QQ发布销售广告，直接或经中间商转手出售给众多不特定消费者。有毒、有害食品流入浙江、陕西、安徽、湖南、河北等全国多地消费市场，销售价款达1317451元。

【调查和诉讼】

2019年10月，浙江省松阳县人民检察院（以下简称松阳县院）在办理刑事案件过程中发现刘某某、纪某某生产、销售有毒、有害食品的行为可能侵害众多消费者合法权益，损害社会公共利益，遂以刑事附带民事公益诉讼立案。专门成立检察官办案组，进一步查明非法生产销售的网络链条、涉案食品流入消费市场等公益损害事实，同时围绕销售金额认定、违法者是否明知存在食品安全问题等民事侵权责任认定的关键事实展开取证，并邀请法学

专家共同对惩罚性赔偿的法律适用进行论证。2019年11月28日，松阳县院履行了诉前公告程序。

2020年7月10日，松阳县院向人民法院提起刑事附带民事公益诉讼，指控刘某某、纪某某构成生产、销售有毒、有害食品罪，并诉请判令共同支付生产、销售有毒、有害食品销售价款十倍的赔偿金，共计13174510元。2020年8月21日，松阳县人民法院作出一审判决：以生产、销售有毒、有害食品罪分别判处两名被告人有期徒刑十年四个月，并处罚金，对检察机关提出诉请支付销售价款十倍赔偿金13174510元的主张全部予以支持。刘某某、纪某某不服该判决，向丽水市中级人民法院提出上诉。经公开开庭审理后，人民法院于2020年11月2日作出二审裁定，驳回上诉，维持原判。

松阳县院针对办案中发现的网络销售及线下食品安全监管漏洞等问题，及时对接当地市场监管部门、公安机关，建立起食品安全领域"刑事司法+公益诉讼+行政执法"联动配合协作机制，推动形成打击食品安全违法行为合力。截至目前，行政机关作出行政处罚78件，移送检察机关立案审查食品安全领域案件11件22人，净化了当地食品安全环境。

【典型意义】

生产、销售非法添加盐酸西布曲明等禁用成分的食品，严重危害众多消费者的身体健康，损害社会公共利益。检察机关综合发挥刑事公诉和民事公益诉讼多元职能作用，通过刑事附带民事公益诉讼，让违法生产、销售者承担销售价款十倍的惩罚性赔偿责任，以办案回应广大消费者的关切，给广大食品生产者、销售者依法生产经营敲响了警钟。办案中，检察机关推动构建食品安全领域"刑事司法+公益诉讼+行政执法"联动配合协作机制，对规范食品市场经营秩序具有示范意义。

贵州省遵义市红花岗区人民检察院诉刘某美等三人生产、销售不符合安全标准食品刑事附带民事公益诉讼案

【关键词】

刑事附带民事公益诉讼　食品安全　非食用添加剂　惩罚性赔偿

【要旨】

检察机关在依法严惩生产销售不符合安全标准食品犯罪的同时,对违法行为侵害社会公共利益的,依法提起刑事附带民事公益诉讼,要求行为人承担惩罚性赔偿责任。

【基本案情】

2018年7月至9月,刘某美与其子刘某付、刘某涛在遵义市汇川区租用民房开办米粉加工坊,在生产湿米粉过程中,为使生产出的湿米粉保鲜和防腐,使用国家明令禁止添加使用的食品添加剂明矾对湿米粉进行浸泡后,销售给遵义市红花岗区、汇川区各市场经销商销售,共计生产、销售用明矾浸泡过的湿米粉337955市斤,销售金额371000元。经检测,三人销售的湿米粉中铝残留量为137mg/kg,不符合GB 2760—2014《食品安全国家标准食品添加剂使用标准》。

【调查和诉讼】

贵州省遵义市红花岗区人民检察院(以下简称红花岗区院)在审查刘某美等三人生产销售不符合安全标准食品罪一案时,发现三人生产销售不符合安全标准食品的行为可能损害社会公共利益。2019年10月29日,红花岗区院决定立案,并发布公告,公告期满后,未有法律规定的机关和社会组织提起诉讼。红花岗区院在办理案件过程中,积极与侦查机关沟通协作,重点围绕销售数量、犯罪金额、损害后果以及是否损害不特定消费者权益等方面收

集固定证据。

2019年12月20日，红花岗区院向红花岗区人民法院提起刑事附带民事公益诉讼，请求依法判令被告人刘某美等三人共同承担销售金额10倍的惩罚性赔偿金371万元，并向社会公众公开赔礼道歉。

2020年1月16日，红花岗区人民法院公开开庭审理了本案。庭审中，检察机关出示、宣读了本案被告人供述、证人证言、勘验笔录及鉴定意见等证据，证明刘某美等三人生产销售不符合安全标准食品的犯罪行为侵犯了不特定多数人的生命健康权，侵害社会公共利益的事实，并对三人生产销售米粉的数量、金额和惩罚性赔偿金提出的依据等进行了论证。

2020年6月1日，红花岗区人民法院作出一审判决：以生产销售不符合安全标准食品罪分别判处三被告人有期徒刑及缓刑，并处罚金，且自刑罚执行完毕后三年内以及缓刑考验期内禁止从事与食品生产、销售有关的工作，同时对检察机关提出的公益诉讼请求全部予以支持，判决三名被告共同赔偿371万元惩罚性赔偿金，在市级以上媒体向消费者公开赔礼道歉。2020年6月9日，刘某美、刘某付等二人上诉，2020年12月，遵义市中级人民法院裁定驳回上诉，维持原判。

【典型意义】

米粉作为地方特色食品，深受群众喜爱。米粉生产销售是否安全，切实关系到人民群众的身体健康和生命安全。本案中，检察机关依法对生产销售米粉不符合安全标准的行为人提起刑事附带民事公益诉讼，参照食品安全法有关规定，提出销售金额10倍的惩罚性赔偿诉讼请求，有利于提高违法成本，减少食品安全领域违法犯罪，切实维护人民群众"舌尖上的安全"。

安徽省滁州市检察机关支持省消费者权益保护委员会起诉董某明等人销售假冒注册商标白酒民事公益诉讼案

【关键词】

民事公益诉讼　支持起诉　假冒注册商标　惩罚性赔偿

【要旨】

对于侵害消费者合法权益的违法行为，检察机关可以依法支持消费者权益保护组织提起民事公益诉讼。

【基本案情】

2015年至2019年间，董某明、王某鑫、张某等人明知他人出售假酒，仍多次购进假冒口子窖、洋河海之蓝、天之蓝、古井贡酒、五粮液等品牌系列白酒，并加价销售给天长市境内众多不特定消费者。经鉴定，涉案白酒均系假冒注册商标的商品。

【调查和诉讼】

2019年上半年，安徽省天长市人民检察院（以下简称天长市院）相继以销售假冒注册商标商品罪，对董某明等8案11人提起公诉。经审查认为，该系列案件被告人销售假冒注册商标的商品的行为构成刑事犯罪的同时，也侵害了不特定消费者合法权益，损害了社会公共利益。2019年10月8日，滁州市人民检察院（以下简称滁州市院）建议安徽省消费者保护委员会（以下简称省消保委）提起民事公益诉讼。12月6日，省消保委回复检察机关决定提起民事公益诉讼，并申请滁州市院支持起诉。2019年12月20日，省消保委向滁州市中级人民法院（以下简称滁州中院）提起民事公益诉讼，请求判令董某明等人在省级新闻媒体公开赔礼道歉，并支付销售价款三倍的惩罚性赔偿金346.1178万元。滁州中院指定天长市法院审理，滁州市院指令天长市出庭支持起诉。

2020年9月15日起，天长市法院先后就该系列案开庭审理，因涉案被告人在不同监狱服刑，天长市院先后赴天长市法院、白湖监狱、滁州市清流监狱等出席庭审支持起诉。2020年11月19日至12月10日，天长市法院分别就该系列案作出一审判决，支持省消保委的全部诉讼请求。一审判决后，张某提起上诉。2021年3月1日，滁州市中级人民法院作出终审判决，驳回上诉，维持原判。

【典型意义】

制假售假的违法行为不仅侵犯知识产权，破坏市场经济秩序，而且侵犯消费者合法权益，损害社会公共利益。此类违法行为不是检察机关提起民事公益诉讼的法定领域，检察机关可以督促消费者权益保护组织积极行使公益诉权，并通过协助调查收集证据、提交支持起诉意见书、出席法庭等方式支持消费者权益组织依法参与诉讼，共同发挥保护消费者权益的合力。

三、安全生产领域公益诉讼典型案例

（2021 年 3 月 23 日）

积极探索安全生产公益诉讼
用心守护人民群众美好生活

——最高检第八检察厅、应急管理部政策法规司负责人就联合发布安全生产领域公益诉讼典型案例答记者问

党的十八大以来,以习近平同志为核心的党中央高度重视安全生产工作,中央领导同志多次作出重要批示。2016年《中共中央国务院关于推进安全生产领域改革发展的意见》明确提出"研究建立安全生产民事和行政公益诉讼制度"。2020年4月,国务院安委会办公室印发《全国安全生产专项整治三年行动计划》,聚焦安全生产事故易发多发的煤矿、非煤矿山、危化品、消防、道路运输、民航铁路交通运输、工业园区、城市建设、危险废物等9个行业领域,集中开展安全整治。2021年1月,十三届全国人大常委会第二十五次会议审议安全生产法修正草案时,多位委员建议建立安全生产公益诉讼制度。

2021年3月22日,最高人民检察院、应急管理部联合发布一批安全生产领域公益诉讼典型案例,积极回应立法需求和社会关切,通过科学立法、严格执法、公正司法、全民守法,运用法治思维和法治方式解决安全生产领域治理难题。这是继2020年最高检和中国国家铁路集团有限公司联合发布铁路安全生产领域公益诉讼典型案例后,针对安全生产领域发布的又一批典型案例。该批案例呈现出什么新的特点?公益诉讼能在服务保障安全生产工作方面发挥哪些独特作用?最高检第八检察厅厅长胡卫列、应急管理部政策法规司司长王宛生就相关问题回答了记者提问。

1. 检察机关为什么要探索开展安全生产领域公益诉讼?

胡卫列:安全生产事关人民群众生命和财产安全,涉及重大国家和社会公共利益。2016年《中共中央国务院关于推进安全生产领域改革发展的意见》明确提出"研究建立安全生产民事和行政公益诉讼制度"。在近几年的全国两

会上，多位代表委员建议探索开展安全生产领域检察公益诉讼。目前，全国已有 24 个省级人大常委会出台关于加强检察公益诉讼工作的专项决定，其中有 20 个对安全生产领域公益诉讼探索予以明确。

安全生产领域目前虽然还不是检察公益诉讼的法定领域，但却是公益诉讼新领域探索的一项重要内容。党的十九届四中全会明确要求"拓展公益诉讼案件范围"。最高检作为牵头部门，已与最高人民法院、应急管理部等责任单位将"探索开展安全生产公益诉讼试点""推动安全生产法修改时增设公益诉讼条款"作为落实党的十九届四中全会公益诉讼相关改革任务的重要举措。张军检察长在 2020 年向两会所作的工作报告及最高检的一系列文件中，明确将安全生产作为公益诉讼新领域案件的重点范围。

当前，安全监管职能交叉、边界不清，监管缺位、不到位以及执法不严格等问题仍较为突出；不同层级之间职责不清，同一区域上下级"多头执法""重复执法"的现象仍然存在。检察机关开展安全生产领域公益诉讼有利于破解安全生产执法困境。检察机关作为国家法律监督机关和社会公共利益的代表，在安全生产监督活动中，可以通过行政公益诉讼督促相关行政机关依法履职，也可以通过民事公益诉讼监督相关企业及时消除安全隐患，促进各相关主体严格遵守安全生产规范规程，最大限度预防和减少安全生产事故，全力维护人民群众生命财产安全。

🔺 2. 这批安全生产领域典型案例是最高检和应急管理部联合发布的，主要是基于什么样的考虑？

王宛生：安全生产事关人民福祉，事关经济社会发展大局。党中央、国务院高度重视安全生产工作，习近平总书记作出一系列重要指示批示，强调生命重于泰山，要坚持人民至上、生命至上，树牢安全发展理念，绝不能只重发展不顾安全，更不能将其视作无关痛痒的事。党的十九届五中全会将统筹发展和安全两件大事、实现更为安全的发展纳入经济社会发展的指导思想和原则。

安全生产涉及的社会面广、职能部门多、法律法规复杂，需要协调各方系统治理。近年来，应急管理部相关职能部门与最高检第八检察厅就开展安全生产公益诉讼工作多次进行了深入交流，共同开展调研研讨。2021 年 2 月，最高检张雪樵副检察长带队赴中国安全生产科学研究院调研，与应急管理部尚勇副部长围绕安全生产领域公益诉讼重大线索信息数据共享协作机制建设进行座谈，就安全生产相关法律法规修订时增设检察公益诉讼条款达成共识。双方表示，要用法治思维和法治方式推动安全生产责任制落实到位，充分发挥检察公益诉讼制度的独特价值,要积极沟通,加强协作配合。我们也十分支持和欢迎检察机关就安全生产领域开展公益诉讼,共同防范和化解安全生产风险。

我们了解到,检察机关自2017年7月正式确立公益诉讼检察制度以来,积累了丰富的实践经验,特别是在安全生产等新领域先行先试办理了很多典型案件。2020年12月,最高检和国铁集团联合发布了10起铁路安全生产领域公益诉讼典型案例,助力解决了一批多年未能解决的铁路沿线安全隐患。同时,检察机关针对危险化学品、易燃易爆物品、矿山和尾矿库治理、违法建设、违法施工等安全生产公益保护问题,积极稳妥地进行探索,办理了一批典型案件,也得到了地方党委政府、各级行政机关、广大人民群众的高度认可和广泛支持。应急管理部和最高检联合发布安全生产领域公益诉讼典型案例,一方面,是希望对各级应急管理部门和检察机关形成协同共赢的示范效应,也促进社会各界更多地关注支持安全生产工作。另一方面,也希望引入独立的、外部的监督,将检察公益诉讼作为安全生产行政监管的法治保障、破解安全生产公共利益保护困境的有效路径、推动安全生产治理体系和治理能力现代化的重要力量。

● 3. 这次发布的安全生产领域公益诉讼典型案例有什么特点?

胡卫列:此次发布的安全生产领域公益诉讼典型案例,主要有以下特点:

一是违法类型多样化。有的涉及自备成品油、轻循环油、燃气等危险化学品、易燃易爆物品安全隐患,有的涉及尾矿库污染、违规采矿导致地面坍塌等安全隐患,有的是违法建设、违法施工带来的消防、交通安全隐患,还有的涉及加油站扫码支付安全隐患等新问题。

二是突出预防性司法理念。最高检张雪樵副检察长强调,对安全生产涉及的公益侵害,关注的重点不应是已经发生的安全事故和实然侵害,而应是重大风险。安全生产事故往往会造成复杂的公益损害后果,安全生产公益诉讼的制度价值在于防未病、治未然。浙江省海宁市检察院督促整治加油站扫码支付安全隐患行政公益诉讼案中,检察机关专门召开听证会对"在加油站爆炸危险区域扫码支付是否存在安全隐患"进行论证。山西省晋中市榆次区检察院督促整治违法施工安全隐患行政公益诉讼案中,考虑到安全隐患的现实危险性和整改紧迫性,检察机关根据"两高"司法解释有关规定,要求两行政机关在收到检察建议书后15天内依法履行职责并书面回复。

三是公益保护手段多元化。此次发布的典型案例中,从案件类型看,有两件是民事、行政公益诉讼起诉案件，其他都是行政公益诉讼诉前程序案件。从办案方式看，检察机关灵活运用诉前磋商、公开听证、检察建议、圆桌会议等多种方式，督促行政机关依法履职。从办案模式看，有的是省级院或市级院牵头开展公益诉讼专项监督行动，比如黑龙江省检察机关督促整治小煤矿安全隐患行政公益诉讼系列案，七台河市检察机关督促整治燃气安全隐患行政公益诉讼系列案等。

四是实现了双赢多赢共赢的办案效果。这些案例的安全生产案件的成因复杂、责任主体多元，涉及的监督对象包括应急管理、环境保护、消防、公安、交通运输、市场监管、城管执法、住建、商务部门和市县乡政府等不同层级的多个行政机构。检察机关作为第三方力量，通过公益诉讼的方式介入安全生产隐患整治，督促负有安全生产监管职责的行政机关依法履职、形成合力，推动有关职能部门开展安全隐患专项整治，得到行政机关、人民群众的充分肯定，实现了以个案办理推动类案监督促进综合治理的良好效果。

4. 检察机关与应急管理部门在开展安全生产公益诉讼、推动安全生产治理体系和治理能力现代化方面，有什么工作计划吗？

胡卫列：一是进一步凝聚共识，加强顶层设计和制度供给。认真贯彻落实中央有关部署要求，以此次联合发布典型案例为契机，加强与应急管理部等有关部门沟通，争取在涉及安全生产的法律法规修订时，增设公益诉讼条款，为建立安全生产领域公益诉讼检察制度奠定坚实的立法基础。同时，也可以考虑由"两高"制发相关司法解释或会同应急管理部等有关部门出台关于安全生产领域公益诉讼的指导意见，从不同层次构建完善安全生产领域公益诉讼检察制度规范。

二是检察机关与应急管理部门建立常态化协作机制。在前期协作配合的基础上，依托中国安全生产科学研究院等专业机构，双方可以建立重大线索信息数据共享协作机制，通过联席会议、联合调研、联动办案等形式，在线索移送、信息共享、专业咨询、人才培养等方面加强协作，形成安全生产公益保护合力。

三是推动构建安全生产重大线索信息共享平台。依托互联网、大数据等科技手段，搭建全国统一的公益诉讼信息共享大数据平台，实现检察信息化和应急信息化有关数据的互联互通和资源共享，明确数据共享有关要求、范围、标准、方式及平台运营与数据安全管理职责，并在实践中探索与有关行政机关共同建立重大事故隐患治理督办机制，共同推动重大事故隐患的有效解决。

三、安全生产领域公益诉讼典型案例（2021年3月23日）

陕西省略阳县人民检察院督促整治尾矿库安全隐患行政公益诉讼案

【关键词】

行政公益诉讼　尾矿库安全隐患　跟进监督　专项治理

【要旨】

检察机关针对高风险尾矿库未依法及时闭库，存在尾矿泄漏、溃坝等重大安全隐患的问题，向行政机关发出诉前检察建议后，行政机关整改不到位，导致国家利益和社会公共利益仍处于受侵害状态的，检察机关可以依法提起行政公益诉讼，以刚性手段督促行政机关履职尽责、整改落实。

【基本案情】

陕西省汉中市略阳县何家岩好益选矿厂汪家沟尾矿库（以下简称汪家沟尾矿库）地处长江上游嘉陵江流域，所选矿种为铁矿，属于非重金属尾矿库，2003年3月建成使用，2006年停止使用。该尾矿库未依照《尾矿库安全监督管理规定》实施闭库，存在坝坡偏陡、排水沟不全、坝顶滩面洪水无法进入排洪涵洞、库尾排洪涵洞进口有破损现象、观测设施不全等重大安全隐患。该尾矿库占地18.9亩，坝体坡脚紧邻农村公路，50米内有群众居住，距何家岩中心社区约600米，2018年被原汉中市安监局评定为D级尾矿库（最高危险等级），系"头顶库"，严重危及周边居民生命健康和财产安全。

【调查和督促履职】

该案系最高人民检察院挂牌督办案件。2018年6月，陕西省人民检察院（以下简称陕西省院）将该案线索交办汉中市人民检察院（以下简称汉中市院）。略阳县人民检察院（以下简称略阳县院）收到汉中市院交办线索后，于2018年8月20日立案调查，通过现场勘查、调取行政机关执法卷宗、询问证人，发现汪家沟尾矿库由略阳县何家岩好益选矿厂（以下简称好益选矿厂）

投资建设,好益选矿厂成立于2004年4月,2010年6月被注销,其债权债务转让给略阳县天宁矿业有限公司(以下简称天宁矿业公司)承担。2011年天宁矿业公司停产,2013年该公司法定代表人去世,2014年企业留守人员撤走后,汪家沟尾矿库就由略阳县安监局和何家岩镇政府安排人员值班值守。2018年,原略阳县安监局的安全生产监管等职责由新组建的略阳县应急管理局行使。略阳县院认为,略阳县应急管理局作为当地安全生产主管部门,在该尾矿库长期未依法闭库时未能履行监管职责,导致该尾矿库存在重大安全事故隐患。2018年10月11日,略阳县院向略阳县应急管理局发出诉前检察建议,建议该局认真履行监管职责,对企业不主动实施闭库的违法行为依法作出处理,消除安全隐患,确保国家利益和社会公共利益不受侵害。

2018年12月7日,略阳县应急管理局回函称,已于2018年6月至11月对汪家沟尾矿库实施了应急治理工程,但因该尾矿库企业法定代表人于2013年去世,已将该尾矿库确定为业主失联尾矿库,故未作出行政处罚。检察机关跟进调查发现,略阳县应急管理局虽于2018年汛期实施了应急治理工程,但没有依法提请县级以上人民政府指定管理单位,汪家沟尾矿库从不再排尾作业到被确定为业主失联尾矿库后至今未按要求进行闭库,也未按"头顶库"的治理方式进行彻底治理。2019年汛期连续降雨,汪家沟尾矿库排洪设施损毁严重,仍存在重大安全事故风险,国家利益和社会公共利益仍然处于受侵害状态。

【诉讼过程】

2019年12月31日,略阳县院向略阳县人民法院提起行政公益诉讼,请求判令略阳县应急管理局对汪家沟尾矿库继续履行监管职责,切实保护国家利益和社会公共利益。庭审中,双方围绕行政机关是否履行监管职责等焦点问题进行了质证、辩论。2020年5月25日,略阳县人民法院判决支持了检察机关的诉讼请求。

判决生效后,略阳县应急管理局制定相关整改方案,通过政府采购方式委托第三方对尾矿库进行安全检查,安排人员24小时值班值守,略阳县嘉陵江上游无主尾矿库治理项目已由县发改部门立项,待资金到位后对汪家沟尾矿库实施闭库工程或清库处理,彻底消除安全隐患。同时,三级检察机关坚持上下联动,积极争取地方党委政府理解支持。略阳县院与相关职能部门对全县尾矿库逐一排查,有效治理嘉陵江流域尾矿库安全生产隐患问题。汉中市院向汉中市委作专题汇报,汉中市委高度重视并要求全市开展尾矿库专项治理工作。陕西省院在全省开展尾矿库专项调研，并就嘉陵江流域尾矿库综合治理问题向省政协会议递交提案。陕西省应急管理厅对嘉陵江流域尾矿库采取"一库一策"的措施予以治理，并上报应急管理部争取尾矿库隐患治理资金。目前，陕西全省46座尾矿库已被列入治理工程项目，并完成了21座"头顶库"治理工作。

【典型意义】

尾矿库是堆存尾矿、保护环境的重要设施，也是一个具有高势能的人造泥石流危险源。本案中所涉尾矿库为危险等级高的"头顶库"，是国家安全生产专项整治三年行动计划中的重点对象，如果不依法及时闭库，可能造成尾矿泄漏、溃坝、环境污染等重大安全事故和生态环境问题，会给周边群众生命财产安全及嘉陵江下游城市饮用水水源安全、沿江生态环境带来威胁。检察机关在发出诉前检察建议后，行政机关仍未能全面充分履职的情况下，依法提起行政公益诉讼，切实保护国家利益和社会公共利益。同时，三级检察机关认真贯彻落实习近平总书记关于安全生产的重要指示精神，上下联动，以个案办理推动类案监督，推动党委、政府开展源头治理、系统治理、综合治理，有效整治长江上游嘉陵江流域尾矿库安全隐患，起到了办理一案、治理一片的良好效果。

安徽省蚌埠市禹会区人民检察院诉安徽省裕翔矿业商贸有限责任公司违规采矿民事公益诉讼案

【关键词】

民事公益诉讼　违规采矿　协同治理　跟进执行监督

【要旨】

检察机关针对违规采矿破坏生态环境资源并具有严重安全隐患等问题，发挥一体化办案优势，推动行政机关加强安全生产监管执法，及时介入事故调查处理，聘请专家勘查评估，并依法提起民事公益诉讼，推动涉案企业接受调解，并自愿开展治理修复工作，消除地质灾害隐患。

【基本案情】

2004年7月，安徽省裕翔矿业商贸有限责任公司（以下简称裕翔公司）取得马头城地下铁矿采矿许可证，矿区面积4.40km^2，开采标高 -35m~-172m，生产规模20万吨/年，设计采矿方法为分段电耙浅孔留矿（嗣后充填）采矿法且地表不允许陷落。2014年1月22日，裕翔公司因安全生产管理不善，未依规对采空区采取有效支护与填充措施而导致矿区坍塌，地面坍塌面积约2000m^2，深度达16m，造成周围农田和种植物毁损。矿区塌陷后，一度引起当地居民恐慌，多家媒体以"蚌埠一林地里现半个足球场大'天坑'因铁矿开采所致"等标题报道该事件。

【调查和诉讼】

安徽省蚌埠市禹会区人民检察院（以下简称禹会区院）发现涉事企业违规采矿引发地面塌陷的媒体报道，遂开展线索初查并同步向蚌埠市人民检察院（以下简称蚌埠市院）请示。2018年5月18日，蚌埠市院指定禹会区院以民事公益诉讼立案调查。蚌埠市、禹会区两级检察机关启动一体化办案机制，初步查明马头城铁矿地下违规开采、采空区处置不当导致生态环境和自然资源遭到破坏的基本事实。因本案成因复杂，违规采矿发生在地下且跨度时间长，需要专业技术鉴定评估，蚌埠市院会同禹会区院统筹协调国土资源、应急管理部门、禹会区政府开展调查取证、鉴定评估等工作。经禹会区政府委托安徽省地质环境监测总站勘查评估认定，事故系因未对采空区采取有效支护与填充措施导致塌陷，地下采空区和地面塌陷灾害处于不稳定状态，存在严重地质灾害隐患，危险区17.14亩，影响区46亩；可以尾砂胶结浆填充采空区及岩体裂隙进行治理，工程预算466.58万元。

2019年12月31日，禹会区院向禹会区人民法院（以下简称禹会区法院）提起民事公益诉讼，诉请判令裕翔公司采取治理措施消除马头城铁矿采空区和塌陷区危险，对塌陷区复垦恢复原状。庭审中，裕翔公司对所有证据均无异议，主动申请调解，并提交了具有资质机构出具的治理修复方案、工程预算、进度安排等。2020年10月10日，禹会区法院制作调解书，明确裕翔公司应于2021年7月30日前按治理修复方案自行施工消除危险、恢复原状，并通过验收，如在期限内不能按期完工或者验收不合格，则应承担所有治理修复费用。

法院调解后，禹会区院主动向当地党委、人大报告，协同法院、有关行政机关和属地政府现场督导并召开联席会议，明确由应急管理部门和属地政府负责监督治理修复，由自然资源、生态环境部门负责验收。目前，各方已根据修复方案进场施工和监督，取得初步成效。

【典型意义】

违规开采矿山造成的采空区塌陷不仅破坏生态环境资源，而且具有重大安全隐患，矿山企业应当按照国家有关规定负责修复。检察机关主动回应社会关切，依法及时介入调查，坚持一体化办案，推动多部门协同开展案件调查取证及修复治理等工作。在办案中坚持以保护公益为宗旨、以生态修复为导向，通过民事公益诉讼依法追究涉案企业的公益损害责任，在被告有条件且自愿自行修复的前提下，为节约司法资源、及时保护受损公益，同意案件调解结案并尽快开展修复工作。同时，采取现场督导、联席会议等方式加强跟进执行监督，明确监管和验收责任人，实现了双赢多赢共赢的效果。

浙江省衢州市衢江区人民检察院督促整治自备储油加油设施安全隐患行政公益诉讼案

【关键词】

行政公益诉讼诉前程序　自备成品油安全隐患　行业整治

【要旨】

针对工矿企业、物流客运公司擅自建设使用自备储油加油设施，存在安全生产隐患等问题，检察机关通过公益诉讼督促有关行政部门依法履行监管职责，并以点及面开展专项行动，推动区域内同类问题的联动整治与系统治理。

【基本案情】

浙江省衢州市衢江区伟龙矿业等9家工矿企业、物流客运公司未经审批，擅自建设自备储油加油设施，且油罐设置管理随意，消防设施配备不齐全，无防雷电防静电设施，用油操作不规范，日常安全管理制度严重缺失，安全生产隐患问题突出。同时，部分企业还存在违法占地、污染环境等违法行为。

【调查和督促履职】

2019年3月，浙江省衢州市衢江区人民检察院（以下简称衢江区院）在走访摸排中发现该线索并立案。通过查勘现场、调查问卷及向属地乡镇和经信、应急管理等部门核实，查明伟龙矿业等9家企业擅自建设的自备储油加油设施不符合安全生产、消防、环保、规划、国土、气象等法律法规的规定，并未经属地经信部门登记备案，存在安全生产等隐患，相关部门未能形成监管合力。同年4月28日，衢江区院向依法负有监管职责的属地乡镇政府和衢江区经信局、应急管理局、消防救援大队、气象局等5家单位发出诉前检察建议，督促其依法履行各自监管职责，联合对企业自备储油加油站点的用地规划、环境保护、消防安全、气象灾害防御、油品来源与质量等方面隐患开展综合治理,联动开展调查处置,同时做好全面排查整治。

各相关单位收到检察建议后高度重视,主动加强与检察机关对接协商,共同研究制定整改方案。2019年5月,区经信局牵头组织相关单位对上述9家企业自备储油加油站点进行现场调查,后专门召开联席会议,根据存在的问题和行业监管要求,提出分类处理意见。责令4家未批先建、违法占地的企业关停、限期拆除相关设施,5家储油加油设施设置不规范、存在安全隐患的企业进行整改提升。经检察机关跟进监督,该5家企业已完成用地规划、环评的审批,完善消防设施、防雷设施的设计建设与验收,并就油品来源与正规的批发企业签订供销合同,保障油品质量。2019年9月,区经信局牵头组织开展全区企业自备储油罐排查和整治专项行动,按照分类处置原则,推进行业整改和规范提升。同时,考虑企业用油的刚性需求,出台加强成品油市场管理规定,规范联合审查审定程序,明确申报流程、规划建设标准、落实联合监管措施,形成长效监管机制。

办案过程中,衢州市人民检察院加强跟踪指导,并在全市部署开展企业自备成品油领域专项监督,共排查出存在安全隐患企业130余家,共发出检察建议33件。对专项活动梳理形成调研报告报市政府并引起高度重视,促成市商务局牵头开展全市企业自备储油罐安全生产隐患排查和整治工作专项行动,进一步规范企业自备储油加油设施安全管理,健全安全风险防控机制。

【典型意义】

部分企业自备储油加油站点存在安全生产隐患、违法用地、环境污染等问题,严重危及企业健康发展和周边群众生命财产安全。但该类问题往往涉及多个监管部门,存在监管盲区和漏洞,自备成品油也是工矿企业的刚性需求,不宜简单加以取缔。本案中,检察机关监督保障企业安全健康发展,推动相关监管部门分类施策,联动开展调查处置。从源头上规范畅通新增企业储油加油设施建设审查审定程序,支持和引导企业规范有序建设,严格安全准入标准,加强安全管理教育,强化行业自律,切实防范安全风险。同时,以点带面推动全市深入开展企业自备储油加油行业专项整治,为护航民营企业安全健康发展、推进市域综合治理提供有力法治保障。

黑龙江省七台河市检察机关督促整治燃气安全隐患行政公益诉讼系列案

【关键词】

行政公益诉讼诉前程序　燃气安全　专项监督　系统治理

【要旨】

检察机关针对燃气行业生产、运输、储存、使用等环节存在的安全隐患，通过制发诉前检察建议等方式进行监督，督促多个行政机关积极履职尽责，形成合力消除安全隐患，推动燃气行业全链条的系统化、规范化、综合化治理。

【基本案情】

2020年5月，黑龙江省七台河市检察机关在对涉及安全生产领域的公益诉讼案件线索进行研判时发现，全市瓶装液化气换气站、瓶装液化气充装企业、管道燃气企业、汽车加气站在生产、运输、储存、使用燃气过程中存在安全隐患，威胁燃气安全生产和人民群众生命财产安全，损害了国家利益和社会公共利益。

【调查和督促履职】

2020年6月至7月，七台河市检察机关在全市范围内开展了燃气安全管理公益保护法律监督专项工作，对全市范围内的燃气行业全链条进行监督，监督范围涉及燃气行业的4个领域。一是对瓶装液化气换气站进行调查。6月初通过非公开性调查，共发现17家换气站存在非法经营的情形，且都位于或邻近居民区。有的换气站在不具备消防安全条件的场所内储存液化气，部分车辆在未取得危险物品运输许可证的情况下非法运输瓶装液化气，部分换气站还存在非法倒罐行为。办案人员于6月30日对上述17家换气站进行公开性调查，现场共发现已充装液化气的大小钢瓶500余个，待充装的大小钢瓶

400余个，其中有40余个钢瓶已超过检测期限或使用年限；发现用来倒罐的压缩机6台，导管14根，地称11台；还发现用于运输瓶装液化气的车辆25辆，其中13辆无危险物品运输许可证，属非法运营。运输车辆还存在未配备灭火器、押运员、未在排气管尾部加装灭火罩、未给钢瓶佩带防震圈等问题。二是对瓶装液化气充装企业进行调查。发现充装企业存在为换气站从事非法倒罐提供液化气，为非自有产权液化气钢瓶进行充装、充装前未按照规定对钢瓶质量进行认真检查及未按规定填写充装记录等问题。三是对管道燃气经营企业进行调查。发现部分居民燃气用户使用管道燃气多年，但使用期间管道燃气企业未曾入户检查；有的虽入户检查，但检查频率没有达到法定最低频率要求。四是对汽车加气站进行调查。发现汽车加气站普遍存在未严格查看加气车辆是否具有"车用气瓶使用登记证"的问题，致使部分无证车辆加气后上道路行驶。同时，部分车辆加气时车内乘客未到安全区域等候，而是在加气区逗留，工作人员并未进行劝导，以上行为都存在安全隐患。

检察机关认为，城市管理综合执法局（在部分地区该职能隶属于住房和城乡建设局）作为燃气行业的监管部门、市场监督管理局作为燃气压力容器的监管部门、市交通运输局作为危险物品运输的监管部门、公安机关作为危险物品的监管部门，对燃气行业四个领域及各环节存在的安全隐患，均未依法全面履行各自的监管职责，威胁到人民群众的生命健康和财产安全，致使社会公共利益持续受到侵害。据此，两级检察机关一方面向市、县（区）两级共计10个行政机关制发诉前检察建议，建议各部门根据各自监管职责，对燃气行业的上述违法违规行为进行查处、整改，及时消除安全隐患；另一方面深化践行"监管违法追责、犯罪行为打击、公益损害恢复"的"三位一体"办案模式，向公安机关移交涉嫌违法违规问题线索17件。

各行政机关收到检察建议后，第一时间与检察机关对接。检察机关秉承双赢多赢共赢监督理念，组织召开圆桌会议，积极与行政机关沟通，共同研究解决整改中的困难和问题，推动形成监管机制完善、监管责任明确、安全管理责任到人的燃气安全管理工作体系。其中，城市管理部门、交通运输部门、公安机关等开展联合执法行动，共清理、整治换气站28家，依法取缔全部违规经营的换气站。为切实服务"六稳""六保"，检察机关经多方沟通协调，相关换气站从业人员及所属车辆均被纳入瓶装液化气充装企业统一管理，并由政府协调相关部门解决运输车辆及空钢瓶存放场地，帮助其规范经营，妥善解决就业保障与民生需求问题。城市管理、市场监管部门针对燃气充装企业、管道燃气企业、汽车加气站存在的违法违规问题及时进行查处，提出整改意见，要求涉事企业认真履行法定义务。同时，公安机关根据检察机关移交的问题线索，对 10 名违法行为人处以行政拘留的处罚。

【典型意义】

近年来，因燃气引起的火灾、爆炸等安全事故时有发生，严重侵害人民群众的生命健康和财产安全。本案中，七台河市检察机关立足保障安全生产，守护美好生活，积极稳妥拓展公益诉讼监督范围，在全市开展燃气安全管理公益保护法律监督专项工作，两级院检察长均作为主办检察官带头办案，统一指挥，综合运用蹲守、跟踪、无人机航拍、现场勘验检查等多种调查手段，对燃气行业存在的安全隐患问题进行全链条监督，通过制发检察建议、召开圆桌会议、移送违法线索等方式，督促各行政机关依法履职、齐抓共管，共同推动问题解决。同时，坚持新发展理念，帮助涉事企业规范经营、转型升级，推动燃气行业规范化管理，实现保护公益与保障民生的最优结合，取得良好的法律效果和社会效果。

三、安全生产领域公益诉讼典型案例（2021年3月23日）

江苏省泰州市人民检察院督促整治违法建设安全隐患行政公益诉讼案

【关键词】

行政公益诉讼诉前程序　　违法建设　　消防安全　　协同治理

【要旨】

检察机关针对大型商住楼楼顶存在大面积的违法建设带来的安全隐患问题，委托专业机构出具安全隐患检查报告，通过制发诉前检察建议，督促相关行政机关依法积极履职，形成监管合力，并全程监督、协同行政机关拆除全部违法建设，切实维护人民群众生命财产安全。

【基本案情】

泰州中嘉装饰城位于江苏省泰州市海陵区东部市场群核心区，专门经营装饰材料，占地面积约295亩，现驻商户600余家，容纳住户190余户。自2010年3月工程竣工以来，中嘉装饰城有38家商户未经建设工程规划许可，陆续在其中六栋楼的楼顶搭建违法建设用于旅馆经营、货物仓储、办公等，由此产生建筑材料易燃、安全通道闭塞、消防设施不全等一系列安全隐患。2019年7月至2020年1月，泰州市城市管理局先后对其中14家违法建设商户作出责令当事人限期拆除违法建设的行政处罚。后因执法难度大，该14家商户违法建设一直未依法拆除。对其余24家商户违法建设，该局亦未依法处理，安全隐患仍持续存在。

【调查和督促履职】

2020年3月，江苏省泰州市海陵区京泰路街道办事处（以下简称京泰路街道办）接到群众反复投诉，反映泰州中嘉装饰城存在违章建设的问题。因其无行政处罚权，遂主动与泰州市海陵区人民检察院（以下简称海陵区院）对接，请求检察机关依法介入。海陵区院收到上述线索后进行了初步调查，发现该案涉及多个市级行政机关的履职行为，将该案报送泰州市人民检察院（以下简称泰州市院）办理。2020年5月，泰州市院对该案立案审查，成立由两级院检察官组成的公益诉讼办案组，会同京泰路街道办开展逐一入户调查工作，核实违法建设的业主信息、建设时间、面积、建材、用途等资料，并对各违法建设中存在的消防、电气、防雷等安全隐患进行现场勘查，同步收集固定证据。受海陵区院和京泰路街道办委托，泰州市某注册安全工程师事务所对上述违法建设出具安全隐患检查报告，认定上述违法建设存在易燃泡沫夹芯板建材、未设置消防设施、防雷接地网受损、电器设备裸露、过道堆放杂物等52处安全隐患。办案人员结合查明的相关事实，认为相关行政机关有履职不到位导致存在公共安全隐患的情形。2020年7月31日，泰州市院分别向泰州市城市管理局、消防救援支队当面送达诉前检察建议，建议其分别对中嘉装饰城楼顶违法建设行为、违反消防安全的行为依法进行处理。

泰州市城市管理局收到检察建议后，次日即召集海陵区政府办、城管局、防雷办等多部门召开中嘉装饰城违法建设专题整治会，并邀请检察机关派员参加，共商整治对策。因违法建设拆除涉及众多商户的财产损失，检察机关又主动牵头组织海陵区城管局、消防救援大队、街道办召开联席会议，就整治过程中可能遇到的问题统一认识，做细做实相关准备工作，确保拆除工作平稳有序推进。2020年8月，泰州市城市管理局依法对24户尚未处罚的违法建设业主作出行政处罚决定，责令其限期拆除违法建设。泰州市消防救援支队对《检察建议书》中指出的安全隐患逐条进行核查处理，下发责令改正通知书，督促整改火灾隐患12处。京泰路街道办牵头组织多个职能部门共同参与，通过集中采取"逐户宣讲＋友善助拆＋依法查处"的方式，合力推进违法建设拆除工作，同时对拆除部位进行防水施工，解决了商户提出的楼顶渗水问题。经检察机关全程跟进监督，截至2020年10月底，38户违法建设已全部拆除完毕。整改完毕后，泰州市消防救援支队联合相关部门发布《市场消防安全告知书》，对中嘉装饰城全体商户进行消防安全提示，开展消防安全知识培训，并常态化开展巡查，防止上述问题死灰复燃。

【典型意义】

本案中，装饰城楼顶的违法建设位于装饰材料集中、人口密集的商户区内，违建面积大，安全隐患多，相邻关系复杂，同时涉及多个行政机关和多方主体利益，整治难度较大，成为困扰周边群众日常生活的老大难问题。泰州市两级检察机关认真贯彻全国安全生产专项整治三年行动计划要求，树牢安全发展理念,深化源头治理、系统治理和综合治理,协同有关部门落实和完善"从根本上消除事故隐患"的责任链条。在复工复产期间,通过开展安全生产领域公益诉讼调查,深入排查存在问题,委托专业机构出具检查报告,全面收集固定相关证据。在深入调查核实的基础上,泰州市院当面送达检察建议,督促行政机关积极履职尽责,并协同相关部门共商治理对策,采取有效措施。最终促使久拖未决的违法建设得以全部拆除,从根本上消除了长期存在的事故隐患,有效防范和遏制重特大事故的发生,切实维护人民群众的生命财产安全。

浙江省海宁市人民检察院督促整治加油站扫码支付安全隐患行政公益诉讼案

【关键词】

行政公益诉讼诉前程序　加油站扫码支付　公开听证　专项整治

【要旨】

针对加油站爆炸危险区域扫码支付带来的安全隐患问题，检察机关以专家论证、技术实验为支撑，通过公开听证方式进行审查，向行政机关发出诉前检察建议，督促其依法开展加油站扫码支付业务专项整治，消除安全隐患。

【基本案情】

随着移动支付的普及应用，加油站"不下车加油"、手机扫码支付的服务模式盛行。浙江省海宁市有多个加油站均存在工作人员在油枪旁让车内车主手机扫码支付或车主用手机扫描加油机旁印刷的二维码支付等情形。这样的支付方式虽然给车主带来了便捷，但是扫码支付发射的功率可能引发射频火花，存在重大的安全隐患。同时，这些加油站紧挨海宁市客运中心、居民小区、建材市场等人流密集场所，一旦发生爆炸，人民群众的生命财产安全将面临巨大风险。

【调查和督促履职】

2020年1月，中国石化销售股份浙江石油分公司微信公众号推送的一篇文章《疫情当前，您不下车即可加油付款，不进店即可开具发票，还可……》，引起了浙江省海宁市人民检察院（以下简称海宁市院）的关注。海宁市院经走访调查发现，辖区内62家加油站均存在工作人员在油枪旁让车内车主手机扫码支付加油费、加油机旁印有可供手机扫描的二维码等情形。2020年6月15日，海宁市院层报浙江省人民检察院（以下简称浙江省院）审批后决定立案审查。为解决"在加油站爆炸危险区域扫码支付是否存在安全隐患"的问题，海宁市院召开专题会，邀请浙江省安全协会的专家到会指导，并联系通讯部门进行手机电磁辐射实验。通讯专家对手机待机、使用volet通话、扫码支付和观看视频等四种场景下的等效平面波功率密度（W/m^2）进行了测试。测试结果显示，手机在上述四种情景下都会发射功率，而手机扫码支付发射的功率远远大于手机通话发射的功率。同年7月3日，为多方听取意见，海宁市院专门召开公开听证会，邀请安全专家、通讯专家、法学专家、人大代表及政协委员担任听证员，社会公众代表、海宁市应急管理局作为听证当事人，社会各界人士、新闻媒体等参加旁听。听证会上，安全专家对于手机扫码支付发射的功率可能引发射频火花进行了分析，通讯专家对于手机四种不同场景下的W/m^2进行了说明，法律专家对于行政机关履职的法律依据进行了阐释。通过公开听证，最终得出"在加油站爆炸危险区域扫码支付存在重大安全隐患"的结论。同年7月7日，海宁市院根据听证结果向海宁市应急管理局发出诉前检察建议，要求其对辖区内加油站开展专项排查，依法查处违反危化品安全经营的行为，并积极落实整改措施，同时加强日常监管，切实消除支付安全隐患。

海宁市应急管理局收到检察建议后高度重视，召开全市安全管理工作会议，在全市部署推进加油站专项整治工作。2020年7月17日，该局联合海宁市商务局下发《关于进一步加强加油站安全管理工作的紧急通知》和《关于进一步规范加油站扫码支付安全的整治方案》，提出进一步规范全市加油站经营行为的八条意见。同年7月23日，海宁市应急管理局向海宁市院回复整改情况，海宁市辖区内62家加油站爆炸危险区域扫码支付已全面叫停，安全隐患已消除。嘉兴市人民检察院同步跟进，以办理该案为契机，在全市检察机关开展消除加油站经营安全隐患公益诉讼专项监督活动。同时，浙江省院部署要求全省各地检察机关全面排查类似违法行为，推动专项整治，消除安全隐患。

【典型意义】

在互联网时代，移动扫码支付已成生活常态。许多加油站推出手机扫码支付服务，虽然给人们生活出行带来便利，但是在加油站爆炸危险区域手机扫码支付，确实存在安全隐患。检察机关积极稳妥探索安全生产领域公益诉讼，以专家论证、技术实验为支撑，组织召开多方参与的公开听证会，充分发挥社会公众代表的监督作用，将专业判断、法律适用和社会公众的朴素认知相结合，进一步论证公益受损事实，消除人们认识误区，督促行政机关依法履职。同时，充分发挥办案一体化优势，省、市院通过挂牌督办、跟进指导，以点带面同步开展专项监督，通过新闻媒体宣传报道，有效推动全国多地叫停加油站爆炸危险区域的移动支付业务。

山西省晋中市榆次区人民检察院督促整治违法施工安全隐患行政公益诉讼案

【关键词】

行政公益诉讼诉前程序　违法施工　公开送达　类案监督

【要旨】

检察机关针对建筑施工单位违法施工、在高风险施工作业过程中未严格采取安全保障措施的问题，向行政机关发出诉前检察建议，并根据违法事实的现实危险性和整改紧迫性，要求行政机关在十五日内依法履职，切实保障周边群众的生命财产安全。

【基本案情】

位于山西晋中市榆次区的某商住楼项目工程，在施工中塔吊臂经常伸到工地外吊取工程材料，严重威胁过往行人和车辆安全。榆次区城市管理综合行政执法局曾于2019年4月19日对该项目建设单位发送行政处罚决定书，但该项目单位一直未进行整改。晋中市住房和城乡建设局曾于2019年4月26日对该项目进行现场勘察，但未作出任何监管措施。该项目工程的违法施工行为存在重大安全隐患，导致社会公共利益持续受到侵害。

【调查和督促履职】

2019年5月，山西省晋中市榆次区人民检察院（以下简称榆次区院）收到群众反映的上述线索。经层报山西省人民检察院同意，榆次区院于2019年6月1日对该线索进行立案调查。经调查发现，该项目尚未取得施工许可证，属于违法施工。该项目工程地处两条交通要道交叉处，紧临马路，过往行人、车辆多且密集；该项目工地上的三台塔吊经常将起重臂伸到工地外的主干道上吊取工程材料，而在起重臂下的范围没有设置任何提醒过往行人、车辆注意的警示标志和保护设施，严重威胁过往行人、车辆的安全，存在严重的公共安全隐患。

2019年6月19日，榆次区院组织住房和城乡建设局（以下简称住建局）、项目建设施工单位等召开公开送达现场会，依法公开向有关行政机关发出诉前检察建议。建议行政机关依法履行监督管理职责，对该商住楼项目无证施工的问题依法作出处理；组织开展专项检查，对全市范围内的建设工程进行清查，特别对临街或闹市区工程项目重点督查，消除各种潜在的安全隐患。考虑到安全隐患的现实危险性和整改紧迫性，榆次区院根据"两高"《关于检察公益诉讼案件适用法律若干问题的解释》的有关规定，要求行政机关在收到检察建议书后十五天内依法履行职责并书面回复。

收到检察建议后，行政机关高度重视，第一时间派员深入项目工地进行现场办公，核查相关违法事实，并对施工、建设、监理单位下达关于责令限期消除项目重大安全隐患的通知。住建局下达了《停工整改通知书》，将三台塔吊封存禁用，并多次派员到施工现场检查并督促整改。对施工单位作出行政处罚建议，并移交榆次区城市管理综合行政执法局。

经过整治，涉案项目工地已按规定申领《建筑工程施工许可证》，在工地内清理出专门场地作为材料吊装区和大型建筑材料存放区、加工区，材料加工后均按要求运送到吊装区进行吊装，在施工所涉路段设置了安全警示标志并派专人轮流值守，杜绝场外吊装，彻底消除安全隐患。推动施工单位建立健全项目安全管理制度，在现场组织开展施工安全教育培训会，做到防患于未然。同时，住建局从建筑市场行为和质量安全隐患两方面，对辖区内在建工程项目进行重点排查，共排查在建项目114个，发现安全隐患12项，其中限期整改10项，停工整改2项，确保建筑市场安全平稳运行，杜绝安全生产事故发生。

【典型意义】

建筑法规定，从事建筑活动应当遵守法律、法规，不得损害社会公共利益和他人的合法权益。特别是对于处于交通枢纽、人员密集场所的施工活动，要采取更为严格、规范的安全监管措施。本案中，检察机关在及时调查取得有效证据的基础上，一方面，采取召开现场会的形式公开送达检察建议，既体现了法律监督的严肃性和检察建议的刚性，也增强了行政机关主动履职的责任感和自觉性。另一方面，着眼于违法施工安全隐患的现实危险性和整改紧迫性，要求行政机关在十五天内对检察建议进行整改回复，跟进督促行政机关及时介入，综合运用停工整改、行政处罚、挂牌督办等监管手段，在短期内消除了安全隐患。同时通过个案办理推动行政机关开展建筑工程领域系统治理，全面辨识和防范化解安全风险，全方位治理安全隐患，为推进城市综合治理贡献了公益诉讼检察力量。

江西省贵溪市人民检察院督促整治危险化学品安全隐患行政公益诉讼案

【关键词】

行政公益诉讼诉前程序　危险化学品　先行处置　行业整治

【要旨】

检察机关针对刑事案件扣押的易爆危险化学品未妥善保管处置、可能引发安全事故的情况，依法发出诉前检察建议，督促安全监管部门在公安机关固定留取证据后，先行对危险化学品进行无害化处理，及时消除事故隐患，推动行业综合整治，完善安全生产预防控制的责任链条。

【基本案情】

2020年5月至6月，康某租借他人营业执照，在未办理危险化学品经营许可证、安全生产许可证等证照且未采取任何安全防护措施的情况下，在贵溪市某村庄储存、销售伪劣燃料油600余吨。该燃料油为"轻循环油"，是一种轻质油类，主要用于大型机械、船舶等燃料用油，其闪点集中于27℃—48℃，属于易燃易爆的危险化学品。康某因涉嫌刑事犯罪被公安机关采取强制措施，但现场遗留的燃料油罐未得到妥善处置，存在极大的安全事故隐患，对社会公共利益造成潜在危险。

【调查和督促履职】

2020年8月12日，江西省贵溪市人民检察院（以下简称贵溪市院）刑事检察部门在履行审查逮捕职责时，发现康某非法储存、销售危险化学品的行为可能损害社会公共利益，将相关线索移送公益诉讼检察部门。2020年8月25日，贵溪市院以行政公益诉讼立案，并牵头组织公安、消防、应急管理、供电、辖区镇政府等部门现场查看，聘请石化专业技术人员指导。经调查发现，康某生产"轻循环油"的厂房位于人口密集的村庄旁，距离沪昆高速公路不足20米。现场有8个大型油罐，罐内装有"轻循环油"40余吨，厂区大门无人值守，也未设置安全提示警示标志。储油罐罐口未密封、不具备防溅漏等基本安全防护功能，可轻易被打开，现场弥漫着一股刺鼻的柴油味道，一旦遇到火源，极易引发爆炸事故。此外，产生的污染物被直接排入周边农田，破坏生态环境。贵溪市院认为，根据《中华人民共和国安全生产法》《危险化学品安全管理条例》《生产安全事故应急条例》《江西省安全生产条例》等规定，应急管理局作为安全生产监督管理部门，应对辖区内安全生产工作实施综合监督管理。鉴于情况的严重性、紧迫性，贵溪市院立即与应急管理等相关部门沟通协商并达成一致意见，决定先采取临时性应急措施，包括在厂区划定警戒线，疏散附近居民，断电并配备消防器材，安排人员24小时对厂区轮班值守等。

2020年9月7日，贵溪市院分别向贵溪市应急管理局、市场监督管理局、生态环境局、林业局及辖区镇政府上门送达检察建议。建议市应急管理局尽快制定处置方案，将厂区内现存的"轻循环油"依法妥善处置，彻底消除安全隐患，加强与公安、生态环境、林业、镇政府等部门在危险化学品安全管理方面的协助配合，强化案件信息共享，推动建立分工协作机制。建议其他相关行政机关依照各自职责，对康某的违法行为依法查处，以保护生态环境。

发出检察建议后，贵溪市院应市应急管理局申请，协调公安机关在完善固定相关刑事案件证据后将扣押的"轻循环油"交由应急管理部门依法处置。2020年9月8日，贵溪市应急管理局邀请检察机关、生态环境、消防、中石化贵溪分公司到现场会商具体处置措施，其后根据会商情况，制定《高速路口非法成品油窝点储油设施隐患治理方案》，并报贵溪市政府同意。同年9月9日至10月11日，贵溪市应急管理局先后组织中石化贵溪分公司对油罐内的"轻循环油"转运、清空、无害化处理；组织消防部门对油罐注水、对罐内残留的危险化学品置换；组织第三方专业公司对罐内污水进行专业处理，对所有油罐、管道管线等储油设施设备进行切割、回收。贵溪市生态环境局对现场遗留的炼油危废物进行了无害化处置。贵溪市市场监督管理局对康某租借的营业执照进行了吊销。贵溪市林业局对违法占用林地搭建厂房的周某依法作出责令补种、罚款等行政处罚措施。镇政府组织人员对违建厂房进行了拆除，以防止"散乱污"企业死灰复燃。

办案过程中，贵溪市院对近年来办理的涉危险化学品刑事、公益诉讼案件进行分析，形成《关于全市危险化学品行业安全生产情况专项调研报告》

并呈报当地党委政府参阅。在党委政府的统一部署下,贵溪市院会同市应急管理局等部门开展"危险化学品行业安全生产"专项整治,排查全市28家危险化学品企业,发现161个安全隐患问题。检察机关先后牵头组织召开3次联席会议,提出23条磋商意见,监督相关行政机关发出责令整改指令书50份,推动相关企业建立健全安全生产制度20项。

【典型意义】

危险化学品安全事关社会安定、人民安宁。本案中,检察机关注重加强检察公益诉讼与安全生产行政执法、刑事司法的衔接,在严厉打击非法储存销售危险化学品犯罪的同时,注重前端风险防控,充分运用公益诉讼检察职能,推动多个监管部门同向发力,先行处置涉刑事案件扣押的易爆危险化学品,有效化解风险隐患,坚决防范遏制安全事故发生,推动周边生态环境保护。同时,针对办案中发现的区域性问题,通过联合执法、召开联席会议、呈送专项调研报告等方式,深化源头治理、系统治理和综合治理,助力优化安全生产预防控制体系,为促进危险化学品安全生产贡献检察力量,有效保护人民群众生命财产安全。

三、安全生产领域公益诉讼典型案例（2021年3月23日）

黑龙江省检察机关督促整治小煤矿安全隐患行政公益诉讼系列案

【关键词】

行政公益诉讼诉前程序　小煤矿关闭整治　专项监督　公开宣告　综合治理

【要旨】

检察机关针对辖区内小煤矿监管混乱、安全事故多发等问题，三级院联动开展公益保护专项监督，综合运用公益损害恢复、监管违法追责、犯罪行为打击等多种手段，助力推动当地煤炭行业淘汰落后产能化解过剩产能专项整治，有效防范化解重大安全隐患。

【基本案情】

为推动解决煤炭行业"小、散、乱"和安全事故多发等问题，黑龙江省人民政府于2018年出台《黑龙江省煤炭行业淘汰落后产能化解过剩产能专项整治工作方案》开展专项整治，要求现有单井生产能力年产15万吨以下且不具备扩建到年产30万吨及以上规模的煤矿，2018年底前一律淘汰、关闭退出。鸡西、双鸭山、七台河、鹤岗地区（以下简称四煤城）的小煤矿问题尤为突出，年生产能力在15万吨以下的小煤矿多达数百个。

【调查和督促履职】

2018年6月27日至9月27日，根据最高人民检察院（以下简称最高检）指示和黑龙江省委、省政府要求，黑龙江省人民检察院（以下简称黑龙江省院）以维护安全生产、生态安全为切入点，以公益保护为着力点，在四煤城组织开展小煤矿关闭整治公益保护法律监督工作。召开专题党组会议，研究制定实施方案，成立领导小组及办公室，抽调哈尔滨、大庆、黑河地区及哈尔滨铁路运输检察机关共130人成立4个工作专班，依托一体化办案机制,坚持三级院上下联动,聚焦四煤城年生产能力在15万吨以下的387个小煤矿,进行全覆盖调查。

黑龙江省院针对煤炭领域专业性强的特点,组织4个专班干警集中培训,聘请10名煤炭行业专业人员异地交叉调配,提供专业咨询保障;配备无人机、GPS定位器、激光测距仪等装备,夯实技术保障;3次向省委书记、省长汇报阶段性工作,争取党委政府支持;10次下发书面指导意见,并深入专班驻地,指导推进调查取证工作。各专班聚焦"公益损害恢复、监管违法追责、犯罪行为打击"三个层面,构建全方位、立体化、系统性的公益保护法律监督模式,采取实地调查、现场勘查、谈话询问、无人机航拍、卫星林相图比对、GPS定位测量、激光测距等方法,逐矿进行调查取证,审查文书资料25000多份,形成卷宗652册。

通过前期调查和线索研判,黑龙江省检察机关将其中具有典型性的6件案件线索以行政公益诉讼立案,督促有关行政机关依法履职。2018年12月21日,黑龙江省院组织鸡西、双鸭山、七台河、鹤岗四个市级检察院和鸡西市恒山区、双鸭山市集贤县两个基层检察院,在同一时间、按照同一程序,以现场直播的形式,在36名人大代表、政协委员、人民监督员的现场见证和全省三级检察机关的视频观摩下,分别对鸡西市鸡东县林业局、双鸭山市自然资源局、七台河市生态环境局、鹤岗市环境保护局、鸡西市恒山区环境保护局、双鸭山市集贤县生态环境局公开宣告送达检察建议,要求相关行政机关在各自监管领域内依法履职,推动修复受损公益。

收到检察建议后,行政机关高度重视、积极履职,迅速组织整改落实。鸡东县林业局成立专项工作领导小组推动整改,责令相关煤矿停止违法侵占林地行为,限期完成植树造林、恢复植被,相关煤矿涉嫌犯罪的,已依法移交公安机关。双鸭山市自然资源局确认相关煤矿非法占地3834平方米,其中基本农田2457平方米,并下达《行政处罚决定书》,堆放木材使用的农用地现已恢复原貌。七台河市生态环境局两次召开专题会议研究落实整改,责令直接关闭煤矿62家,限期关闭7家,引导退出5家,其余通过资源整合、扩建方式达到生产标准的煤矿予以保留。鹤岗市环保局两次组织全市地方煤矿相关责任人召开推进会,并跟踪督办,对停产淘汰整合后保留的8家煤矿重新进行环评审批和验收,该8家煤矿现均已取得环境影响评价手续并完成了地面广场硬化等工作。鸡西市恒山区环境保护局已责令6家煤矿关闭停产,并要求3家保留煤矿采取措施确保水质符合排放标准。集贤县生态环境局根据相关煤矿的不同情形,分别进行行政处罚、采取处理措施、完成清理整改。

目前相关问题已全部整改到位。

黑龙江省委书记、省长对检察机关开展此项工作多次批示予以肯定，认为"省检察院积极开展公益诉讼、打好'监管失职问责+犯罪行为打击+公益损害恢复'三位一体组合拳，彰显法律权威，探索司法实践，取得十分显著成效，尤其是对小煤矿关闭整治工作起到震慑作用"。多家新闻媒体赴黑龙江省进行专访并集中报道，在全国范围内推广宣传。

【典型意义】

本案中，黑龙江省检察机关立足公益诉讼检察职能，以开展小煤矿关闭整治公益保护专项监督为抓手，以维护安全生产、生态安全为切入点，依法履职，主动作为，三级检察机关同步公开宣告送达诉前检察建议，有力督促行政机关依法履职，取得了良好的办案效果。探索形成公益损害恢复、监管违法追责、犯罪行为打击"三位一体"的公益检察模式，体现了立体监督、接续监督、刚性监督的力度，以优质的检察产品为服务当地经济社会高质量发展保驾护航。

四、检察机关个人信息保护公益诉讼典型案例

（2021 年 4 月 22 日）

回应人民关切 净化网络环境 为公民个人信息保护提供更加优质的公益诉讼检察产品

——最高检第八检察厅负责人就检察机关个人信息保护公益诉讼典型案例答记者问

2021年4月22日，最高人民检察院发布检察机关个人信息保护公益诉讼典型案例，最高检第八检察厅厅长胡卫列就相关问题回答了记者提问。

1. 检察机关将个人信息保护作为拓展公益诉讼案件范围的新领域重点部署推进的主要考虑是什么？

众所周知，互联网、大数据时代的新业态、新生活，在带来商机和便利的同时，也伴随着监管和维权的困难。"谁动了我的个人信息"，成了每个人的烦恼和不安。泄露的个人信息经黑色产业链流向的电信网络诈骗，更是国家重拳打击的多发高发犯罪。滥用个人信息滋生的"大数据杀熟"，也已纳入中央强化反垄断和防止资本无序扩张的风险防控重点。加强个人信息保护，与个人利益密切相关，是人民群众新时代美好生活需要的重要内容；同时涉及国家利益和社会公共利益，是推进国家治理体系和治理能力现代化必须破解的难题。

2018年11月8日，最高检张军检察长在出席第五届世界互联网大会"大数据时代的个人信息保护"分论坛发言中指出，"检察机关要探索个人信息保护领域公益诉讼检察工作，促进全方位司法保护"。2021年1月1日起施行的民法典，强化了个人信息的法律保护。张军检察长强调：要以颁布实施民法典为动力，加强公益诉讼检察工作，履行好公共利益代表的职责使命。落实民法典关于强化公民隐私权和个人信息保护的规定，积极、稳妥拓展公益诉讼办案范围,以对党和人民高度负责的态度依法履职、担当作为。

第一,民有所呼,我必有应。近年全国两会,关于"加强个人信息保护"的议案、建议、提案,越来越关注强化法治保障。2017年7月起,全面推行的检察公益诉讼,以公益利益代表、守护美好生活为使命,取得显著成效,在个人信息保护方面也被寄予厚望。截至目前,全国已有25个省级人大常委会作出关于加强检察公益诉讼工作的决定,其中有19个省份明确要求检察机关积极稳妥开展个人信息保护领域公益诉讼。最高检坚持以人民为中心,积极回应人民关切,在2020年9月出台的《关于积极稳妥拓展公益诉讼案件范围的指导意见》中,明确将个人信息保护作为网络侵害领域的办案重点,并对贯彻执行省级人大常委会专项决定提出要求。

第二,顺应立法导向,积累司法经验。2021年4月26日至29日召开的十三届全国人大常委会第二十八次会议,审议内容包括数据安全法草案、个人信息保护法草案,彰显了强烈的国家意志。最高检紧紧围绕全国人大常委会立法工作计划,在继续加大对个人信息刑事司法保护力度的同时,着眼解决执法司法中面临的突出问题,指导全国检察机关重点办理符合立法导向的公益诉讼案件,用实实在在的典型案例以及办案中建立健全的制度机制,为推动立法修订提供司法实践依据。

第三,协同行政监管,深化综合治理。中央网信办、工业和信息化部、公安部、市场监管总局等职能部门持续开展针对APP违法违规收集使用个人信息等侵权行为的专项治理,出台网络安全审查办法等监管措施。社会高度关注的《常见类型移动互联网应用程序必要个人信息范围规定》将于2021年5月1日起施行。这些监管措施为检察机关强化法律监督提供了靶向。检察机关通过办理行政公益诉讼案件,督促协同相关行政机关严格执行监管措施,堵塞漏洞、防控风险;通过办理民事公益诉讼包括刑事附带民事公益诉讼案件,增加侵权责任主体的违法成本,修复受损公益,推动源头治理、综合治理。

2. 检察机关办理个人信息保护公益诉讼案件取得了哪些成效?

一是案件类型丰富,促进了多领域多行业个人信息保护。在本次发布的典型案例中,行政公益诉讼案件涉及教育、市场监管、公安、网信、农业农村等行政机关个人信息监管、政府信息公开问题;涉及快递、医疗机构、校外培训机构等泄露个人信息问题。民事公益诉讼案件包括互联网企业违法违规收集个人信息和非法获取个人信息并进行消费欺诈等问题。刑事附带民事公益诉讼案件涉及通过技术软件、物业服务等不同手段非法获取并交易个人信息问题，除了依法打击行为人侵犯公民个人信息的犯罪行为，检察机关还将网络运营者作为共同被告要求承担公益损害责任。

二是综合运用刑事追诉、公益诉讼手段，增加侵权行为的违法成本。在依法追究刑事责任的同时，追究公益损害责任，通过高额罚金和公益损害赔偿加大警示力度，预防潜在的违法犯罪行为。贵州省安顺市西秀区人民检察院依法对熊某某、王某甲、王某乙提起刑事附带民事公益诉讼，请求法院判令三名被告人自行彻底删除所有非法获取的公民个人信息，在国家级媒体上公开赔礼道歉，并按照非法获利支付赔偿金人民币共70余万元。法院在以侵犯公民个人信息罪判处熊某某等三名被告人有期徒刑，并处5万至60万元不等的罚金的同时，对检察机关提出的公益诉讼请求全部予以支持。

三是有效激活保护机制，加强与行政机关的协作配合。检察机关针对部分行政机关不注重个人信息保护、监管责任不到位等问题，通过磋商、公开听证和检察建议等方式督促履职，凝聚各部门的监管共识，增强监管合力。同时以个案办理推动相关行业治理和长效机制建设，助推提升治理效能。浙江省温州市鹿城区人民检察院办理就诊者个人信息保护行政公益诉讼案后，联合区公安分局、区市场监管局、区教育局出台《关于加强消费领域个人信息保护执法司法协作的若干意见（试行）》，围绕教育培训、母婴服务、房产租售、汽车销售、装修装饰、美容健身、旅游住宿、网站或APP运营等侵犯个人信息违法行为多发高发的行业和领域，强化消费者个人信息保护行政执法与公益诉讼协作配合，有力维护了社会公共利益。

四是提升了相关企业保护公民个人信息的责任意识。对互联网企业未履行个人信息管理和保护义务的，检察机关通过公益诉讼要求其承担公益损害责任，推动其落实企业主体责任。浙江省杭州市余杭区人民检察院发现某网络科技有限公司开发的音乐视频教学类APP存在违法违规收集、储存、使用个人信息等情形，依法向法院提起民事公益诉讼。经调解，该公司自愿对APP进行全面整改，删除违法违规收集、储存的全部用户个人信息，公开赔礼道歉，并承诺不再侵害用户个人信息。对该APP后续整改情况，检察机关引入第三方代表评估，通过合规检测后才允许其重新上架。

3. 个人信息保护检察公益诉讼面临哪些困难？下一步有何重点安排？

一是立法供给不足。一方面，个人信息保护目前属于检察公益诉讼新领域，检察机关办理此类案件的立案标准、起诉条件、诉讼请求等实体和程序规定尚未规范，在检察建议整改落实和起诉案件受理环节容易产生分歧。另一方面，涉及个人信息的各类违法情形、法律责任以及行政机关的监管职责有待法律明确规定，以便于检察机关精准监督纠正违法。

二是调查核实手段欠缺。个人信息侵权违法行为多数与互联网、大数据、人工智能等高新科技相关联，呈现跨区划、匿名化、涉众型、全链条等特点，检察机关发现、收集、固定、研判、鉴定相关电子证据，需要与之相适应的调查核实手段。实践中主要依靠公安机关在刑事侦查程序中取证，或者商请相关互联网平台提供，检察机关自行向有关行政机关、企业、人员调取证据相对困难，影响办案进度和成效。

三是公益损害认定难、修复难。在民事公益诉讼中，侵害个人信息造成的损失难以量化，损害赔偿认定缺乏统一规范的评估鉴定方法和标准。追回、屏蔽、删除涉案的个人信息，需要相应的技术手段和人力物力，主张和支持停止侵害、排除妨碍、消除危险的诉讼请求，需要技术方案或者替代方案。

下一步，检察机关将以全国人大常委会审议数据安全法、个人信息保护法草案为契机，密切关注立法进展及相关行政监管措施的落地落实，持续跟进监督个人信息保护领域严重损害公共利益的突出问题，争取办理更多有影响力的典型案件，为个人信息保护贡献公益诉讼检察力量。

一是协助立法机关修改完善个人信息保护法中的检察公益诉讼条款。遵循检察公益诉讼制度发展规律，结合个人信息保护公益诉讼典型案例及各地检察机关办案实践中积累的经验，研究提出在个人信息保护法中分设民事公益诉讼条款和行政公益诉讼条款的立法建议。

二是加强与行政机关的协同协作。重点就解决常见类型中的移动互联网应用程序、人脸识别技术、快递物流行业以及针对老年人、未成年人、妇女等特殊群体个人信息保护问题，进一步增强执法司法合力，分类精准开展源头治理、综合治理。

三是充分发挥检察一体化办案优势。以检察一体化应对个人信息公益损害网络化。加快全国检察机关公益诉讼检察指挥中心建设，采取最高检、省级检察院自办案件，加大交办、督办工作力度，重大监督事项案件化办理等方式，统筹发挥刑事检察、公益诉讼检察职能作用，突出办理全国性、有影响力的个人信息保护公益诉讼案件，努力斩断个人信息侵权与电信网络诈骗之间的利益链条。

四、检察机关个人信息保护公益诉讼典型案例（2021年4月22日）

江西省南昌市人民检察院督促整治手机APP侵害公民个人信息行政公益诉讼案

【关键词】

行政公益诉讼诉前程序　APP违规收集使用个人信息　公开听证　委托检测

【要旨】

针对手机APP等互联网软件侵害公民个人信息损害社会公共利益的情形，检察机关督促行政机关依法履职。

【基本案情】

2020年7月，江西省南昌市人民检察院（以下简称南昌市院）从有关媒体报道中发现，本地部分手机APP存在侵害用户个人隐私和违规收集使用用户个人信息问题，损害了社会公共利益。

【调查和督促履职】

2020年7月，南昌市院委托专业检测公司在人民监督员及公证人员的见证下，对本地企业开发经营的"贪玩蓝月""地宝网""洪城乐骑行""江教在线""魔题库"等6款手机APP进行详细检测，发现上述APP均存在《APP违法违规收集使用个人信息行为认定方法》规定的违法违规收集或使用公民个人信息的情形，包括未明示收集使用个人信息的目的、方式和范围；未经用户同意收集使用个人信息；违反必要原则，收集与提供的服务无关的个人信息；未经同意向他人提供个人信息等。根据《中华人民共和国网络安全法》等法律规定，结合相关部门"三定方案"和权力清单，南昌市院确定江西省通信管理局（以下简称省通信管理局）、南昌市公安局（以下简称市公安局）、南昌市互联网信息办公室（以下简称市网信办）未履行个人信息保护监督管理职责，并于2020年8月20日立案。

因手机APP侵害公民个人信息监管涉及多个行政机关，存在职能交叉、监管部门层级不同等问题，南昌市院在与行政机关充分沟通磋商的基础上，决定通过公开听证的方式稳妥推进案件办理。2020年8月21日，南昌市院组织公开听证会，邀请人民监督员、高校教授、律师作为听证员进行听证监督，省通信管理局、市公安局、市网信办相关处室负责人参加听证会。听证会上，听证员一致表示，该类手机APP存在的问题已不是个案，侵害了社会公共利益，建议检察机关督促相关职能部门抓紧整改，妥善保护群众个人信息安全。

2020年8月27日，南昌市院分别向市公安局、市网信办发出诉前检察建议，要求两行政机关依法对案涉手机APP违法收集使用个人信息行为进行监管及处罚，并加强对本市辖区内APP收集使用个人信息等行为的监管，强化网络执法督查相关工作。同年10月23日，市公安局、市网信办回复南昌市院，已要求案涉手机APP运营主体针对检测发现的25个问题逐一开展对照整改及优化等工作，对其中4款手机APP运营主体予以警告处罚。

办案过程中，南昌市院还向省通信管理局移送案涉手机APP违规收集或使用个人信息的相关线索和证据材料。省通信管理局通过组织开展全省电信和互联网行业网络安全检查，现场督导案涉APP违规收集使用个人信息整改，对管辖范围内APP运营主体进行宣传教育等方式加大监管力度。为评估整改效果，南昌市院委托专业检测公司对案涉APP进行复测，确认相关问题已整改到位。

【典型意义】

APP违规收集个人信息具有较强的隐蔽性和危害性。办理手机APP侵害公民个人信息案件，检察机关可以借助第三方检测机构的专业力量，调查收集APP违法违规收集使用个人信息的相关证据，确定侵害社会公共利益的违法事实。对手机APP侵害个人信息进行监管涉及多个职能部门，检察机关运用"磋商＋听证"的监督模式，加强与职能部门的沟通协调，协同职能部门在各自职责范围内加强网络个人信息安全保护和监督管理，形成个人信息保护合力。

浙江省温州市鹿城区人民检察院督促保护就诊者个人信息行政公益诉讼案

【关键词】

行政公益诉讼诉前程序　就诊者个人信息保护　源头治理

【要旨】

针对非法获取就诊者个人信息用于商业营销的市场乱象，检察机关督促行政机关依法履职，加强类案监督，完善社会治理，构建长效机制，形成个人信息保护合力。

【基本案情】

2016年至2018年期间，温州某儿童摄影公司员工张某某、某儿童培训公司员工卢某某等人，为公司商业营销需要，采用购买、交换等方式从温州多家医院非法获取1万余条孕产妇个人信息，其间，张某某等人还向他人出售、提供孕产妇个人信息。涉案两家公司对员工非法收集、使用、泄露孕产妇个人信息用于商业营销的违法行为未尽到个人信息保护义务，严重侵害就诊者合法权益。

【调查和督促履职】

浙江省温州市鹿城区人民检察院（以下简称鹿城区院）在刑事检察部门办理侵犯公民个人信息案件中发现本案公益损害线索，于2019年7月31日成立专案组立案调查。专案组通过调阅刑事卷宗、检索监管依据、搜集处罚案例、走访职能部门等方式，查明公益损害事实，明确监督对象，找准监督依据。《中华人民共和国消费者权益保护法》规定，消费者个人信息享有依法得到保护的权利，经营者收集、使用消费者个人信息应当遵循合法、正当、必要原则，并采取必要措施防止消费者个人信息泄露。市场监督管理部门对侵害消费者个人信息的行为负有监管职责。张某某等人因涉嫌刑事犯罪，依法被追究刑事责任，但涉案公司未因张某某、卢某某利用非法获取的孕产妇等个人信息进行商业营销受到相应处罚。2019年8月29日，鹿城区院向鹿城区市场监督管理局（以下简称区市监局）发出诉前检察建议，督促其对涉案公司违法行为予以查处，并采取有效措施加大对辖区内侵害消费者个人信息违法行为的打击力度。

检察建议发出后，受新冠肺炎疫情影响，查处工作一度停滞，鹿城区院持续跟进监督。2020年7月，区市监局对摄影公司作出责令改正、没收违法所得4000元、罚款34000元的行政处罚，对培训公司作出责令改正、罚款30000元的行政处罚。与此同时，区市监局开展全区侵害消费者个人信息违法行为专项行动，查处违法公司4家，罚没款16.8万元。其中一案获评浙江"亮剑2020"保护重点领域消费安全综合执法行动十大典型案例；开展"送法上门"宣传活动，督促重点领域和经营单位严格履行消费者个人信息保护义务。

办案过程中，鹿城区院针对就诊者个人信息主要从温州两家医院泄露这一情况，分别向两家医院发出社会治理检察建议，建议加强就诊者个人信息保护。两家医院通过案例开展警示教育，采取了加强信息查询权限分级管理、重要岗位人员定期轮岗、工作电脑加密等措施积极落实整改，完善个人信息安全源头管理。同时，鹿城区院结合办案，联合区公安分局、区市监局等部门在全省率先出台《关于加强消费领域个人信息保护执法司法协作的若干意见（试行）》，形成消费领域个人信息保护执法司法合力。

【典型意义】

检察机关针对非法获取就诊者个人信息用于商业营销的市场乱象，通过公益诉讼诉前检察建议和社会治理类检察建议，督促行政机关全面履行监管职责，推动医疗机构加强源头管理，构建执法司法长效机制，全方位保护就诊者个人信息安全，营造让人民群众放心的医疗就诊环境。

四、检察机关个人信息保护公益诉讼典型案例（2021年4月22日）

甘肃省平凉市人民检察院督促整治快递单泄露公民个人信息行政公益诉讼案

【关键词】

行政公益诉讼诉前程序　快递单个人信息保护　隐匿化技术处理　公开听证

【要旨】

针对快递单直接显示用户个人信息的安全隐患，检察机关督促行政机关加强快递收发前端和末端的监管，避免个人信息泄露风险。

【基本案情】

甘肃省平凉市辖区内多家快递企业的快递单未对用户个人信息采取隐匿化等有效保护措施，直接显示客户姓名、电话号码等个人信息，存在泄露公民个人信息重大隐患。

【调查和督促履职】

2020年6月29日，甘肃省平凉市人民检察院（以下简称平凉市院）收到群众举报上述线索并进行初步调查属实，于2020年8月11日立案调查。平凉市院通过对快递单拍照取证、走访营业网点、询问相关人员等方式，查明辖区各快递企业的快递单均未对收寄人姓名、手机号等采取隐匿措施，也未进行信息安全提醒。对此，平凉市院通过微信小程序开展随机问卷调查，参与调查的群众中，90.59%认为快递单可能泄露个人信息；98.82%希望对快递单上的个人信息采取隐藏等保护措施；100%认为有必要加大对快递行业个人信息保护的监管力度。

办案过程中，平凉市院与平凉市邮政管理局（以下简称市邮政局）就完善快递单个人信息保护措施进行多次磋商，并组织召开听证会，邀请人大代表、政协委员、人民监督员、律师、公益诉讼志愿者作为听证员。会上播放了快递单泄露公民信息新闻调查短片，讲解了相关法律政策，进行了多媒体示证，听取了市邮政局和快递企业代表意见。听证员一致认为：平凉市普遍存在快递单泄露公民个人信息风险，市邮政局对快递行业个人信息安全管理不到位，应当加强监管。2020年9月8日，平凉市院向市邮政局发出诉前检察建议，建议其依法全面履行快递市场安全监督管理职责，督促快递企业采取有效手段保护用户信息安全。

收到检察建议后，市邮政局印发《关于切实做好邮政行业用户信息安全保护的通知》并进行专项整改。对快递企业负责人集体约谈，要求快递企业规范管理和定期销毁快递运单，杜绝倒卖用户信息前科人员从事快递行业，对快递单采取隐匿化技术处理等措施；开展公民个人信息安全法制宣传，对快递员进行用户信息安全培训。

2020年10月14日，市邮政局就整改情况向平凉市院进行了书面回复。经抽样调查，快递企业有的在运单加盖了个人信息保护提示印章，有的在快递网点和快递车悬挂了信息安全提醒标语。顺丰快递单和快递员通信终端用户手机号已全部实现隐匿化技术处理。其他快递企业正在参照推进。各快递企业销毁纸质运单105万份，所有快递企业今后不再留存纸质运单。

【典型意义】

快递管理系统和运单存储大量公民个人信息，容易被不法分子获取、利用，危及公民人身、财产安全，侵害社会公共利益。检察机关围绕快递收发前端和末端的个人信息泄露风险，通过随机问卷调查听取社情民意，通过诉前磋商和公开听证与行政机关和快递企业代表进行会商，共同提出切实可行的保护方案。监督行政机关依法全面履行监管职责，督促快递企业多方面完善公民个人信息保护措施，消除安全隐患，以最小的司法投入取得最佳的办案效果。

四、检察机关个人信息保护公益诉讼典型案例（2021年4月22日）

江苏省无锡市人民检察院督促保护学生个人信息行政公益诉讼案

【关键词】

行政公益诉讼诉前程序　学生个人信息保护　圆桌会议　校外培训机构监管

【要旨】

针对校外培训机构非法获取学生个人信息用于营销招生、侵害学生合法权益的行为，检察机关通过诉前磋商和检察建议等方式督促教育行政部门依法履职，保护学生个人信息安全。

【基本案情】

2016年7月，甲培训机构总经理孟某购买中小学在校学生个人信息23万余条，并将上述信息用于其培训机构电话招生。2018年7月，孟某向王某出售、向乙培训机构总经理方某提供上述信息。甲乙两培训机构均无办学许可证，而上述信息多为格式统一、内容全面、精确度高的整个学校或整个班级的信息，内容包括学校、学生姓名、入学年份、班级、学号、邮寄地址及父母姓名、联系方式等，给广大学生个人信息保护带来严重安全隐患。

【调查和督促履职】

江苏省无锡市梁溪区人民检察院在办理孟某侵犯公民个人信息罪案件中发现可能存在侵害社会公共利益的情形，将案件线索移送江苏省无锡市人民检察院（以下简称无锡市院）进行审查，该院于2019年10月28日立案调查。通过调取孟某侵犯公民个人信息罪案件卷宗，全面了解孟某违法事实；通过对办学场所实地调查，摸清两公司目前经营状况；通过走访市、区教育行政部门，了解对校外培训机构办学许可证发放、培训行为监管、学生个人信息保护等履职情况。2019年11月4日，无锡市院与无锡市教育局召开圆桌会议进行磋商，无锡市院阐述分析了教育行政部门未依法履职导致学生个人信息泄露的事实和理由，并听取了无锡市教育局的意见。无锡市教育局对检察机关的调查予以认可。2019 年 11 月 8 日，无锡市院向无锡市教育局发出诉前检察建议，督促其加强对校外培训机构的监管和对学生个人信息的保护。

收到检察建议后，无锡市教育局成立调查组全面排查治理。根据涉案个人信息数据分析、排查市区两级学籍数据管理系统的数据使用情况，查找风险点，对相关信息数据采取集中登记备案。加快建设网络安全技防措施，新增城域网防火墙，升级数据中心保护等级。完善数据下载流程并全程留痕，对学生身份证号码、家长联系方式等信息加密处理。加强管理人员安全培训，组织校长、园长、网络与信息系统安全员进行网络数据安全专题培训，举办全市 1.5 万余名教师参与的网络和信息系统安全竞赛，提升教育系统网络安全意识。加大校外培训机构监管力度，重点整治非法获取学生信息营销招生行为，将其纳入年检和信用管理档案内容，并畅通举报投诉渠道。全面推行多部门联合"双随机一公开"执法检查，完善"互联网＋教育监管"工作机制。甲培训机构被市场监管部门列入企业住所地失联异常名录，乙培训机构撤销方某职务，变更负责人并取得办学许可证。同时，无锡市教育局投入资金对教育城域网进行改造，并出台《无锡市教育数据暂行管理办法》，规范教育行政部门及学校对学生个人信息的管理。

【典型意义】

校外培训机构非法获取学生个人信息用于营销招生，不仅侵害公民个人信息安全，而且易引发电信诈骗等多种关联犯罪，对学生及家长的人身和财产安全构成重大威胁，损害社会公共利益。检察机关运用行政公益诉讼职能，督促教育行政部门依法全面履职，一方面，及时堵漏补缺、完善人防技防管理措施，加强自身及校园对学生个人信息的保护；另一方面，强化对校外培训机构的监管，保护学生个人信息不受非法侵害，切实维护社会公共利益。

四、检察机关个人信息保护公益诉讼典型案例（2021年4月22日）

江西省乐安县人民检察院督促规范政府信息公开行政公益诉讼案

【关键词】

行政公益诉讼诉前程序　政府信息公开　去标识化处理

【要旨】

针对行政机关在履行政府信息公开职能时泄露不应公开的公民个人信息的情形，检察机关通过制发诉前检察建议，依法督促行政机关履职整改，保护公民个人信息安全。

【基本案情】

2020年5月，江西省乐安县农业农村局在乐安县人民政府官方网站"政府信息公开"栏目公布了四份内容为该县2017年至2019年农机购置补贴情况的政府信息，信息内容不仅包括购机农户姓名、购机型号、购机数量、补贴金额等基本情况，还含有未经去标识化处理的农户个人信息，侵害了公民个人信息安全。

【调查和督促履职】

乐安县人民检察院（以下简称乐安县院）在登录县政府官方网站时发现本案线索，于2020年7月15日立案调查。经调查发现，乐安县农业农村局于2020年5月先后制作了《2017年第一批农机购置明细表》《2017年第二批结算农户信息表》《2018年度县级享受补贴农户信息表发布》及《2019年度县级享受补贴农户信息表发布》等四份农机购置补贴政府信息，并公开在县政府官方网站"政府信息公开－乐安县农业农村局－农机信息"栏目中。上述公开信息未对其中的公民个人信息内容进行去标识化处理，相关农户的身份证号码、家庭住址、银行账户、手机号码等个人信息被完整公开，涉及农户（含部分单位）1044人（次）。

乐安县院认为：根据《居民身份证法》和《政府信息公开条例》以及农业农村部《涉农补贴领域基层政务公开标准指引》等相关法律法规和文件规定，涉及居民身份证号码、银行账号等个人信息的政府信息属于依法不予公开的内容。乐安县农业农村局作为农机购置补贴政府信息的制发单位，未依法履行对拟公开的政府信息进行审查的责任，致使大量公民个人信息处于泄露状态，侵害了社会公共利益。2020年7月22日，乐安县院向乐安县农业农村局发出诉前检察建议，建议其加强政府信息公开内容的审查，及时撤回泄露公民个人信息内容的政府信息。为尽快消除个人信息泄露风险，防止损害继续扩大，乐安县院要求该局在15日内依法办理并书面回复。

收到检察建议后，乐安县农业农村局及时将相关信息从政府网站上撤回，对涉及个人信息的内容进行去标识化处理后重新公开，并于2020年7月24日向乐安县院作出书面回复，表示今后将依法依规进行政府信息公开，确保公民个人信息安全。

【典型意义】

行政机关对在履行行政管理职能过程中制作或获取的信息，既要依法依规及时准确地予以公开，也要对拟公开的信息内容进行审查，确保不对公民合法权益造成侵害。检察机关在履职中发现行政机关公开政府信息工作中存在的公民个人信息泄露风险，可以通过履行公益诉讼检察职能督促行政机关进行整改，实现保护公民个人信息安全和依法公开政府信息职能的"双赢多赢共赢"。

河南省濮阳市华龙区人民检察院督促整治装饰装修行业泄露公民个人信息行政公益诉讼案

【关键词】

行政公益诉讼诉前程序　骚扰电话　骚扰短信　行业治理

【要旨】

针对房地产及装饰装修等行业泄露消费者个人信息，导致大量骚扰电话短信推销的行为，检察机关通过诉前检察建议督促有关部门依法履行监管职责，推动行业治理，切实加强公民个人信息保护。

【基本案情】

董某某等三人系濮阳市房地产管理交易中心、房地产公司和装修公司工作人员。该三人相互勾结，利用职务便利，非法获取公民个人信息3万余条并进行买卖。上述个人信息被非法泄露后，业主频繁受到装饰装修企业电话骚扰，引起群众强烈不满，严重影响人民群众的正常工作和生活。

【调查和督促履职】

河南省濮阳市华龙区人民检察院（以下简称华龙区院）在审查起诉董某某等三人侵犯公民个人信息罪一案中发现可能侵害社会公共利益，遂将该线索移交公益诉讼部门审查，经初查后于2019年11月21日立案调查。办案人员通过发放问卷、走访群众等方式，查明房地产管理交易中心存在个人信息保护管理漏洞，致使房地产及装饰装修等行业泄露消费者个人信息事件频发多发，骚扰电话、骚扰短信已严重影响群众工作和生活。华龙区院审查认为，根据《中华人民共和国消费者权益保护法》《河南省建筑装修装饰管理办法》的有关规定，濮阳市房地产管理中心对其管理的个人信息负有依法保护职责；濮阳市市场监督管理局负有保护消费者个人信息安全的职责；濮阳市装饰装修行业管理办公室和华龙区住房和城乡建设局（以下简称区住建局）对辖区装饰装修从业者负有监督管理职责，均存在对消费者个人信息保护监管不到位的问题。华龙区院向濮阳市市场监督管理局发出诉前检察建议，要求其对企业经营中非法获取公民个人信息，以骚扰信息、骚扰电话等形式进行推销的行为，依法予以行政处罚；向市房地产管理中心发出诉前检察建议，要求加强信息安全管理，督促有关部门、企业建章立制，堵塞漏洞；向市装饰装修行业管理办公室和区住建局发出诉前检察建议，建议切实加强对装饰装修企业监管和宣传教育，引导其合法规范经营，加强行业自律。同时，向濮阳市室内装饰业协会发出工作函，建议依法加强行业自律，规范行业经营行为，切实加强公民个人信息保护检察建议发出后，濮阳市市场监督管理局组织辖区内商户开展公民个人信息保护集中宣传，并对有关企业约谈，督促其加强公民个人信息保护工作。市房地产管理中心加强职工教育，建立完善信息保护机制，并建议上级房产管理部门更新系统，增设个人信息保护模块，做到信息查询权责分明、全程留痕、动态预警。2019年12月10日，濮阳市、华龙区有关行政机关和装饰行业协会专门召开"濮阳市建筑装饰行业保护公民信息安全规范经营行为"会议，参会的20多家装饰装修企业作了表态发言并当场签订"加强信息安全、合法开展经营"承诺书。2020年5月，华龙区院跟进监督，针对公民个人信息安全保护情况进行"回头看"，电话回访120人次，调查问卷回访200份。受回访人普遍认为辖区内房产装饰装修等领域电话推销明显减少。

【典型意义】

近年来，因消费者个人信息泄露引发的骚扰电话、精准诈骗，给老百姓生活造成了极大困扰，威胁着人民群众的财产乃至生命安全。本案中，检察机关综合采取"刑事＋公益诉讼"办案模式，摸清现状，找准症结，通过个案办理和专项整治，督促行政机关健全、强化监管制度，指导相关行业优化自律自治，推动消费者个人信息安全保护，取得良好的社会效果和法律效果。

四、检察机关个人信息保护公益诉讼典型案例（2021年4月22日）

浙江省杭州市余杭区人民检察院诉某网络科技有限公司侵害公民个人信息民事公益诉讼案

【关键词】

民事公益诉讼　APP违法违规收集个人信息　第三方调查评估　调解协议

【要旨】

针对APP违法违规收集、存储个人信息的侵权行为，检察机关在通过行政公益诉讼督促行政机关依法履职的同时，还可以对APP服务提供者的侵权行为依法提起民事公益诉讼，要求侵权者承担侵权责任，多维度保护众多不特定用户的合法权益。

【基本案情】

浙江省杭州市某网络科技有限公司开发经营的一款音乐视频教学类APP，存在未经用户同意收集使用个人信息、违反必要原则收集与其提供的服务无关的个人信息、未公开收集使用规则等情形，违法违规收集、存储用户个人信息，侵害了不特定公民的合法权益，致使社会公共利益受到侵害。

【调查和诉讼】

2019年5月，浙江省杭州市余杭区人民检察院（以下简称余杭区院）在开展公民个人信息保护专项监督行动中发现，APP强制授权、过度索权、超范围收集个人信息等问题突出，针对辖区内企业开发经营的10余款APP存在违法违规收集用户个人信息的违法行为，向相关行政机关发出诉前检察建议，督促行政机关依法整治并开展专项治理。在跟进监督过程中，余杭区院发现，对于公民个人信息被APP违法收集后的处置问题，众多受侵害用户的合法权益无法通过行政公益诉讼得到维护，遂决定通过民事公益诉讼的路径

- 115 -

解决这一问题。2019年10月16日，余杭区院对某网络科技有限公司研发的音乐视频教学类APP侵害个人信息的违法行为立案调查。通过走访询问、提取电子数据、同步录像固证等方式，发现该款APP存在强制索取"访问设备上的照片、媒体内容和文件"及手机设备号等权限行为，涉及违法违规获取、存储用户个人信息数量千万条以上。

为进一步确定公益损害的后果，余杭区院委托第三方机构开展社会调查，近九成受访者认为个人信息被侵害对其正常生活和工作造成影响。先后两次组织论证会，邀请人大代表、政协委员、互联网行业代表、高校的专家学者、行政机关的技术人员，就网络侵权行为的界定、公民个人信息的范围、诉讼请求的确定等问题进行专题研讨和论证，并形成一致意见：该款APP违法违规收集个人信息的行为已侵害不特定多数个人信息权益，致使社会公共利益受到损害，应当由检察机关提起公益诉讼。

余杭区院经公告，没有法律规定的机关和有关组织提起诉讼。2020年6月23日，余杭区院依法向杭州互联网法院提起民事公益诉讼，诉请被告某网络科技有限公司停止违法违规收集、储存、使用个人信息并公开赔礼道歉。同年9月9日，法院公开开庭审理本案。庭审中，公益诉讼起诉人出示案涉APP违法违规收集个人信息的电子数据等证据，充分阐述社会公共利益受损的情况，被告同意履行检察机关提出的全部诉讼请求。双方当庭达成调解协议：被告立即删除违法违规收集、储存的全部用户个人信息1100万余条；在《法治日报》及案涉APP首页公开赔礼道歉；承诺今后合法合规经营，若存在违反协议约定的行为，将自愿支付50万元违约金用于全国性个人信息保护公益基金的公益支出。

达成调解协议后，余杭区院引入第三方代表评估，由网信部门认可的检测机构对整改情况进行合规检测，确保调解协议执行到位。2020年11月18日，经检察机关跟进监督，调解协议内容已全部履行到位。

【典型意义】

公民面对APP侵权行为存在取证难、维权成本高等问题，难以通过私益诉讼获得有效救济。检察机关回应民生诉求，在通过行政公益诉讼督促行政机关依法监管、保护公民个人信息安全的同时，针对APP过度采集并存储大量个人信息的公益侵害问题，通过民事公益诉讼追究APP服务提供者的侵权责任，保护公民个人信息不继续受侵害。同时，检察机关立足企业发展利益，在征询网信部门意见引入第三方合规检测的前提下，以调解方式实现全部诉讼目的，以最小成本获得最大效益的办案效果。

河北省保定市人民检察院诉李某侵害消费者个人信息和权益民事公益诉讼案

【关键词】

民事公益诉讼　消费欺诈　电子数据调查取证　惩罚性赔偿

【要旨】

针对非法获取消费者个人信息并进行消费欺诈的行为，检察机关提出惩罚性赔偿诉讼请求，加大侵害消费者个人信息和权益的惩治力度，维护消费者个人信息安全和合法权益。

【基本案情】

2017年以来，李某非法获取包含姓名、电话、住址等公民个人信息共计1290万余条，并伙同他人将其中1.9万余条个人信息非法出售获利。2018年1月至2019年4月，李某利用非法获取的公民个人信息，雇佣电话客服批量、随机拨打营销骚扰电话，并以收藏品公司名义，采用夸大收藏品价值和升值空间等方式，诱骗消费者购买肾宝片、纪念册、纪念币等商品，销售价款共计人民币55.4605万元。

【调查和诉讼】

河北省保定市人民检察院（以下简称保定市院）在审查郭某某侵犯公民个人信息刑事附带民事公益诉讼请示案件时发现，李某被判处侵犯公民个人信息罪的同时，存在利用非法获取的公民个人信息进行消费欺诈的行为。经河北省人民检察院批准，保定市院于2019年11月8日立案调查。调查期间，保定市院通过调取刑事侦查卷宗、审查电子数据、询问被调查人和证人，查清李某非法获取、出售个人信息事实；通过委托公安机关依托异地协查平台调取46名消费者陈述，审查电话客服证言、话术音频、商品检测报告，证实李某利用个人信息批量、随机进行电话滋扰和欺诈的事实；通过调取快递公司快递收发记录、资金结算书证和李某银行账户流水资料，并委托出具会计专业分析报告，查清李某消费欺诈金额。同时，保定市院邀请河北大学公益诉讼研究基地的专家对该案进行论证并开展问卷调查，专家论证和调查结果均支持检察机关对李某的侵权行为提起民事公益诉讼并提出惩罚性赔偿诉讼请求。

保定市院经公告，并函询河北省消费者权益保护委员会意见，没有法律规定的机关和有关组织提起诉讼。2020年7月20日，保定市院向保定市中级人民法院提起民事公益诉讼，请求依法判令被告李某支付三倍惩罚性赔偿金共计人民币166.3815万元；采取有效措施删除所有非法持有的公民个人信息数据；在国家级媒体上公开赔礼道歉。

2020年11月4日，保定市中级人民法院公开开庭审理本案。庭审中，公益诉讼起诉人出示、宣读了上述调取的证据，证明李某非法获取、出售公民个人信息，并利用非法获取的公民个人信息进行消费欺诈，侵害公民个人信息安全和消费者合法权益，损害了社会公共利益。2020年12月30日，保定市中级人民法院作出判决，支持了检察机关全部诉讼请求。目前判决已生效。

【典型意义】

个人信息泄露、电话营销欺诈严重侵害公民个人信息安全和消费者合法权益，是民生痛点。本案中，检察机关通过专家论证和问卷调查，对非法获取、出售公民个人信息，并利用个人信息进行消费欺诈的行为提起惩罚性赔偿公益诉讼，充分运用公益诉讼职能惩治和预防个人信息保护领域的损害公益行为，真正实现"让违法者痛到不敢再犯"的目的，具有积极的引领、示范和指导作用。

上海市宝山区人民检察院诉 H 科技有限公司、韩某某等人侵犯公民个人信息刑事附带民事公益诉讼案

【关键词】

刑事附带民事公益诉讼　　网络运营者责任　　关闭网站　　删除数据

【要旨】

针对网络服务提供者、网络用户利用互联网侵犯公民个人信息的犯罪行为，网络运营者未依法履行其社会管理职责的情形，检察机关在提起刑事附带民事公益诉讼时，可以依法追加其为附带民事公益诉讼被告，要求其承担侵权责任。

【基本案情】

H 科技有限公司（以下简称 H 公司）主要从事网络游戏及相关产品研发和技术咨询，韩某某任经理。2019 年 2 月，该公司设立"数迈网"，为数据信息交易提供平台，并雇用杨某某、黄某某、管某某参与运营。其间，韩某某明知用户上传数据中有大量个人信息，仍为非法交易个人信息提供平台。网站涉及确切有用的个人信息共 37 万余条，交易数量达 3 万余条。软件工程师管某某明知网站有买卖个人信息行为，仍帮助推送关键字搜索。2019 年 2 月，陈某某注册"数迈网"会员，并上传其在"某公司天猫旗舰店"就职时获取的淘宝买家姓名、手机号、收货地址等数据信息 5757 条，欲贩卖牟利。

【调查和诉讼】

2019 年 9 月，上海市人民检察院（以下简称上海市院）从办案系统和媒体报道中获知上海公安机关破获一起特大贩卖个人信息案，经研判后将该案线索交由宝山区人民检察院（以下简称宝山区院）办理。宝山区院立案后，邀请专家辅助办案，对案件中涉及的 QQ 聊天记录、30 余万条公民个人信息、

银行卡交易明细、交易台账等文件逐一梳理、交叉比对,查清非法获利数额,确定赔偿数额。宝山区院经审查认为,H 公司虽没有被追究刑事责任,但应承担民事侵权责任。

宝山区院经公告,没有法律规定的机关和有关组织提起诉讼。2019 年 11 月 25 日,宝山区院对韩某某等人以侵犯公民个人信息罪向宝山区人民法院提起公诉。同时,对 H 公司、韩某某等人侵害社会公共利益的行为提起刑事附带民事公益诉讼。针对本案中网站服务器、QQ 中保存的公民个人信息仍存在被传播、买卖的危险,宝山区院积极探索侵权责任承担方式,除了要求被告在国家级新闻媒体上向社会公开赔礼道歉、赔偿损失之外,还向法院提出要求关闭网站、注销侵权用 QQ 号码并永久删除保存在 QQ 内的公民个人信息数据的诉讼请求。

宝山区人民法院经公开开庭审理,于 2020 年 3 月 27 日作出一审判决,在附带民事公益诉讼部分,判决被告 H 公司、韩某某、杨某某、管某某连带赔偿损失人民币 3900 元,被告黄某某在上述赔偿款 3600 元范围内承担连带赔偿责任;H 公司关闭"数迈网"网站;H 公司、韩某某、杨某某、黄某某、陈某某注销买卖公民个人信息所用 QQ 号码,并永久删除保存在 QQ 内的公民个人信息数据;H 公司、韩某某、杨某某、黄某某、管某某、陈某某在国家级媒体上向社会公众赔礼道歉。一审判决后,刑事案件被告人提起上诉,二审判决维持原判。

为促进源头治理,宝山区院将案件中"某公司天猫旗舰店"涉嫌违法的线索移送有管辖权的广东省广州市白云区人民检察院(以下简称白云区院),并就调查取证等工作开展跨省协作。白云区院审查线索后以行政公益诉讼立案,并与负有监督管理职责的行政机关进行磋商。行政机关认定"某公司天猫旗舰店"的经营公司在执行网络安全信息制度的防范措施上存在明显漏洞,遂对该公司立案调查,并针对咨询、房地产中介、汽车销售、保险等重点行业发出预警信息公告,开展系统治理。

【典型意义】

对刑事附带民事公益诉讼被告的确定不能囿于刑事被告人范围,应结合个案情况具体明确侵权人。通过追究网络运营者的民事侵权责任,警示网络运营主体落实网络安全保护责任,加强内部安全管理、规范操作规程。对涉案的网站服务器、QQ 中保存的公民个人信息通过传统扣押方式不能消除危险的,检察机关可以提出关闭网站、注销侵权使用的 QQ 号码并永久删除保存在 QQ 内的公民个人信息数据等诉请，彻底消除危险。针对网络侵害的跨地域性等特点，检察机关协同相关行政机关治理侵害个人信息行为，有利于互联网领域损害公益问题的系统治理、综合治理、源头治理，彰显了公益诉讼的独特价值。

贵州省安顺市西秀区人民检察院诉熊某某等人侵犯公民个人信息刑事附带民事公益诉讼案

【关键词】

刑事附带民事公益诉讼　公开听证　支付赔偿金

【要旨】

针对在互联网上非法获取、出售公民个人信息，损害社会公共利益的行为，检察机关在依法追究违法行为人刑事责任的同时，依法提起刑事附带民事公益诉讼，要求其支付赔偿金并公开赔礼道歉。

【基本案情】

2018年10月，熊某某通过技术软件非法获取大量公民个人信息，并在网上出售给他人获利。同年12月，熊某某传授其女友王某甲，并由王某甲协助其在网上出售公民个人信息共同获利。其间，王某甲又传授给其弟王某乙，使王某乙亦在网上售卖公民个人信息获利。至2019年4月，熊某某、王某甲、王某乙非法出售公民个人信息获利共计70余万元。

【调查和诉讼】

贵州省安顺市西秀区人民检察院（以下简称西秀区院）在审查熊某某等3人涉嫌侵犯公民个人信息罪一案时，发现熊某某等3人的行为可能损害社会公共利益，遂将该案线索移送至公益诉讼检察部门审查。2019年11月13日，西秀区院对熊某某等3人以侵犯公民个人信息刑事附带民事公益诉讼立案。本案侵犯公民个人信息数量多、非法获利金额大。为确保证据充分，西秀区院在办理该案时提前介入、引导侦查，及时固定熊某某等3人出售公民个人信息和非法获利的相关书证和电子数据，查清侵害众多不特定人员个人信息安全的事实，并邀请区人大代表、政协委员、人民监督员、基层群众代表作为听证员进行公开听证。听证员在听取案情介绍、刑事附带民事公益诉讼立案的相关法律依据,并就相关问题进行询问后,一致认为西秀区院应该对熊某某等3人侵犯公民个人信息案提起刑事附带民事公益诉讼。

西秀区院经公告,没有法律规定的机关和有关组织提起诉讼。2020年6月1日,西秀区院向西秀区人民法院提起刑事附带民事公益诉讼,请求依法判令刑事附带民事公益诉讼被告人熊某某等3人自行彻底删除所有非法获取的公民个人信息;支付赔偿金共计人民币70余万元;在国家级媒体上公开赔礼道歉。

2020年7月23日,西秀区人民法院公开开庭审理本案。庭审中,公诉人及公益诉讼起诉人出示、宣读了本案被告人供述、证人证言、被害人陈述、鉴定意见及勘验检查笔录等证据,证明熊某某等3人非法获取、出售大量公民个人信息的行为,侵害公民合法权益,损害了社会公共利益。西秀区人民法院在当庭判决熊某某等3名被告人犯侵犯公民个人信息罪,判处有期徒刑及罚金的同时,全部支持了检察机关提出的附带民事公益诉讼请求。一审判决后,熊某某、王某甲提出上诉,二审法院维持了附带民事公益诉讼判决。本案判决现已生效并移送执行,赔偿金将存入检察机关与财政部门共同建立的公益诉讼专项资金账户。

【典型意义】

通过互联网非法获取、出售公民个人信息,导致众多不特定公民个人信息被泄露,侵害公民个人信息安全,损害社会公共利益。检察机关作为公共利益的代表,可以对侵犯公民个人信息的违法行为人依法提起刑事附带民事公益诉讼,要求其承担赔偿损失等公益损害责任,加重侵犯公民个人信息违法犯罪成本,全面维护公民个人信息安全。

最高人民检察院公益诉讼检察典型案例汇编（2021年度）

广东省广宁县人民检察院诉谭某某等人侵犯公民个人信息刑事附带民事公益诉讼案

【关键词】

刑事附带民事公益诉讼　业主个人信息保护　庭审观摩　行业治理

【要旨】

检察机关以侵犯公民个人信息刑事附带民事公益诉讼为切入点，通过诉讼判决被告承担停止侵害、消除危险等侵权责任，并督促行政主管部门全面依法履职，以案为鉴推动行业规范治理，全方位保护公民个人信息安全。

【基本案情】

2018年至2020年7月，谭某某等5人违反国家规定，通过出售、购买、交换等方式非法获取广东省广宁县辖区多个住宅小区业主的个人信息共计13784条，并组建微信群用以分享、买卖所获取的业主信息。

【调查和诉讼】

2020年9月22日，广宁县公安局将谭某某等5人以涉嫌侵犯公民个人信息罪移送广宁县人民检察院（以下简称广宁县院）审查起诉。广宁县院在履行批准逮捕职责中发现，谭某某等人存在侵犯公民个人信息行为，可能损害社会公共利益，于2020年8月18日作为刑事附带民事公益诉讼案件立案调查。在充分把握刑事案件证据的基础上，办案人员通过询问被告人、走访有关部门和企业等方式进行调查核实，补强民事侵权的证据，为提起刑事附带民事公益诉讼构建完整证据链条。广宁县院经审查认为，被告人谭某某等人所获取的小区业主信息，足以识别公民的个人身份，属于影响人身、财产安全的个人信息。上述被告人不仅侵害了业主及其同住人员的个人信息和隐私等人格权利，还具有危害其财产安全的可能性，损害了社会公共利益，除应受到刑事处罚外,还应当承担相应的公益损害责任。

广宁县院经公告,没有法律规定的机关和有关组织提起诉讼。2020年11月12日,广宁县院向人民法院提起刑事附带民事公益诉讼,请求判令谭某某等5名被告解散用于收集、买卖公民个人信息的微信群,删除保存在微信的公民个人信息数据,在媒体上赔礼道歉,委托电信部门向被侵权人发送风险提示短信。

2020年12月4日,广宁县人民法院对该案开庭审理,广宁县院检察长出席法庭履行职责,县法院院长担任审判长。县人大代表、政协委员、公安机关、住建部门有关负责人及县房地产企业、物业服务企业等代表受邀观摩庭审,庭审还通过现场网络直播形式向社会公开。经审理,法院当庭判决谭某某等5名被告人犯侵犯公民个人信息罪,分别判处有期徒刑及罚金,并全部支持检察机关提出的附带民事公益诉讼请求,目前已全部履行完毕。

针对本案暴露出的行业监管薄弱环节,广宁县院向广宁县市场监督管理局发出行政公益诉讼诉前检察建议,并召开听证会督促其依法履职,做好公民个人信息保护工作。县市场监督管理局依法对涉案装饰装修企业作出了停业整顿的行政处罚。同时,广宁县院向广宁县住房和城乡建设局发出社会治理类检察建议,县住房和城乡建设局于本案庭审当天召开全县物管企业整顿会议,并邀请检察官开展法治教育,教育警示物管企业采取措施预防公民个人信息被不当使用。

【典型意义】

在互联网时代,侵犯公民个人信息行为多发频发,严重侵害人民群众合法权益和社会公共利益。检察机关对侵犯公民个人信息违法犯罪采用"一案三查"模式,对刑事案件犯罪情节、民事公益诉讼案件侵权情形和行政机关及有关运营主体监管履职情况统筹把握,综合运用刑事检察、公益诉讼检察职能打击违法犯罪行为,弥补了公民个人维权相对困难的不足,有效维护了社会公共利益。同时,通过个案办理促进类案整改,结合庭审观摩等方式,以司法公开激活行政机关、相关运营主体的监管职责,取得良好的社会治理成效。

五、无障碍环境建设检察公益诉讼典型案例

(2021 年 5 月 14 日)

九、无障碍环境建设检察公益
诉讼典型案例

（2021年5月21日）

无障碍环境建设检察公益诉讼典型案例答记者问

2021年5月14日,最高人民检察院举行新闻发布会,通报检察机关开展无障碍环境建设公益诉讼的工作情况,发布无障碍环境建设公益诉讼典型案例。最高人民检察院副检察长张雪樵,中国残疾人联合会党组成员、副理事长相自成,浙江省人民检察院副检察长高杰回答了记者提问。

1. 无障碍环境建设是全国"统考"。换句话说,探索实践无障碍环境建设公益诉讼是全国检察机关的共同课题,为什么浙江能率先交卷?

高杰: 习近平总书记强调,"无障碍设施建设问题,是一个国家和社会文明的标志,我们要高度重视"。2020年4月,习近平总书记考察浙江时,赋予了浙江"努力成为新时代全面展示中国特色社会主义制度优越性的重要窗口"的新目标新定位。2021年,以习近平同志为核心的党中央又赋予浙江高质量发展建设共同富裕示范区的重大历史使命、光荣政治任务。浙江大力推进无障碍环境建设,既是深入贯彻习近平总书记重要指示精神,不断提升城市能级和竞争力,充分展现"重要窗口"治理效能的生动实践,也是自觉践行以人民为中心的发展思想,不断满足残疾人等特殊群体的美好生活需要,扎实推动高质量发展建设共同富裕示范区的应有之义。

为服务保障好2022年杭州亚(残)运会举办工作,在杭州市人大常委会的监督和支持下,杭州市检察机关在全国率先开展无障碍环境建设公益诉讼探索和实践,保障残疾人合法权益,维护社会公共利益,得到最高检张军检察长和浙江省委主要领导充分肯定,中国残联吕世明副主席专门两次来浙江调研,给予高度评价。在最高检的指导下,浙江省检察院部署全省开展无障碍环境建设公益诉讼专项监督行动,由点及面,全面推进,让无障碍环境建设公益诉讼治理成果惠及更多人群。通过开展专项监督,督促解决了一批无障碍环境建设方面的难题,增强了残疾人获得感,提升了城市文明程度,推进了省域治理现代化。我们主要做了以下几方面工作：

一是系统化推进专项监督行动。全省检察机关进一步提高政治站位，将无障碍环境建设公益诉讼作为服务民生民利、彰显检察关怀、服务"重要窗口"建设的具体举措。浙江省检察院贾宇检察长多次作出批示，要求"落实好全省专项监督行动"。浙江省检察院印发无障碍环境建设公益诉讼专项监督行动方案，围绕残疾人等特殊群体交通出行、日常生活、出门办事所面临的现实难题，督促相关职能部门加强无障碍环境设施的规划建设、改造提升和运行维护等监管管理，最大限度保障残疾人合法权益。全省检察机关针对车站、码头、无障碍电梯、停车位、盲道等重点场所区域，加强检察监督。结合本地实际，通过实地走访等形式，开展线索排摸和调查取证，梳理违法情形，厘清部门职责。充分运用圆桌会议、公开听证等方式，加强与行政机关沟通协调，共同推动问题解决。

二是服务保障亚残运会筹备工作。2022年杭州亚残运会比赛场馆涉及全省6个地市，保障残疾人运动员能够顺利往返比赛场馆，同时服务全省残疾人的交通出行成为我们关注的重点。为此，省检察院指导杭州铁路运输检察院开展铁路旅客车站无障碍环境建设专项监督，该院联合铁路单位、地方检察院和残联对高铁进行排查，共发现232处问题点，制发8份检察建议，组织召开问题整改协调会，推动铁路部门将整改资金纳入新一年度预算，确保整改到位。浙江省检察院自行立案，对杭州、宁波、温州机场航站楼和4座高铁站无障碍环境建设情况进行排查，开展调查取证，推动解决"站内站外"无障碍环境设施衔接不畅等问题，做到机场高铁出站和城市出行无障碍"无缝衔接"。青年志愿者是服务亚残运会的一支重要力量，省检察院联合团省委建立协作机制，3月4日举办了首批公益诉讼志愿观察员聘任仪式，借助青年志愿者力量，助力检察公益诉讼，服务杭州亚残运会。

三是探索开展信息无障碍建设。当今社会是个信息社会，人们能够充分享受信息化带来的发展红利，但残疾人等特殊群体往往由于身体条件等方面的限制，面临着信息障碍问题。我们探索将无障碍环境建设公益诉讼从"硬件"转向"软件"，满足残疾人等特殊群体更高层次需求。杭州市检察院部署开展信息无障碍公益诉讼专项监督，帮助残疾人等特殊群体解决运用智能技术的困难。杭州市富阳区检察院针对图书馆未配备盲文读物、有声读物、语音读屏、大字阅读等无障碍阅读软件，无法满足残疾人等特殊群体阅读需求的情况，督促区文广旅体局依法履职，区内公共图书馆得以配备无障碍阅读设施，丰富了残疾人的精神文化生活。

无障碍建设是一项惠及百姓、造福社会的民生工程。全省检察机关将进一步发挥公益诉讼检察职能作用，持续深入推进无障碍环境建设公益诉讼，助推浙江无障碍环境建设从"有没有"向"好不好"发展。一是健全协作配合机制。我们将进一步加强与省残联协作，在线索移送、信息共享、调查取证等方面强化配合，共同保护残疾人合法权益。加强与相关职能部门沟通协调，凝聚共识，形成合力，将专项监督行动转化为长效工作机制，推动社会治理。二是积极动员社会力量。做好残疾人权益保护工作需要全社会共同参与。我们将加强检察宣传，联合相关部门共同培育全社会无障碍文化理念，将志愿服务和无障碍环境建设相结合，扎实开展公益诉讼志愿观察员试点工作，发动青年志愿者关心、支持、参与无障碍环境建设，营造无障碍环境建设良好氛围。三是深化信息无障碍建设。目前，浙江正全面启动数字化改革，以政府数字化转型，撬动经济社会全方位数字化转型。我们将以数字化改革为契机，指导全省检察机关将设施无障碍公益诉讼向信息无障碍领域深化，推动相关职能部门提供更多信息无障碍产品和服务供给，让残疾人共享数字化改革成果。

2. 张军检察长在全国两会的工作报告中突出强调"会同中国残联"，请问中国残联与最高检都进行了哪些合作？对无障碍环境建设公益诉讼有何评价和期望？

相自成：张军检察长在《最高人民检察院工作报告》中专门对无障碍公益诉讼工作进行了强调，在社会各界特别是残疾人群体中引起强烈反响，获得广泛好评。通过全国两会的热议、传播，无障碍环境建设借助公益诉讼进一步扩大了影响、凝聚了共识，公益诉讼也通过无障碍的"小切口"充分展示了为民办实事的"大作为"。

残联是残疾人的代表服务组织。无障碍是残疾人最迫切、最现实、最直接的需求之一。长期以来，我们中国残联积极配合各政府职能部门推进无障碍工作：一是代表残疾人的利益，反映无障碍需求，我们持续开展残疾人基本服务状况与需求专项调查和动态更新工作，数据表明广大残疾人对无障碍环境有着迫切需求；二是向政府、政府部门提出加强改进无障碍建设工作的建议；三是配合政府、政府部门推进无障碍建设的立法和规划、政策、标准的制定工作，并促进实施，仅"十三五"时期，我们就配合相关职能部门在住房城乡建设、工业和信息化、交通运输、民航、铁路、金融、教育、文化旅游、邮政等领域出台了近20项无障碍公共服务政策，推进提升了城乡无障碍公共服务水平；四是组织开展无障碍建设的宣传和残疾人体验督导工作；五是切实抓好残疾人综合服务设施无障碍建设和困难重度残疾人家庭无障碍改造工作，"十三五"时期我们共为65万贫困重度残疾人家庭进行了无障碍改造。

近年来新闻媒体对一些地方无障碍设施不规范、被占用的情况进行了报道，这也反映了大家对无障碍环境建设、对残疾人权益保障的关心。虽然近些年来我国无障碍环境建设取得了长足进步，但与广大残疾人、老年人等的需求相比，还有差距，还存在一些问题。这主要是由于人们对无障碍设施还不全了解，没有较好地执行《无障碍环境建设条例》《无障碍设计规范》等无障碍法规、政策特别是标准造成的，这也恰恰证明了依法依标准开展无障碍环境建设的重要性。下一步我们将配合相关职能部门，推进无障碍环境建设立法，加强《无障碍环境建设条例》《无障碍设计规范》执行的监督检查，包括加强培训，使相关专业技术人员、施工人员按照规范要求进行设计、施工，还要加强宣传，让大家都来了解无障碍，支持无障碍。我们残联也会推动在各地建立残疾人督导员队伍，了解发现存在的问题，及时向相关部门反映。信息交流无障碍建设也是无障碍环境建设的重要内容，2021年我们将配合工信部对新闻媒体、交通出行、社交通讯等八大类115家网站和生活购物、金融服务、旅游出行、医疗健康等六大类43家APP进行无障碍改造，方便残疾人获取信息、进行交流、享有公共服务，切实为残疾人通过网络信息化参与社会生活提供便利。感谢大家对无障碍给予全方位的关注。

中国残联与最高检在无障碍公益诉讼方面开展了良好合作：我们积极建议检察机关将无障碍纳入公益诉讼，并与最高检第八检察厅联合赴浙江省检察院调研无障碍公益诉讼专项监督工作，支持最高检开展《无障碍环境建设领域检察公益诉讼制度研究与实践》课题研究。会同最高检及时总结推广杭州经验，一方面请浙江省检察院将专项监督拓展到全省范围，另一方面指导将监督重点向信息无障碍等新领域延伸，并进一步加强理论创新和立法研究。2021年3月相关媒体在全国两会后推出《中国人的故事：无障碍公益诉讼"有爱无碍"让温暖触手可及》原创报道，通过采访残障人士、全国人大代表、办案检察官及网友等，对张军检察长在报告中的"有爱无碍"作了深度解读，取得显著的宣传效果。3月19日，我们与第八检察厅会商2021年共同推进无障碍环境建设公益诉讼的工作要点，此次专题新闻发布会就是其中的一项重要内容。

习近平总书记指出："无障碍设施建设问题，是一个国家和社会文明的标志,我们要高度重视。"检察机关监督保障无障碍环境建设的法律实施,进行公益诉讼个案探索、类案监督、专项行动,既必要且可行。经过基层首创和探索,我国无障碍环境建设检察公益诉讼取得了明显成果。同时检察机关积极贯彻以人民为中心的发展思想,通过公益诉讼促进无障碍环境建设发展,也为其他行业推进无障碍建设树立了示范,对于推进提升我国无障碍环境建设整体水平、保障残疾人、老年人及全社会成员参与社会生活权益都具有重要意义。衷心感谢检察系统为推进无障碍环境建设所做的努力。下一步,我们将继续配合最高检等部门,以习近平法治思想为指导,推进完善无障碍环境建设法规制度体系,推进无障碍环境建设工作转化为实际效能,助力全面建成社会主义现代化强国,促进美丽中国健康中国建设。

3. 无障碍环境建设属于检察公益诉讼新领域,如何正确把握监督办案的原则和方法以取得最佳效果?

张雪樵: 将无障碍环境建设纳入拓展公益诉讼案件范围的新领域重点推进,是贯彻落实习近平总书记关于"无障碍设施建设问题是一个国家和社会文明的标志,我们要高度重视"等重要指示的具体行动;是深入开展党史学习教育,不忘初心,牢记使命,坚持以人民为中心,坚持生命至上,为民办实事的责任担当;是贯彻落实全国两会精神,编制"十四五"规划无障碍环境建设项目实施方案,推动无障碍环境建设立法的重要内容。

2021年全国两会上,更多全国人大代表、全国政协委员提出有关加强无障碍环境建设立法的议案、建议、提案,有的还专门建议将无障碍环境建设纳入检察公益诉讼新领域。这说明解决现有《无障碍环境建设条例》刚性不强、保障不力、供给不足问题的呼声越来越高,而"拓展公益诉讼案件范围"作为党的十九届四中全会决定中旨在"加强对法律实施的监督"重要改革举措,也因杭州等地检察机关的担当作为,在破解无障碍环境建设法律实施中有法不依、执法不严、违法不究等难题方面,被寄予更多期望。

探索办理新领域案件,首先要坚持积极稳妥,敢于担当,善作善成。积极响应中央重视无障碍环境建设的号召,主动回应对于无障碍环境建设特殊群体当务之急、每个公民不时之需的社会关切,找准大家看在眼里、烦在心里,但无计可施的热点难点堵点痛点,做足民意调查、专家论证、公开听证等功夫,形成针对违法现象同仇敌忾,期待公益诉讼众望所归的高度共识和良好氛围。在解决既成事实的违法问题的基础上,加强对无障碍环境建设规划设计、施工验收环节的前端监督,探索开展预防性公益诉讼,实现全程跟进监督，避免行政决策失误以及工程质量、产品质量问题造成无障碍设施功能丧失或者返工浪费。积极争取行政机关、审判机关的协同协作，针对民事违法主体及其造成的无障碍环境损害，探索应用民事公益诉讼进行惩戒和修复，用足用好公益诉讼法律监督手段。

要紧紧围绕立法规划开展司法实践。有刚性完备的法律保障，检察机关才能依法监督，并通过监督确保法律的统一正确实施。我们将积极配合全国人大和中国残联，组织邀请提出无障碍环境建设立法和无障碍环境建设公益诉讼相关议案、建议、提案的全国人大代表、全国政协委员开展专题调研，研究提出在无障碍环境建设法中设立公益诉讼条款和在检察公益诉讼法中将无障碍环境建设纳入公益诉讼案件范围的具体建议，推动双向立法。

探索无障碍环境建设公益诉讼，最重要的原则和方法，就是贯彻落实张军检察长强调的公益诉讼要打持久战、啃硬骨头，常态化开展"回头看"，防止出现反弹回潮。今天发布的这些典型案例和阶段性成绩，为各地标准化、系统化监督解决同类问题提供了范本。同时，也是一种公开的提醒和承诺，我们必须做好打持久战、啃硬骨头的充分准备，通过跟进监督"回头看"，去存量，控增量，推动无障碍环境建设可持续高质量发展，为立法完善后的良法善治夯实基础。

浙江省检察机关督促规范无障碍环境建设行政公益诉讼系列案

【关键词】

行政公益诉讼诉前程序　无障碍环境建设　专项行动　系统治理

【要旨】

检察机关积极稳妥拓展公益诉讼案件范围，将无障碍环境建设作为特殊群体权益保障新领域的重点，围绕党中央重大决策部署，对照无障碍环境建设存在的突出问题部署开展专项监督，找准同类违法点和对应责任主体，坚持系统抓、抓系统，结合监督办案总结推广治理经验，依托制度机制巩固深化办案成果。

【基本案情】

2020年1月，浙江省杭州市人民检察院（以下简称杭州市院）在杭州市人大常委会的监督支持下，积极稳妥探索将无障碍环境建设纳入公益诉讼新领域，结合实地踏勘、走访调查发现，全市范围内无障碍环境建设不规范、不均衡、不系统问题较为普遍，涉及交通出行、日常生活、办公办事等多重环境维度，侵犯了残疾人、老年人、儿童、孕妇等特殊群体平等参与社会生活的基本权利，相关职能部门未能依法履职，存在监督管理缺位现象。浙江省人民检察院（以下简称浙江省院）经调研发现，全省同样存在类似问题，损害了社会公共利益。

【调查和督促履职】

1.杭州市院履职情况

杭州市院在前期调研走访的基础上，于2020年1月印发《关于开展无障碍环境建设检察公益诉讼专项监督行动的实施方案》，在全市部署开展无障碍环境建设检察公益诉讼专项监督。截至2020年底，杭州检察机关共排查发现无障碍环境建设违法点130处，发出行政公益诉讼诉前检察建议36份，督促城管、住建、文广、市监、港航、园文等职能部门依法履行监管职责，加强和规范无障碍环境建设。相关职能部门收到检察建议后，均高度重视，认真进行整改落实，并按期进行了书面回复，检察建议相关违法点全部整改到位。

2020年5月，杭州市院组织召开全市无障碍环境建设检察公益诉讼专项监督座谈会，推动相关职能部门开展行业内部专项排查，促进系统治理。各行业主管部门主动作为、举一反三，除检察建议涉及的违法点外，另有68个公共停车场共计617个无障碍停车位已完成增设或整改，4045处城市主要道路上的盲道障碍物被清除，674处破损、缺失的无障碍设施（不含盲道）恢复正常使用功能，20座人行天桥配套无障碍设施实施改造，客运码头无障碍通道设置率达78%，轮椅配备率达85%，1座县级公共图书馆增设盲人阅读专区，实现"办理一案、治理一片"的监督效果。

2020年10月，杭州市院联合杭州市无障碍环境建设领导小组办公室制定《关于强化检察公益诉讼职能 服务保障无障碍环境建设的十一条意见》，为进一步深化无障碍环境建设检察公益诉讼监督提供制度保障。

2. 浙江省院履职情况

浙江省院全程跟进、指导杭州市检察机关开展无障碍环境建设检察公益诉讼专项监督行动，组织开展专题调研并形成报告，深入分析全省无障碍环境建设存在的主要问题。一是建设管理方面缺乏规范，表现为尚未配置无障碍设施、设施配置不健全、设施功能发挥受限等问题。二是建设进程碎片化问题突出，表现为设施衔接不到位、服务指引不充分、区域发展不平衡等问题。三是监管领域全流程把控不严，表现为建设环节主体责任落空、审核环节行政监管缺失、使用环节维护管养不力等问题。浙江省院认为，相关职能部门无障碍环境设施的规划建设、改造提升和运行维护等监督管理职责缺位情况不是个别现象，在全省各界冲刺筹备2022年杭州亚（残）运会的背景下，有必要在全省范围内开展系统化的专项监督。

2020年7月，在最高检指导下，浙江省院印发公益诉讼检察办案指引，全面梳理无障碍环境建设违法点、部门职责、相关法律法规等，推广杭州市检察机关办案经验，供全省公益诉讼检察部门学习借鉴。2020年9月，浙江省院印发《关于开展无障碍环境建设检察公益诉讼专项监督行动的通知》，决定在全省范围内开展无障碍环境建设检察公益诉讼专项监督行动，重点针对全省58个2022年杭州亚（残）运会比赛场馆及城市相关配套设施开展专项监督。

浙江省院围绕机场、铁路客站等站内站外无障碍环境设施衔接等重点问题自行立案办理,与浙江省住建、交通运输、国资等部门开展磋商,推动相关问题解决。杭州铁路运输检察院开展浙江铁路无障碍环境建设检察公益诉讼专项监督行动,共排查发现232处问题点,立案8件,制发检察建议8份,组织召开问题整改协调会,推动铁路部门将整改资金纳入经费预算,确保整改到位。宁波市鄞州区人民检察院召开公开听证会,推动全区830处不规范无障碍设施引导标识专项治理。金华市金东区人民检察院对辖区范围主干道进行详细排查,发现包括提示盲道设置不规范、盲道引导错误等18大问题、428个问题点,并会同金东区住建、综合执法、文明办、残联等单位召开圆桌会议,共同保障盲人脚下安全。截至2021年3月底,全省检察机关立案办理无障碍环境建设行政公益诉讼案264件,发送检察建议245份。全省11个地市检察院和相关基层院实现无障碍环境公益诉讼案件办理"全覆盖",推动相关问题的系统治理和有效解决。

2021年3月,浙江省院与浙江省残疾人联合会共同出台《关于建立公益诉讼配合协作机制的意见》,明确对口联系、信息通报、线索移送、办案协作等工作机制,充分发挥检察机关和残疾人联合会专业优势,形成工作合力,促进长效机制建设,共同保护残疾人群体合法权益。

【典型意义】

创造无障碍环境,是保障残疾人等特殊群体平等参与社会生活的重要条件,也事关每个公民有特殊需求时的应急保障,体现社会文明进步和公平正义。浙江省检察机关找准无障碍环境建设与2022年杭州亚(残)运会的切入点与着力点,以专项监督为手段,抓住多发性、普遍性问题长期存在的症结,以系统化专项监督推动系统性治理。同时,联合相关职能部门建立长效机制,切实增强检察监督的整体性、协同性与全面性。针对部分行业垂直管理体制造成的客观监管障碍,由省级检察院指导地方检察机关与专门检察机关形成协同办案的"一体化"格局,提升检察监督合力。

最高人民检察院公益诉讼检察典型案例汇编（2021年度）

青海省人民检察院督促维护公共交通领域残疾人权益行政公益诉讼案

【关键词】

行政公益诉讼诉前程序　公共交通无障碍　消费者权益保障　诉前磋商

【要旨】

检察机关针对残疾人免费乘坐城市公共交通工具的权益未得到有效保障的问题，采取圆桌会议等方式，加强与有关行政机关、残联和公交企业会商磋商，形成会议纪要确定并落实相关政策，同时推动公交企业加强公交车和公交车站的无障碍设施合法合规管理使用，保障残疾人出行便利。

【基本案情】

近年来，青海省残疾人联合会（以下简称残联）多次接到举报，反映残疾人长期无法享受免费乘坐公交车的优惠政策。自2012年以来，青海省残联、西宁市残联等单位多次与西宁公交集团对接沟通落实残疾人免费乘坐市内公交车事宜，因受多种因素制约和影响，该优惠政策长期未能落地见效。青海省残联、西宁市残联、西宁公交集团等部门每年因此接到大量残疾人投诉，成为长期以来亟待解决而未能解决的"老大难"问题，不仅侵害了残疾人等特殊群体权益，也损害了社会公共利益。

【调查和督促履职】

2021年2月，青海省人民检察院（以下简称青海省院）在立案办理公交卡消费民事公益诉讼案件过程中，发现现役军人、残疾人等特殊群体享有免费乘坐市区公交车的优待、优惠政策，但未有效落实的问题。2021年4月23日，青海省院以行政公益诉讼正式立案。检察人员先后走访青海省民政厅、省残联和西宁市残联，查阅了相关法律法规和政策规定，根据《青海省残疾人保障条例》第四十条第二款、《青海省扶助残疾人规定》第四十四条、《青海省人民政府关于进一步加快推进残疾人小康进程的实施意见》和《西宁市人民政府关于进一步加快推进残疾人小康进程的实施意见》等规定，青海省残疾人享有免费乘坐城市公共交通工具的优惠权益，但因西宁公交集团相关配套技术措施尚未落实到位，暂未执行该项政策。同时在对西宁市公交车和公交车站的无障碍设施的维护、使用情况进行摸底和排查中发现，一些无障碍设施不符合工程建设标准，需进行升级和改造。

检察人员又走访青海省发改委、西宁市公交集团等单位，多次组织召开落实残疾人免费乘坐公交车优惠政策工作磋商会，认真听取西宁公交集团在落实这项政策过程中存在的困难和问题，共同研究并多次调整实施方案，结合西宁市实际制定残疾人免费乘坐公交车"爱心卡"办理和使用办法；走访省财政厅等单位，就给予西宁公交集团适当补贴等事宜进行衔接沟通，就残疾人免费乘坐公交车相关事宜达成一致共识。

2021年4月30日，青海省院与省残联、西宁市残联、西宁公交集团等单位专门形成会议纪要：（1）持有第二代《中华人民共和国残疾人证》的残疾人，凭有效证件办理"爱心卡"后，可免费乘坐西宁市内公交车；（2）将落实残疾人免费乘坐城市公交车的优惠政策，作为践行党史学习教育，落实"我为群众办实事"要求的具体举措，在5月16日"全国助残日"前完成办理残疾人免费乘车"爱心卡"的各项前期准备工作，结合"全国助残日"活动举办残疾人免费乘车"爱心卡"发放仪式，用3个月时间深入西宁市各个社区为残疾人办理"爱心卡"；（3）积极争取相关单位给予西宁公交集团适当补贴，降低公交企业运行成本；（4）针对西宁市公交车和公交车站一些不符合工程建设标准的无障碍设施，抓紧时间分阶段、分步骤进行升级和改造。同时，青海省院还会同省残联、西宁公交集团对公交车和公交车站的无障碍设施的维护、使用情况进行调研，对不符合无障碍设施工程建设标准的，制定无障碍设施改造计划并组织实施，通过跟进监督，努力保障残疾人自主安全搭乘公共交通工具。

【典型意义】

本案中，青海省院牵头直接办理公益受损面大、社会反映强烈、长期得不到解决、相关部门存在职能交叉的残疾人群体权益保障新领域公益诉讼案件，通过召开磋商会议，充分发挥牵引、协同、沟通、协调作用，督促相关行政机关、社会组织和公交企业消除分歧、增进共识、达成一致，共同制定落实方案，落实残疾人免费乘坐城市公交车优惠政策，推动升级和改造西宁市公交车和公交车站的不符合工程建设标准的无障碍设施，促进残疾人共享社会发展成果。同时，积极探索"检察机关—政府部门—社会组织—国有企业"良性互动的新型协作机制，协调、督促政府部门和社会组织积极履行扶残助残责任，积极争取财政补贴资金，降低企业运营成本，服务和保障国有企业健康发展，从更高层面、更广范围、更深层次促进相关社会治理，取得双赢多赢共赢的办案效果。

五、无障碍环境建设检察公益诉讼典型案例（2021年5月14日）

浙江省杭州市人民检察院督促整治信息无障碍环境行政公益诉讼系列案

【关键词】

行政公益诉讼诉前程序　　信息无障碍　　数字鸿沟　　专项整治

【要旨】

检察机关聚焦残疾人、老年人等特殊群体日常生活中的信息障碍相关高频事项和服务场景，督促协同相关职能部门依法全面履职，保障残疾人、老年人等特殊群体平等、方便、安全地获取、交互、使用信息，多维度助推信息无障碍环境水平提升。

【基本案情】

移动互联网时代，智能化发展在有效提升社会治理与服务效能的同时，残疾人、老年人等特殊群体面临着日益突出的信息障碍问题，涉及出行、办事、文化等日常生活多个维度、多类违法情形。对此，相关职能部门未严格依法履职，侵害了特殊群体合法权益，也损害了社会公共利益。

【调查和督促履职】

2021年1月14日，浙江省杭州市人民检察院（以下简称杭州市院）在全市部署开展信息无障碍领域检察公益诉讼专项监督行动，聚焦出行、办事、文化等涉及残疾人、老年人日常生活的高频事项和服务场景中存在的信息无障碍环境建设违法问题，开展重点监督。截至2021年3月31日，全市检察机关通过走访排查、实地踏勘、专家咨询、圆桌会议、公开听证、问卷调查等方式，查明涉案违法点16处，涉及6个区、县（市）。以行政公益诉讼立案8件，涉及医疗急救紧急呼叫系统未具备文字信息报送和文字呼叫功能、县级以上人民政府设立的公共图书馆未配备盲文读物、有声读物、语音读屏等软件设备，盲人通行较为集中的路段人行横道信号灯未设置声响提示装置，残疾人停车优惠无法适用，景点、核酸检测点拒收现金等违法情形。杭州市院指导辖区各基层检察院根据《中华人民共和国残疾人保障法》《无障碍环境建设条例》等相关规定，向相关区县的文广、市场监管、卫建、公安等职能部门发出诉前检察建议8份，督促其依法全面履行监管职责，及时整改违法情形，并启动专项排查。

相关职能部门收到检察建议书后高度重视，积极落实整改。在检察建议推动下，杭州市富阳区图书馆及时完成信息无障碍环境改造，增设盲人阅读专区，配置盲文读物，配备读屏软件、光学放大镜、盲文点显器等相关设备，并启动全区文化、旅游、体育等公共建筑无障碍环境建设功能提升行动；就辖区内盲人通行较为集中的路段增设人行横道信号灯过街音响，并上线全省首个新型智能交互式过街语音提示装置，在为视障群体提供更有针对性的提示服务的同时降低对附近居民造成的噪声干扰。西湖区部分景点升级预约售票服务，增设现金服务窗口，优化志愿帮扶，全方位保障各类游客游览需求。萧山、临安、钱塘新区三地督促更新升级198座公共停车场自动收费系统，登记残疾人车辆信息1243条，完善政府定价管理停车场停车收费系统定期更新机制，推动残疾人停车优惠政策落地落实。钱塘新区部分社区卫生服务中心改进收费方式，并通过专项摸排在全区各社区卫生服务中心增设老年人优先窗口、人工服务窗口、导医台及志愿者就医指导服务，方便"无码老人"就医需求。建德市医疗急救指挥调度系统增设文字报警和一键呼救定位功能，畅通语言、听力障碍群体生命呼救渠道。其他整改措施仍在进一步推进中。

【典型意义】

信息无障碍是无障碍环境建设的重要组成部分，也是全面建设信息社会、促进社会公平正义的必然要求。检察机关在深入调查研究的基础上，聚焦残疾人、老年人等特殊群体日常生活的高频事项和服务场景中的"数字鸿沟"问题，以专项行动推进系统监督，综合运用圆桌会议、问卷调查、公开听证等方式，督促协同相关职能部门依法履行监管职责，促进出行、办事、文化等公共场所信息无障碍水平提升，助力信息障碍群体与智能社会无障碍。

五、无障碍环境建设检察公益诉讼典型案例（2021年5月14日）

福建省晋江市人民检察院督促执行无障碍设计规范行政公益诉讼案

【关键词】

行政公益诉讼诉前程序　无障碍设计规范　全流程监督

【要旨】

检察机关针对市政公共停车场未设置无障碍停车位等行为，通过引入公众参与，形成治理共识，督促协同行政机关采取系列措施落实整改，从设计、施工、维护等各环节严格遵守无障碍环境建设标准。

【基本案情】

2019年以来，福建省晋江市在辖区主干道道路两旁，新建并投入使用公共停车位3200余位，未按照《城市停车规划规范》和《无障碍设计规范》的有关规定配置无障碍机动车停车位，不符合"残疾人专用停车泊位数应不少于停车泊位总数2%"的国家标准。因未设置无障碍停车位、停车扫码付费缺乏残疾人减免通道，给残障人士出行造成不便，也带来相关安全隐患。

【调查和督促履职】

福建省晋江市人民检察院（以下简称晋江市院）在开展无障碍环境建设公益诉讼专项监督行动中发现上述线索，遂决定立案调查。通过走访调查、调取证据、查阅资料等方式，查明如下事实：一是市政公共停车场3200余个停车位设置于中心城区主干道两边，占用的是公共道路资源；二是晋江市共有持证残疾人2.9万多名，肢残人1.2万多名，对无障碍停车位需求较大。上述问题已造成残障人士车辆停放于普通车位共计665车次，且存在未扫码付费被贴单锁车现象。2021年4月，因本案涉及部门多，协调难度大，晋江市院主动召集住建、公安、交通等相关部门及残联代表、人大代表、政协委员、专家学者、中心城区市民代表、人民监督员召开圆桌会议，共同研究市政公共停车位无障碍停车整改方案,并取得共识。会后,晋江市院向住建、公安等部门发出诉前检察建议书,督促其依据各自职责,对市政公共停车场无障碍停车位配置进行系统整改。

收到检察建议后,相关职能部门成立了专项整改小组,由住建部门牵头公安、财政、残联等部门,对无障碍停车位进行规划整改。在足额配备无障碍专用停车位的基础上,适当增加特殊教育学校、社保中心、医院等场所的配置比例;选择进出方便且平整的停车位作为无障碍停车位,并设置醒目标识牌、指示牌;为每个无障碍停车位都配置了1.2米宽的无障碍通道,方便残疾人上下车;升级停车扫码收费系统,开通残疾人信息录入通道和无障碍停车位智慧指引功能;加强维护并加大对随意占用无障碍停车位行为的处罚力度。

为推动全市无障碍环境建设工作全面开展,晋江市院在服务保障第18届世界中学生运动会的基础上,深入推进无障碍环境建设公益诉讼专项监督行动,共发现无障碍环境建设检察公益诉讼案件线索14件,向公安、住建等相关职能部门制发诉前检察建议书9份,督促纠正违法点21处,落实了110户残疾人家庭无障碍设施的配置,获评"全国无障碍环境达标市县村镇"。通过联合市文明办、团市委、残联等部门开展"发现身边最美无障碍"活动,为社会了解残障人士提供窗口,让无障碍理念融入日常生活,提升群众对城市无障碍环境建设参与度。目前,对紧急呼叫、重要政务信息无障碍交流等整改工作正在有序推进中。

【典型意义】

一座城市对无障碍环境建设和细节的关注,体现着这座城市的文明程度。城市无障碍设施的规范建设,应当作为保障残疾人等特殊群体平等参与社会生活以及满足公众应急需求的标准配置。检察机关开展无障碍环境建设公益诉讼,除了发现并督促协同行政机关整改纠正现存的违法违规问题,还应变事后监督为事前服务,注重从规划设计源头防范不合格的无障碍设施造成资源浪费、影响使用功能,并推动建立无障碍设施维护和管理的全流程监督机制,打好跟进监督的持久战,切实加强残疾人、老年人等特殊群体权益保护。

广东省深圳市宝安区人民检察院
督促整治道路无障碍设施行政公益诉讼案

【关键词】

行政公益诉讼诉前程序　道路无障碍设施　一体化办案　类案监督

【要旨】

检察机关针对道路无障碍设施破损致残疾人死亡的突出问题，坚持四级联动，为办案提质增效，督促行政机关迅速完成整改。坚持从个案监督拓展到类案监督、专项监督，推动政府出台立体化整改方案，破解"九龙治水"难题，全面系统治理区域内同类问题，积极维护残疾人等特殊群体的合法权益，提升"先行示范区"城市品质。

【基本案情】

2021年1月，知名残疾公益人士陈某某乘坐电动轮椅车经过广东省深圳市宝安区某路口时，因人行道无障碍设施破损从轮椅摔落，经抢救无效死亡。经调查，宝安区存在多处无障碍设施破损和不符合建设标准的问题，给残障人士造成生活不便及安全隐患，严重损害社会公共利益。

【调查和督促履职】

2021年1月，最高检将上述线索交由广东省人民检察院（以下简称广东省院）调查，广东省院迅速成立专案组，形成由最高检统筹指挥，省市两级检察院实时指导，宝安区人民检察院（以下简称宝安区院）具体办理的一体化办案模式。2021年1月15日，宝安区院对事发地快速勘查和调研后，决定立案调查，督促行政机关立即整改。1月16日，深圳市交通局宝安管理局（下简称宝安交通局）完成事故现场整改，并于2月6日完成周边9个路口的整治工作。

为彻底消除隐患，宝安区院以个案为契机，于2021年1月中旬在全区部署开展专项监督行动，向宝安交通局、深圳市宝安区住房和建设局等14家相关职能部门制发诉前检察建议，督促各职能部门依法对辖区内的无障碍设施进行排查、整改，行政单位收到检察建议后，均积极配合、迅速整改。同时，该院还不定期邀请人大代表、政协委员、公益监督员同步跟进监督。

办案过程中，为提升全区无障碍环境建设，宝安区院积极向宝安区委作专题汇报并获得支持，同时逐一走访相关职能部门，形成全面推动全区无障碍设施改造工程的共识。在检察机关的推动下，2021年1月19日，宝安区委区政府组织22个相关行政单位召开"宝安区人行道无障碍畅通专项工作联席会议"，出台《宝安区道路无障碍畅通专项行动工作方案（2021—2022年）》等一系列规定，计划至2022年底完成全区无障碍立体化改造工作，全方位改善提升宝安区无障碍环境建设水平。方案实施以来，宝安区已完成新增改设盲道中断、阻断等问题122处，完善盲道592米，改造人行道坡口147处；对全区175个在建工程开展无障碍设施专项整治行动，对43个需建设无障碍设施的在建房屋建筑和市政基础设施工程项目开展专项检查；处罚违规占用盲道等7255件。2021年2月25日，深圳市人民检察院在全市范围内全面开展"深圳市无障碍出行设施专项检察监督"工作，重点关注无障碍出行设施的规划、建设、管理是否符合国家安全标准，是否影响残障人士安全通行等问题。

【典型意义】

本案中，检察机关发挥一体化办案优势，提升监督水平，通过个案办理推动系统综合治理，最大限度地争取当地党委、政府的支持，充分调动各职能部门协同履职的积极性、主动性，填补监管漏洞，激活配套机制，顺畅衔接机制，实现无障碍立体化改造，为推进城市综合治理、服务中国特色社会主义"先行示范区"法治建设大局贡献了检察智慧和检察方案。

江苏省宝应县人民检察院督促规范文物保护单位、英烈纪念设施无障碍环境建设行政公益诉讼案

【关键词】

行政公益诉讼诉前程序　文物保护　红色教育　公开听证

【要旨】

文物保护单位、英雄烈士纪念设施未设置无障碍设施，损害了特殊群体参加革命传统教育、爱国主义教育的权利。检察机关充分发挥公益诉讼职能，推动建立多部门协作联动机制，探索符合文物保护要求和残障人士需求的无障碍设施建设最佳方案，维护特殊群体平等参与社会活动的权利。

【基本案情】

江苏省扬州市宝应县内共有不可移动文物点223处，英雄烈士纪念设施23处，其中周恩来少年读书处、宝应朱方伯公家祠、宝应学宫等3处为省级文物保护单位，是扬州市爱国主义教育基地、红色基因传承教育基地。长期以来，7处对外开放的文物保护单位、22处英雄烈士纪念设施均未设置无障碍设施，无法满足残障人士自主参观需求，损害了社会公共利益。

【调查和督促履职】

2021年3月，宝应县人民检察院（以下简称宝应县院）收到群众反映，县域内个别文物保护单位无障碍设施缺失，造成残疾人不方便参观的问题，经核实后决定立案办理。通过查询资料和实地调查，确定了全县文物保护单位、英雄烈士纪念设施的基本情况、数量和地点，并了解无障碍设施建设情况。宝应县院认为，根据英烈保护、无障碍环境建设等相关法律法规，相关职能部门未依法履行职责。

2021年4月1日，宝应县院分别向县文体广电和旅游局（以下简称文旅局）、退役军人事务局发出诉前检察建议，督促两家单位积极依法履行法定职

责，全面排查全县文物保护单位、英雄烈士纪念设施等无障碍设施情况，制定具体建设改造方案并有序推进，切实保障特殊群体平等接受革命传统教育、爱国主义教育。

两单位收到检察建议后，成立了专项工作领导小组，并及时制定相应整改方案。县文旅局拟于2021年5月底前，完成开放的7处文物保护单位无障碍设施改造；县退役军人事务局对正在施工的两处英雄烈士纪念设施增设了无障碍卫生间和无障碍坡道，并计划于2021年底前，完成全县所有英雄烈士纪念设施无障碍设施建设改造工作。

4月10日，为论证相关职能部门整改方案的可行性，宝应县院组织召开无障碍设施行政公益诉讼案件公开听证会，邀请人大代表、律师、人民监督员担任听证员，邀请县人大、县委政法委有关负责人以及社会各界群众代表现场观摩，并在听证会后组织座谈交流。4月16日，宝应县院向县委报告该案办理情况，建立多部门联动协作机制，进一步增强推进无障碍设施建设的合力。4月27日，宝应县院联合县文旅局等四部门会签《关于加强文物保护单位（革命文物点）、英雄烈士纪念设施无障碍设施建设实施意见》，进一步细化分解任务，确保建设改造工作高效完成。

【典型意义】

加强文物保护单位、英雄烈士纪念设施无障碍设施建设，对于充分保障残障人士平等参与社会生活，更好地接受革命传统教育、爱国主义教育具有重要意义。本案中，检察机关通过走访有关职能部门和残疾人代表，了解无障碍设施的现状和难点，有效提升诉前检察建议针对性。在诉前检察建议发出后，通过举办听证会、座谈会，与行政机关会签无障碍建设实施办法，邀请残障人士现场体验等方式，及时验收整改情况，评议整改方案，保障整改工作持续有力推进。同时，坚持以人民为中心，积极争取党政部门对公益诉讼工作的支持，推动全县无障碍设施建设，更好保障特殊群体利益，提升城市文明水平，实现了"三个效果"的有机统一。

四川天府新区成都片区人民检察院督促规范公共基础设施适老化建设行政公益诉讼案

【关键词】

行政公益诉讼诉前程序　公共基础设施　适老化建设　诉前磋商

【要旨】

检察机关针对公交站台、公园等市政公共基础设施适老化建设与老年人需求不相适应的问题，充分发挥行政公益诉讼的督促、协同作用，通过圆桌会议与行政机关共商良策，共同推动公共基础设施适老化建设，切实维护老年人合法权益，助力践行新发展理念的公园城市示范区建设。

【基本案情】

四川天府新区作为公园城市首提地和公园城市建设示范区，近年来吸引了许多老年人前来安居颐养天年。据统计，四川天府新区有60岁及以上老年人口9.1万余人，老年化率约17%。但其辖区内部分公共交通车站、站点、公共交通工具存在未在醒目位置设置老年人等重点人群服务标志、未开辟老年人候乘专区或专座、无障碍通道设置不符合规定以及部分公园适老化座椅不足的问题，给老年人出行带来不便，且存在一定的安全隐患，损害了老年人合法权益和社会公共利益。

【调查和督促履职】

2021年3月，四川天府新区成都片区人民检察院（以下简称天府新区检察院）在走访调查中发现，华阳老城区存在部分公共区域适老化设施建设相对滞后的问题。天府新区检察院随即走访了辖区内相关职能部门，全面了解老年人基本情况、对适老化建设的需求以及适老化公共设施建设的初步情况。该院经审查认为，根据《中华人民共和国老年人权益保障法》第六十二条、《四川省老年人权益保障条例》第五十六条、国务院办公厅《关于制定和实施老年人照顾服务项目的意见》、成都市人民政府办公厅《关于制定和实施老年人照顾服务项目的实施意见》等规定，各级人民政府在制定城乡规划时，应当根据人口老龄化发展趋势、老年人口分布和老年人的特点，统筹考虑适合老年人的公共基础设施、生活服务设施、医疗卫生设施和文化体育设施。建设部门应当实施老年人公共交通照顾服务项目，要在公共交通场所、站点和工具的无障碍设施与改造，在醒目位置设置老年人等重点人群服务标志，开辟老年人候乘专区与专座等。天府新区华阳老城区适老化设施建设滞后问题未满足上述法律法规的标准，也与成都市委市政府提出的"优化老年宜居生活环境设施"的要求存在差距。

2021年4月14日，天府新区检察院正式立案，在辖区内部分社区召开"公益问需"座谈会，与老年人代表召开座谈会，听取老年人意见，向200名老年人发放调查问卷。通过调查了解，发现辖区内部分市政基础设施存在适老化建设滞后问题。随后，该院联合四川天府新区公园城市建设局开展调查，共同对天府新区新建、改建工程适老化建设情况进行调查摸底。针对富民路公交站台建设等11处新建及改建的市政基础设施工程，综合运用发放调查问卷、现场勘验、询问工作人员、录音录像等方式对适老化建设情况进行调查取证。

2021年4月28日，天府新区检察院针对调查走访中发现的公交站台存在在醒目位置未设置老年人等重点人群服务标志、未开辟老年人候乘专区或专座、无障碍通道设置不规范以及在建的河滨拾光公园等部分新建市政基础设施工程存在适老化座椅规划不足等问题，与天府新区公园城市建设局开展公益诉讼诉前磋商。天府新区检察院认为，天府新区公园城市建设局对涉及适老化公共基础设施、生活服务设施、文化体育设施等城乡规划和建设负有监管职责，从服务地方大局和保护老年人权益出发，建议天府新区公园城市建设局对改建和新建工程进行适老化配套设施的调整改造。经双方现场踏勘和沟通，天府新区公园城市建设局采纳了检察机关的建议，双方形成会议纪要，一致同意制定整改方案，将增设适老化设施等问题列入建设规划，在进行全面排查的基础上，依法规范和提升适老化设施的建设水平。目前，天府新区公园城市建设局已经调整了富民路公交站台、河滨拾光公园等工程项目的规划设计，并进行适老化改造建设。

【典型意义】

老年人宜居环境建设，是实现好、维护好、发展好最广大人民群众的根本利益，关乎人文社会内涵与生活品质的提升。本案中，检察机关为保障老年人平等参与公园城市的美好生活，积极维护老年人的合法权益，以诉前磋商的方式，强化检察监督与行政履职协作联动，推动在建、改建、新建工程的功能升级，共同发挥行政机关与检察机关保护老年人合法权益的协同共治合力，实现了双赢多赢共赢的社会效果。

浙江省宁波市鄞州区人民检察院督促整治无障碍指引标识行政公益诉讼案

【关键词】

行政公益诉讼诉前程序　　无障碍指引标识　　公开听证

【要旨】

检察机关围绕无障碍指引标识数量稀少、内容混乱、功能欠缺等不规范问题，通过召开公开听证会、制发诉前检察建议等方式，督促商务部门、综合行政执法部门对不规范的无障碍指引标识进行专项治理，保障特殊群体便捷、有效使用。

【基本案情】

近年来，浙江省宁波市鄞州区辖区内公共场所及大型商场无障碍指引标识体系存在诸多不规范，残障人士进入公共场所后无法准确、便捷获取无障碍设施位置，造成出行不便，侵害了特殊群体权益，也损害了社会公共利益。

【调查和督促履职】

2020年3月，浙江省宁波市鄞州区残疾人联合会（以下简称鄞州区残联）向鄞州区人民检察院（以下简称鄞州区院）反映上述问题，鄞州区院经分析研判决定立案，并邀请区残联一起开展调查。经调查查明：鄞州区有2个大中型公共设施和5个大型商场内存在无障碍环境设施引导标识数量缺少、功能欠缺等不规范问题，严重影响无障碍设施正常使用。同时，因无障碍环境设施引导标识不清、出行不便等，残障人士很少外出购物休闲，无障碍设施实际使用率低。鄞州区院认为，鄞州区商务局、区综合行政执法局对案涉无障碍标识负有监管职责，因其未依法履职，导致公共利益受损。

2020年7月27日，鄞州区院召开公开听证会，邀请群众代表、残联代表、行政机关代表、涉案企业代表参会。各方围绕"是否违反法定标准""行政监管部门是否依法履职""如何提升无障碍设施运行与维护水平"等问题,全面陈述意见并充分研究,达成由相关职能部门依照法定标准设立无障碍标识体系、确保公共场所无障碍标识设置全覆盖、残联参与对无障碍标识的实用性进行评价等共识。会后,该院制发诉前检察建议,督促区商务局、区综合行政执法局对涉案企业依法治理,并在全区开展无障碍设施专项治理活动。

两家单位收到检察建议后,区商务局约谈并责令案涉企业纠正违法行为,指导相关企业提升无障碍设施运维水平;区综合行政执法局迅速进行实地勘察,责令相关企业对42块不规范引导标识进行改造,同时推动全区830块无障碍设施引导标识专项治理。截至2020年9月底,全区主要道路、公共建筑物附近无障碍引导标识已完成全覆盖。

【典型意义】

无障碍标识是供残障人士及其他有特殊需求人群使用的无障碍设施标志及公共信息图形符号,是提升无障碍设施使用效率的服务指引。无障碍标识应当设置在公共设施显著位置,应当清晰指明无障碍设施的走向及位置。当前,我国城市无障碍指引标识有较大改进空间,标识设置的不规范问题降低了特殊群体生活便利性。以检察公益诉讼推动无障碍标识规范化,对维护社会公共利益、推进市域社会治理现代化、提升特殊群体生活幸福指数具有重要意义。本案中,检察机关积极回应特殊群体关切,以公开听证方式督促监管部门开展专项治理,在市域范围形成规范管理使用无障碍标识的共识,取得良好办案效果和社会效果。

最高人民检察院公益诉讼检察典型案例汇编（2021年度）

黑龙江省铁路检察机关督促健全铁路旅客车站无障碍设施行政公益诉讼系列案

【关键词】

行政公益诉讼诉前程序　车站无障碍设施　公共安全

【要旨】

铁路检察机关针对沿线火车站无障碍设施不健全，致使残障人士、老年人等特殊群体出行困难的突出问题，充分发挥专门检察机关和跨行政区划管辖优势，立足保障安全生产和强化应急管理，统一部署开展区域性专项监督，督促协同相关行政机关、铁路企业依法履职尽责，切实维护特殊群体合法权益，推动精细化、人性化社会治理。

【基本案情】

2021年初，黑龙江省齐齐哈尔铁路运输检察院（以下简称齐齐哈尔铁检院）根据齐齐哈尔市人大常委会交办的线索，对辖区七区九县各火车站无障碍设施建设情况进行摸排并立案办理。黑龙江省人民检察院哈尔滨铁路运输分院（以下简称哈铁分院）举一反三，调查发现省内大部分铁路旅客车站均未设置无障碍停车位或无障碍停车位设置不够，未设置无障碍标识或标识不清，无障碍通道不畅受阻，个别车站存在无障碍停车位对残疾人收费、站台内部未设置无障碍站台等问题，影响残疾人、老年人等特殊群体出行便利，存在一定的安全隐患，损害了社会公共利益。

【调查和督促履职】

自2021年3月起，哈铁分院充分发挥一体化办案机制优势，整合两级铁路检察机关公益诉讼检察力量，围绕铁路管辖范围开展了铁路无障碍环境建设检察公益诉讼专项监督工作，对辖区内245个火车站进行全覆盖走访勘查和系统梳理，共计摸排个案、类案线索42件。哈铁分院检察长直接办案，以办理方正县火车站无障碍设施不健全行政公益诉讼案为样本,指导两级铁路检察机关突出办案重点,查清问题成因,依据相关领域的法律法规及行业标准,找准责任主体,消除铁路企业与地方行政机关在火车站无障碍环境建设领域的监督管理盲区,确保监督对象适格、法律依据准确、建议内容合理。

截至目前,黑龙江两级铁路检察机关共针对11个县市区的火车站无障碍设施不健全问题立案11件,并制发诉前检察建议,督促主管建设等行政机关依法履行监管职责,落实无障碍环境建设法律规定和强制标准,及时监督、整改、消除影响特殊群体出行的安全隐患。行政机关收到检察建议后,第一时间与检察机关对接整改。齐齐哈尔铁检院在办案中邀请市、县残联,政府及住建、城管部门共同磋商,通过检察官现场出示证据、释法说理,督促相关行政机关对火车站无障碍设施建设、改进情况加强监管,并由残联提供具体国家标准和监督验收。

2021年4月29日,哈铁分院与黑龙江省残联召开"无障碍建设专项监督行动"座谈会,双方就健全日常联系机制、建立联合调查机制、健全联合监督机制、推动信息共享、联合开展宣传工作、明确责任部门六个方面达成共识,并随即推动齐齐哈尔、佳木斯、鹤岗、双鸭山等地残联与相关铁路检察院建立协作机制,在办案中邀请残障人士参与整改验收,形成司法监督与社会监督合力。

【典型意义】

铁路检察机关在开展守护美好生活公益诉讼专项活动中,以改善铁路旅客车站的无障碍环境作为服务残疾人、老年人等特殊群体的切入点和着力点,充分发挥铁路检察机关在铁路与地方之间的桥梁纽带作用,积极争取残联等各方面的支持,通过诉前检察建议、圆桌会议等方式,以监督办案推动长效协作机制建设,合力消除火车站无障碍环境建设的监管盲区,努力让火车站成为社会文明窗口,以中国铁路的高质量发展更好地保障特殊群体的高品质生活。

北京市延庆区人民检察院督促整治无障碍设施问题行政公益诉讼案

【关键词】

行政公益诉讼诉前程序　城市公厕无障碍设施　无障碍机动车停车位

【要旨】

检察机关针对辖区内无障碍设施存在的不规范问题，督促多个行政机关积极履职、通力协作，提升无障碍设施规范化、精细化、系统化的管理水平，依法保障残疾人等特殊群体权益。

【基本案情】

城市公厕无障碍设施、无障碍机动车停车位是与残疾人日常生活密切相关的公共服务设施。北京市延庆区部分社区的无障碍设施普遍存在不规范、不便利、不实用等问题，相关行政部门未尽到监督管理职责，未有效保障残疾人等特殊群体平等参与社会生活的权利。

【调查和督促履职】

2021年1月，北京市延庆区人民检察院（以下简称延庆区院）按照北京市人民检察院部署开展的"无障碍环境建设公益诉讼专项监督活动"相关要求，结合服务保障北京2022年冬奥会和冬残奥会的筹办举办工作，通过实地测量、谈话询问、现场拍照等方式，对辖区内人流量较大的城市公厕及冬奥会和冬残奥会定点医院、商业中心停车场的无障碍设施进行实地摸排。现查明：城市公厕无障碍设施普遍存在无障碍厕所标志混用、安全抓杆设计不规范、救助呼叫按钮设置超高、挂衣钩高度不合规范等现象；无障碍机动车停车位存在数量不达标、指示标识不清晰、轮椅通道线宽度不足及位置设置不利于残疾人通行等问题，侵害了残疾人等特殊群体合法权益。为提升办案专业化水平，检察机关注重用外脑、借外力，邀请北京市无障碍中心、住建部无障碍专家委员会、北京市无障碍专家委员会的三名无障碍专家，从行业标准、法律规定及政策要求等方面针对发现的问题进行充分论证，为公益诉讼检察监督提供有力的专业支撑。

延庆区院认为，延庆区城市管理委员会（以下简称延庆区城管委）作为城市公厕无障碍设施的监管部门、区交通局作为无障碍机动车停车场的监管部门、儒林街道办作为具有执法权的单位，对无障碍设施存在的问题均未依法全面履行各自职责，致使社会公共利益持续受到侵害。2021年2月24日和3月4日，延庆区院分别向上述三个行政机关制发诉前检察建议，建议其全面履行各自监管职责，严格按照《无障碍设计规范》有关要求，规范无障碍厕所标识、增设垂直抓杆、调低救助呼叫按钮高度；施划无障碍停车位标线、增设数量、合理设置停车位位置等，并由点及面对全区内的无障碍设施进行全面排查，为特殊群体提供更加优质安全、高效便捷的城市服务。同时，延庆区院将检察建议书抄送延庆区残联，建议其为行政机关整改提供行业支持和专业指导，确保无障碍设施达标、实用和便利。

收到检察建议后，各行政机关高度重视、积极履职，迅速组织整改落实。延庆区城管委第一时间与区残联对接，争取技术支持，按照设计规范对涉案公厕进行整改，并对排查出的部分公厕存在的小便器安全抓杆与洗手盆安全抓杆设置不标准问题进行整改。延庆区交通局成立专项工作领导小组推动整改，一个月内对全区经营性停车场进行全覆盖检查，累计出动检查人员18人次，检查车辆9车次，检查停车场42家次，发现问题33项；儒林街道办专题研究整改措施，约谈停车场运营公司负责人，并下达责令整改通知书；延庆区无障碍环境建设专班、区残联相关人员进行现场指导，为各行政机关的整改工作解决技术困难。

2021年5月12日，延庆区院对整改情况进行了跟进监督，邀请专业人士和残障人士作为公益观察员现场查看并实地体验整改后的城市公厕和无障碍停车位。公益观察员通过亲身体验，对整改效果给予高度肯定。延庆区残联为表示感谢赠送锦旗——"公益诉讼担当有为 让'无障碍'为'无限爱'"。北京市检察机关开展专项监督行动以来，延庆、丰台、大兴、朝阳、门头沟、平谷6个基层检察院已开展案件办理工作，目前受理案件线索23件，立案23件，发出诉前检察建议17件，取得良好的社会效果。

【典型意义】

本案中，检察机关主动担当作为，积极履行公益诉讼检察职能，借助

"外脑"优势,提升精准监督水平,督促各行政机关依法履职、齐抓共管,同时以点带面同步开展专项监督,推动区域内同类问题得到全面整治,实现了"无碍"变"有爱",提升了辖区无障碍设施的规范化、精细化、常态化管理水平,以更加优质的公益诉讼检察产品为北京2022年冬奥会和冬残奥会的筹办举办工作提供有力的法治保障。

六、检察机关大运河保护公益诉讼检察专项办案典型案例

(2021年6月3日)

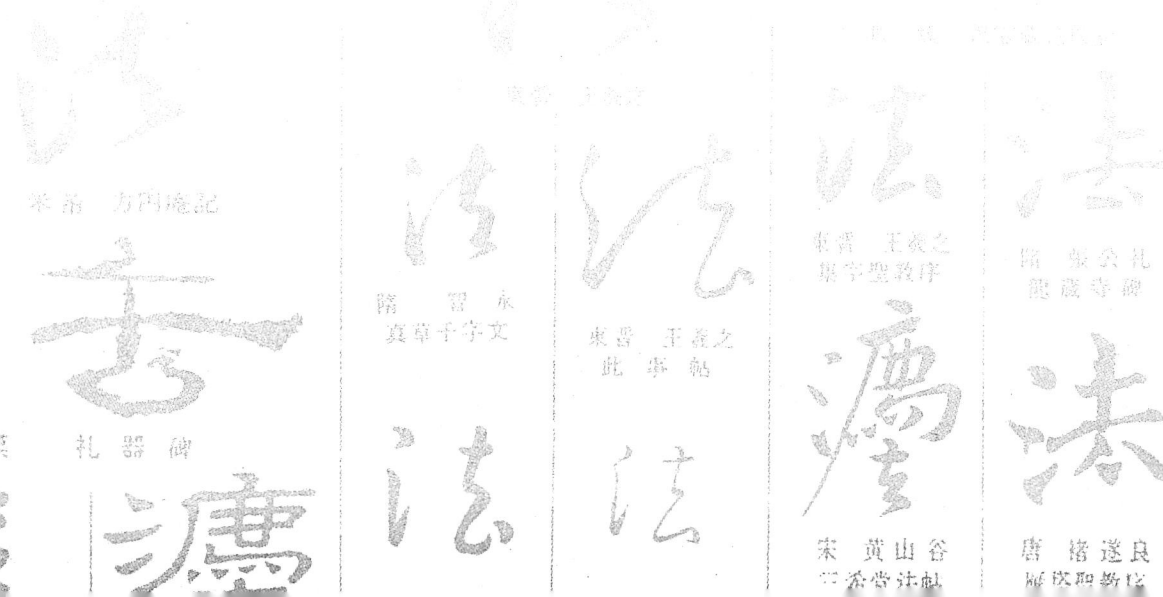

六、检察机关大运河保护公益诉讼检察专项办案典型案例（2021年6月3日）

检察机关大运河保护公益诉讼检察专项办案典型案例答记者问

2020年2月，最高检针对部分地区大运河公益保护存在的问题，决定予以立案办理。办案采取最高检领办、各级检察机关分办的思路，部署沿河检察机关开展大运河保护公益诉讼检察专项办案活动，至2021年4月活动结束。经过一年多的监督办案，在沿大运河8省（直辖市）检察机关的共同努力下，大运河公益保护取得明显成效，涌现出一批办案质量好，社会效果佳，具有复制、借鉴意义的典型案例。2021年6月3日，最高检发布检察机关大运河保护公益诉讼检察专项办案典型案例，最高检第八检察厅厅长胡卫列就相关问题回答了记者提问。

1. 最高检对大运河公益保护予以立案办理的背景是什么？

众所周知，2014年6月，中国大运河被联合国教科文组织正式批准列入世界文化遗产名录，成为中国第46个世界文化遗产项目。大运河总长3200公里，贯穿北京、天津、河北、山东、河南、安徽、江苏、浙江8个省、直辖市，作为一个线性活态的巨型文化遗产被全世界瞩目。

党的十八大以来，党中央、习近平总书记十分关心大运河保护工作。习近平总书记强调要"充分挖掘大运河丰富的历史文化资源，保护好、传承好、利用好大运河这一祖先留给我们的宝贵遗产"的指示精神。2019年，中共中央办公厅、国务院办公厅先后印发了《大运河文化保护传承利用规划纲要》《长城、大运河、长征国家文化公园建设方案》，统筹规划、推进大运河文化带建设和大运河国家文化公园建设。最高检十分关注大运河的生态环境和文物、文化遗产保护工作。2019年9月，最高检在履职过程中发现，河南、河北、江苏、安徽等地大运河部分河道存在污水横流、文化遗迹遭到破坏等问题。经过初查，发现以上问题在大运河8省（直辖市）一些地区还不同程度的存在。由于大运河地域广泛、情况复杂，仅靠一省之力很难系统有效解决大运河公益保护中存在的问题,推进大运河保护需要在更高层次上协调各方力量。为更好推动大运河系统治理、长效保护,最高检决定对大运河公益保护予以立案办理。

● 2. 专项办案活动开展以来最高检具体开展了哪些工作?取得了哪些成效?

在最高检立案之初,我们考虑本案区域跨度大、各地公益损害情形不一的情况,确定了由最高检领办、沿河各级检察机关分办的思路,着重围绕生态环境、资源保护和文化遗产保护等领域开展办案。

一是深入现场,全面掌握公益损害情况。最高检分别于 2020 年 7 月和 10 月到山东聊城、枣庄,江苏徐州、常州、扬州,河北沧州、衡水,安徽宿州进行调研督导,与辖区检察机关和行政单位联合巡查河道 210 公里、文物遗迹 50 余处,召开联席座谈会议 11 次,就线索移送、技术支持、调查取证、修复标准、违法情形、跨区协作等内容进行交流,并协调解决案件中存在的问题。

二是组织公益诉讼"回头看",确保办案质量。针对调研中发现的履职不到位、整改不力等问题,最高检于 2020 年 8 月再次下发通知,要求沿河 8 个省、直辖市检察机关对已经办理的 213 件案件进行逐案"回头看",务必深入一线、实地查看整改效果,确保公益保护成效。2021 年 3 月,最高检办案组赴山东,围绕大运河专案办理和南四湖流域生态环境保护开展督导,现场了解大运河故道生态修复情况,召开苏鲁豫皖四省检察机关座谈会,对重点问题进行研究督办。4 月,最高检办案组又前往浙江杭州对 13 个涉污企业重点案件线索进行督办,赴绍兴督导浙东古运河文物遗迹保护、外来物种清理、沿河环境整治情况。

三是依托科技深挖线索,加强线索交办力度。针对案件线索发现难的问题,最高检利用专业技术支持,采用大数据爬虫技术形成生态环境和文物保护两份线索报告,挖掘企业排污、黑臭水体线索 509 条、非法占用河道线索 145 条、文物保护线索 1079 条,并及时将线索报告转交沿线省、直辖市检察机关,据此各地排查立案 172 件。

四是沿河 8 省市检察机关在最高检的组织指挥下,深入开展大运河公益诉讼检察专项办案活动。各地加强组织领导,"一把手"坚持带头办案。聚焦生态环境、河道水系治理和文物、文化遗产保护等领域,办理了一批有影响、有成效的案件。坚持以专项促专案,各地紧紧围绕当地生态环境存在的

六、检察机关大运河保护公益诉讼检察专项办案典型案例（2021年6月3日）

突出问题，开展公益保护专项行动，坚持把大运河专项办案作为重点予以推进，解决了一批大运河公益保护方面的重点难点问题。注重建立健全各项协作联动机制，加强与"河湖长"工作对接，强化检察机关内部协作，进一步完善与职能部门的协作配合，从制度机制上推动大运河公益保护的常态化、规范化。

通过监督办案，取得以下成效：

一是立案办理了一批案件。立案464件，发出诉前检察建议377件，起诉27件；清理固体废物、杂物垃圾18100余吨，拆除违法建筑物7万平方米，保护历史文化古迹83处，清除外来物种福寿螺7万余公斤，追缴生态修复费用9400余万元，有效改善了大运河沿线生态环境，促进了文化遗产保护。

二是掌握了第一手保护资料。最高检办案组5次深入到8省20个地市32个县区，走访文物、环保等部门，对河道及两岸文物保护单位进行实地勘察，掌握了运河保护的基本情况。

三是形成了一系列多方联动机制。北京、江苏等地检察机关与行政机关搭建河湖长、检察长、网格长"三长"联动的工作模式，形成联席会议、联合巡访、联动督查的"三联"工作机制。浙江6家基层院签订协议，为浙东运河全线保护提供司法保障。江苏省检察院制定跨区划管辖意见，推进大运河跨区域保护，受到省委领导的批示肯定。

3. 这次发布的典型案例具有哪些特点？

本次发布的13件公益诉讼典型案例的主要特点是：

一是聚焦融入大局、服务人民，发挥公益诉讼检察职能优势。在服务区域经济社会发展上，浙江省湖州市人民检察院寓服务于办案，在案件判决生效后，帮助企业改造污水处理设备，从源头遏制污染大运河生态环境事件的再次发生。在改善人民生活上，天津市静海区人民检察院针对大运河两岸长期存在私搭乱建、堆放垃圾等情况，督促监管部门依法全面履行职责，有效解决人居活动与生态环境保护之间的矛盾。北京市通州区人民检察院在督促保护文化遗产的同时，注重改善周边生态和居住环境，促进大运河文化遗产保护与乡村振兴、人居环境提升有机结合、协调发展。

二是服务大运河文化带建设，积极稳妥探索公益诉讼新领域。在文物和文化遗产领域，检察机关围绕大运河沿线重点文物保护单位和大运河世界文化遗产，通过行政公益诉讼监督履职，对江苏省扬州市运河谢馥春旧址、安徽省濉溪县大运河淮北段遗址等一批有重大社会影响和历史价值的文物、文化遗迹进行保护，取得良好社会效果。在生物安全领域，浙江省绍兴市柯桥区人民检察院针对外来生物福寿螺破坏水系生态环境的情况开展行政公益诉讼。在社会各界共同努力下，累计清除福寿螺7万余公斤。在公共安全领域，江苏省无锡市锡山区人民检察院通过行政公益诉讼诉前程序，联合开展专项治理，消除水上安全隐患。山东省临清市人民检察院在强化文物保护的同时，通过公益诉讼监督履职，督促行政机关一体解决涉及游客人身权益的旅游安全隐患。

三是践行"共抓大保护"指示精神，推进公益协作保护走实走深。江苏省沛县人民检察院延伸办案效果，协同南四湖水利管理局以及周边检察院建立跨区域、跨流域、跨行业生态保护公益诉讼协作机制。江苏省苏州市虎丘区人民检察院通过向党委政府专题报告、同行政机关圆桌磋商等形式，协调多个职能部门形成保护合力，构建"齐抓共管"工作格局。浙江省余姚市人民检察院通过监督办案以点及面，推动人大常委会立法、成立专门性保护机构。河南省开封市祥符区人民检察院把短期整改与长期规划有机结合，督促行政机关出台大运河保护规划，推动大运河文化遗址保护规范化、制度化。江苏省扬州市广陵区人民检察院主动接受人民群众监督，积极听取人大代表、政协委员、人民监督员、社区群众对案件整改效果的意见建议。

四是抓好工作机制落地落实，提升公益诉讼办案质效。检察机关注重发挥诉前程序作用，灵活运用公开听证等工作机制，提升公益诉讼监督效果。河北省沧州市人民检察院通过公开听证和诉前磋商，提升职能部门和人民群众对大运河文物和文化遗产传承认识，推动对国家重点文物的依法保护和合理开发利用。

五是重视高新技术运用，助力检察办案新发展。安徽省濉溪县人民检察院通过运用3S（RS、GIS、GPS）测绘技术和地表污染物快速检测技术，对大运河淮北段全区域开展遥感调查和抽样核实，全面高效排查案件线索。

4. 下一步最高检在大运河公益保护上还有哪些打算、措施？

下一步最高检的工作部署是：

一是积极融入国家战略，着力体现检察担当。深入贯彻习近平生态文明思想和习近平总书记关于大运河重要指示精神，把大运河检察公益保护同生态环境改善、沿线名城名镇修复、文化旅游融合发展、运河航运转型提升统一起来，围绕大运河生态环境和文化遗产保护，研究制定公益诉讼检察保护中长期规划,全力推进大运河公益保护向纵深发展。

二是围绕地方经济社会发展,着力为可持续利用提供法治保障。最高检将再次与信息技术公司合作,进一步完善线索报告,并及时通报下发。沿河检察机关也将充分用好诉前程序督促行政机关及时履职,依法提起公益诉讼确保整治修复到位,为大运河整体保护、文化传承、旅游开发等贡献检察力量。

三是建立健全制度机制,着力推进协同治理系统保护。下一步将认真抓好《大运河沿线八省(直辖市)检察机关行政公益诉讼跨区域管辖协作意见》的落实;以"系统化"的思维开展大运河公益保护,建立健全检察、行政联动协作机制,破解调查取证、整治修复等难题;加大对外宣传力度,提升沿河群众的知晓度、理解度和参与度,凝聚起行政机关、检察机关和人民群众的保护合力,协同做好大运河环境保护、文化传承、岸线利用三篇文章。

四是突出重点加强督导,着力提升办案质效。紧紧围绕文化遗产、河道水系、生态环境保护,对已办理的案件再次组织"回头看";对立案但未办结的案件上级检察机关要开展督导,确保公益得到及时有效保护。推进落实跨区域管辖协作意见,积极拓宽保护领域,加大线索排查力度,推动大运河公益保护提质增效。

大运河专案监督活动虽然已经结束,但大运河公益保护仍然是公益诉讼检察工作的一个重要方向和着力点,我们将认真总结提炼、固化升华专案监督活动的好经验、好做法,将监督保护工作纳入制度化、常态化轨道。

（一）生态环境和资源保护

浙江省湖州市人民检察院诉某公司环境污染民事公益诉讼案

【关键词】

民事公益诉讼　大运河生态环境保护　源头治理　一体化办案

【要旨】

检察机关依托一体化办案机制，对造成环境污染的企业依法提起民事公益诉讼，同时将案件办理与服务企业相统一，督促企业加快排污处理技术改造，促进产业结构优化升级，从源头解决水污染问题，保护大运河生态环境。

【基本案情】

2019年3月下旬至2019年4月2日，浙江省湖州市德清县某公司污水处理站负责人沈某某为降低该公司排放污水中污染物总氮浓度，以逃避环保部门监管，指使污泥操作工王某某、佘某某等人采用轮流定时关闭或打开污水站标排口的污水出水口阀门以及清水管道阀门的方式，干扰在线自动监测设备自动取水样，并排放总氮等污染物浓度超标的污水2万余吨至厂区北侧河道中，该河道直通京杭大运河。经浙江省环境保护科学设计研究院评估，某公司污染环境行为造成的生态环境损害费用为595155元至618130元之间，鉴定评估费用90000元。

【调查核实】

浙江省德清县检察院在履职过程中发现线索后，立即向浙江省湖州市检察院移送。湖州市检察院经过分析研判，认为该案案情重大疑难复杂，遂启动两级检察机关一体化办案机制，围绕某公司的污染行为、对环境造成的损害等方面展开调查、核实、取证工作。检察机关于2019年8月15日对某公司环境污染案启动民事公益诉讼立案程序，2019年8月29日在《检察日报》上刊登民事公益诉讼诉前公告，督促符合条件的社会组织提起诉讼，公告期满后，无适格主体提起民事公益诉讼。

【诉讼过程】

2019年11月25日，湖州市检察院就某公司环境污染案向湖州市中级人民法院（以下简称湖州中院）提起民事公益诉讼，诉请判令被告某公司赔偿生态环境损害费用595155元，并承担评估鉴定费用90000元，两项费用合计685155元。湖州南太湖新区人民法院（以下简称南太湖法院）作为湖州市跨行政区域集中管辖环境资源案件的基层法院，接受湖州中院指定管辖审理本案。2020年3月5日，南太湖法院公开开庭审理了本案，湖州市检察院指派德清县检察院出席法庭。经过法庭调查、辩论和最后陈述，合议庭在查明某公司排放污水致使厂区北侧河道河水污染、生态环境遭受损害的事实后，对该案进行当庭宣判。

南太湖法院审理认为，某公司严重破坏生态环境，对社会公共利益造成了损害，应当承担民事侵权责任，当庭宣判支持检察机关全部诉讼请求。目前，该案已经全部履行完毕。

为促进源头治理，案件判决生效后，检察机关主动对接涉案企业，联系专家对涉案企业排污设备改造进行科学指导，督促污染企业投入1000余万元整改污水处理设备，及时淘汰落后产能。

【典型意义】

检察机关积极发挥民事公益诉讼监督职能，把影响大运河发展的环境问题作为公益诉讼工作的切入点和突破口。因案情重大疑难复杂，检察机关启动两级院一体化办案机制。在办案过程中，两级检察机关紧密配合，从服务企业角度出发，寓服务于办案之中，帮助企业整改污水处理设备，从源头上有效遏制污染大运河生态环境事件的再次发生，实现公益保护与促进企业发展相统一。

江苏省沛县人民检察院督促整治京杭大运河违建码头行政公益诉讼案

【关键词】

行政公益诉讼诉前程序　大运河生态环境保护　跨区域协作

【要旨】

检察机关督促大运河流域管理机构行使监督管理职责，促使地方行政主管部门予以配合，并针对跨区域监管难题，协调构建跨区域协作机制，形成保护合力，实现长效治理。

【基本案情】

2012年以来，江苏省沛县三家公司在未经有权部门批准的情况下，违法在京杭大运河南四湖段湖西大堤建设三座码头用于生产经营，占地面积49200平方米，年吞吐量超过500万吨；码头没有任何环境保护设施，长期堆积大量砂石、煤炭等物资，生产生活污水直排入河，严重影响运河生态环境、行洪安全和航运安全。

【调查和督促履职】

2020年7月10日，江苏省沛县检察院在对京杭大运河进行巡查时发现该案线索，遂依法立案调查。经现场勘验、走访，并调阅行政机关执法记录，查明水利部淮河水利委员会南四湖水利管理局下级湖水利管理局（以下简称南四湖下级湖管理局）是本流域法定监督管理部门。

早在2019年5月27日，南四湖下级湖管理局对上述违法行为作出《行政强制执行决定书》，责令三家公司在限期内自行拆除违建码头，否则将依法予以强制拆除。三家公司在规定期限内均未履行该决定，亦未申请复议或提起行政诉讼。截至案发，该局仍怠于采取强制执行措施，造成违建码头长期非法运营，京杭大运河生态环境持续受到破坏。

六、检察机关大运河保护公益诉讼检察专项办案典型案例（2021年6月3日）

2020年7月13日，沛县检察院向南四湖下级湖管理局制发检察建议，督促该局全面履行法定职责，依法采取强制执行措施，拆除违建码头。该局回复表示因人员力量和机械设备不足，难以完成强制拆除工作。

2020年7月24日，沛县检察院及时向县委县政府报告，依托"河湖长＋检察长"工作机制，牵头县水务局、公安局和属地镇政府召开联席会议进行磋商，共同研究制定强制拆除方案，决定从提供人力物力支持、做好群众安抚工作等方面，协助南四湖下级湖管理局开展拆除工作。

2020年7月27日，沛县检察院协助县政府组织水务、生态环境、公安、城管等部门，配合南四湖下级湖管理局将三座违建码头彻底拆除。同时，沛县检察院督促违建码头所在地镇政府，在码头原址覆土复绿，栽种树木6000余株，防止违建码头反弹，有效修复生态环境。

2020年7月28日，沛县检察院在成功办理本案的基础上，与南四湖水利管理局和山东省济宁市微山县检察院、枣庄市台儿庄区检察院会签《京杭大运河（台儿庄—微山段）生态保护公益诉讼协作配合工作协议》，建立跨地区、跨系统加强京杭大运河保护的长效机制。

【典型意义】

在跨区域运河保护中，既需要上下游地方行政主管部门加强协作，也需要主管部门与流域管理机构互相配合。检察机关督促流域管理机构履行职责的同时，应当打破地区和系统限制，督促协调地方行政主管部门予以支持配合，共同完成监督管理职责，合力实现公益保护目的。同时，检察机关延伸办案效果，协调建立跨区域、跨流域协作机制，实现大运河保护长效治理。

天津市静海区人民检察院督促整治大运河生态环境公益诉讼系列案

【关键词】

行政公益诉讼诉前程序　大运河保护　农村人居环境治理　"回头看"

【要旨】

检察机关督促职能部门依法协同履职，并通过"回头看"强化督导落实，确保大运河保护成效。

【基本案情】

2019年12月，天津市静海区检察院在京杭大运河保护专项行动中发现，大运河静海段内长期存在个别住户在河堤两旁私搭乱建，堆放生活垃圾和建筑垃圾的情况，损害河堤安全，影响生态环境。一旦遇到下雨或者泄洪，垃圾被冲入河道，不仅污染水源，还会造成河道阻塞，影响行洪安全。同时，个别住户将生活污水通过自挖的排污沟直接向大运河排放，造成河水污染，侵害社会公共利益。

【调查和督促履职】

针对发现的问题，静海区检察院于2019年12月30日立案调查。该院沿大运河静海段的流向进行实地踏查，认真核实每处环境损害的事实，及时固定证据，建立问题台账。同时该院专程前往区生态环保局、水务局河道所等相关单位进行走访调研，确定监督履职责任主体。经调查核实，静海区生态环境局、独流镇人民政府、陈官屯镇人民政府对上述违法行为负有监管职责。静海区检察院于2020年1月23日依法向上述三家行政机关制发诉前检察建议，督促其依法履职，切实保护大运河沿线生态环境。

收到检察建议后，静海区生态环境局第一时间与独流镇、陈官屯镇人民政府进行对接，成立调查组前往运河沿岸进行全面排查，并建立了整改任务清单、明确整改内容、整改要求和职责分工。独流镇人民政府封堵南运河违法排污口，拆除河堤内违建彩钢房，并对周边居民开展宣传引导，确保违法现象不再发生。陈官屯镇人民政府出动挖掘机、运输车清整运河沿岸各类垃圾8吨，并提供封闭式垃圾桶，安排保洁公司每日进行垃圾清运，保证日产日清。经过三家行政机关的合力协作，京杭大运河静海段内河道周边违法问题被全部清理整治完毕。同时，三家行政机关共同加强日常巡视，确保形成环境保护常态化机制。

行政机关回复整改后，为确保公共利益切实得到保障，静海区检察院积极开展"回头看"工作，继续做好检察建议"后半篇"文章。在行政机关整改完毕后的一年时间内，多次前往大运河沿岸进行复查，确保检察监督取得实效，公益保护形成常态化。同时，静海区检察院还多次前往运河沿岸居民聚集地区开展法治宣传教育活动，营造保护大运河沿线生态环境和资源的良好氛围。

【典型意义】

检察机关运用行政公益诉讼职能，督促行政监管部门和运河沿岸属地政府，依法全面履行职责，联合开展整治工作；同时，加大教育宣传力度，完善制度机制，构建大运河长效保护模式。

（二）文物和文化遗产保护

江苏省扬州市广陵区人民检察院督促保护大运河沿岸谢馥春旧址行政公益诉讼案

【关键词】

行政公益诉讼诉前程序　运河文化遗产保护　公开听证　"回头看"

【要旨】

检察机关在发出诉前检察建议督促行政机关履职后，持续跟踪监督，积极开展公益诉讼"回头看"，并组织召开公开听证会，引入第三方评议，确保大运河文化遗产得到有效保护。同时，以个案监督为抓手，实现对辖区内大运河文化遗产的整体保护。

【基本案情】

谢馥春旧址坐落于大运河畔，位于大运河江苏省扬州段东关古渡边，2011年被列入第三批江苏省非物质文化代表作名录，2012年被扬州市人民政府确定为市级重点文物保护单位，2020年被列入第五批国家级非物质文化遗产代表性项目名录，其因运河的发展而产生，也因运河兴盛而壮大，东关古渡和谢馥春旧址是大运河文化遗产的典型代表。因其紧邻扬州东关街景点，每日有大量旅游生活垃圾在谢馥春旧址和东关古渡附近中转站堆积。因管理不善，中转站内生活垃圾、建筑垃圾混杂，环境脏乱差，臭气熏天，严重影响了谢馥春旧址及运河古渡的文化遗产价值。

【调查和督促履职】

2019年9月，江苏省扬州市广陵区检察院接到群众电话反映，大运河文化遗产谢馥春旧址旁垃圾处理站脏乱差，影响周边环境。广陵区检察院于同

六、检察机关大运河保护公益诉讼检察专项办案典型案例（2021年6月3日）

年9月25日决定立案调查，通过实地勘查、无人机航拍、走访游客及当地居民等方式，固定中华老字号谢馥春旧址及运河古渡周边环境受损、影响谢馥春旧址文物价值的事实；与区文旅局等职能部门召开座谈会进行磋商，了解相关部门关于该垃圾中转站的规划设计、管理运行情况；厘清各职能部门的监管责任，明确履职依据后，分别向区文旅局、东关街道、区城管局制发检察建议，督促履行非物质文化遗产保护职责，开展立体整治，恢复中华老字号谢馥春旧址及运河古渡周边环境。行政机关收到检察建议后，多次与负责管理公司沟通，并于同年10月制定整改方案，采取增设围挡、建设安全围墙，由半封闭到全封闭管理，增加垃圾清运次数、定期冲洗消毒、建立日常巡查机制等方式降低对文物价值的影响。

案件办结后，广陵区检察院开展公益诉讼"回头看"，在派员现场核查是否按照检察建议要求整改的基础上，于2021年3月组织公开听证会，主动接受人民群众监督，听取人大代表、政协委员、人民监督员、社区群众对该案整改效果的意见和建议，确保涉案问题不反弹、运河公益保护切实到位。

广陵区检察院在办理该案的基础上进一步实地走访辖区大运河沿线各级各类文物保护单位176处，绘制"大运河文物保护线路图"，该线路图对176处文物进行明确标明，为检察机关按图索骥式的地毯式巡查提供方便。针对发现的大运河周边国家级文物普哈丁墓园内堆放建筑材料、小虹桥等古桥桥梁损毁、普照寺存在主体垮塌风险、贾氏盐商游客步道年久失修等问题，向区民宗局、属地街道等职能部门发出检察建议，积极推动大运河沿岸文物和文化遗产得到有效保护。

【典型意义】

检察机关积极落实最高人民检察院及江苏省人大常委会关于积极稳妥探索公益诉讼新领域的工作部署要求，通过诉前检察建议督促具有文物和文化遗产保护职责的行政机关履职后，持续跟踪检察建议落地落实，积极开展公益诉讼"回头看"，通过组织公开听证，广泛听取社会意见，接受群众监督。同时，延伸办案效果，绘制"大运河文物保护线路图"，督促相关职能部门开展全方位文化遗产保护，达到了"办理一案、治理一片"的效果。

安徽省濉溪县人民检察院督促保护大运河淮北段遗址行政公益诉讼案

【关键词】

行政公益诉讼诉前程序　大运河遗址保护　遥感调查　公开听证

【要旨】

针对在大运河文化遗迹上进行违法建设等问题，检察机关引入定量遥感技术进行调查核实，启动行政公益诉讼诉前程序，依法向多家职能单位发出检察建议，督促行政机关积极履职，形成保护合力，切实推进大运河历史文化遗迹保护落实落地。

【基本案情】

长期以来，由于历史遗留、疏于管理等原因，大运河淮北段遗址存在违法建设、基础设施配置不达标、群众保护意识薄弱等问题，严重影响了大运河遗址保护。

【调查和督促履职】

2020年5月，在大运河保护专项活动中，淮北市检察机关经初步调查，大运河淮北段遗址2013年被评为国务院第七批重点文物保护单位，全长41.5公里，全部为地下遗址，保护范围及建设控制带共约1850公顷。

鉴于大运河遗址非显性、大跨度等特点以及区域城镇化迅速发展等形势，淮北市检察院公益诉讼部门委托该院信息技术部门采用现代测绘领域的3S（RS、GIS、GPS）技术以及地表污染物快速检测技术对大运河淮北段全区域开展遥感调查和抽样核实。技术人员在遗址专题图中提取运河保护区域范围的地理矢量文件，对各时期监测区域影像按照遥感内业处理标准流程进行校正，针对这一区域内植被、水体、道路、构筑物四类主要地物，利用最大似然性算法进行分类，形成分类专题图，估算出不同年份构筑物的总面积，通过比对发现近七年来遗址保护区域内的违法建筑存在逐年扩张趋势。为进一步佐证这一事实，技术人员随机抽样七种类型的构筑物，采用现场调查固定+目视解译+影像叠加，直观证明了各类构筑物破土建设的演进过程。另外，针对区域内地表水污染、现代坟占压、非法取土等其他威胁遗址保护的现象均做了采样固定。

2021年1月29日，濉溪县检察院对该案立案调查。2月3日，市、县检察院联合召开大运河历史文化遗产保护公开听证会，听证员一致同意检察机关向怠于履行大运河遗址保护职责的行政机关发出检察建议。2月5日，濉溪县检察院向该县文化旅游体育局、住房和城乡建设局、百善镇人民政府等九家单位发出检察建议并上门送达，督促其依法履职，切实保护大运河遗址。

九家单位立足职责，依照检察建议要求，积极开展大运河遗址保护工作，主动邀请检察机关监督，并出台相关长效保护机制。对大运河遗址保护区内违法用地行为依法查处，保护面积60余亩；清理遗址沿线生产生活垃圾50余吨，增加沿线村镇垃圾运送班次；设立大运河遗址保护、警示设施20余处；加大宣传力度，创作文艺作品，提升群众保护意识，吸收30余名群众自愿参与大运河遗址保护工作；建立健全日常巡查机制，发挥好乡镇文保员作用等。

对九家单位的整改情况，市、县检察院协同原听证员、文物专家等现场验收，认定检察公益目的全部实现，濉溪县检察院依法对该案作出终结审查决定。

【典型意义】

检察机关坚持将科技元素融入检察工作，引入定量遥感技术固定长周期、大跨度、非显性社会公益客体受损事实，全面高效排查大运河淮北段遗址保护方面存在的问题。通过召开听证会方式与有关行政机关达成大运河遗址保护一致意见，起到事半功倍的效果。将运河遗址保护工作作为一项系统工程全盘考虑，向相关行政单位一并发出检察建议，督促其各司其职的同时加强协调配合，协同做好运河遗址保护工作。被监督单位根据检察建议要求，有效解决了当前大运河遗址保护方面存在的突出问题，构建完善了长效工作机制，将其纳入长期重点工作。

最高人民检察院公益诉讼检察典型案例汇编（2021年度）

北京市通州区人民检察院督促保护大运河金口新河故道遗址行政公益诉讼案

【关键词】

行政公益诉讼诉前程序　　大运河遗址保护　　综合治理

【要旨】

针对大运河遗址遭受破坏的问题，检察机关积极组织召开圆桌会议、启动多方磋商，督促多家行政机关依法履行监管职责，促进大运河文化遗产保护与城乡建设发展协调推进。

【基本案情】

金口新河故道遗址位于北京市通州区台湖镇东石村，系市、县级文物保护单位。故道遗址附近无文物标志说明，周边杂草丛生，各种电缆无序穿过，并且堆放各种建筑垃圾，遗址历史风貌及周边环境遭到严重破坏。

【调查和督促履职】

北京市通州区检察院通过对全国文物普查不可移动文物登记信息进行筛查发现该线索，于2020年9月7日立案调查。办案人员通过数次现场勘查、调查询问、调取文物档案、与相关行政机关座谈等方式，查明金口新河故道遗址系元代为解决大都至大运河北端通州之间水运问题开凿的新支运河，曾为解决大运河北端水运问题作出重要贡献。20世纪60年代后，河道大部分被填塞，今仅余东石村中故道遗址。经查，该故道遗址于2007年被核定为市、县级文物保护单位，但附近居民几乎无人知晓此处有文物遗存，遗址历史风貌及周边环境均被严重破坏。

由于该案涉及文物保护、城乡环境整治等问题，多家行政机关负有监管职责，且存在部分职能交叉。为加强沟通、密切协作，通州区检察院与文物保护部门、城市管理部门、属地镇政府共同召开圆桌会议进行磋商，充分了

— 176 —

解遗址保护工作在经费、人力、科技手段等方面的不足，以及单个行政机关履职有限等方面的困难，共同协商破解难题，并邀请行政机关前往现场勘查，共同研究加强遗址保护利用的最佳方案。2020年9月10日，通州区检察院向通州区文化和旅游局、台湖镇政府、区城市管理委员会分别发出诉前检察建议，建议尽快启动对金口新河故道的保护范围和建设控制地带划定工作，按规定对文物作出标志说明，共同履行保护、管理责任，全面整治故道遗址及周边环境。

收到检察建议后，三家行政机关高度重视、迅速行动，主管领导亲自带队，制定整改方案并组织现场调度，核查故道现状、确定遗址范围，在遗址四周安装保护栅栏，并设立文物保护单位说明标识，使几近销匿的金口新河故道重新被人们所认知；对遗址周边杂草、建筑垃圾、架空线等进行清理，使遗址风貌及周边环境焕然一新。结合对遗址保护和修复工作的开展，行政机关还将调整遗址附近的公园规划建设方案，围绕金口新河故道打造蕴含运河文化的群众休闲场所，凸显历史风貌和文化内涵。同时，文物保护部门也将根据大运河文化带建设需要，统筹规划全区文物保护利用工作，逐步开展全面拉网巡查，并在五年内完成区级文保单位的保护范围及建设控制地带的划定工作。

【典型意义】

大运河故道遗址，是记录城市发展、传承运河历史的重要载体。检察机关针对遗址保护利用不善问题，通过多方磋商、协同勘查等方式，督促多家行政机关依法履职，形成公益保护合力，让被湮没的故道遗址得到保护、焕发新机。在有力保护文化遗产的同时，也改善了周边的生态和居住环境，促进大运河文化遗产保护与乡村人居环境提升有机结合、协调发展。

河北省沧州市人民检察院督促保护大运河世界文化遗产谢家坝行政公益诉讼案

【关键词】

行政公益诉讼诉前程序　世界文化遗产保护　公开听证　完善长效机制

【要旨】

检察机关充分发挥公益诉讼协作机制优势，以公开听证的方式，推动多部门协调联动，形成大运河文化遗产保护合力。

【基本案情】

谢家坝位于河北省沧州市东光县境内大运河之上，是大运河世界文化遗产之一，也是全国重点文物保护单位。由于保护措施不力，日常管理不到位，致使游客随意攀爬，影响坝体的整体安全和保护，造成部分坝体出现裂缝，周边杂草丛生，垃圾随处可见，相关职能部门怠于履行文物保护职责，损害了国家利益和社会公共利益。

【调查和督促履职】

2021年3月17日，河北省沧州市检察院接到河北省检察院转交的最高检交办线索。沧州市检察院当天赴现场踏勘取证，并与相关职能部门沟通了解问题形成的原因。由于该案涉及多个行政部门，沧州市检察院于2021年3月25日组织召开"大运河文物文化遗产保护"公益诉讼听证会，市、县文化广电和旅游局、生态环境局、水务局，沧州市河湖长制办公室、市大运河办等相关单位代表以及市人大代表、政协委员、人民监督员、群众代表、文物专家等参加听证会，共同协商保护大运河文化遗产谢家坝的相关事宜。听证会上，各方对于如何开发利用和保护谢家坝发表了意见建议，相关职能部门对目前的保护措施、面临的困难进行了说明，并对下一步依法履职作了表态发言。2021年4月2日，沧州市检察院根据听证会收集的意见建议与市文化广电和旅游局、市生态环境局、市河湖长制办公室进行了磋商。

磋商后，沧州市文化广电和旅游局、生态环境局等部门根据检察机关建议，对谢家坝保护现状进行了深入研究，依据磋商内容在谢家坝竖立警示牌，在坝体周边安装监控系统，对坝体附近道路进行重新美化修整，制定文明游览行为规范，聘请专职巡查人员，落实常态化巡查制度。针对坝体裂缝及脱落问题组织专家现场检测论证，分析原因，研究对策。经分析认为属正常现象，在可控范围内。通过办理此案，沧州市文化广电和旅游局进一步修改完善了《沧州段大运河文物保护实施方案》和《沧州市大运河文化保护传承利用规划》，加快推进谢家坝水工博物馆建设进度，并整合周边相关文化元素，厚植大运河文化底蕴，分阶段开展大运河保护、传承和开发利用工作。沧州市检察院根据上述方案和规划，市生态环境部门、文化广电和旅游局、河湖长制办公室和属地政府积极有效履职，建立长效保护机制，形成了协同推进大运河文物和文化遗产保护的合力。

【典型意义】

本案所涉文物和文化遗产保护问题成因复杂，涉及多个行政部门，检察机关充分发挥公益诉讼职能，通过公开听证和诉前磋商的方式强化行政机关文物保护意识，提升职能部门和人民群众对大运河文物和文化遗产传承的认识，推动对国家重点文物依法保护和合理开发利用。同时，通过办案，督促职能部门各司其职，协调联动，建立完善长效协作机制，促进大运河保护及其文物保护工作落地落实。

山东省临清市人民检察院督促整治大运河国家重点文物安全隐患行政公益诉讼案

【关键词】

行政公益诉讼诉前程序　大运河文物保护　协同保护机制

【要旨】

检察机关针对大运河沿线重点文物存在的文物污损、旅游安全隐患等问题，坚持将诉前程序作为保护公益的最佳状态，尊重行政机关在文物保护领域的专业优势和执法裁量权，及时督促依法履行监管职责，全面强化大运河文物和文化遗产的司法保护。

【基本案情】

山东省聊城市临清舍利宝塔建于明万历四十一年，为"运河四大名塔"之一，是大运河沿线国家重点文物保护单位，现为旅游景点对公众开放。该塔为砖木结构楼阁式建筑，通体近乎垂直，游客可沿塔内陡峭的梯道旋转攀爬至塔顶层。塔内外壁及塔内碑文多处被刻划污损，未设置相关安全警示标志。因建成时间久远，该塔木质构件承载力较弱，没有游客人数控制措施，存在超载、跌滑、坠落等安全隐患。

【调查和督促履职】

该案线索系最高检、山东省检察院、聊城市检察院联合临清市人民政府实地调研大运河临清段保护工作中发现。经现场核实，发现临清舍利宝塔存在的隐患问题，在大运河沿线文物保护工作中具有典型性，临清市检察院于2019年12月17日立案调查。通过现场勘查等方式，查明该塔碑文等文物污损较为严重，并排查出易跌滑、坠落等安全隐患点11处。同时发现，个别时段游客人数较多，可能超出塔身承载能力。

经调查核实，沿线部分文物也存在类似问题。2019年12月20日，临清市检察院向文旅局发出检察建议,建议该局全面履行法定职责。检察建议发出后,临清市检察院主动加强与文旅局的工作沟通,督促该局悬挂警示标牌,加强日常巡查监管,制止破坏文物的行为;提示该局合理设置同时段登塔人数上限,完善消防安全等措施。同时,强化对沿线11处全国重点文物的巡查力度。

因大运河临清段文物点多线长,临清市检察院与文旅局召开联席会议,建立"线索移送、专项调研、一体宣传"三项机制。针对市域大运河保护执法巡查与行政处罚分属不同部门的情况,积极与市政府、相关行政机关沟通联系,进一步明确职权边界;完善线索双向移送程序,确保文物保护执法司法有效衔接;健全"河长+检察长"工作机制,每半年开展一次联合巡查。在沿线重点文物周边设置宣传牌,与文旅局共同设立大运河专项保护法治长廊,合力开展系列宣传工作。

【典型意义】

检察机关强化保护优先意识,一体解决重点文物在旅游开发过程中的文物污损、建筑本体和游客人身安全问题,通过与行政机关主动全程沟通、发挥检察机关内部一体化办案优势、建立长效机制等手段,注重个案总结提升,实现系列综合整治。

河南省开封市祥符区人民检察院督促保护隋唐大运河陈留段文物遗迹行政公益诉讼案

【关键词】

行政公益诉讼诉前程序　文物遗迹保护　运河故道

【要旨】

检察机关运用诉前检察建议，督促相关行政机关依法履职，及时对文物遗迹保护情况进行排查整治，从加强源头治理出发，推动地方政府出台文物保护规划文件。

【基本案情】

隋唐大运河是中国大运河的重要组成部分，通济渠是隋唐大运河的主干，隋唐大运河（通济渠）开封陈留段是通济渠河南段唯一保存呈现在地面上的运河故道。该段河道对研究中国古代都城变迁史、运河史、漕运史、农业灌溉史具有较高的历史价值，于2016年被确定为省级文物保护单位。但隋唐大运河（通济渠）开封陈留段河道两侧被周边村民任意侵占，挖砂取土、施肥耕种、倾倒垃圾现象突出，河道、河堤及历史遗存提灌站存在不同程度损坏，运河文物价值严重受损，国家和社会公共利益受到侵害。

【调查和督促履职】

2020年5月，河南省开封市祥符区检察院按照最高检和河南省检察院关于全面排查大运河公益保护案件线索的要求，开展专项调查，通过走访相关行政机关及专家学者，联合文物保护部门实地查看运河故道保存现状，并对运河水质进行实时监测，依法查明：大运河（通济渠）开封陈留段长约6.8公里，地跨3个乡镇8个村庄，由于相关部门缺乏有效监管，该段运河故道保护工作存在诸多问题。河道两侧河堤、驳岸和内滩被村民擅自占用耕种，总面积约5220亩，多处河堤存在挖砂取土现象，堤岸内层土质裸露在外；河道北侧 3 处历史遗存提灌站，风沙侵蚀严重；陈留镇赵寨村南段和仇楼镇徐庄村北段河道水质较差，漂浮大量生活垃圾。

2020 年 6 月，在依法查明案件事实、明确监管责任的基础上，祥符区检察院向区文化广电和旅游局发出检察建议，建议其强化文物监管措施，对大运河陈留段的河道、河堤及历史遗存提灌站实施保护修复，切实改善文物遗址周边环境，实现文物、文化与生态环境的有机融合。

检察建议发出后，祥符区检察院多次与区文化广电和旅游局等行政机关沟通磋商，推动隋唐大运河（通济渠）开封陈留段综合整治。区文化广电和旅游局联合环保部门部署河道清理工作，及时清除河道内垃圾杂物；联合公安机关对河堤挖砂取土行为开展专项打击治理活动；向沿段村民普及和宣传文物保护法。经过检察机关与行政机关共同努力，目前隋唐大运河（通济渠）开封陈留段河道垃圾已得到全部清理，沿线 3 个乡镇村民已退还占用河道两侧土地。

为从根本上解决大运河陈留段文物遗迹保护问题，祥符区检察院积极督促协助区文化广电和旅游局报请编制《大运河遗产保护规划》以及《大运河保护利用规划》，目前正在积极组织实施。

【典型意义】

检察机关主动服务融入大运河文化带建设，推动开展大运河陈留段遗址保护情况排查。针对行政机关怠于履行职责、运河文物遗址保护措施滞后的情形，及时跟进监督，把短期整改与长期规划有机结合，督促行政机关及时出台大运河保护规划，为本地文物管理和执法工作补强依据和标准，推动运河文化遗址保护规范化、制度化。

浙江省余姚市人民检察院督促保护大运河水工遗存"斗门老闸"行政公益诉讼案

【关键词】

行政公益诉讼诉前程序　文化遗产保护　联合整治　保护规划

【要旨】

检察机关发挥诉前程序统筹协调、督促多个职能部门综合治理的独特优势，推动联合整治，即时整改和长期保护统筹推进，以个案监督推动大运河文化遗产整体和长效保护。

【基本案情】

"浙东运河－虞余运河余姚段"是大运河世界文化遗产运河水工遗存，被列为全国重点文物保护单位。位于余姚市马渚镇斗门村的"斗门老闸"是浙东运河上的重要节点和水工设施，是运河水工遗存的重要遗产要素，体现运河发展的阶段性特征，具有重要的历史价值和传承意义。因保护不到位，"斗门老闸"所在河道水域被占用违章搭建，大运河遗产保护标识标志被拆除，周边环境又脏又乱，严重影响了"斗门老闸"保护，也降低了其作为大运河文化遗产的历史和人文价值。

【调查和督促履职】

2020年3月，浙江宁波余姚市检察院在开展大运河保护专项检察公益诉讼活动中，发现"浙东运河－虞余运河余姚段"的"斗门老闸"遗产保护点未得到有效保护。2020年6月3日，余姚市检察院立案办理该案。经实地勘察、走访调查、咨询专家，查明："斗门老闸"由水闸、厢式船闸及水闸与厢式船闸之间的分水墩组成，后分水墩地块成为村民芦某某的宅基地，厢式船闸被改建为原马渚自来水厂取水口，浙东运河申遗资源调查和保护整治期间，分水墩和厢式船闸未能恢复原形制。目前，"斗门老闸"闸厢式船闸东侧闸门上砌有围墙遮挡厢式船闸整体风貌，西侧原闸门位置4.2米宽的河道被侵占，其覆盖水域建有平房及钢棚，均系申遗后违法搭建，严重破坏大运河世界遗产历史风貌。调查还发现，基层大运河遗产保护工作存在专门性工作机构和地方性法规缺失、历史遗留问题和新增违法行为交织、大运河活态遗产多部门联合保护不到位等问题。2020年8月11日，余姚市检察院向市文广局发出检察建议，督促其依法及时履职，有效保护大运河文化遗产。

检察建议发出后，余姚市检察院积极发挥检察机关统筹协调、督促行政机关的独特优势，组织市文广局、马渚镇人民政府召开圆桌会议，对现存违法行为整治和大运河遗产保护问题进行磋商，明确由马渚镇人民政府协助余姚市文广局进行违法建筑拆除，重新启动分水墩农户拆迁安置工作，对周边环境进行整治和管理，委托具备资质的专业机构制定厢式船闸修复方案；市文广局提供专业支持，做好修复方案审定、备案和资金争取，完成《大运河（宁波段）保护管理规划——余姚分册》编制。

2020年10月9日，市文广局书面回复整改情况。同时，为进一步落实大运河遗产保护长效机制，成立了大运河余姚段遗产保护管理委员会办公室，明确各职能部门的职责，加强部门联动和日常管护。根据大运河浙东运河宁波段保护规划，对包括"斗门老闸"在内的部分大运河遗产分阶段实施整治、提升。其中"斗门老闸"遗产点远期的景观及水利航运设施展示项目已在规划设计中，待完成报批流程后推进实施。基于大运河文化遗产保护的紧迫性，余姚市检察院多次向有关部门反映，推动《宁波市大运河遗产保护管理条例》列入2021年宁波市人大常委会立法项目。2021年5月，立法调研座谈会在余姚市召开。

【典型意义】

大运河文化遗产保护是一项系统工程，在充分发挥文保部门职能作用的同时，需要多个部门协调推进。检察机关作为法律监督机关，具有统筹协调优势，通过诉前磋商、圆桌会议以及行政、检察联席会议等机制，调动更多行政力量，形成大运河文化遗产保护合力。同时，以点带面推动人大常委会立法、成立专门性保护机构、编制大运河保护管理及遗产点远期的景观和水利航运设施展示项目规划等，以法治化、制度化、长效化保护，凸显检察公益诉讼保护历史文化、厚植家国情怀的责任担当。

（三）公共安全保护

江苏省无锡市锡山区人民检察院督促保护大运河水上交通安全行政公益诉讼案

【关键词】

行政公益诉讼诉前程序　大运河保护　水上交通安全　联防联控

【要旨】

检察机关聚焦京杭大运河水系河道上桥梁存在的安全隐患，在厘清监管职责的情况下，通过诉前磋商深入分析问题、共同研究整治方案，并制发检察建议推动相关行政机关凝聚共识、加强联动，常态化制度化开展水上安全专项治理。

【基本案情】

京杭大运河水系河道上的桥梁存在桥墩受损、桥梁底部有撞痕、钢筋外露、桥面栏杆毁损、桥体有裂缝等情况，桥梁承重能力降低，且桥梁普遍没有防撞设施，易被过往船只碰撞受损，一旦再次碰撞，或桥面负荷过重，极易引发桥面坍塌，严重影响水上交通安全。

【调查和督促履职】

2020年初，江苏省无锡市锡山区检察院通过无人机巡航，发现此案线索，并及时开展调查核实。该院通过无人机巡航、实地勘查等方式，查明辖区大运河水系河道上多处桥梁存在安全隐患，容易造成水上安全事故。通过公益诉讼智能研判平台分析比对行政执法数据，调取大数据中心内河交通安全、桥梁管理等方面多项法律法规及责任部门的职权清单，确定市城郊地方海事处为内河通航水域、港口水上交通安全监督责任主体；遂启动公益诉讼磋商程序，通过圆桌会议先后多次与市城郊地方海事处进行磋商，并达成共识。同时，围绕勘查摸排、防撞能力评估、安装防撞设施、部门联动等难点问题提出建议，共同商定桥梁安全整治方案。

2020年6月18日，锡山区检察院向市城郊地方海事处发出诉前检察建议，督促其履行法定职责，组织对内河通航桥梁开展大排查，采取加装防撞设施等举措，消除安全隐患。

2020年8月12日，市城郊地方海事处书面回复锡山区检察院，全部采纳了检察机关建议，及时采取相应措施落实桥梁安全监管工作，在全市范围内开展桥梁勘查及船舶检查，并发函督促桥梁权属单位实施防撞能力评估，提升桥梁防撞能力，对存在严重安全隐患的桥梁尽快改建，确保安全。同时，联合交通运输部门就高等级船舶进入低等级航道、桥梁防船舶碰撞应对措施等水上安全工作开展联防联控。

【典型意义】

桥梁是京杭大运河上重要的通行通道，桥梁安全是确保大运河通航安全、保证群众通行利益的重要事项。检察机关在办案时应结合大运河保护与群众利益保护，找准新领域办案的着力点和切入点，实现最大限度维护公共利益的价值目标。同时，坚持保护公共利益和护航经济发展并重，达到双赢多赢共赢的目的。

（四）其他

浙江省绍兴市柯桥区人民检察院督促综合保护浙东运河环境行政公益诉讼系列案

【关键词】

行政公益诉讼诉前程序　综合性保护　跨区域司法协作　外来生物

【要旨】

检察机关主动融入大运河文化带建设，以公益诉讼检察监督为抓手，积极推动行政机关系统保护，综合治理。同时，注重建立上下游跨区域司法协作机制，实现运河保护长效治理。

【基本案情】

浙东运河始建于春秋战国时期，贯通于西晋，兴盛于唐代，于南宋时成为重要的航运河道。浙东运河河面、河堤处违章搭建以及垃圾非法倾倒严重；沿岸居民污水直排屡屡发生；沿线古纤道、太平桥等国家重点文物保护单位、世界文化遗产受毁损未及时修缮；沿河古树受白蚁蛀蚀未进行除害；电捕鱼、"地笼"捕鱼等非法捕捞行为以及外来生物福寿螺泛滥成灾，已严重破坏水系生态环境。

【调查和督促履职】

2019 年 12 月，浙江省绍兴市柯桥区检察院针对浙东运河文化遗产、生态环境、航运及行洪安全等情况，依托绍兴河长通 APP 信息联动平台、12345 政务信息平台，结合网格化管理机制，实时收集相关线索，并借助水上执法艇巡查、无人机巡航等方式进一步排查核实，共发现线索 57 条。为实现浙东运河的上下游跨区域司法协作，2020 年 4 月 6 日，柯桥区检察院牵头，杭绍甬共六地检察机关签订《关于建立萧柯越虞余江检察机关保护浙东运河公益诉讼协作机制的意见》，六地检察机关在各交接区域联合巡查 11 次，发现和相互移送线索 30 余条。

2020 年 1 月至 10 月，柯桥区检察院针对垃圾倾倒、违建、污水直排、非法捕捞的线索调查情况，以提出检察建议、磋商、圆桌会议等方式督促职能单位履职。绍兴市生态环境局柯桥分局、市柯桥区综合行政执法局、市柯桥区农业农村局以及各镇街积极履职，共计清除沿河各类垃圾 7600 余吨，设置监控 6 个，查处非法倾倒垃圾 9 起，作出行政处罚 5 起；拆除企业不当取水管构筑物、废弃水塔、沙运设备、自建房等违建 37 处，涉及面积 8500 多平方米；修复沿岸居民破损污水管 11 处；收缴电捕工具 3 套、各类"地笼"378 个，增殖放流 180 余万尾。

2020 年 3 月 27 日，柯桥区检察院针对古纤道等文物受损的调查情况，向市柯桥区文化广电旅游局提出检察建议。该局立即组织专家勘察现场，针对石板断裂、塌陷等问题多次研讨修缮方案层报上级部门。经反复论证，最终对浙东运河受损的 6 处文物进行了保护性修缮，并对 5 处附属设施进行提档升级。4 月 1 日，柯桥区检察院针对巡查中发现的沿岸古树保护不善问题，向市自然资源和规划局柯桥分局提出检察建议。该局联合白蚁防治部门对古树进行除蚁、复壮，使得运河沿岸 9 棵古树焕发新颜，养有所依。

2020 年 6 月 17 日，柯桥区检察院针对外来生物福寿螺破坏水系生态环境的调查情况，依托行政和检察机关联席会议，开展了"守护'美丽河湖'暨福寿螺专项清剿启动宣传会"，镇街、职能单位、"微动力"等志愿者组织共 300 余人参加了宣传会。2020 年 10 月底，累计清除福寿螺（卵）七万余公斤。

2020 年 11 月，柯桥区检察院经与市柯桥区文化广电旅游局、市柯桥区旅游发展集团协调沟通，并聘请文物、水利、环保等专家，在太平桥公园建成浙东运河保护公益诉讼创新实践基地，成为浙江省检察院首批认定的创新实践基地，为全面深入宣传大运河公益保护提供了有效物质载体。

【典型意义】

检察机关依托河长通 APP 等智慧科技手段，结合水上执法艇巡查等方式摸排核实线索，以不同方式分类督促各个职能单位有效履职，加强对大运河的协同全方位保护。在办案过程中，检察机关始终秉承系统保护理念，紧紧围绕大运河存在的突出问题，全面有效地开展综合性保护，为推进大运河文化带的健康发展提供司法保障。同时，通过建设公益诉讼创新实践基地，提升公众对大运河保护的认知度和参与度。

最高人民检察院公益诉讼检察典型案例汇编（2021年度）

江苏省苏州市虎丘区人民检察院督促综合整治大运河环境行政公益诉讼系列案

【关键词】

行政公益诉讼诉前程序　大运河保护　综合整治　公开听证

【要旨】

检察机关通过检察建议、圆桌磋商、向党委政府专题报告督促多个行政机关形成协作合力，履职尽责。积极运用公开听证，现场查看验收整改情况，全面提升综合整治成效，为大运河文化带建设贡献检察智慧。

【基本案情】

浒墅关古镇是运河沿线名镇，也是苏州"运河十景"之一，古镇建设契合大运河文化带建设，并列入省重大项目。虎丘区检察院在大运河公益诉讼专项行动中排查出河道水质、堤防维护、岸坡绿化、沿岸农贸市场安全隐患、文物遗迹保护等七大方面问题，损害了国家和社会公共利益。

【调查和督促履职】

2020年5月，虎丘区检察院开展大运河公益保护法律监督专项工作，综合运用水面巡查、无人机航拍、快速巡回检测、实地查勘等多种方式进行调查取证，发现损害社会公共利益的问题：一是通过水面巡查发现多处堤坝破损，影响通航安全和防汛工作；二是通过无人机航拍发现运河沿岸堤坝有长约20余米的建筑垃圾堆放以及临时搭建的违章建筑，文物保护单位三里亭和十里亭保护情况堪忧；三是通过公益诉讼巡回工作站实现对支流污染水质快速检测，发现水质不符合苏州市对京杭运河支流支浜水质Ⅲ类的要求；四是通过实地查勘发现沿河农贸市场火灾安全隐患。虎丘区检察院于2020年6月立案办理。

虎丘区检察院通过梳理相关法律法规、部门规章，结合区政府机构职责

六、检察机关大运河保护公益诉讼检察专项办案典型案例（2021年6月3日）

汇编，确定环保、河道、城管、消防、应急管理、市场监督以及属地街道等均负有运河环境整治监督管理职责，但由于存在职能交叉，职责边界不清晰，相关部门缺少协作配合，未能形成监管合力，存在怠于履职情形。

2020年10月，虎丘区检察院向属地街道和区市场监督管理局、城乡发展局、城市管理局、应急管理局、消防救援大队、住建局等单位发出诉前检察建议共计12件，督促其依法履行各自监管职责，对大运河及周边的水质保护、河道岸坡维护、违章拆除、文物保护、消防安全、食品安全等问题隐患开展综合治理。

各相关单位收到检察建议后，主动加强与检察机关对接协商，共同研究制定整改方案，开展联合整治，拆除清理砖瓦房等违建34间面积1500余平方米，清理各类垃圾11吨，平整土地8000平方米，恢复岸坡绿化2500平方米，破损堤坝纳入京杭大运河苏州段堤防加固工程，并已完成加固。对运河沿岸各餐饮经营单位的食品安全和排污许可开展联合专项排查，对违法排污、未取得未公示食品经营证照的行为依法处罚。召开文物保护工作现场协调会，通过设置隔离围栏、安装监控及巡更打点设施，对三里亭、十里亭文物保护措施进行升级优化。

虎丘区检察院针对运河沿岸农副产品批发市场消防安全隐患问题，形成书面调研向地方党委专题报告，得到区党工委书记批示，迅速成立由区委常委、副区长担任双组长的整治小组，在检察机关监督参与下，多个行政部门组成执法队对该市场进行突击检查，通过逐户约谈整改、选址新建，彻底根治多年安全隐患。

为加强对行政机关整改情况的监督，虎丘区检察院邀请代表委员及人民群众参与公开听证，现场实地查看行政机关履职整改情况，增强公开听证亲历性，实现人民群众、检察机关、行政机关三方良性互动，提升检察公益诉讼参与度和影响力。

【典型意义】

检察机关围绕河道水质、岸坡环境、文物遗产、安全生产等方面开展多维、立体保护，综合运用多种手段调查取证，针对发现问题严重程度不同、职能边界清晰程度不同、解决问题难易程度不同，采用分级、分层方法督促行政机关履职，构建大运河文化带建设"齐抓共管"工作格局，实现保护成效最大化。同时，综合运用检察建议、公开听证、向党委政府专题报告等方式，多方借力，整合力量，强化监督，既争取党委个案支持，也为党委决策提供参考，实现诉前程序作用最大化，提升人民群众对检察公益诉讼认同感。

七、红色资源保护公益诉讼典型案例

（2021年6月27日）

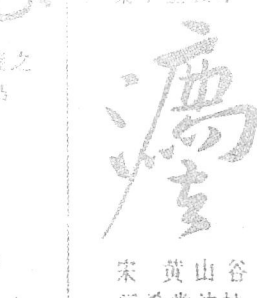

充分发挥检察公益诉讼职能作用
用心用情用力做好红色资源
保护和利用工作

——最高检和退役军人事务部有关负责人就红色资源保护公益诉讼典型案例答记者问

革命文物、英烈纪念设施等红色资源是党史学习教育的重要载体,在建党百年之际,最高人民检察院与退役军人事务部联合发布红色资源保护公益诉讼典型案例。此次发布有何更深的考虑?最高检第八检察厅厅长胡卫列和退役军人事务部褒扬纪念司司长李桂广就此回答了记者提问。

1. 最高检与退役军人事务部联合发布红色资源保护公益诉讼典型案例的主要考虑是什么?

胡卫列:党的十八大以来,以习近平同志为核心的党中央高度重视革命文物等红色资源保护利用工作。习近平总书记指出,加强革命文物保护利用,弘扬革命文化,传承红色基因,是全党全社会的共同责任。2021年6月25日,中共中央政治局就用好红色资源、赓续红色血脉进行第三十一次集体学习。习近平总书记在主持学习时强调,红色资源是我党艰辛而辉煌奋斗历程的见证,是最宝贵的精神财富。要加强红色资源保护和利用,尊重历史事实,准确评价历史,正确学史用史。在中国共产党即将迎来建党100周年的历史性时刻,党中央在全党部署开展的党史学习教育,是当前一项十分重要的中心工作。

2021年两会,一些全国人大代表、政协委员就挖掘红色资源、讲好红色故事提出建议和提案。退役军人事务部等部委也联合印发通知,要求充分用好革命文物资源及烈士纪念设施服务好党史学习教育。截至2021年5月,全国共有 25 个省级人大常委会作出加强检察公益诉讼工作的专项决定，其中有 20 个省明确将文物和文化遗产保护、英烈纪念设施、红色文化资源等纳入公益诉讼新领域案件范围。

近年来，多个省份积极推动"红色资源保护立法"。在 2019 年山西省人大常委会出台《山西省红色文化遗址保护利用条例》和 2020 年山东省人大常委会出台《山东省红色文化保护传承条例》的基础上，2021 年 5 月以来，湖南省人大常委会对《湖南省红色资源保护和利用条例（草案）》进行了分组审议；上海市人大常委会表决通过《上海市红色资源传承和保护利用条例》；四川省人大常委会表决通过《四川省红色资源保护传承条例》。总的看来，从中央顶层设计到地方性立法，到各相关职能部门，对于充分发挥检察公益诉讼职能、推动形成革命文物、英烈纪念设施等红色资源保护合力形成了高度共识。

最高检坚决贯彻中央部署，积极回应人民关切，经与相关部委沟通，将"推动文物保护法修改时单设公益诉讼条款""部署开展革命文物保护等检察公益诉讼专项活动"作为落实党的十九届四中全会"拓展公益诉讼案件范围"改革任务的重要举措。据统计，2019 年至 2021 年 3 月，全国检察机关共办理文物和文化遗产领域公益诉讼案件 5800 余件，发出诉前检察建议 4800 余件，提起民事、行政公益诉讼 60 余件。

2021 年 4 月，最高检专门下发《关于结合党史学习教育切实做好革命文物等红色资源保护检察公益诉讼工作的通知》，要求各级检察机关充分发挥公益诉讼检察职能，不断完善行政执法与检察公益诉讼协作机制，形成革命文物等红色资源保护合力。各地结合实际迅速部署落实，吉林、辽宁、陕西、湖南、湖北、广东、上海、江西、福建等地检察机关开展形式多样的红色资源保护公益诉讼检察专项监督活动，以"检察蓝"守护"革命红"，取得明显成效。

此次最高检与退役军人事务部联合发布红色资源保护公益诉讼典型案例，一方面，是为了展现检察机关与行政机关加强协作配合、共同做好红色资源保护利用工作的经验成效，引导各地持续发挥红色资源在党史学习教育、革命传统教育、爱国主义教育等方面的重要作用。另一方面，也是对检察机关开展革命文物、英烈纪念设施等红色资源保护领域检察公益诉讼工作的阶段性总结。我们将以发布本批典型案例为契机，继续深化公益诉讼专项监督，总结宣传各地经验做法，适时发布第二批典型案例，协同有关职能部门统筹做好红色资源保护、管理、运用的"大文章"。

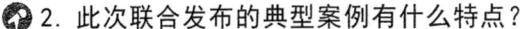

2. 此次联合发布的典型案例有什么特点？

胡卫列：此次发布的 14 件红色资源保护公益诉讼典型案例，主要有以下特点：

一是涉案红色资源类型丰富。有的是全国重点文物保护单位，如陕西省志丹县的保安革命旧址，四川省旺苍县的木门军事会议纪念馆，湖南省平江县的湘鄂赣省委、省苏维埃政府、省军区旧址等；有的是革命烈士故居或烈士纪念设施，如江西省宜丰县的熊雄烈士故居，江苏省淮安市的周恩来童年读书处旧址，河北省保定市的"七六"殉难烈士纪念碑等；有的是涉及红军、新四军的革命旧址或抗日战争、解放战争的红色遗存，如贵州省遵义市的刀靶水是中央红军长征途中重要战斗地点之一，浙江省开化县是新四军主力组建地之一，黑龙江省牡丹江市的抗日战争暨爱国自卫战争殉难烈士纪念碑在东北抗联史上具有十分重要的历史纪念意义，山西省古县的贾寨岳北军分区驻地旧址见证了抗日战争和解放战争；有的是特殊历史时期的红色资源，如新疆维吾尔自治区和硕县的马兰红山军博园军事遗迹是"两弹一星"诞生地之一，广东省台山市的鸡罩山散葬烈士墓是为 20 世纪六七十年代因执行国防建设等军事任务而牺牲战士所设立的墓地，青海省天峻县、刚察县烈士陵园内埋葬着为修建青藏铁路牺牲的 67 位原铁道兵烈士，福建省晋江市的毓秀楼是"八·二三"金门炮战主要遗迹之一，也是维护国家主权和领土完整的红色印记。

二是公益保护手段多元。此次发布的典型案例中，从案件类型看，既有行政公益诉讼起诉案件，也有行政公益诉讼诉前监督案件；从办案方式看，检察机关灵活运用诉前磋商、公开听证、检察建议、圆桌会议等多种方式，督促行政机关依法履职、积极整改；从办案模式看，有的是省级院自办案件、检察长带头办案，如贵州省检察院督促保护刀靶水红色遗址行政公益诉讼案。有的是以专项带全局、开展公益诉讼专项监督行动，如浙江省开化县检察院督促保护红色革命史迹行政公益诉讼系列案。有的是地方检察院与军事检察院、铁路检察院开展跨区域协作，如西宁铁路运输检察院、西宁军事检察院督促保护铁道兵英烈纪念设施行政公益诉讼案等。

三是注重红色资源保护利用的协同共治。检察机关在办理革命文物、英烈纪念设施等红色资源保护案件中，不是就案办案、机械司法，而是主动与地方政府以及文物保护、退役军人事务保障、环保、民政等部门加强沟通协作，形成红色资源保护合力，提升协同共治效能，让革命文物等红色资源"活起来"，实现双赢多赢共赢。如广东省台山市检察院、广州军事检察院督促保护鸡罩山散葬烈士墓行政公益诉讼案中，军地检察机关联合向有关主管部门发出诉前检察建议，督促解放军某警备区向市退役军人事务局移交相关烈士资料，为每个烈士重新制作了墓碑，让曾经的无名烈士重新为大家所铭记；江西省宜丰县检察院督促保护熊雄烈士故居行政公益诉讼案中，检察机关协助行政机关积极向县政府申请资金支持，拨付225万元用于熊雄故居周边建设秀美乡村项目，因地制宜将红色资源保护与秀美乡村建设相融合，提升红色资源保护质效。同时，检察机关通过办案促进综合治理，推动各地完善文物保护地方性立法。如贵州省检察院以督促保护刀靶水红色遗址为契机，促成遵义市人大将公益诉讼检察保护红色资源纳入《遵义历史文化名城保护条例（草案）》；四川省旺苍县检察院将办案情况向当地政府人大政协等部门汇报争取支持，推动广元市人大常委会出台《广元市红色革命遗址遗迹保护条例》。

3. 在烈士纪念设施、英烈权益保护等方面，退役军人事务部与最高检有什么合作计划？

李桂广：党的十八大以来，以习近平同志为核心的党中央对烈士纪念设施保护工作高度重视。2019年2月，习近平总书记作出重要指示，强调要加强对烈士陵园的规划、建设、修缮、管理、维护。2018年4月颁布的英雄烈士保护法规定，国家建立并保护英雄烈士纪念设施，纪念、缅怀英雄烈士；同时对检察机关就英雄烈士权益保护提起诉讼作出了明确规定。2019年7月，中办、国办、军委办公厅联合印发《烈士纪念设施规划建设修缮管理维护总体工作方案》，对烈士纪念设施保护工作作出部署。

英烈纪念设施保护是一项系统工程，需要退役军人事务部门、文物保护部门、检察机关等共同推动。目前，国家级、省级等县级以上的烈士纪念设施保护总体情况比较好，中西部地区、革命老区的部分县级及以下烈士纪念设施管理维护还存在一些问题。

近年来，检察机关立足公益诉讼检察职能，帮助推动解决了英烈纪念设施保护工作中面临的诸多"老大难"问题。我们一直高度重视检察公益诉讼在英烈权益保护方面发挥的重要作用，并积极与最高检协同共为。日前，退役军人事务部与最高检联合印发通知，部署开展全国县级及以下烈士纪念设施保护专项行动，这是我们在英雄烈士保护法实行3周年之际，在烈士纪念设施管理保护领域的一次新的尝试。

下一步，我们将与最高检以贯彻执行英雄烈士保护法、退役军人保障法

七、红色资源保护公益诉讼典型案例（2021年6月27日）

为基础，进一步深化全方位协作配合，以检察公益诉讼助力推进英烈权益、英烈纪念设施保护工作。一是共同开展县级及以下烈士纪念设施保护专项行动，依据通知要求，指导各地抓紧摸排烈士纪念设施保护管理存在的突出问题，明确行动目标、工作重点和方法步骤，找准退役军人事务部门和检察机关形成合力的切入点和着力点。二是深化落实退役军人事务部、最高检等单位相关通知精神，加强协作配合，充分用好革命文物资源及烈士纪念设施服务党史学习教育。三是落实退役军人事务部、最高检等13部门《关于建立英雄烈士保护部门联动协调制度的意见》，切实加大英雄烈士保护力度，推动英烈保护长效机制建设。

（一）行政公益诉讼起诉案例

陕西省志丹县人民检察院督促保护保安革命旧址行政公益诉讼案

【关键词】

行政公益诉讼　革命文物保护　违法建设　撤回起诉

【要旨】

针对未经审批在革命文物建设控制地带内修建房屋严重破坏革命文物历史风貌的情形，检察机关经督促，行政机关仍未依法全面履职的，应当依法提起诉讼。

【基本案情】

保安革命旧址位于陕西省延安市志丹县城北炮楼山麓，1936年7月3日至1937年1月13日为中共中央所在地，现有毛泽东旧居、周恩来旧居、中央抗日红军大学和中央政治局会议室等旧址群，共有窑洞30孔，占地4000平方米。该旧址于1992年4月被公布为陕西省重点文物保护单位，2006年6月被公布为全国重点文物保护单位。1985年，居民臧某某购买了志丹县保安镇位于炮楼山下、保安革命旧址上畔的房屋，建筑面积78.87平方米。2008年，臧某某违法在保安革命旧址上畔（旧址建控地带内）修建房屋，建筑面积386.96平方米。该房屋位于毛泽东旧居的左上方，直线距离仅7.65米，严重破坏了革命文物的历史风貌，影响了革命文物的历史真实性、风貌完整性和文化延续性。

【调查和督促履职】

陕西省志丹县人民检察院（以下简称志丹县院）在寻访保安革命旧址

时发现本案线索，于 2020 年 4 月 21 日立案。通过实地勘查、无人机航拍取证，走访调查、查阅资料等方式，查明臧某某修建房屋未取得建设工程规划许可证，且该建筑在保安革命旧址的建设控制地带内。志丹县城市管理执法局（以下简称县城管局）对未取得建设工程规划许可、严重影响城市规划的违章建筑未依法履行监督管理职责。志丹县文化与旅游局（以下简称县文旅局）对在文物保护单位的建设控制地带内进行建设工程，破坏历史风貌的违法行为未依法履行监督管理职责。

志丹县院遂向县城管局、文旅局发出诉前检察建议，建议对臧某某位于保安革命旧址建设控制地带内的违法建筑依法履行监管职责，恢复革命文物原貌。收到检察建议后，县城管局、文旅局将情况上报县政府。县政府成立了由县城管局、住建局、文旅局、社区服务中心、征收办、城投公司等部门单位组成的征收领导小组，由县城管局对保安革命旧址建设控制地带内居民建筑进行全面调查，列入全县棚户区改造范围，并决定对臧某某和排查出的其他两户居民的合法建筑依法进行征收，对违法建筑进行拆除。2020 年 6 月 22 日，行政机关均书面回复称此项工作预计当年 9 月底前完成整改。志丹县院收到回复后持续跟进，并层报上级延安市人民检察院、陕西省人民检察院指导支持，三级院多次联合查看现场，并向相关行政机关调查了解案件进展。

【诉讼过程】

检察机关经跟进调查查明，行政机关虽然制定了整改工作方案，但一直未采取强制措施，书面回复中承诺的履职期限届满后，违章建筑仍未拆除，革命文物风貌持续受到破坏。为推动本案办理进程，陕西省人民检察院于 2021 年 4 月 14 日对本案挂牌督办，并指导志丹县院依据当地法院行政诉讼集中管辖的规定，于 4 月 29 日将案件移送延安市宝塔区人民检察院（以下简称宝塔区院）向宝塔区人民法院提起行政公益诉讼，诉请判令县城管局依法限期拆除保安革命旧址建设控制地带内的违章建筑。

该案起诉后，县城管局于 2021 年 5 月 14 日开始组织拆除，并在拆除后的土地上种植油松 1500 棵，爬山虎 12000 株，提升保安革命旧址的环境风貌。6 月 4 日，在法院主持召开的庭前会议上，县城管局提交了答辩意见和整改情况的相关证据。庭后，宝塔区人民法院、检察院与县城管局共同到现场查看整改情况。宝塔区院经核实认为，县城管局已依法全面履行职责，行政公益诉讼请求已全部实现，于 6 月 11 日撤回起诉。

【典型意义】

保安革命旧址是中国革命的第二个红色首都，是珍贵的革命文物和中国革命伟大历程的重要见证。针对违法建设破坏革命文物风貌的情形，行政机关经督促无正当理由仍不依法全面履职的，检察机关应当依法提起行政公益诉讼。行政机关在判决前依法全面履职，行政公益诉讼请求全部实现，涉案公益得到有效修复的，检察机关可以撤回起诉。

（二）行政公益诉讼诉前案例

贵州省人民检察院督促保护刀靶水红色遗址行政公益诉讼案

【关键词】

行政公益诉讼诉前程序　　长征文物保护　　一体化办案　　地方立法

【要旨】

针对红色遗址受到破坏的情形，检察机关发挥公益诉讼协同优势，召开圆桌会议强化诉前磋商，促成地方立法，联合部署专项行动，提升地方红色文化资源保护整体水平。

【基本案情】

贵州省遵义市播州区三合镇刀靶水（以下简称刀靶水）是中央红军长征途中成功阻击敌人进犯、保卫遵义会议胜利召开的重要战斗遗址。但该遗址除立有两块标牌外，没有任何保护标识和设施。遗址内杂草丛生，作战堡垒墙体风化严重，严重破坏了战斗遗址整体风貌。刀靶水历史文化街区全长约1公里，除立有"遵义县重点文物保护点刀靶水历史文化街区"牌子外，其余10余处红色遗址均没有保护标识。加之多数红色遗存旧址因产权归私人所有，随意拆除、改扩建行为时有发生。遗址年久失修，自然损毁十分严重，许多建筑破败不堪，甚至面临垮塌的危险。

【调查和督促履职】

2020年初，贵州省人民检察院（以下简称贵州省院）结合长征文化公园建设要求，对遵义革命老区红色遗址进行摸底排查，发现刀靶水红色遗址损毁严重，于5月11日作为省院自办案件立案调查，成立了由省院检察长傅信平任主办检察官，贵州省院、遵义市检察院、播州区检察院共同参与的联合办案组，启动三级检察院一体化办案机制。办案组通过实地走访、向相关单位调取文史资料、向行政主管部门调取履职情况资料、询问相关当事人、咨询文史专家等方式进行调查取证，详细调查红军长征期间刀靶水红色遗存的范围、产权归属、居住使用、管理保护情况。经调查查明，当地党政部门虽然成立了刀靶水红色文物保护与开发工作领导小组，但未投入足够资金加以保护，保护力度及保护意识不够。相关行政机关没有对刀靶水红色遗址依法设置保护标识，没有对受损的红色遗址进行修复并采取相关保护措施。办案组多次组织遵义市、播州区政府及相关职能部门召开圆桌会议，督促相关单位对刀靶水红色遗址保护依法全面履职。办案组与省文旅厅召开磋商会，研究制定刀靶水红色文物保护方案，经督促，刀靶水历史文化街区文物重新安装了保护标识，在三道拐战斗遗址安装了刀靶水阻击战说明牌，19处文物点抢救性修复修缮工作已全部完成。并促成遵义市人大常委会将公益诉讼检察保护红色资源纳入《遵义历史文化名城保护条例（草案）》。

结合本案办理的成功经验，贵州省院与贵州省文旅厅于2020年10月联合部署了《长征国家文化公园贵州重点建设区文物保护专项行动》，贯彻落实中央、省委关于建设长征国家文化公园贵州重点建设区的相关要求，更好地保护长征国家文化公园建设区文物。

【典型意义】

针对革命文物受损问题，贵州检察机关充分发挥公益诉讼法律监督职能，检察长亲自领办，整合省、市、区三级院力量，通过一体化办案，加大与行政机关的沟通协商，推动省、市相关行政执法机关加强对红色资源文化保护力度，促成地方立法和专项整治，发挥了公益诉讼职能在保护红色资源文化方面的积极作用。

广东省台山市人民检察院、广州军事检察院督促保护鸡罩山散葬烈士墓行政公益诉讼案

【关键词】

行政公益诉讼诉前程序　　散葬烈士墓保护　　军地协作　　烈士身份信息

【要旨】

针对散葬烈士墓管理保护不到位、烈士身份信息资料缺失等问题，军地检察机关充分发挥协作优势，共同督促职能部门依法全面履职，系统修缮散葬烈士墓，全面核查烈士身份信息，维护散葬无名烈士合法权益，捍卫英雄烈士的荣誉和尊严。

【基本案情】

位于台山市川岛镇山咀鸡罩山的烈士墓是20世纪50—70年代驻川岛某部队为执行国防建设等军事任务中牺牲的战士所设立。1986年部队撤离后，台山市川岛镇政府、退役军人事务管理局曾申请将烈士资料及烈士墓移交地方管理，但因部队内部番号调整变更，且清理烈士信息资料涉及军地多个部门，移交管理事宜未有进展，涉案烈士墓地至今无人管理。

【调查和督促履职】

2020年5月，广东省台山市人民检察院（以下简称台山市院）在开展"英烈保护"专项监督活动中发现该线索。台山市院遂依托军地公益诉讼协作机制，联合广州军事检察院（以下简称广州军检院）成立办案组，于2020年7月22日立案，共同展开调查核实。经现场实地勘察，查明鸡罩山约有散葬墓碑50座，无名无碑烈士墓冢约20座，墓地已被杂草淹没、碑体破损、碑文模糊难认、墓冢遗骨坛部分损毁等。经查，地方政府仅存一份烈士墓资料，简单记载了36名烈士的姓名、部队编号等，尚有部分烈士信息不全、身份不明。军地联合办案组认为，该散葬烈士墓管理不到位、烈士身份信息缺失，

有损英烈尊严与荣光。

为进一步查明案情，军地检察机关明确了各自调查分工，由广州军检院查找烈士原属部队的后续管理单位，整理收集烈士身份信息，沟通移交地方管理事宜等；台山市院与职能部门研商烈士墓整改修缮事宜。在查明案件事实后，广州军检院和台山市院于2020年7月30日联合向有关职能部门发出诉前检察建议，并组织中国人民解放军某军分区、台山市人武部、台山市退役军人事务局以及相关镇政府召开台山市散葬烈士墓公益诉讼案推进会，军分区向台山市退役军人事务局移交了相关烈士资料，共同商讨了研究整改方案。会后，与会单位成立鸡罩山烈士墓管理保护工作领导小组，综合协调该处散葬烈士墓资料收集、环境整治、道路修建、墓地建设、设施配套等工作。

目前，烈士墓园原地修缮整改措施已经落实到位，已查明46名烈士的信息资料，其余无名烈士的信息仍在进一步核查中。相关部门已为烈士逐一制作新墓碑，并修建墓地道路、烈士纪念碑、事迹介绍牌及拜祭平台等配套设施，便于烈士家属及群众瞻仰凭吊。下一步，地方政府将深入挖掘英雄烈士的革命事迹，将鸡罩山散葬烈士墓园打造成为台山市爱国主义红色教育基地，让英雄烈士形象更加丰满，让红色基因永不褪色、代代相传。

【典型意义】

回望中国共产党百年峥嵘岁月，留下姓名的英雄被人民永久铭记，但无名英烈也不应被遗忘。检察机关通过办案督促、协同行政机关寻查无名烈士身份信息、完善烈士纪念设施，营造崇尚英雄、缅怀先烈的良好氛围。军地检察机关优化办案协作模式，共同推动完善散葬烈士纪念设施的军地协作管理保护机制，为弘扬烈士精神、传承红色基因贡献军地检察力量和智慧。

四川省旺苍县人民检察院督促保护木门军事会议纪念馆行政公益诉讼案

【关键词】

行政公益诉讼诉前程序　革命文物消防安全　公开听证　综合治理

【要旨】

针对革命文物存在的消防安全隐患及行政机构改革中行政机关权责不明的问题,检察机关通过公开听证厘清相关行政机关在保护革命文物中的职能职责,让革命文物得以有效保护,同时以点带面开展专项行动,推动出台专门立法,形成红色资源长效保护机制。

【基本案情】

位于四川省旺苍县木门镇的木门寺建于南梁,历经多次毁损与重建,现存建筑为清朝康熙年间所建木结构穿斗式建筑。1933年6月,中国工农红军第四方面军在木门寺召开重要军事会议,史称"木门军事会议"。木门军事会议会址于2009年4月28日更名为木门军事会议纪念馆,2017年入选全国爱国主义教育示范基地,2019年入选全国重点文物保护单位。该纪念馆依山而建,周围森林茂密,植被覆盖率高,地表树叶杂草堆积较厚,易引发火灾。纪念馆电线直接在木质建筑上布线,极易引发火灾,且烟感装置不能正常工作,不能感应烟雾;纪念馆虽有灭火器等简单消防设施,但没有防火预案、没有专职消防安全员,消防安全员由纪念馆没有安全管理资质的工作人员兼任。纪念馆一旦发生火灾,将对以木结构为主体的纪念馆以及馆内文物造成破坏性毁损。

【调查和督促履职】

2020年7月下旬,四川省旺苍县人民检察院(以下简称旺苍县院)前往木门军事会议纪念馆走访时发现上述问题,同年8月21日以行政公益诉讼立案调查。经调查发现，纪念馆有各种革命文物数百件，包括红军石刻标语、徐向前元帅亲笔写的"木门会议会址"门匾等。对照《中华人民共和国消防法》及《文物建筑消防安全管理十项规定》的有关规定，木门军事纪念馆存在重大消防安全隐患，严重威胁纪念馆及馆内文物安全，旺苍县文化旅游和体育局和旺苍县木门镇政府分别对辖区内文物保护有监管职责和主体责任，因当地在基层综合行政执法改革时没有及时理顺职责，相关职能部门职责不明晰，致使木门军事纪念馆长期存在消防安全隐患的问题没有得以及时解决。

2020年9月3日，旺苍县院组织召开木门军事会议纪念馆保护公开听证会，邀请县人大、县政协及人大代表和人民监督员参加。检察机关在听证会上出示木门军事纪念馆存在消防安全隐患的证据，建议相关部门理顺职能职责，及时采取有效举措保护纪念馆及馆内文物安全。9月10日，旺苍县院向县文化旅游和体育局和木门镇政府公开宣告检察建议，建议两个单位依法全面履职，消除木门军事纪念馆存在的消防安全隐患。

旺苍县文化旅游和体育局收到检察建议后，落实安全管理经费5万元，并申报全国重点文物保护单位国家消防设施设备专项经费，对木门会议纪念馆存在的消防安全问题进行整改；木门镇政府收到检察建议后，及时出台《木门会议纪念馆文物安全突发事件应急预案》《关于进一步加强文物保护工作的通知》，建立了木门会议纪念馆定期检查、报告制度，并定期开展消防安全教育培训和消防应急演练，配备了专职安全管理员。在木门军事纪念馆消防安全问题得以彻底整治后，相关部门投入720万元实施木门军事会议纪念馆扩建工程和布展改造工程，对红军标语石刻窟檐、崖墓保护设施等进行修缮，并通过艺术化、多媒体展示木门军事会议纪念馆相关史料内容，让红色资源活起来，让红色基因世代传承。办案过程中，旺苍县院将该案情况及时向旺苍县人大及县委县政府、广元市检察院等单位报告，推动旺苍县政府在全县开展红色文物保护专项调研。2020年12月，广元市人大常委会出台《广元市红色革命遗址遗迹保护条例》。

同时，旺苍县院以点带面，走访旺苍红军城（全国现存面积最大、保存最好、遗址点最多的红军遗址群之一）三街二巷原中国工农红军46个党政军领导机关旧址，对红色资源消防安全情况开展调查，对调查发现的红四方面军工农剧团、第三十一军军部遗址存在的消防喷淋系统有消防安全问题的情况，向相关主管部门发出检察建议，促使相关部门安装集热罩40个，及时解决了旺苍红军城消防安全隐患。

【典型意义】

本案中，检察机关通过公开听证理顺相关职能部门职责，推动木门军事纪念馆长期存在的消防安全隐患及时得以解决，并以个案办理推动类案监督，在全县开展红色文物专项监督活动，解决旺苍红军城红色文物消防安全隐患，保护了党和国家红色基因库，为广元市人大常委会出台红色革命遗址遗迹保护地方立法贡献检察力量。

江西省宜丰县人民检察院督促保护熊雄烈士故居行政公益诉讼案

【关键词】

行政公益诉讼诉前程序　烈士故居　革命文物保护利用

【要旨】

检察机关针对革命烈士故居缺乏管理维护产生的损毁风险及安全隐患，在依法督促行政机关履职整改的同时，积极协助解决行政机关履职难点问题，将革命文物保护与乡村建设相结合，推动烈士故居得到有效保护利用。

【基本案情】

熊雄是中国共产党早期的无产阶级革命家，曾任黄埔军校政治部副主任，周恩来离开黄埔军校后实际代表党主持军校政治部的工作。位于江西省宜春市宜丰县芳溪镇的熊雄烈士故居始建于1892年，系一幢具有清代建筑特点的砖木结构民房，占地面积510平方米。熊雄烈士故居于2016年被评为宜春市第四批爱国主义教育基地，2018年被列为省级文物保护单位。由于管理维护不到位，故居存在不同程度的自然破败和人为破坏情况，周边环境脏乱，安全隐患问题突出。

【调查和督促履职】

2019年10月，江西省宜丰县人民检察院（以下简称宜丰县院）在开展文物保护检察公益诉讼专项监督活动中发现，作为省级文物保护单位的熊雄烈士故居存在不同程度的自然破败和人为破坏情况。一是建筑物部分墙体被白蚁侵蚀、有些木墩被蛀空变形，故居内电线乱搭乱接、消防器材不齐全，安全隐患问题突出；二是附属建筑物"培兰书屋"曾遭受火灾，未得到有效修复，破败不堪，面临毁损风险；三是文物保护范围内存在养殖家禽、环境脏乱的情况。宜丰县院随后又通过查阅资料、现场勘验、询问证人等方式，完善固定证据，认为上述问题严重影响了文物保护单位的安全性、完整性、宣传性、研究性，影响了英雄烈士纪念设施的庄严、肃穆、清净的环境和氛围。2019年11月19日，宜丰县院决定对熊雄烈士故居保护不到位问题立案调查。

根据《江西省文物保护管理办法》第五条的有关规定，宜丰县文化广电新闻出版旅游局（以下简称宜丰县文广新旅局）、宜丰县芳溪镇政府对熊雄烈士故居负有管理保护职责。2019年11月25日，宜丰县院分别向上述两家行政机关发出诉前检察建议，督促其依法全面履职，采取有效措施做好清理、维护熊雄烈士故居卫生环境工作，加强对熊雄烈士故居保护管理措施。

检察建议发出后，宜丰县文广新旅局、芳溪镇政府高度重视，专门成立熊雄烈士故居保护工作小组，负责抓整改落实。宜丰县文广新旅局制定专门整改方案，积极向有关部门争取维修治理资金，对残留建筑进行局部维修，对烧毁部分恢复原貌。芳溪镇政府对故居周围环境进行了全面整治，拆除构筑物270平方米，清理周围杂物500平方米、清理垃圾2吨，并专门聘请保洁员负责故居的卫生环境清洁工作。

2020年4月15日，宜丰县院就检察建议落实情况开展"回头看"，发现熊雄烈士故居的维护工作虽然取得了一定成效，但因资金不到位导致工作进展不理想。为解决行政机关面临的这一难题，宜丰县院积极协调和引导行政机关将熊雄烈士故居所在的下屋村作为秀美乡村建设点之一，结合新农村建设项目协助行政机关向县政府申请资金支持，提升故居所在乡村的基础设施建设水平。宜丰县政府先后拨付225万元用于全面改善熊雄烈士故居周边环境和设施维修，并向宜丰县文广新旅局拨付白蚁防治专项款。宜丰县院先后3次与宜丰县文广新旅局、芳溪镇政府进行沟通会商，并多次到熊雄烈士故居跟进项目建设情况。

目前，熊雄烈士故居内部修缮维护及周边环境改造一期工程完工，故居正前方新建成了2000平方米的熊雄广场，道路及景观工程进一步优化，故居内外环境得到提升。修复后的熊雄烈士故居被列为当地精品"红色走读"路线中的重要一站，党史学习教育开展以来，江西省直机关、宜春市直机关等多个单位组织党员干部前来熊雄烈士故居开展"红色走读"活动，切实发挥了其传承革命烈士精神的重要作用。

【典型意义】

革命烈士故居是中国共产党非凡奋斗历程和共产党人精神谱系的历史见

证。检察机关针对革命烈士故居存在的诸多安全隐患及环境问题，依法督促行政机关积极履职，用司法力量强化革命文物保护。同时，持续跟进修复保护工作，积极协助行政机关解决履职中遇到的难题，因地制宜将革命文物保护与秀美乡村建设相融合，加强基础设施建设，提升红色资源保护质效，以实际行动传承红色基因。

黑龙江省牡丹江市爱民区人民检察院督促保护烈士纪念设施行政公益诉讼案

【关键词】

行政公益诉讼诉前程序　烈士纪念设施　制定保护管理措施　公告施行

【要旨】

对于未核定为文物保护单位的不可移动文物，行政机关未制定具体保护措施的情形，检察机关督促行政机关依法履职，制定相应保护措施并公告施行，填补了区域性烈士纪念设施保护的制度空白。

【基本案情】

黑龙江省牡丹江市爱民区有三处未核定为文物保护单位的不可移动文物。其中，抗日战争暨爱国自卫战争殉难烈士纪念碑始建于1947年，是中华民族自强不息、抵御外侮的民族精神象征，1986年被黑龙江省民政厅公布为黑龙江省重点烈士纪念建筑物保护单位；北山苏联红军烈士纪念碑始建于1954年，是中苏共同抗击日本法西斯侵略的顽强战斗精神与友谊的象征；蔡云翔烈士纪念碑复建于1985年，是中国共产党领导下中国革命精神、空军精神的重要象征。上述三处烈士纪念碑具有较高的文物保护价值，由于历史遗留问题，文物保护部门缺少相应的文物保护制度、公示制度及保护措施，影响全社会共同知晓、理解、参与并监督文物保护工作，致使国家利益和社会公共利益受到侵害。

【调查和督促履职】

2020年7月30日，黑龙江省牡丹江市爱民区人民检察院（以下简称爱民区院）在牡丹江市人民检察院统一部署的文物保护检察公益诉讼专项监督行动中发现该线索，并针对三处烈士纪念碑缺少保护管理措施致使公益受损情况进行立案调查。办案人员通过现场勘验、询问相关行政机关负责人、烈士纪念碑管护单位负责人以及政务查询、网络查询等方式，确认了公益受损事实。根据《中华人民共和国文物保护法》《黑龙江省文物管理条例》的有关规定，牡丹江市爱民区文化广电和旅游局（以下简称爱民区文旅局）作为本地区文物保护行政主管部门，应制定未核定为文物保护单位的不可移动文物的具体保护措施，并公告施行。2020年10月21日，爱民区院依法向爱民区文旅局制发诉前检察建议，建议其履行监管职责，对三处烈士纪念碑制定具体保护措施并公告施行。

收到检察建议后，爱民区文旅局立即采取行动，积极调取三处烈士纪念碑的相关资料，查阅相关法规及政策文件，参考其他省市文物保护制度并听取烈士纪念碑管护单位意见。经系统调研分析后，爱民区文旅局形成《抗日战争暨爱国自卫战争殉难烈士纪念碑、北山苏联红军烈士纪念碑、蔡云翔烈士纪念碑保护管理措施（草案）》。爱民区院通过调查问卷、现场座谈会、法治公益课等形式，广泛收集学校、党政机关、社会团体、民间公益组织对于烈士纪念碑管理保护工作相关意见建议，并向爱民区文旅局提出"烈士纪念碑保护管理与爱国主义教育基地、红色资源优势相结合"等意见，均被采纳。

2020年12月7日，爱民区文旅局向检察机关书面回复整改情况。经检察机关确认，该局已专门制定《抗日战争暨爱国自卫战争殉难烈士纪念碑、北山苏联红军烈士纪念碑、蔡云翔烈士纪念碑保护管理措施》，并于2020年11月27日在爱民区委宣传部"文明爱民"微信公众平台上公告施行。

【典型意义】

本案中涉及的三处烈士纪念碑作为重要区域性红色文化地标，具有较高文物保护价值及历史纪念意义。在文物评级上属于未核定为文物保护单位的不可移动文物，在属性上既属于不可移动文物又属于烈士纪念设施。检察机关通过制发诉前检察建议，督促文物保护部门对三处烈士纪念碑制定保护管理措施并公告施行，推动建立完善对具有较高文物保护价值的不可移动文物的保护制度和保护措施，促进区域文物保护治理，提升文物保护的科学性、系统性和规范性，有效防范红色文化资源流失，切实维护了国家利益和社会公共利益。

浙江省开化县人民检察院督促保护红色革命史迹行政公益诉讼系列案

【关键词】

行政公益诉讼诉前程序　军地协作　诉前磋商　革命史迹系统保护

【要旨】

针对部分革命史迹保护不善问题，军地检察机关加强协作，采用检察建议、磋商协调等多种形式，督促行政主管部门和属地乡镇政府加强保护，推动革命史迹全面系统保护。

【基本案情】

浙江省开化县是全国首批革命文物保护利用片区县、浙江省第一批革命老区县，有革命老区村139个，革命史迹116处。2021年3月，开化县人民检察院（以下简称开化县院）根据浙江省人民检察院的统一部署开展"守护红色军事文化史迹"公益诉讼专项行动，对全县革命史迹进行摸排走访，发现部分革命旧址及散葬烈士墓缺乏日常维护管理，有些甚至年久失修濒于危境。

【调查和督促履职】

2021年3月，中国人民解放军杭州军事检察院（以下简称杭州军事检察院）向浙江省衢州市人民检察院移送了新四军第三支队整编旧址保护不佳线索。衢州市人民检察院将该线索交办开化县院。2021年3月至4月上旬，开化县院组织干警寻访了有代表性的革命遗址、旧址及烈士故居、墓地等47处。发现8处革命旧址及4处散葬烈士墓问题较为严重，亟须修缮保护。如中共闽浙赣省委旧址楼板腐烂、墙体渗水且开裂；霞山钟楼革命遗址受白蚁侵害；红十军团军政会议旧址被堆放垃圾、杂物；红军游击队长张春娜的墓地荒芜、故居部分坍塌。另查明，新四军集结组编旧址是浙江省重点文物保护单位，但保护范围未将新四军第三支队司令部、政治部旧址纳入，新四军第三支队的司令部、政治部旧址现仅残留院墙和院门，缺乏有效维护，存在倒塌风险。

2021年4月，开化县院对有明确法律依据属同一行政机关负责的相关问题作1件案件立案，对上述8处革命旧址具有监管职责的行政机关共立案11件。调查期间，开化县院召开红色史迹保护磋商会，浙江省检察院、杭州军事检察院到会指导。开化县院邀请县党史办文献科、新四军历史研究会专家介绍相关革命史迹的故事、蕴含的革命精神及保护的重要意义，与县文化和广电旅游体育局（以下简称县文广旅体局）、住房和城乡建设局（以下简称县住建局）、退役军人事务局等行政部门达成了保护革命史迹共识。2021年5月10日，根据革命旧址的性质、损毁程度及保护主体等情形，分别采用检察建议和磋商纪要的形式督促相关行政部门、辖区乡镇（街道）政府依法履职。

县文广旅体局牵头对本次案涉的3处革命文物制定修缮保护方案，并对全县13处列入文物保护的革命史迹设立了《不可移动文物安全责任公示牌》，新四军第三支队司令部政治部旧址亦制定保护措施并积极准备文物扩点保护的申报材料；县住建局已对霞山钟楼革命遗址进行白蚁防治，并铺开全县范围内革命旧址白蚁检查；县退役军人事务局对管理不善烈士墓进行修缮并落实日常维护责任，并已规划建设烈士陵园项目；各乡镇政府也对辖区内的革命史迹加强保护，如马金镇政府已将修缮红军游击队长张春娜故居作为当地红色旅游开发建设项目立项，准备建立张春娜陈列馆，并与其墓地、红军洞、练兵场等旧址组合打造成党史教育基地。截至5月底，涉案革命旧址或遗址环境已修复并建立日常管理机制。

开化县院在办案过程中还发现县域内大部分革命旧址为非文保单位，保护利用工作缺乏直接的法律法规依据，资金投入不足、保护制度不全、维修管理不力，据此专门形成《关于全县革命旧址保护情况的报告》报开化县委县政府，并建议由县委县政府出台相关保护革命旧址的文件。县政府采纳了县检察院的建议，拟于近期出台相关保护革命旧址的规定。

【典型意义】

检察机关针对革命文物及革命史迹的不同受损状况、结合行政机关的不同履职情况，采用磋商、检察建议等多种方式，发挥听证程序作用，督促实现革命文物和非文物革命史迹的全面保护。注重以点带面，结合办案提出综合治理建议，提升辖区革命文物保护整体保护水平。

新疆维吾尔自治区和硕县人民检察院督促保护马兰红山军博园军事遗迹行政公益诉讼案

【关键词】

行政公益诉讼诉前程序　红色文物保护　"两弹一星"精神　军地共筹保护资金

【要旨】

检察机关针对军事遗迹保护不到位的问题，督促行政机关依法履职，加强红色文物保护，并推动地方和军队共筹保护资金，充分发挥红色教育基地弘扬革命文化、传承红色基因的作用。

【基本案情】

马兰红山军博园位于新疆维吾尔自治区巴音郭楞蒙古自治州和硕县境内，2011年被列为国家红色旅游项目第二批经典名录，园中的红山核武器试爆指挥中心旧址2013年被确定为第七批全国重点文物保护单位。马兰红山军博园内，部分文物保护标志说明牌位置不醒目、字迹不清晰，缺少相应的保护措施标识；将军楼、夫妻楼等建筑物门窗破损严重，内部堆放杂物；文物保护协管员在园内放养牲畜，牛羊粪便遍地，环境脏乱，严重影响其整体历史、科学、红色教育价值。

【调查和督促履职】

2020年4月21日，新疆维吾尔自治区巴音郭楞蒙古自治州和硕县人民检察院（以下简称和硕县院）在全区检察机关开展的"文物古迹保护"公益诉讼专项活动中发现上述问题，对马兰红山军博园保护情况进行实地查看后，决定作为行政公益诉讼立案办理。并在进一步调查核实后，于5月2日向和硕县文化体育广播电视和旅游局（以下简称县文体广电旅游局）发出诉前检察建议，建议对园内受损文物及时修缮保护，清理杂物、整治环境；重新设置文物保护标志说明；加强对文物保护协管员的监督管理；强化日常文物保护管理，增加日常检查巡查力度和频次；建立文物保护长效机制。

和硕县文体广电旅游局收到检察建议后高度重视，立即召开专题会议，积极研究整改方案并迅速落实。一是组织专人负责对马兰红山军博园内环境卫生进行整治，清理杂物，对文物破损处进行修缮维护；二是重新设置文物保护标志说明，增设"严惩蓄意破坏""爱护环境""禁止放牧"等保护标识；三是加强对文物保护协管人员的管理监督，严格考核机制，建立对尽责不到位协管人员与管护薪资挂钩的惩戒机制；四是与政府主管部门协调由所在乡镇政府腾退占用的园内历史遗留建筑；五是安排专人对县域内国家级、区级、县级文物保护单位进行普查调研，撰写调研报告，向县政府申请资金，对县域所有文物保护单位开展补救性保护措施。

2021年3月，和硕县院对整改落实情况开展"回头看"时发现，马兰红山军博园内环境卫生干净整洁，文物标志说明清晰醒目，遗留建筑物得到有效修缮，所在乡镇已腾退因工作占用的园内建筑，各项保护措施相继落实到位。该案引起和硕县党委、政府高度重视，县政府积极与马兰部队进行对接，地方、军队共筹保护资金，由马兰部队针对马兰红山军博园进行实景式景观园建设，共申请资金1.4亿元，目前已到位1亿元，相关工作正在有序进行中。

【典型意义】

马兰基地是"两弹一星"的摇篮，是我国重要的军事纪念基地之一，从这里走出了"两弹元勋"程开甲、邓稼先等10位院士和29位将军，留下了诸多国防将领、科学家工作和生活的足迹。马兰红山军博园作为马兰基地的组成部分，见证了"两弹一星"成功研发的宏伟事业，是党史、新中国史的重要组成部分。本案中，检察机关依法履行公益诉讼检察职责，督促行政机关积极整改，并促成军地共筹资金，以实景再现的形式重现"甘做隐姓埋名人，勇干惊天动地事"的峥嵘岁月，大力弘扬"热爱祖国、无私奉献、自力更生、艰苦奋斗、大力协同、勇于登攀"的"两弹一星"精神。

西宁铁路运输检察院、西宁军事检察院督促保护铁道兵英烈纪念设施行政公益诉讼案

【关键词】

行政公益诉讼诉前程序　铁道兵英烈　公开听证　跨区域协作

【要旨】

铁道兵精神是中华民族的历史记忆和宝贵精神财富。军铁检察机关分别发挥专门检察院优势，加强跨区划协作，督促行政机关对铁道兵英烈纪念设施依法履行保护管理职责，让铁道兵英烈被人民永远铭记和怀念，让铁道兵精神世代传承。

【基本案情】

青海省天峻县、刚察县烈士陵园内共埋葬有20世纪六七十年代为修建青藏铁路一期牺牲的原铁道兵烈士67位。由于两地均处藏区，受经济发展水平和高原设施维护难度所限，天骏县烈士陵园存在烈士墓保护范围不清晰、周围散落建筑和生活垃圾、墓碑刻录烈士信息不完整等问题，刚察县烈士陵园水泥地面风化严重、焚烧池无警示标志，有人员坠落风险，两处烈士陵园均无专门管护人员，杂草丛生。

【调查和督促履职】

2020年11月，西宁铁路运输检察院（以下简称西宁铁检院）在履行职责中了解到，青藏铁路一期沿线和烈士陵园可能存在牺牲的铁道兵烈士墓未标记生平、亲属无法辨识等问题。因西宁铁检院传统涉铁业务由甘肃省人民检察院兰州铁路运输分院（以下简称兰州铁检分院）同步指导，遂将该线索上报兰州铁检分院。收到该院请示后，兰州铁检分院与西部战区第二军事检察院迅速部署"持续深入推进军铁检察协作、切实维护铁路运输领域军人权益专项行动"，将铁道兵英烈纪念设施保护纳入监督重点，并共同指定西宁铁

检院与西宁军事检察院（以下简称西宁军检院）对接办理，两院分别于2020年12月3日、2021年3月22日立案。为准确核实英烈信息，西宁铁检院、西宁军检院多次前往位于陕西省西安市的中国中铁二十局集团有限公司（原铁道兵十师）查阅资料、走访调查，向中铁二十局咸阳项目部健在的铁道兵老兵询问当时烈士牺牲和埋葬情况，经过五个多月的调查排摸，确定了青海省内修建青藏铁路一期的铁道兵烈士基本情况。

2020年12月14日、2021年3月26日，西宁铁检院、西宁军检院分别向天峻县、刚察县退役军人事务局发出行政公益诉讼检察建议，建议两地行政机关依法履行烈士设施保护管理职责，重新调整烈士陵园布局规划；加强烈士陵园环境维护；消除安全隐患；完善烈士信息，让每一位烈士都得到应有尊重和褒扬。

2021年3月29日、3月30日，兰州军铁两级检察机关分别在刚察县、天骏县联合召开检察听证会。两县退役军人事务局、部分人大代表、政协委员、退役军人代表、中铁二十局集团公司职工代表和当地藏族群众参加听证，各方一致认可检察机关的监督意见，并结合本地经济环境和民族风俗对整改方案提出意见建议。兰州军铁两级检察院还在清明节前夕，与当地藏族群众共同开展铁道兵烈士祭奠活动，凝聚社会共识，捍卫英烈荣光。

天峻县、刚察县退役军人事务局按照整改方案及时清理了革命烈士纪念碑及烈士墓周边杂草和垃圾，重新对墓碑进行了清洁和描红标识，在烈士墓周边种植了松柏绿植，在影响群众祭扫安全的焚烧池周边加设了醒目警戒线，报送的天峻县烈士和群众墓分别管理规划、刚察县烈士陵园修缮方案得到当地政府批准，相关修缮资金已到位，烈士陵园改造和部分无名烈士生平资料完善工作正在有序进行。

【典型意义】

铁道兵在解放战争、抗美援朝战争和新中国成立初期我国铁路大动脉建设中曾发挥重要作用。本案中的青藏铁路一期当年施工环境极其恶劣，铁道兵用血肉之躯博得青藏铁路的全线贯通，甚至献出了宝贵生命，值得人民永远铭记和怀念。军铁检察机关依托跨行政区划一体化办案机制，将铁道兵英烈设施保护作为联合办案的发力点，体现了检察机关通过办案推动全社会铭记新中国百年英烈史的责任担当。

福建省晋江市人民检察院督促保护"八·二三"金门炮战遗迹行政公益诉讼案

【关键词】

行政公益诉讼诉前程序　　革命文物保护　　两岸文化交流　　乡村振兴

【要旨】

国家的主权、安全和领土完整,是一个国家的核心利益。检察机关充分发挥诉前检察建议作用,督促行政机关依法履职,共同保护好党和国家坚定维护国家主权和领土完整的红色印记。

【基本案情】

"八·二三"金门炮战遗迹位于福建省晋江市金井镇围头村,系第八批省级文物保护单位,包括毓秀楼、安业民烈士纪念碑、一号防炮洞等7个文物点及围头民兵哨所1处附属文物。毓秀楼作为"八·二三"金门炮战遗迹的主要组成部分,建造于1931年,为典型的中西合璧钢筋混凝土结构建筑,因年代久远存在多处梁板混凝土碳化、钢筋锈蚀等安全隐患问题。

【调查和督促履职】

2020年5月,福建省晋江市人民检察院(以下简称晋江市院)接群众反映,毓秀楼存在倒塌灭失的现实风险,决定立案并开展调查,派员多次前往现场进行实地勘查,听取当地基层组织和群众的意见,并组织市文化和旅游局、金井镇政府召开诉前磋商会议。经磋商查实,毓秀楼的抢险加固方案虽已通过审批,但因聘请的施工团队不具备文物修缮资质,其作出的修缮预算和方案不符合古建筑修缮标准,抢险加固工作迟迟未启动。2020年6月24日,晋江市院依法向市文化和旅游局、金井镇政府发出诉前检察建议,督促其依法全面履职,及时保护受损文物。

收到检察建议后,金井镇政府聘请专业施工团队,完善修缮方案,并将原有 140 万元的预算追加至 227 万元。市文化和旅游局开辟"绿色通道"，督促施工单位、监理单位规范毓秀楼抢险加固工作。2020 年 12 月，毓秀楼抢险加固工程竣工，顺利通过文物部门的技术验收，安全隐患已消除。整改后，"八·二三"金门炮战遗迹入选福建省第一批革命文物名录，被纳入福建省党史学习教育参观学习点。

晋江市院结合本案办理情况，建议当地党委政府、基层组织做好革命文物遗产深度保护与开发利用"两篇文章"，依托丰富的红色资源，深挖革命遗迹的历史内涵，推动文化和旅游融合，助力乡村振兴。金井镇政府在围头村开展"闽台乡村旅游文化节""海峡两岸七夕返亲节"等活动，吸引了众多游客前来参观交流，围头村也荣获"海峡第一村"和福建省"对台交流示范点"的美誉。2021 年 5 月，"福建发展·晋江经验"精品线路入选全国"建党百年红色旅游百条精品线路"。晋江市院以此为契机，与市文化和旅游局、华侨大学旅游学院共同签署《关于促进晋江市全域旅游发展的协作方案》，为晋江全域旅游跨越式发展和"晋江经验"精品线路提供司法保障。

【典型意义】

毓秀楼等遗迹是"八·二三"金门炮战的重要历史见证，也是推动建设两岸和平发展的重要平台载体。检察机关积极履行公益诉讼职能，提升革命文物保护协同共治效能。在办案中注重发挥革命文物价值，助推地方党委政府和基层组织将红色资源保护与乡村振兴发展相互融合。

湖南省平江县人民检察院、长沙军事检察院督促保护湘鄂赣省委、省苏维埃政府、省军区旧址革命文物行政公益诉讼案

【关键词】

行政公益诉讼诉前程序　革命文物保护　军地协作　公开听证

【要旨】

军地检察机关联合发出检察建议，督促行政机关加强对革命文物的修缮和监管。以公开听证的方式对革命文物修复情况进行评估，明确行政机关履职尽责标准。以个案为抓手，推动政府增强文物执法队伍建设，提升本地革命文物整体保护水平。

【基本案情】

湘鄂赣省委、省苏维埃政府、省军区旧址（以下简称旧址）位于平江县长寿镇，始建于嘉庆十六年（1811年），有厢房28间，总占地面积2150平方米。1934年1月，中共湘鄂赣省委、省苏维埃政府、省军区机关从江西万载小源撤出后，突破敌军重重包围，于当年7月驻扎黄金洞，自此至1937年8月，旧址成为湘鄂赣三省武装革命斗争的指挥中心，彭德怀、滕代远、黄公略、陈昌寿等老一辈无产阶级革命家先后在此领导革命运动。受自然、人为等多重因素影响，旧址院内杂草丛生，部分房屋被他人占用居住，部分房屋出现倒塌、屋面开裂、屋檐断裂等现象，文物纪念设施受损严重，存在重大安全隐患。

【调查和督促履职】

湖南省平江县人民检察院（以下简称平江县院）在湖南省潇湘红色资源保护公益诉讼专项行动期间接到群众举报，反映旧址无人管理、房屋倒塌、设施损毁存在重大安全隐患等问题，经初步调查后于2020年8月25日决定

立案，并与长沙军事检察院（以下简称长沙军检院）成立联合办案组。通过走访群众、现场勘查、调取三定方案和管理台账、询问相关人员查明，旧址于1991年获批为县级文物保护单位、于2019年2月获批为省级文物保护单位、于2019年10月获批为全国重点文物保护单位，但至今未划定保护范围和建设控制地带。因撤区并乡政策划入到长寿镇后，旧址一直处于无人管理维护状态，部分房屋被养蜂人占用作为临时居住地，部分房屋被村民上锁存放生产生活物资，部分房屋因年久失修面临毁损风险。

2020年9月25日，平江县院与长沙军检院向平江县文化旅游广电体育局（以下简称县文旅广体局）、平江县长寿镇政府公开送达全省首例红色资源保护联合检察建议书，建议县文旅广体局依法制止违法占用行为、采取紧急措施消除安全隐患、加强旧址的保护和管理；建议长寿县镇政府依法履行文物保护职责，加强对旧址的管理和保养维护。

军地联合督促履职，平江县委、政府和相关部门高度重视。县文旅广体局和长寿镇政府积极履职，完善了旧址基础保护工作，树立了保护标志和界碑，腾退了占住人员；会同自然资源部门划定了旧址的保护范围和建设控制地带；委托平江县房屋安全鉴定管理办公室对旧址房屋的损坏状况、危险程度等级进行了评估，并争取到县政府拨付的专项经费用于抢险加固；按国保单位修缮程序，制定了修缮项目计划书。

鉴于旧址系全国重点文物保护单位，其全面修缮的方案、经费需由上级文物主管部门审批，难以在短时间内整改到位，军地两院决定以公开听证的方式广泛听取各方意见，判断行政机关是否履职尽责。2020年12月9日，军地两院在平江县院举行案件公开听证会，邀请人大代表、人民监督员、红军后代、村民代表等5人担任听证员，邀请3名文物专家发表意见，最终认定县文旅广体局、长寿镇政府已在积极履职，整改措施切实有效，但因安全隐患尚未消除，待急救维修完成且修缮项目计划书层报至国家文物局后再决定是否终结案件。

军地检察机关在个案办理中注重推进长效机制建立，共同向县委作专题汇报，推动县委政府在长寿镇增设人员编制、建立文物管理机构，解决文物保护工作的人财物难题；推动县文旅广体局对全县革命文物进行地毯式排查，建立文物安全台账，发现并整改12项问题。长沙军检院以点及面，对全省红色资源保护状况进行全面摸排，提供案件线索437件。

【典型意义】

平江县先后走出了 64 位共和国将军、92 位革命抗日将领，全县共有革命文物 484 个，是红色资源大县，承载着中国历史的重要红色记忆。军地检察机关充分发挥各自优势，共同督促行政机关依法全面履职，保护红色资源不受侵害。通过公开听证方式广泛听取各方意见，明确行政机关履职尽责标准。以个案为抓手，推动县政府加强文物保护上的人财物保障，推动建立革命文物长效保护机制，将"将军县"的红色资源保护工作抓牢抓实。

河北省保定市莲池区人民检察院督促保护"七六"殉难烈士纪念碑行政公益诉讼案

【关键词】

行政公益诉讼诉前程序　烈士纪念设施　革命文物保护　人大监督

【要旨】

检察机关在办理文物保护公益诉讼案件中，针对重点难点问题积极争取人大监督支持，并现场送达诉前检察建议，共同推动文物得到有效保护利用。

【基本案情】

"河北省立第二师范学校纪念馆"（以下简称二师纪念馆）是河北省青少年爱国主义教育基地、河北省爱国主义教育基地、河北省关心下一代爱党爱国教育基地，由于维护管理不到位，馆内的"七六"殉难烈士纪念碑（以下简称"七六"烈士碑）存在碑文污损、镌刻的英烈事迹模糊不清、浮雕五角星掉色缺损、碑面裂纹、人为刻划等问题。

【调查和督促履职】

2019年4月，河北省保定市莲池区人民检察院（以下简称莲池区院）在开展英烈纪念设施保护公益诉讼专项监督活动中发现本案线索，经向保定市人民检察院（以下简称保定市院）申请指定管辖，于2019年4月17日立案。经调查核实，二师纪念馆既是英烈纪念场所也是市级文物保护单位，"七六"烈士碑具有文物和英烈纪念设施双重属性，其管理和维护依法应由保定市教育局、保定市文化广电和旅游局（以下简称市文广旅局）共同负责。

莲池区院多次与市文广旅局磋商二师纪念馆修复事项，初步拟定了修缮方案，但修复实施工作存在资金保障短期内无法解决的问题。2019年9月24日，保定市院向市人大申请对"七六"烈士纪念设施保护行政公益诉讼案予以监督，市人大组织保定市院、市教育局、市文广旅局、莲池区院召开二师纪念馆英烈纪念设施修复工作现场调度会,听取检察机关的建议及市文广旅局的修复意见。在市人大的监督下,检察机关向市教育局、市文广旅局现场送达诉前检察建议,建议上述两个行政机关对"七六"烈士纪念设施受损问题及时进行修复;对纪念设施及红色文物保护区域周边环境进行有效治理,采取有效措施确保英烈纪念设施庄严、肃穆、清净的环境和氛围。

2019年12月19日,市教育局、市文广旅局回复检察机关:市文广旅局通过了修缮方案,57万元修复专项资金已陆续到位。市教育局从北京聘请了具备专业文物修缮资质的施工单位准备进行修复。2020年6月10日,"七六"烈士纪念设施修缮工作竣工,纪念设施整体面貌焕然一新,周边整体环境得到有效改善,达到了整洁、优美、庄严、肃穆的要求。同年10月20日,二师纪念馆正式开馆,以崭新面貌向公众重新开放,供公众瞻仰、悼念英雄烈士,开展爱国主义教育活动。

【典型意义】

"红二师"是保定重要的革命策源地、革命堡垒和革命干部的摇篮。"七六"护校斗争是二师光荣革命传统中最重要的历史事件,也是中国共产党人带领中华民族救亡图存的真实写照。检察机关在办案中善于争取人大监督和支持,推动将重点案件纳入人大监督,并主动与行政机关开展磋商沟通,凝聚共识,良性互动,持续跟进,推动问题有效整改落实,实现双赢多赢共赢的办案效果。

江苏省淮安市清江浦区人民检察院督促保护周恩来童年读书处旧址周边文物行政公益诉讼案

【关键词】

行政公益诉讼诉前程序　不可移动文物保护　历史风貌保留

【要旨】

针对监管缺位、保护意识淡薄等原因造成的革命文物受损、周围环境恶化等亟于保护的情形，检察机关通过行政公益诉讼诉前检察建议等方式督促行政机关依法履职，加强协同治理，妥善保护好革命文物等红色资源。不仅要注重保护革命文物本身，还要注重对周边其他不可移动文物等历史遗存以及生态环境的保护，展现红色资源的整体历史风貌和人文风情。

【基本案情】

周恩来童年读书处旧址，位于江苏省淮安市清江浦区漕运西路174号，于1995年4月被确定为江苏省文物保护单位，是重要的爱国主义教育基地，是近现代历史遗迹及革命纪念建筑物，更是2021年4月22日《江苏省革命文物名录（第一批）》中公布的不可移动革命文物。周恩来童年读书处旧址毗邻横贯主城区的里运河，周边原本分布着"泗阳公馆""义顺巷民居"等多处市级不可移动文物。2015年前，旧址所在的漕运西路沿线地块实施了数次征收，由于种种原因未能对上述不可移动文物进行有效保护，造成文物部分毁损，虽经维修，但"泗阳公馆"因长期无人管护，墙体外立面剥离脱落、窗户玻璃破损，外观特点基本丧失，严重破坏该旧址的整体历史风貌和人文风情。

【调查和督促履职】

2020年9月，江苏省淮安市清江浦区人民检察院（以下简称清江浦区院）在开展公益损害巡查中发现该线索，并于同年9月22日立案调查。通过现场勘查、无人机航拍取证以及向属地街道办事处、文物保护等部门调取书证，查明：周恩来童年读书处旧址东侧的漕运西路地块以"总理童年读书处周边特色历史文化街区"为建设项目，于2015年启动征收，由属地街道办事处负责实施推进，分三期开展工作并规划整体开发，且已委托具备文物保护设计资质的机构制定了项目建设和文物保护方案，但目前仅一期征收完毕且尚未纳入土地储备。然而，周恩来童年读书处旧址周边现存的"泗阳公馆"等不可移动文物属私人所有，由于地块实施征收多年，该文物长期无人居住管护，年久失修，以致发生历史风貌基本丧失的损害，而恶劣的周边环境以及不可预知的因素，也进一步加大了文物状况持续恶化的风险。

此外，清江浦区院在调查中还发现，在周恩来童年读书处旧址东侧的征收地块围挡内，某再生资源回收公司违法占用土地开办了一处较大规模的废旧物资回收站点，场地内常露天堆积回收的废弃金属、木材以及塑料制品等固体废物，并有大型机械作业，却没有采取任何防渗透、防扬散等环保措施，也没有设置必要的消防设施，污染大气、水土生态环境，危害公共安全，损害了社会公共利益。

2020年9月24日，清江浦区院依法分别向清江浦区文化广电和旅游局（以下简称清江浦区文广旅游局）和属地街道办事处发出诉前检察建议，建议其履行法定监督和保护职责，尽快对周恩来童年读书处旧址周边的不可移动文物在不改变原状的原则下进行维护保养；向清江浦区生态环境局发出检察建议，督促其对违法设立的再生资源回收站点作出环保监管处理。

收到检察建议后，清江浦区文广旅游局立即对"泗阳公馆"保护现状展开监督检查，并向街道办事处通报检查情况，督促做好对该文物的保护工作。属地街道办事处多次与不可移动文物产权人进行沟通，投入资金采取修补保养、环境清理等保护性措施，并努力推进项目进程，拟在历史文化街区项目建设中按照方案进行一次性整体修缮。清江浦区生态环境局协同街道办事处组织城管、市监等部门对违法设置的再生资源回收站点依法迅速予以取缔，责令再生资源回收公司立即拆除地面构筑物、搬离清场，随后对裸土进行了平整覆盖。

清江浦区院持续跟进监督，了解征收推进情况，与属地街道办事处和文物保护部门就文物的日常维护和后期修缮等问题进行当面沟通，并不定期地安排人员到征收地块查看文物的状况。

【典型意义】

随着城市的发展，不可移动革命文物保护与城市建设之间的矛盾越来越突出。本案中，检察机关主动厘清文物保护、生态环境等主管部门在履行红色文物保护行政监管职责的界限，运用诉前检察建议督促多部门各司其职，推动城市建设与文物保护融合发展。检察机关在督促保护革命文物的同时，关注对文物周边各类历史文化遗迹的一体化保护，确保充分呈现革命文物的历史风貌，为教育全社会赓续精神血脉、传承红色基因、弘扬革命传统贡献检察力量，实现了"三个效果"的有机统一。

山西省古县人民检察院督促保护岳北军分区驻地旧址行政公益诉讼案

【关键词】

行政公益诉讼诉前程序　革命文物保护　太行精神　乡村振兴

【要旨】

针对新农村建设中革命遗址面临的灭失风险，检察机关督促行政机关依法全面履职，促成革命遗址得到整体性修复和利用，实现红色资源保护与乡村振兴融合发展。

【基本案情】

太岳区第一军分区又称岳北军分区，其驻地旧址位于山西省临汾市古县北平镇贾寨村，该军分区隶属由陈赓担任司令员的太岳军区，于1943年3月在贾寨村成立。岳北军分区驻地旧址于2010年被列为县级文物保护单位，该旧址均为清代晚期砖木结构建筑，由于历史原因，房屋院落归村民所有和使用，未得到有效修缮保护。2018年初，为实施新农村建设，该村在原址基础上统一规划，拟拆旧建新，革命遗址面临灭失危险。

【调查和督促履职】

2018年9月，山西省古县人民检察院（以下简称古县院）赴贾寨村办案，在与村民交流中发现该线索，并于2018年10月9日立案调查。经实地考证、查阅党史资料并咨询有关专家，确认贾寨村部分院落建筑为革命文物。经进一步调查查明，贾寨村岳北军分区驻地旧址长期得不到有效修缮保护，房屋毁坏严重，有的院落建筑主体已成为危房，瓦砾掉落、破败不堪，存在倒塌灭失的现实风险。2018年10月31日，古县院向古县文物旅游局发出诉前检察建议，建议其对上述革命遗址存在的损毁问题依法全面履行监管职责，并积极向古县县委汇报，争取重视和支持。

古县文物旅游局收到检察建议后，立即向县政府作专门汇报。古县政府高度重视，召开专题会议研究整改，并就全县红色文物保护开展专题调研，作出实施贾寨村红色文物保护工程的决定。古县院同步跟进，并在资金落实等方面予以督促协助。2019 年 10 月底，主体修复工程全部竣工，共计投入资金 1900 余万元，修复院落 9 个、房屋 110 余间，建筑面积达 1890 余平方米。整改完成后，该旧址已接纳参观学习干部群众五千余人次。2020 年，该旧址被评为青少年红色教育实践基地和古县关心下一代党史国史教育基地。2021 年 1 月，该旧址被列为山西省第一批革命文物。古县县委常委会已决定将其纳入贾寨美丽乡村旅游发展规划，并投资 775 万元用于该旧址的布展，打造太岳红色文化新亮点。

【典型意义】

山西是抗日战争主战场之一，贾寨村岳北军分区驻地旧址是山西具有代表意义的革命文物，曾在沁源围困战等战役中发挥了重要作用，为抗日战争和解放战争作出重大贡献，是太行精神的见证。检察机关充分发挥公益诉讼检察职能，通过制发检察建议，推动地方政府对该旧址实施整体性修复，将红色文化传承与乡村振兴相融合，使其成为太岳红色文化新亮点，极大丰富了党史学习教育和革命传统教育资源，实现了办理一案、治理一片、教育社会面的良好效果。

八、公益诉讼检察听证典型案例

（2021年7月22日）

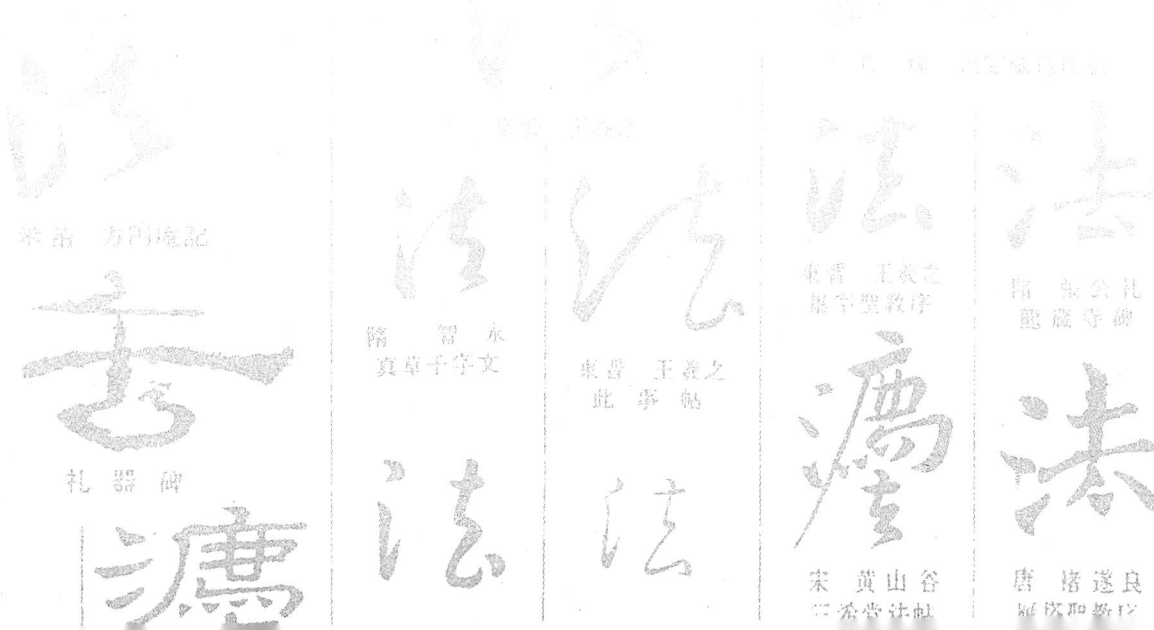

加强公益诉讼检察听证工作
以看得见的方式守护公共利益

——最高检第八检察厅负责人就公益
诉讼检察听证典型案例答记者问

2021年7月22日,最高人民检察院发布了一批公益诉讼检察听证典型案例,这批公益诉讼典型案例有哪些特点?下一步公益诉讼听证工作将如何开展?最高检第八检察厅厅长胡卫列就相关问题回答了记者提问。

1. 目前检察听证已经覆盖"四大检察""十大业务",请问全国检察机关公益诉讼听证工作开展得如何?有哪些主要特点?

2020年以来,全国检察机关公益诉讼检察部门认真贯彻落实最高检关于检察听证工作的部署要求,积极稳妥开展公益诉讼听证工作,取得了以公开促公正赢公信的初步成效。

相比于其他检察业务听证,公益诉讼检察听证工作可以说是起步晚、进展快。最高检自2000年就明确刑事申诉案件公开审查主要以听证会形式进行。之后,不起诉案件、民事诉讼监督、羁押必要性审查等办案工作也出台了相关规定。因为公益诉讼是检察机关的一项崭新职能,全面开展不到4年,按照最高检部署,2020年下半年向全国检察机关下发通知,对公益诉讼办案中开展听证工作提出要求,2021年初进行了情况通报。2020年全国公益诉讼检察听证案件共1816件,仅2021年一季度就有834件,预计2021年全年开展听证的案件总数比2020年将有明显增长。

从工作开展情况看,主要有以下特点:一是领导重视,有序推进。工作开展初期,各省级、市级检察院按最高检要求,在本辖区内确定1—2个下级检察院先行试点,有计划地组织听证,最高检多次派员赴地方调研督导。最高检分管副检察长张雪樵和一些省级院领导还亲自主持公益诉讼听证会。二是聚焦重点领域，彰显听证效果。各地检察机关将公益诉讼听证与"守护人民美好生活"专项监督活动有机结合，将生态环境和资源保护、食品药品安全、新领域等公益损害突出且群众反映强烈问题作为听证重点，发挥听证功能，实现维护公益和推动社会治理的双赢多赢共赢。三是注重健全完善机制，规范听证运行。一些检察机关结合实际出台有关公益诉讼听证规范性文件，对公益诉讼案件的听证范围、听证程序及听证保障等内容予以细化，增强可操作性。最高检也正在研究起草《人民检察院公益诉讼听证工作实施细则》。

2. 这批公益诉讼检察听证典型案例有哪些主要特点？

这批案例各有特色，既体现了公益诉讼检察听证工作的特点，也反映了公益诉讼检察办案活动的鲜明特征。

一是涉及领域全。这批案例涵盖公益诉讼法定领域和新领域，包括环境资源、食品药品、国有财产、国有土地、英烈权益、个人信息、文物保护等诸多方面，表明听证工作可以在公益诉讼各个领域普遍开展。其中多数是生态资源保护案例，如湖南、河南检察机关办理的案件，反映检察机关紧紧围绕中心、服务大局，主动运用听证方式突破办案难点，促进行政协同和生态修复，保护长江、黄河生态环境资源。

二是适用范围广。公益诉讼检察办案流程长、环节多、情形复杂。对为何要听证？何种情形下适用听证？目前没有明确具体的规定，实践中面临诸多困惑。这批案例反映了各级公益诉讼检察部门积极主动且富有成效的探索和实践。实践表明，听证工作既适用于办理行政公益诉讼、民事公益诉讼案件，也适用于办理刑事附带民事公益诉讼案件。在办案的各阶段、各环节，遇到事实认定、法律适用、案件处理等问题，包括对公益损害事实和程度、行政机关监督管理职责、整改方案是否科学合理、行政机关是否依法全面履职、整改效果如何、是否可以结案或者提起诉讼等具体情形，只要确有必要听取听证员意见的，我们认为均可以组织听证。对此，本批案例也起到了具体的指引作用。

三是听证形式多。听证在公益诉讼办案中主要作为调查的一种方式，因此根据办案需要可以有多种形式。比如，适应公益诉讼办案一体化的要求，多个案例中采取上下级院、地方院和专门院，以及同一个院的刑事检察部门和公益诉讼检察部门联合组织听证的做法，统筹职能、形成合力。听证地点也不局限在检察听证室内，本批案例中有的检察院为了把事实调查清楚，听证前组织听证员实地察看、体验，这样听证员在听证会上发表评议意见就更加客观准确。

四是办案效果好。首先，这批案例听证准备工作普遍做得比较充分，听证中组织有序，听证评议意见成为检察机关作出正确决定的重要参考。听证会后，一些"老大难"问题很快得到解决，听证效果也得到社会人士和旁听群众的好评。特别是对于一些疑难复杂的专业问题，如湿地资源、古桥文物、网络爬虫、人脸识别技术等问题，相关检察院善于借助外脑，邀请有专业知识的人担任听证员，发挥了关键作用。其次，一些案件中听证不仅仅解决个案问题，听证员们积极建言献策还促成检察机关深入研究诸如根治停车乱象等相关社会治理问题，听证会后相关检察院主动向党委政府提出有价值的报告，切实发挥法治参谋作用。

从公益诉讼办案实践看，听证不仅有利于检察机关全面、及时、准确查明案件事实、正确适用法律、作出处理决定，增强检察监督的针对性和实效性，还有利于保障群众的知情权、参与权、监督权，促进司法公开和司法民主，形成公益保护的共识和合力，推动公益诉讼检察工作健康发展。

3. 下一步，检察机关公益诉讼听证工作重点是什么？

一是加大推进力度，切实做到"应听证尽听证"。各级检察机关公益诉讼检察部门要切实转变司法理念，改进办案方式，加强组织领导，增强工作主动性，让听证这项创新制度在推动公益诉讼检察工作健康发展中发挥更大作用。最高检将定期通报各地开展公益诉讼听证情况，促进各地交流经验做法，努力推动实现办理公益诉讼案件听证工作各级各院全覆盖。

二是边实践边总结，提高听证工作规范化水平。要在遵循《人民检察院审查案件听证工作规定》的同时，结合公益诉讼特点和个案具体情况，积极探索创新，进一步细化完善公益诉讼听证各阶段、各环节的操作流程。最高检将推动尽快出台公益诉讼听证工作实施细则，进一步提升公益诉讼听证规范化水平。

三是加强软硬件建设，着力打造过硬的公益诉讼听证检察队伍。要立足本地实际，组建公益诉讼听证员专业人才库，有计划地组织专业培训。通过专题讲座、现场观摩、交流轮训等形式，提升公益诉讼听证检察官的业务能力、流程控制、应急处置、舆情应对等能力，为办好每一个听证案件奠定坚实基础。

万峰湖流域生态环境保护公益诉讼案

【关键词】

最高检立案　生态环境保护　结案听证

【要旨】

面对违法主体多元、情况复杂的跨区划环境污染案件，最高人民检察院通过公开听证客观评价办案效果，以此作为案件办结的重要依据。同时通过听证推动地方协同发展、绿色发展，深化办案效果。

【基本案情】

万峰湖是我国五大淡水湖之一，地处黔、桂、滇三省（区）结合部，属于珠江源头南盘江水系，是"珠三角"经济区的重要水源，其水质状况直接关系到沿岸几十万人民的生产生活和珠江流域的高质量发展。近年来，湖区污染防治工作滞后，网箱养鱼无序发展，导致水质恶化。为此，贵州省黔西南州部署开展"清源、清网、清岸、清违"专项活动，推动万峰湖综合治理。但由于三省（区）水域分割管理，治理主体分散、步调不一，补偿标准各异等原因，云南省罗平县和广西壮族自治区西林县、隆林县仍有大量渔民违法进行网箱养殖。除此之外，水面浮房、生活污水直排等问题也对万峰湖生态环境造成严重威胁。

【检察机关履职情况】

1. 案件办理

2019年11月，最高检第八检察厅在黔西南调研过程中发现了万峰湖生态环境受损案件线索。

2019年12月11日，最高检决定对万峰湖流域生态环境受损问题立案调查。张军检察长亲自部署，张雪樵副检察长担任专案组组长、主办检察官，第八检察厅抽调业务骨干组成专案组。专案组共摸排万峰湖流域生态环境受损案件线索61件，交办48件，地方检察机关立案45件，经磋商解决8件，制发检察建议 36 份。

2020 年 9 月，张雪樵副检察长带队赴广西百色、贵州黔西南、云南曲靖等地现场办案，与当地党委政府及相关行政机关磋商座谈。通过检察机关与行政机关的共同努力，三省（区）共拆除非法养殖网箱 53.93 万平方米，水上非法浮房、钓鱼棚等设施 899 个，清理湖面水域面积 8.1 平方千米、垃圾 22 万吨。万峰湖湖面非法养殖等可视污染类问题已整治到位，沿湖岸线及干支流污染类问题得到有效解决。

2. 公开听证

（1）客观评价专案效果

"万峰湖专案"中，检察机关是否完成办案任务，万峰湖流域污染问题是否得到根本治理，沿岸群众是否满意等，都是检察机关能否顺利结案的"必答题"。为此，专案组决定通过公开听证的方式，对专案工作办理成效进行客观评价。

2020 年 12 月 24 日，专案组在贵州省兴义市举行公开听证会。听证会由张雪樵副检察长主持，邀请 3 名全国人大代表、4 名专家学者担任听证员。由于本案污染问题涉及三省（区），需要跨区划协同治理，专案组还邀请水利部、生态环境部、农业农村部相关代表，以及百色、曲靖、黔西南三地市级政府领导参加，沿岸 5 县政府领导和群众代表旁听。

通过公开听证，听证员以及参会人员对专案办理过程及取得的成效有了深入、直观、生动的了解。听证员、全国人大代表杨晓雪认为"检察机关办理专案前后，湖区生态环境改善非常明显"。参会人员一致认为，检察机关主动通过开展公益诉讼检察工作，督促行政机关依法履职，案件成效显著，"万峰湖专案"办案目的已经实现。

（2）协同深化办案成效

为贯彻落实习近平生态文明思想，践行"绿水青山就是金山银山"的生态理念，确保万峰湖流域生态环境持续向好，专案组充分发挥检察公益诉讼在国家治理体系中的协同作用，就做好统一开发万峰湖生态渔业养殖等下半篇文章进行听证，与会人员积极建言献策，一致建议在生态优先的前提下，沿湖五县探索统一管理、品牌共用、利益共享的生态渔业养殖模式，实现"水养鱼、鱼护水"的生态平衡。

【典型意义】

"万峰湖专案"是最高检直接立案办理的第一起公益诉讼案件，此次听证会也是最高检召开的首次公益诉讼案件听证会。公开听证既是对整治湖面非法网箱养殖污染等办案实效的综合评价，也是对案件是否符合结案条件的客观认定，实现了实体公正与程序公开并举的办案目的，推动了公益诉讼诉前程序司法化。同时，通过公开听证还进一步巩固办案成效，调动各方积极探讨万峰湖流域渔业生态养殖和生态开发的可行性，推动从整治生态环境到实现生态产品价值的纵深发展，力争以一个案件的办理推动一类问题有效解决，以检察公益诉讼助推当地绿色发展，万峰湖流域正在成为"绿水青山就是金山银山"的生动实践。

河南省人民检察院郑州铁路运输分院督促保护黄河湿地、饮用水水源地行政公益诉讼案

【关键词】

行政公益诉讼诉前程序　黄河湿地自然保护区　飞地　监管职责听证

【要旨】

针对"飞地"行政管理职能与责任交叉、行政协同性不足和行政公益诉讼社会稳定风险防控等问题，检察机关可以组织公开听证，确定监管责任，督促两地政府协作推进问题整治。

【基本案情】

河南省国有孟州林场冶戍林区是焦作市代管县级市孟州市在洛阳市吉利区的"飞地"，该区域既是黄河湿地国家级自然保护区核心区，也是吉利区城镇居民饮用水水源保护区。林区内长期建有大量养殖场，产生大量畜禽粪便、生活垃圾和污水，破坏黄河流域生态环境，威胁城市居民饮用水水源安全。

【检察机关履职情况】

1. 立案调查和检察建议

2020年7月，河南省人民检察院（以下简称河南省院）将该案线索交由河南省人民检察院郑州铁路运输检察分院（以下简称郑州铁检分院）办理。郑州铁检分院于同年7月28日立案，并通过无人机航拍、现场勘查、询问证人、调取行政区划地图和行政执法卷宗等方式查明：2007年12月20日，河南省人民政府办公厅依法划定洛阳市吉利区地下水井群饮用水水源保护区，该水源保护区位于孟州林场冶戍林区境内。由于孟州林场冶戍林区是孟州市在洛阳市吉利区的"飞地"，该地区虽然是孟州市的行政辖区，但孟州市对其日常管理缺失；林区内的饮用水水源保护区虽然被划为洛阳市吉利区，但吉利区却对该保护区没有行政执法权。近年来，孟州国有林场将冶戍林区近

2000亩林地对外出租给附近吉利区辖区村民,用于养殖、种植,其中大型牛羊、种鸭等养殖企业10家,均位于黄河湿地国家级自然保护区核心区和吉利区饮用水水源地保护区内。违法养殖产生大量畜禽粪便、生活垃圾和污水,严重破坏黄河国家级湿地自然保护区生态环境,威胁城市饮用水安全,孟州市人民政府及其职能部门未依法履行监督管理职责。

2020年8月14日,郑州铁检分院向孟州市人民政府现场送达检察建议,要求对孟州林场内养殖场及与湿地和水源地保护无关的建设项目等问题依法予以处置,督促其与吉利区政府加强协调沟通,共同推进问题整改。收到检察建议后,孟州市人民政府采取措施,认真落实检察建议。但由于涉案区域属于"飞地",行政管理职能与责任存在交叉,两地政府对问题整治责任划分存在分歧,加之"飞地"历史遗留问题复杂,养殖户对集中整治认识不到位,整治工作进展缓慢。

2. 公开听证

为解决跨市级行政区划治理难题,准确厘定行政管理职能与责任,对联合整治方案可行性听取多方意见、确保整治效果,郑州铁检分院遂报请河南省院组织听证。2020年11月27日,河南省院在洛阳市吉利区检察院组织召开公开听证会,邀请了5名人大代表、政协委员、行政法学教授、律师和人民监督员担任听证员。听证会由省院党组副书记、常务副检察长主持。在听证会上,郑州铁检分院承办检察官介绍了案情和听证问题,两地政府就问题整治说明情况、坦诚表达分歧并宣读联合整治方案,涉案养殖户代表充分说明情况和诉求,各方深入质证与答辩,行政法学教授对政府职责释法说理,听证员经闭门评议发表听证意见和建议,最后由主持人对听证会进行总结。通过公开听证,孟州市人民政府和吉利区人民政府客观认领各自责任,保证"认责、认账、认改",协同推进整治工作。养殖户代表表示理解和接受,愿意积极配合政府整改,做好产业转型升级。

3. 督促履职

听证会后,郑州铁检分院在河南省院的指导下,督促孟州市和吉利区两地政府整改。孟州市人民政府高度重视,迅速成立了以主管副市(区)长为组长的工作专班,抽调自然资源、农业农村、生态环境、河务、水利等部门组建联合执法队伍,强化政府间协调配合,着力推进整治。吉利区人民政府根据听证会意见,压实责任,明确任务,积极融入联合整治。孟州市人民政府专门制定了《孟州林场冶戍林区规划与管理实施细则》,为"飞地"的科学管理建立长效机制。目前,冶戍林区违法养殖企业全部退出,10个大型砖混结构养殖厂房全部拆除，建筑垃圾清运完毕，一期复种复绿 300 余亩林地，二期湿地和水源地生态修复正按方案推进。

【典型意义】

"飞地"一直是社会治理中的"堵点"。"飞地"与其他生态功能区重叠时，"飞出地"与"飞入地"政府根据相关法律法规均负有监管职责。本案通过行政公益诉讼检察公开听证，明确主体，强化责任，督促两地政府制定联合整治方案，协同推进问题整治，并为"飞地"的科学有效管理建立长效机制，为该类问题的解决提供了可借鉴经验。另外，本案涉及众多养殖业主，问题存续时间长，处置不当容易引发社会稳定风险。省级检察院实行一体化办案，通过公开听证实现司法公开，保障人民群众充分享有知情权、参与权和监督权，有效防控社会稳定风险。

山东省青岛市检察机关督促大河东湿地生态修复行政公益诉讼案

【关键词】

行政公益诉讼诉前程序　湿地保护　整改效果听证　实地查验　专家听证　直播听证

【要旨】

对于专业性较强的疑难复杂案件，上一级检察院可以提级办理，并可邀请专家出具专家意见。对于判断是否整改到位，可以组织公开听证会，邀请媒体全程参与提升监督效果，同步落实"谁执法谁普法"的责任。

【基本案情】

青岛市崂山区大河、凉水河入海口交汇处形成了面积百余亩的大河东湿地，属于较为少见的滨海型河口淤泥湿地，曾栖息各种鸟类260余种。青岛市林业局、森林公安局和野生动物救助协会于2013年在此设置了全市第一个湿地鸟类监测站。自2010年，该区域被非法设置为建筑废弃物收纳场，大面积的滩涂湿地被掩埋。行政机关虽多次执法，但建筑垃圾一直未得到清理，湿地生态亦未恢复，社会公共利益持续受到侵害。2017年中央环保督察期间，该案被列入全国环保督查案件。

【检察机关履职情况】

1. 立案调查和检察建议

2018年6月，青岛市崂山区人民检察院（以下简称崂山区院）根据群众举报立案。经调查查明，被填埋湿地面积达6万余平方米，建筑废弃物10万余立方米。2019年5月14日，崂山区院分别向该区自然资源局等4家行政机关发出检察建议，建议依法履职恢复湿地属性，开展排查建立湿地保护名录。2019年5月28日，行政机关组织专家论证，认为涉案湿地不在2014年国家湿地名录内，将按照"维持现状，就地绿化"的原则进行治理。崂山区院认为，行政机关组织的专家论证并未否定涉案土地原始属性为湿地。经邀请中国环境科学学会环境损害鉴定评估专业委员会主任现场勘查，认为该区域具备湿地属性。另外，针对行政机关关于该区域现行治理方案已经省环保督查组同意的意见，崂山区院经层报山东省人民检察院协助调查查明：省环保督察并未涉及该区域是否为湿地。

2. 提级办理

2019年10月17日，山东省青岛市人民检察院（以下简称青岛市院）决定提办该案。经邀请自然资源部中国地质调查局青岛海洋地质研究所多名湿地专家现场勘验并出具书面意见，确认争议地块的湿地属性并提出修复建议。同年12月4日，青岛市院组织专家意见解读座谈会，对青岛海洋地质研究所专家认定湿地的理由以及生态修复方案进行了解读，行政机关和其邀请的专家均予认可。2020年1月9日，青岛市院向湿地所在地政府发出检察建议：停止施工，按照异地补偿原则调整方案，实现湿地生态修复目的。同年1月14日，崂山区政府召集湿地修复施工现场调度会，决定立即停止施工，严格按照湿地保护要求，完善异地补偿和修复方案。同年11月，区政府函告青岛市院，全部生态修复工程结束。

3. 公开听证

为评估大河东生态修复效果，是否实现生态修复目的，回应社会公众和媒体关切，2020年12月23日，青岛市院组织听证会，并在中国检察听证网上直播。

听证会前，青岛市院和崂山区院两级办案人员组织湿地专家、人民监督员、山东省电视台等多家媒体与行政机关一起对照施工方案进行现场查验。媒体还对周边群众进行随机采访，听取其对湿地生态修复成效的感受，均反映周边环境得到较大改善，成为周边群众休憩散步的好去处。

听证会上，湿地专家、人民监督员分别就围堰高程、水系循环、湖心岛高度、绿植维护等问题进行提问，行政机关逐一进行答复。经听证查明，行政机关共投资4200余万元，对河道以及全部的废弃养虾池进行了清淤，增设涵洞8个，打通了水系，实现了水流在虾池、河道与涵洞之间的流动。补种的水草已初步连片，初具规模，已有鱼虾再次孵化。湿地生态得到明显改善，周边群众居住环境得到优化。青岛市院在充分听取各方意见后，根据已经查明的事实、证据和有关法律规定，认为被建议单位已经初步履行了保护湿地的职责，当场对本案作出终结审查的决定。

【典型意义】

针对案情复杂、存在争议、整改难度大的监督案件，上级检察机关可通过提级办理、组织听证会等方式进行监督。检察机关组织结案听证，可以在听证前组织听证员实地勘查，以增强听证效果。必要时，也可听取涉案区域周边群众的意见。对案涉问题专业性较强的，应邀请该领域具有一定知名度的专家学者辅助开展案件听证，借助无直接利害关系专家学者的专业优势，协助检察机关准确判断行政机关是否依法履职，以提升听证结论的科学性。对前期检察机关与行政机关存在较大分歧，或涉案问题需要社会广泛关注的案件，可对公开听证活动进行直播，并邀请媒体全程参与听证活动，以提升公益保护关注度和公正性。

重庆市两江地区人民检察院督促整治截污管网溢流污染环境行政公益诉讼案

【关键词】

行政公益诉讼诉前程序　长江水污染治理　监督对象听证　专家听证员　听证+磋商

【要旨】

针对机构改革中开发区管委会与有关职能部门职责不明或职责交叉，监督对象难以确定的问题，检察机关可以通过听证，明确监督对象和整改方式，听证后可结合磋商进一步明确整改步骤，提升监督精准性和实效性。

【基本案情】

重庆经济技术开发区（以下简称重庆经开区）直管区内的渔溪河长江入口段二级截污管网长期污水溢流渗漏污染环境。其中，距长江入口仅 200 米左右的渔溪大桥北桥头两条污水管网交汇处，有大量未经处理的生活污水直接排入渔溪河后流入长江。重庆市南岸区迎龙镇马颈村段 10 余处管网破损，污水长期渗漏、散发臭味，群众反映强烈。

【检察机关履职情况】

1. 立案调查

2020 年 4 月 8 日，重庆市两江地区人民检察院（以下简称两江地区院）在重庆市广阳岛片区开展公益诉讼巡查时发现该案线索，于同年 5 月 29 日立案。经调查发现，重庆经开区管委会负有开发区直管区内的生态环境、基础设施和公共设施管理职责，但因正在进行机构改革，尚未确定具体承担生态环境监管职责的机构。

2. 公开听证

为解决机构改革过渡期因机构变动导致监督对象难以确定等难题，两江地区人民检察院决定召开公开听证会。

做好听证准备工作。两江地区院邀请具备生态环境保护专业知识的市人大代表、政协委员、人民监督员、环境法学教授、环境工程专家5人为听证员。重庆经开区管委会办公室、组织部、市政环卫绿化管理处、国土管理所等相关职能部门以及马颈村村民代表参加听证会。为使公开听证更有针对性，两江地区院制作了专门的听证事项介绍材料，提前三日送达听证员，介绍案件事实与相关证据，列明公开听证需要解决的问题及相关法律规定。

各方充分表达意见。听证过程中，两江地区院检察长作为主办检察官介绍了基本案情并通过多媒体示证方式展示相关证据；马颈村村民代表陈述管网溢流渗漏对周边环境和村民生产生活带来的不良影响；相关行政机关（部门）负责人详细介绍监管职责以及履职情况。听证员围绕公益受损情况、各行政机关监管职责、整改措施等问题，向承办检察官、行政机关（部门）负责人以及村民代表进行提问。

闭门评议形成意见。听证员就监督必要性及监管职能部门的确定等焦点问题进行了闭门讨论和评议，并形成了一致意见。随后，听证员代表发表听证意见认为，结合两江地区院调取的证据及法律规定，案涉截污管网溢流渗漏对长江支、干流水质及周边环境造成污染，重庆经开区管委会负有污水管网治理和生态环境监管职责，应采取有效措施及时整治管网溢流渗漏问题，切实维护社会公共利益。

3. 磋商结案

两江地区人民检察院通过公开听证明确了本案监督对象以及重庆经开区管委会履职整改方式，随即与重庆经开区管委会就整改问题进行磋商，确定由管委会统筹协调各职能部门依法履职，分阶段、分步骤推进涉案污水管网整治，保护好广阳岛片区生态环境。目前，重庆经开区管委会已按整改方案完成整改。

【典型意义】

本案社会公共利益受损事实清楚，但开发区与区县政府在行政管理体制上存在较大差异，加上机构改革又尚未落地，涉及管网破损整治的部门较多，一般调查核实方式难以迅速确定责任部门。通过组织公开听证，让相关行政部门充分发表意见，厘清职能职责，明确了整改责任主体和监督对象，增强了监督准确性。同时，充分发挥公开听证沟通、提醒、督促的综合功能，有利于提高行政机关对检察公益诉讼监督的接受度、认可度，为接下来与行政机关磋商结案打下了良好基础，既节约了司法资源，又提升了监督质效。

湖北省黄石市铁山区人民检察院督促整治乱占耕地违建房屋行政公益诉讼案

【关键词】

行政公益诉讼　违建房屋治理　监管职责听证　起诉听证投票评议

【要旨】

针对多家行政机关对耕地、违建有监管职责但相互推诿的情况,检察机关可以通过公开听证的方式明确监督对象,实现精准监督、精准起诉。

【基本案情】

2016年至2018年,公务员徐某某未经批准,与其母亲李某在太子镇某村占用集体土地建设房屋,于2018年建成砖混结构3层楼房1栋、2层楼房1栋和1层房屋1栋,并建水泥院墙围住。

【检察机关履职情况】

1. 立案调查

2020年4月26日,湖北省黄石市铁山区人民检察院(以下简称铁山区院)在履职中发现该线索并进行立案调查。经测量,徐某某、李某占用土地面积共2106平方米,其中3栋房屋占用土地面积590.6平方米,总建筑面积1355.5平方米。经自然资源和规划部门核查,上述土地权属为村集体土地,地类为旱地,房屋和院墙建在设施农用地上,不符合该村乡村规划。徐某某、李某建设房屋期间,该镇城管办仅进行了口头制止。2020年4月,铁山区院分别向太子镇人民政府、黄石市自然资源和规划局开发区铁山区分局、黄石经济技术开发区铁山区农业农村局、黄石经济技术开发区铁山区城市管理执法局发出检察建议,督促各单位依法履职。

2020年6月,四家行政单位均在两个月回复期内回复,但未对乱占耕地违建侵害公益的行为进行整改,多家单位相互推诿,各有辩解。

2. 公开听证

为查明事实，精准监督、精准起诉，铁山区院于 2020 年 8 月 26 日组织召开公开听证会。

一是做好听证准备工作。铁山区院邀请人民监督员、测量单位、相关行政单位实地查看违建房屋现场、固定照片，对乱占耕地违建事实和后果形成直观印象。征得所有对土地、违建有监管职责的行政单位同意举行听证，并邀请人大代表、政协委员、人民监督员等作为听证员。

二是有序推进听证流程。听证会上，铁山区院对查明的案件事实和证据、法律适用进行介绍，行政单位接受质询、答辩。主持人及时准确归纳争议焦点，围绕焦点、监管主体、职责、难点等问题，引导听证各方充分发表意见。

三是听证员评议、投票。听证员对事实调查环节无异议后，行政单位退场，听证员对行政单位是否履职尽责发表意见，对检察机关能否提起行政公益诉讼以及应对哪家行政单位提起行政公益诉讼进行公开不记名投票，均认为太子镇人民政府作为属地政府，具有制止、拆除违建的职责，对行政主管单位提起公益诉讼既能高效实现保护公益的目的又能警示当地不良违建之风。该案投票结果为检察机关起诉提供了民意基础。

四是听证员发表相关意见。听证会上，听证员在充分了解当地乱占耕地的现状和根源基础上，对行政单位提出的治理难点、痛点提出有见地的解决思路和意见，拓宽了行政单位执法思路，强化了公开听证的功能。

3. 诉讼过程

2020 年 9 月 17 日，铁山区院以太子镇人民政府为被告向铁山区人民法院提起行政公益诉讼。2020 年 10 月 21 日，铁山区人民法院公开开庭审理。2020 年 12 月 2 日铁山区人民法院判决支持检察机关诉讼请求。

【典型意义】

检察机关在办理行政公益诉讼案件中组织公开听证，不仅有利于查明事实、厘清行政机关职责边界，还能通过听证听取各方意见对于是否提起行政公益诉讼作出准确判断。本案在听证过程中通过无记名投票的方式消除听证员的顾虑，保证听证结果的独立性和公正性，从而达到以公开促公正，以公正赢公信的目的。

四川省广元市利州区人民检察院督促整治违法占用国有存量土地停车乱象行政公益诉讼案

【关键词】

行政公益诉讼诉前程序　违法占地停车　协同整改听证

【要旨】

针对城市"停车难""停车乱"、国有存量土地被违法占用等问题,检察机关通过公开听证厘清相关行政职能部门权责,督促各部门加强协作、各司其职,有效推动问题解决。

【基本案情】

四川省广元市金域香江小区开发商广元市正黄置业有限公司在未取得国土、城管等部门的相关许可的情况下,占用该小区南侧国有存量土地6670平方米,用于建设小区停车场,共设置停车位185个。相关行政职能部门对上述违法占用国有存量土地的行为怠于监管。

【检察机关履职情况】

1. 立案调查

2020年7月20日,四川省广元市人民检察院(以下简称广元市院)将该线索交由广元市利州区人民检察院(以下简称利州区院)办理,利州区院于同日立案调查。利州区院成立专案组,通过无人机拍摄、现场勘验、询问小区住户等方式,确认了广元市正黄置业有限公司违法占用国有存量土地的事实。同时,利州区院以点带面对主城区其他住宅小区、商业区开展全面调查,发现主城区普遍存在企业违法占用公共人行通道、盲道、消防通道等公共用地,并在公共用地设置停车泊位,导致主城区乱停、乱放、公共地下停车场利用率低。由于上述现象涉及的主管部门较多,专案组为了深入了解相关部门职能职责,走访自然资源、城管、发展与改革、住建、交警、国资委等部门，通过座谈、查阅资料，查明了各部门的职能职责和履职情况。

2. 公开听证

为厘清相关主管部门的权责划分，形成整改合力，共同解决城市治理顽疾，广元市院于 2020 年 8 月 7 日举行公开听证会，邀请广元市自然资源局、广元市城管局等相关职能部门、省市两级人大代表、政协委员和人民监督员参加。

一是通过现场多媒体演示，反映城市治理顽疾。广元市院通过多媒体演示，向参加公开听证会的人员展示广元市城区大量公共区域、人行通道、盲道被小区物业公司、企业违法占用并私自设立停车位，政府投资修建的公共地下停车场却长期闲置，城区车辆乱停乱放等情况，以及因城区停车难、停车乱而导致市民出行极为不便，反映极其强烈的证据。

二是充分听取与会人员意见，深挖整治不力根源。参加公开听证会的相关职能部门先后陈述了履职不到位、工作推进难的原因，人民监督员刘某在听证会上展示了自己在网上收集的市民要求相关部门及时有效治理城区停车难的意见。人大代表、政协委员对广元市城区"停车难""停车收费混乱"等问题发表意见。广元市院通过听取各方意见和现场讨论情况，分析了城区停车乱象长期整治不力的原因是城区停车位规划设置不合理、相关配套设施建设滞后、小区周围土地权属存在争议、相关主管部门之间权责不清且互相推诿。

三是与会人员建言献策，共商最佳整治方案。围绕检察机关分析的广元市城区停车乱象长期整治不力的原因，参加此次公开听证会的行政主管部门、人大代表、政协委员、人民监督员纷纷建言献策，提出了符合广元市城区发展规划和实际情况的整改措施，为检察机关作出具有针对性、可行性的检察建议奠定了实践基础。

3. 督促整改

听证会结束后，广元市院根据利州区院调查结果，基于同级监督原则，向市自然资源局、市城管执法局、市发改委发出诉前检察建议，要求根据各自职责对城区停车乱象及国有存量土地被违法占用的问题进行整改。同时，广元市院、利州区院对"缓堵保畅"攻坚战进展缓慢开展全面调研，及时向市委市政府进行专题报告，引起市委市政府高度重视，多次主持召开专题会议部署城区停车乱象治理工作，助推检察建议落地落实。

各行政职能部门在收到检察建议后，立足本职积极整改，同时加强与其他相关部门的协作配合，广元市城区停车乱象及国有存量土地违法占用的整治工作取得了阶段性的成果：一是建章立制有序推进。广元市人民政府出台《广元市城区机动车停车管理办法》，于2021年2月1日正式施行。广元市发改委起草的差别化收费等其他相关管理机制也即将出台。二是收回国有闲置土地。广元市自然资源局对金域香江小区开发商违法占用国有存量土地作出了行政处罚，对78个存在停车泊位权属争议的住宅小区提供确权依据，对广元市城区国有闲置存量土地开展专项整治，收回国有闲置土地11处600余亩。金域香江以及其他小区外占用公共人行通道设置的停车泊位，由广元市城投公司统一收回经营管理。三是城市秩序逐步规范。广元市城管局重点整治城区车辆乱停乱放现象，实行"潮汐车位""三分钟临停"等管理方式，取缔占用消防通道、盲道违法设置的停车泊位。增设生态停车场、货车专用停车场，重新规划路面公共用地，新增临时停车泊位1.3万余个。广元市公共地下停车场引入智慧停车管理模式，平均使用率提升26%，收益同比增长10余倍。

【典型意义】

本案的成功办理，对于发挥公益诉讼职能，推动解决涉及多部门职责、需要多部门共同整治的顽症痼疾问题，具有很强的示范意义。检察机关在公开听证中的一些做法，如听证会上深挖问题根源，厘清相关部门职责，推动相关职能部门各司其职、相互协作；听证会上充分调动与会人员积极建言献策，共商整治方案；公开听证后开展深入调研，及时向市委市政府专题报告等，推动了问题全面深入整改，通过办案提升社会治理效能，当好党委政府的法治参谋。

新疆维吾尔自治区布尔津县人民检察院督促收缴水土保持补偿费行政公益诉讼案

【关键词】

行政公益诉讼诉前程序　水土保持补偿费　法律适用听证

【要旨】

针对行政机关在征收水资源费和水土保持补偿费存在选择性征收的问题，检察机关通过公开听证进行释法说理，明确征收项目，督促行政机关依法履职，有效避免国有财产流失。

【基本案情】

新疆维吾尔自治区布尔津县某砖厂在未取得取水申请批准文件和未缴纳相应水资源费的情况下，通过水井、水泵取水。布尔津县水利局（以下简称县水利局）对上述违法行为怠于履行职责，致使国有资产流失，国家利益持续处于受侵害状态。

【检察机关履职情况】

1. 立案调查

新疆维吾尔自治区布尔津县人民检察院（以下简称布尔津县院）在履行职责中发现该线索，于2020年10月19日决定立案调查。根据《中华人民共和国水土保持法》《水土保持补偿费征收使用管理办法》的规定，从事烧制砖、瓦、瓷等生产建设活动的单位和个人，在缴纳水资源费的同时还应当缴纳水土保持补偿费。经与县水利局沟通联系，县水利局认为水资源费、水土保持补偿费两者择一收取即可。布尔津县院遂通过调查，以视频、照片、证人证言、书证等证据对行政机关履职相关事实予以固定；查阅相关法律法规、行政规章，明确水资源费、水土保持补偿费的征收对象、征收范围、标准等事项；与财政局国库支付中心联系，确认水资源费和水土保持补偿费分属不同征收科目，不能择一收取。

2. 公开听证

为进一步明确行政机关对水资源费和水土保持补偿费是否可以择一收取问题，2020年11月2日，布尔津县院组织召开听证会。

听证准备。布尔津县院邀请了人大代表、政协委员、人民监督员担任听证员，邀请该县政法委、财政局、律师代表参加；发布听证会公告并将案情简介、争议焦点及相关法律规定提前三日送达相关人员。

释法说理。检察机关采用多媒体方式，就行政机关履职相关事实的相关证据逐一展示，对水资源费和水土保持补偿费分属不同征收科目，均应收取进行了释法说理，对行政机关应当依法履职，防止国有财产流失的必要性进行了阐述说明。县水利局代表对10年未收取费用的情况进行了说明，但仍坚持水资源费和水土保持补偿费择一收取即可。听证员就案件事实、法律适用现场提问，发表听证意见，一致认为水利局作为水主管部门应当依法履职，对某砖厂欠缴的水资源费和水土保持补偿费均应及时征收，对符合办理取水许可条件的应限期办理取水许可证。

形成共识。水利局代表表示接受检察院和听证员意见，将进一步落实监管职责，提高履职能力，加大执法力度，抓紧开展催收追缴工作，确保应收尽收，督促行为人限期申办许可证。主持人对听证会进行总结，表示检察机关将对行政机关收缴、整改情况持续关注，通过公开听证形成公益保护合力，共同守护国家利益。

3. 督促整改

2020年12月3日，在县水利局催缴下，某砖厂按要求缴纳了欠缴的水资源费及水土保持补偿费共计3017.5元。随后，水利局根据该砖厂申请为其办理了取水许可证。

【典型意义】

本案在行政机关对执法中如何适用法律法规及应履职的内容方面与检察机关存在不同认识的情形下，检察机关以召开公开听证会的方式释法说理，保证行政机关充分表达意见，听证员客观公正发表意见，共同解决认识不一致问题，依法对案件作出正确处理决定。这种以"看得见""听得到"的法治形式，赢得涉案行政机关和参加听证的人大代表、政协委员等各方认可，提高了检察机关的公信力，真正实现双赢多赢共赢的效果。

福建省人民检察院督促保护英雄烈士纪念设施行政公益诉讼案

【关键词】

行政公益诉讼诉前程序 英烈纪念设施保护 整改方案听证 军地检察协作

【要旨】

针对英雄烈士纪念设施管理保护不当、整改难问题,军地检察机关可以联合组织公开听证,对整改方案的科学性和可行性进行听证,以凝聚多方合力破解治理难题。

【基本案情】

福建闽侯县大湖乡湖山革命烈士纪念碑旁违规搭建信号铁塔,破坏了英烈纪念设施庄严、肃穆、清净的环境和氛围,引发社会舆论广泛关注。此外,全省多处英雄烈士纪念设施存在管理保护不当问题,严重损害英雄烈士的尊严荣誉,社会公共利益受到侵害。

【检察机关履职情况】

1. 立案调查

2020年3月,福州市人大代表向检察机关反映闽侯县大湖乡湖山革命烈士纪念碑旁违规搭建铁塔、建筑物及围墙,有损英雄烈士尊严和荣誉。福建省人民检察院(以下简称福建省院)于2020年9月22日立案,并确定由该院副检察长担任主办检察官。为全面调查核实英烈纪念设施管理保护情况,福建省院联合福州军事检察院在全省部署开展英烈纪念设施管理保护专项监督活动,通过实地调查、走访群众,发现全省多处英烈纪念设施存在碑体破损、杂草荒芜、周边垃圾杂物未清理、未划定保护范围等问题。福建省退役军人事务厅作为监管部门未依法全面履行英雄烈士纪念设施管理保护职责。

2. 磋商

2020年9月25日，福建省院组织省退役军人事务厅、福州军事检察院召开磋商座谈会，并公开送达《磋商意见书》，建议省退役军人事务厅开展全省英雄烈士纪念设施管理保护专项行动，建立健全英雄烈士纪念设施管理保护长效机制，加强对英雄烈士事迹和精神的宣传、教育。会后，省退役军人事务厅及时研究制定专项行动方案，对全省英雄烈士纪念设施开展拉网式摸底排查，推动问题逐一限期整改落实，全省50余处英烈纪念设施得到有效修缮保护。

3. 公开听证

由于闽侯县大湖乡湖山英雄烈士纪念碑的整改涉及多家行政机关单位，且存在拆迁选址、费用补偿、信号衔接等实际困难。为合力解决"多头治理"难题，2020年11月13日，福建省院联合福州军事检察院召集省退役军人事务厅等相关和单位，邀请人大代表、政协委员、人民监督员等7位社会各界人士担任听证员，由福建省院副检察长主持召开公开听证会。各当事方围绕湖山烈士纪念碑旁信号铁塔及临时搭盖的迁移问题、目前整改情况发表意见；听证员针对整改方案的科学性、可行性等内容向当事方提问。经充分讨论和综合考量形成信号铁塔整体搬迁方案，合力解决大湖乡湖山革命烈士纪念碑周边环境问题。

4. 督促整改

2020年11月24日，信号铁塔全部拆迁完毕，英雄烈士纪念设施庄严、肃穆的环境和氛围得以恢复。中新社、检察日报记者实地全流程采访听证会，新华社、中央广播电视总台央视、法治日报等数十家主流媒体对该案聚焦报道。

【典型意义】

这是全国首例英烈权益保护领域公益诉讼听证案例。本案中，检察机关紧盯人大代表反映强烈的英烈纪念设施管理保护不当问题，发挥公益诉讼检察职能，由点及面，精准发力，并在全省部署开展专项监督活动，推动类案问题整体解决。针对个别英烈纪念设施保护面临"多头治理"的难题，检察机关主动转变司法办案理念，积极探索"磋商+听证"的办案方式，广泛听取意见，接受外部监督，凝聚各方公益保护合力，维护英雄烈士尊严荣誉，实现以公开促公正、赢公信的良好办案效果。

浙江省温州市鹿城区人民检察院督促保护不可移动文物行政公益诉讼案

【关键词】

行政公益诉讼诉前程序　不可移动文物保护　整改效果听证　专家听证团

【要旨】

针对不可移动文物保护与人民群众日常生活便利之间的矛盾，检察机关通过公开听证广泛听取各方意见，充分借助"外脑"，明确文物保护优先原则，促进形成文物保护社会共识。

【基本案情】

温州市系国家历史文化名城、瓯越文化发祥地，主城区鹿城辖区内省级文物保护单位众多，但保护现状不容乐观：始建于温州建城之初的三牌坊古井本体受到严重损坏，井水发黑发臭；位于上寺西村的千年古桥寺前桥未限制车辆通行致桥体失修产生安全隐患；坐落于城区闹市的谯楼城墙周边堆放大量建筑材料，影响文物本体安全；地标性文物建筑江心屿双塔之西塔塔身六面均被人为刻字；革命历史文物永嘉战时青年服务团旧址年久失修等。

【检察机关履职情况】

1. 立案调查

2020年7月，浙江省温州市鹿城区人民检察院（以下简称鹿城区院）在开展不可移动文物保护专项监督过程中发现线索后立案。同年8月6日向鹿城区文化广电和旅游体育局公开送达诉前检察建议，建议依法对案涉省级文保单位采取有效保护措施，修复本体并消除损坏风险。行政机关回复履职情况后，鹿城区院经复查发现，部分文物已得到有效保护，但也出现了文物保护与群众生活之间的矛盾，其中为保护寺前古桥所设置的限行路障，使周边群众驾车通行受限，部分村民对此反响强烈。

2.公开听证

为解决文物长效保护问题，鹿城区院决定于2020年11月12日召开公开听证会。

科学制定听证方案，保障公开听证效果。鹿城区院严格依据最高检听证规定开展听证准备，同时充分考量行政公益诉讼程序特殊性及具体案情，科学制定听证方案。邀请寺前桥所在地村民代表参加听证，全程接受人民监督员监督，邀请媒体到场，并发布公告，公众可申请旁听。针对古桥保护涉及学科性、专业性强的特点，确定了由文博、建工、法律专家组成的听证员"专家团"，为科学评议听证事项奠定了基础。在检察官介绍案情环节，设定多媒体示证方式，直观展示案情。

充分借助"外脑"，释疑解惑形成共识。三位听证员首先听取了检察官介绍案情、行政机关陈述履职情况，随后，上寺西村村民代表就限行措施对部分村民出行造成的影响进行说明。听证员经提问、闭门评议，形成一致意见。文博专家作为听证员代表指出，已有上千年历史的寺前桥承重能力有限，汽车通行将严重危害文物本体安全，必须限行保护。村民代表听取后，认为听证员的意见专业、客观，表示信服，最终认可文物保护应当优先。

3.督促履职

听证会后，鹿城区院采纳听证意见，向行政机关发出跟进监督通知书，督促其继续履行职责，完善限行设施，确保古桥本体安全，同时就村民出行问题会同属地政府采取合理措施妥善解决。目前已加固寺前桥限行设施，并设置古桥南侧停车场，切实解决村民的驾车出行问题。

【典型意义】

检察机关针对不可移动文物保护与民生需求产生矛盾、文物保护具有较强专业性等复杂情况，探索以公开听证方式跟进监督，通过周密准备确保公开听证质效，因案选定专家听证团，邀请利害关系人参会，广泛听取各方诉求和意见，明确不可移动文物保护优先原则，促进达成文物保护的社会共识，同时亦推动属地政府采取合理措施妥善解决民生问题，也为公益诉讼检察听证的推进开展提供了有价值的实践样本。

北京铁路运输检察院督促保护消费者知情权行政公益诉讼案

【关键词】

行政公益诉讼诉前程序　消费者知情权　新业态问题听证　共同邀请专家

【要旨】

检察机关办理电子商务经营者侵犯消费者知情权的公益受损案件，可以与有关方面共同邀请相关领域专家，通过公开听证的形式，充分听取各方意见，促进检察建议全面落实。

【基本案情】

注册在北京市海淀区的部分电子商务经营者从事食品经营中存在未依法进行相关资质信息公示、公示信息不清晰、公示信息难以识别等违法行为，可能导致不具有食品销售资质的商家通过网络向消费者销售存在安全隐患的食品，损害社会公共利益。某电子商务平台经营者在其运营平台上，对消费者查看平台内经营者资质信息设置查询障碍，消费者查看几个商家后即出现"出错啦～稍后再试试吧"提示，当天无法再查看商家资质信息。

【检察机关履职情况】

1. 立案调查、提出检察建议

北京铁路运输检察院（以下简称北京铁检院）在履行公益监督职责中发现该线索，经调查后于 2020 年 5 月 27 日立案，同年 6 月 5 日向北京市海淀区市场监督管理局（以下简称海淀市场局）制发检察建议。同年 7 月 29 日，海淀市场局就检察建议书相关问题的履职情况进行回复，对检察建议书中指出的资质信息未公示、公示不清晰、识别度低等问题进行了查处，并督促平台加强整改，但针对电子商务平台经营者为消费者查看平台内经营者的资质信息设置障碍的问题，认为有必要在执法依据和标准上进一步厘清。

2. 公开听证

为了确保检察建议整改落实效果，促进公益受损问题实质性解决，维护食品安全和消费者合法权益，北京铁检院统筹考虑疫情防控形势，于2020年10月16日对该案进行公开听证。

检察长承办案件，主持召开听证会。北京铁检院检察长和办案团队成员认真研究，邀请行政机关、涉案企业、相关领域专家和人大代表、人民监督员参加听证。听证会在检察长的主持下，先由检察机关介绍案情并提出听证事项，再由行政机关和涉案电子商务平台经营者分别介绍检察建议履行情况和对听证焦点问题的认识，然后由与会专家、人大代表、人民监督员对焦点问题发表意见，并再次听取行政机关、涉案企业意见，确保听证效果。

专家由检察机关和行政机关共同邀请，秉持客观公正立场。听证会邀请了法律领域、信息技术领域的3名专家，并邀请了6名北京市人大代表、2名人民监督员参与，公开听取意见。应邀专家由检察机关和行政机关共同沟通确定，并获涉案企业认可。与会专家和人大代表、人民监督员分别从法律规范原意、行政执法实务、网络食品交易安全现状、技术发展情况与人民群众需求、企业社会责任等方面对争议问题进行解读和分析。

聚焦前沿争议问题听证，推动构建行业秩序。电子商务平台经营者为查看平台内经营者资质信息设置查询障碍是否违反了法定的资质公示义务，现行法律法规规定存在一定的解释空间。涉案企业介绍，设置查询障碍是为了维护经营者资质信息安全，防止被他人利用"爬虫"技术爬取；多次查询触发了"反爬虫"技术，导致在一定时间段内无法再次查询。维护消费者知情权与维护资质信息安全之间的矛盾如何化解？听证员评议认为，资质信息"公示"如果不能保证消费者便利、完整地查看，侵犯了消费者的知情权；电子商务平台经营者为消费者查看平台内经营者资质信息设置查询障碍的行为，属于未完成法律法规规定的公示义务，应予纠正。北京铁检院采纳了听证员的意见。

技术专家提供支撑，破解利益冲突难题。针对现有技术条件下如何兼顾网络安全和消费者知情权的问题，参加听证的信息技术领域专家认为，随着网络消费逐步升级并趋于理性，消费者在购买商品前查看资质信息等"商品安全档案"的意识会不断提高，甚至会发展成网络购物必要过程，"反爬虫"策略不是侵害消费者合法权益的理由，互联网企业要用发展的眼光看问题，通过设置复杂验证码（或手机验证码）、提高大数据算法功能、设立黑名单等方式，提高分辨真实消费者与"数据爬虫机器人"的技术能力，平衡消费者权益和系统安全之间的关系。北京铁检院采纳了专家意见，要求行政机关督促涉案企业进行技术整改，维护消费者知情权。

3. 督促履职

通过公开听证，行政机关、涉案企业对商户资质信息公示问题有了更加深入的认识，对公益诉讼检察建议更加积极整改落实。海淀市场局书面回复检察机关，指导督促涉案企业深度优化"反爬"策略，切实保障消费者知情权。北京铁检院持续跟进监督，目前涉案企业已对技术路径升级，解决了此前的问题。

【典型意义】

本案针对互联网领域的新业态、新问题进行公开听证，重在解决由于现行法律法规不明晰产生的认识分歧，以及网络安全与消费者知情权发生冲突时如何保护公益的问题，具有较强的探索和示范意义。特别是参加听证的专家是检察机关与行政机关共同邀请并经涉案企业认可，既有法律领域专家，也有技术领域专家，保证了听证的客观公正性和论证角度的多元性；技术领域专家的意见为保障消费者知情权与网络安全提供技术路径建议，提升了公益诉讼听证的专业性。另外，邀请人大代表、人民监督员等社会人士参与听证，既扩大听证覆盖面，又对检察建议及其整改效果予以监督，对于凝聚各方共识、促进行业治理、构建良好市场秩序有重要意义，亦是推进网络空间共商共建共治的具体体现。

八、公益诉讼检察听证典型案例（2021年7月22日）

广东省江门市江海区人民检察院督促整治保护个人信息安全行政公益诉讼案

【关键词】

行政公益诉讼　个人信息安全　公益受损听证　监管职责听证　听证＋检察建议

【要旨】

针对住宅小区违规设置"人脸信息识别"门禁系统存在泄露个人信息风险，导致社会公共利益受损的问题，检察机关召开公开听证会，进一步厘清监管职责，推动建立"个人生物数据"不同应用领域的监管协作机制，助力保护个人信息安全。

【基本案情】

广东省江门市江海区"＊＊花园""＊＊豪庭"等7个住宅小区物管公司均在未向行政主管部门申请并审核验收的情况下，擅自安装并投入使用"人脸信息识别"门禁系统，且已完成大部分小区业主的人脸信息采集。小区物管公司仅口头告知收集业主的人脸信息、联系电话、住宅地址等个人信息用于安保门禁，并未明示"人脸信息"的存储、传输、提供等处理情况，涉嫌侵害不特定多数人的个人信息安全。

【检察机关履职情况】

1. 决定立案

2021年2月，广东省江门市江海区人民检察院（以下简称江海区院）在对辖区所有封闭式管理的小区使用"人脸信息识别系统"的情况进行线索摸排中发现本案公益损害线索，决定立案。

2. 公开听证

辖区住宅小区安装使用"人脸信息识别"门禁系统为小区安保管理和业

主生活带来便利,但由于人脸数据、虹膜等生物信息无法更改,一旦泄露则终身泄露,因此部分业主质疑若物业公司管理不善业主隐私安全将面临重大威胁。而目前我国相关法律法规对"人脸信息识别系统"监管职责规定不够细化明确,导致行政机关监管滞后、责任不清,行业发展良莠不齐、乱象丛生。为回应群众需求,进一步查明公益受损事实,厘清行政机关监管职责,切实提升检察公益诉讼助力国家治理体系和治理能力现代化的科学性、精准性和有效性,江海区院决定对该案进行公开听证。

听证准备。拟定"人脸信息识别系统安全监管"为听证会主题,公开发布听证公告,邀请江海区人大代表、政协委员、人民监督员、律师代表等7人担任听证员,区公安分局、区市场监管局、区住房和城乡建设局、区教育局等5个相关行政主管部门代表共同参与研讨,辖区街道办事处、群众代表和新闻媒体代表列席旁听。

听证过程。听证由江海区院检察长主持,在检察官介绍案件基本情况和人脸识别技术应用现状后,与会各方重点围绕住宅小区使用"人脸信息识别"门禁系统的必要性、个人信息如何管理、是否存在泄露风险以及相关行政部门如何监管等问题进行讨论并充分发表意见。

听证结果。经过听证员评议和与会代表研讨,各方对以下问题达成共识:一是辖区住宅小区违规设置"人脸信息识别"门禁系统,存在泄露个人信息的风险,涉嫌侵害不特定多数人的合法权益。二是相关行政部门应当采取有效措施,创新监管机制,共同加强个人生物识别信息的保护,维护社会公共利益。三是加大宣传教育,提高人民群众法治意识和风险防范意识,积极引导促进行业规范。

3. 督促履职

听证会后,江海区院向该区公安分局发出检察建议,督促其对辖区擅自安装并投入使用"人脸信息识别"门禁系统的违法行为依法履行职责,积极维护社会公共利益。截至2021年5月,区公安分局已联合相关行政职能部门对辖区住宅小区、商场学校、楼盘销售部等进行全面检查,共发现已安装投入人脸识别系统的场所45处,其中对依法依规安装的12处场所要求签订承诺书,对存在风险隐患的23处场所责令限时整改并接入公安网管系统,对违法安装的10处场所作出拆除并清空所有数据的处理。

同时,江海区院主动将听证会情况向辖区党委、政法委汇报,推动将案件办理列为江海区"我为群众办实事"民生重点事项,并联合区公安分局、住建局、市场监管局、教育局等11个相关行政职能部门率先在全省出台《江海区关于人体生物特征的安全技防系统监管协作机制的实施意见》，促进形成共管、共治、共护个人信息安全的工作格局。

【典型意义】

公开听证是检察机关提升司法公信力的创新途径，也是依法履行法律监督职责、积极参与社会治理的有力举措。本案中，检察机关及时回应百姓关注的热点问题，密切关注行政机关履职的难点问题，组织召开公益诉讼案件公开听证会，为各方搭建良性互动沟通平台，有效解决行政机关职能交叉问题，切实提升公益诉讼监督的精准度。同时，主动向党委、政法委汇报，积极推动相关行政机关共建长效监管机制、携手加强源头管理，全方位保护个人信息安全，真正实现了办理一案、治理一片的效果。

湖南省平江县人民检察院诉张某某等人非法捕捞水产品破坏生态资源刑事附带民事公益诉讼系列案

【关键词】

刑事附带民事公益诉讼　非法捕捞　案发地听证　诉前修复生态　终结案件

【要旨】

针对沿江居民多次非法捕捞案件，检察机关在案发当地组织公益诉讼听证会，公开释明非法捕捞对渔业生态和生物多样性的破坏性，促使违法行为人当场主动承担损害赔偿责任，与听证群众共同参与增殖放流，在诉前实现生态修复后终结案件。

【基本案情】

2020年7月29日，湛某某在湖南省平江县梅仙镇昌江河（系长江支流汨罗江的支流）电捕鱼，非法捕捞鲫鱼、鲤鱼、宽鳍鱲、泥鳅和小杂鱼190尾。同日，安某某、奉某某在平江县南江镇桥东村昌江河电捕鱼，非法捕捞黄颡鱼、鲫鱼、泥鳅、黄鳝和小杂鱼44尾。

2020年8月6日，张某某在平江县梅仙镇仙江河电捕鱼，非法捕捞鲍鱼、鲫鱼、鲤鱼、黄颡鱼、草鱼和小杂鱼293尾。同日，李某某在平江县梅仙镇昌江河支流曲江河电捕鱼，非法捕捞餐条鱼、马口鱼和小杂鱼195尾。

2020年8月16日，朱某某在平江县梅仙镇石塘村一条河中使用禁用方法非法捕捞鲫鱼、草鱼、白鲢和小杂鱼300尾。

上述五案6人非法捕捞破坏渔业生态环境资源，致使社会公共利益受损。经评估，张某某等人应承担渔业生态资源损害赔偿费共计5047.98元。

八、公益诉讼检察听证典型案例（2021年7月22日）

【检察机关履职情况】

1. 立案调查

湖南省平江县人民检察院（以下简称平江县院）刑事检察部门在审查起诉中发现张某某等6人非法捕捞水产品的行为对水生资源造成毁灭性破坏，损害了社会公共利益，遂将线索移送该院公益诉讼检察部门。2020年9月18日，该院以刑事附带民事公益诉讼立案。

2. 公开听证

鉴于此类案件在该县梅仙镇沿江地区多发，虽然渔获物不多、价值小，但为了更好地实现惩罚和教育并重的效果，引导社会公众自觉保护生态环境，平江县院决定2020年9月24日在案件多发地梅仙镇召开公益诉讼诉前公开听证会。

听证前，平江县院委托县水产中心对该系列案造成的资源损害进行评估，确定在禁渔期禁渔区实施电捕鱼对鱼类发育和种群繁殖、水中其他生物、附近人员和行船安全的危害性，以及应承担的修复费用和修复方式；与梅仙镇政府商定公开听证场地，制定详细的听证方案；邀请县河长办、水产中心、公安机关、当地政府主管部门、新闻媒体代表及人大代表、政协委员、特约检察员、律师代表、当地群众500余人参加听证会，筑实听证基础。

听证会由县人大代表、政协委员、人民监督员及当地群众代表担任的听证员，围绕该系列案非法捕捞行为是否损害公益、对水生生态资源的危害性、生态修复方式以及生态修复与认罪认罚从宽结合等重点问题展开讨论，检察机关、渔业专家就听证重点问题予以充分解释说明。听证中，张某某等6人充分认识其行为对公益的损害后果，公开道歉，并愿意承担生态修复责任，听证员一致建议增殖放流后可以在诉前终结案件。

听证会结束后，平江县院与相关部门立即组织开展增殖放流活动，张某某等6人与听证人员、当地群众共同参与。旁听群众均表示通过此次听证和放流活动，不仅了解了相关法律知识，也增强了公众的生态保护意识，对检察听证促生态修复表示肯定。

3. 处理决定

2020年11月2日、11月6日，平江县院根据听证生态修复情况，依法对该刑事附带民事公益诉讼系列案作出诉前终结审查决定。刑事部分结合张某某等6人的公益修复情况分别作出不起诉、拘役缓刑等从宽起诉意见。

【典型意义】

长江流域是我国重要的生态宝库，非法捕捞会导致长江流域渔业生态环境恶化，生物多样性减少，"长江十年禁捕"是功在当代、利在千秋的重要决策。本案中，对信奉"靠山吃山，靠水吃水"沿江而居渔民多发性非法捕捞行为，检察机关并未简单一诉了之，而是通过公开听证促使违法行为人深刻认识到灭绝式非法捕捞对渔业生态环境和生物多样性的重大破坏性，当场表示愿意承担生态损害赔偿费用、向公众赔礼道歉并参与增殖放流，在诉前实现生态修复后终结案件，把诉前生态修复与认罪认罚从宽制度有机结合彰显司法温度。在案发地组织当地群众500余人观摩听证和参与增殖放流，把法治公开课开在现场，充分发挥公益诉讼办案的警示、教育、宣传、引导作用，增强办案效果，切实"守护好一江碧水"。

九、"公益诉讼守护美好生活"专项监督活动典型案例

(2021年9月9日)

"公益诉讼守护美好生活"专项监督活动典型案例答记者问

2021年9月9日,最高人民检察院举行新闻发布会,通报全国检察机关"公益诉讼守护美好生活"专项监督活动开展情况及取得的成果,发布专项监督活动典型案例,最高检副检察长张雪樵、最高检第八检察厅厅长胡卫列、副厅长徐全兵回答了记者提问。

1. 检察机关是在什么背景下开展此次专项监督活动的?在此期间检察机关是如何综合发挥职能作用,保障生态环境和食品药品安全的?检察公益诉讼实践又呈现出哪些鲜明的特点?

胡卫列:为深入贯彻习近平生态文明思想和习近平总书记关于食品药品安全"四个最严"要求、落实以人民为中心的发展思想,最高检主动对标对表党的十九届四中全会精神和十三届人大三次会议决议要求,决定开展"公益诉讼守护美好生活"专项监督活动,就是希望通过专项活动引导各级检察机关公益诉讼部门在检察公益诉讼案件范围不断拓展的同时,始终突出重点,聚焦生态环境和食品药品安全,打持久战,啃"硬骨头",强化质效导向,切实增强人民群众的获得感、幸福感和安全感,为推进国家治理体系和治理能力现代化贡献检察力量。

为更好保障生态环境和食品药品安全,检察机关统筹各项检察职能,全面提升专项活动办案质效。一是在整体检察职能层面,强调"四大检察"相互促进,尤其强调充分利用检察机关传统强项"刑事检察"(如检察机关办理污染环境犯罪、食品药品安全犯罪等刑事案件)与公益诉讼的结合,提升公益诉讼在线索发现、获取证据方面的质效。二是在公益诉讼检察职能内部,由于生态环境和食品药品安全领域都是民事公益诉讼、行政公益诉讼的法定办案领域,强调综合运用磋商、提出诉前检察建议、提起诉讼、支持起诉等不同手段,最大限度、最高效率保护公益。三是在具体工作层面,抓专项工作与抓全面工作相结合，强调生态环境和食品药品安全领域在公益诉讼各办案领域中的基础性地位，注重发挥专项监督活动的引领作用，促进公益诉讼检察整体上实现办案数量稳进、结构优化、质量提升，使专项工作与全面工作良性互动。

公益诉讼检察全面实施4年来，包括专项监督活动开展1年来，我们的工作在社会各界包括在座新闻媒体的大力宣传下，获得了广泛了解、关注，也让更多公众参与到公益保护实践中来。目前已初步形成了具有中国特色社会主义特点的公益诉讼检察实践：一是以人民为中心更加彰显。始终将与人民群众联系最紧密的生态环境和食品药品安全领域作为重点，实现市级院、基层院两级院每年办理生态环境和食品药品安全领域公益诉讼案件全覆盖，不断强化生态环境和食品药品安全领域在公益诉讼检察中的基础性地位。二是公益保护更加全面。生态环境和食品药品安全领域涵盖面广，每个领域下都有细分领域，每个细分领域下的公益损害问题又分为很多类型，随着办案数量的增加、认识的深化和能力的提升，检察公益诉讼的办案涵盖面更广、类型更丰富、保护更全面。三是制度建设更加完备。专项活动开展以来，最高检发布《关于充分发挥公益诉讼检察职能全面贯彻落实〈全国人民代表大会常务委员会关于全面禁止非法野生动物交易、革除滥食野生动物陋习、切实保障人民群众生命健康安全的决定〉的意见》，与有关部门会签《关于在检察公益诉讼中加强协作配合依法保障食品药品安全的意见》《探索建立食品安全民事公益诉讼惩罚性赔偿制度座谈会会议纪要》，进一步创新、完善生态环境和食品药品安全领域公益诉讼制度机制。

 2. "公益诉讼守护美好生活"专项监督的重点领域划定有什么考虑？活动中发现哪些领域存在的问题比较严重，需要检察机关重点关注？

徐全兵：生态环境保护和食品药品安全工作，关系民生福祉，关乎党和国家全局。"公益诉讼守护美好生活"专项监督活动紧紧围绕两个法定领域突出问题，确定了违法向水体排放污染物，违法产生、收集、贮存、运输、利用、处置固体废物，违法产生、排放尾矿，破坏野生动物保护，线上线下销售不符合安全标准的食用农产品、食品，保健食品虚假宣传、违法广告等方面问题作为工作重点。

主要出于以下考虑：一是引导各地更好对接重大国家战略和中央重要决策部署实施中的相关司法需求。如长江经济带发展、黄河流域生态保护和高质量发展中涉及的水污染、水生态问题，打赢疫情防控阻击战中涉及的野生动物保护问题等。二是引导各地以问题为导向,集中力量针对人民群众反映强烈的操心事揪心事烦心事打歼灭战。现阶段这些问题在生态环境和食品药品安全领域中比较多发,对国家利益和社会公共利益造成的损害较大,对人民群众的影响更为直接,也是公益保护中的"硬骨头"。以此作为重点领域,能够有效发挥专项监督规模效应,更好地解决公益保护中的重点难点问题。三是有利于发挥专项活动对公益诉讼检察整体工作质效的推动作用。以重点领域为具体抓手,能够更好地实现对整体办案规模的稳健带动、对两个重要法定领域的支撑巩固,更好提升公益保护的整体质效。

从专项活动开展情况看,检察机关在各个领域都办理了大量案件,本次发布的典型案例也涵盖了各重点领域。在办案中发现了一些社会治理短板,如全流域、跨区划水污染治理难题依然亟待解决等。下一步,检察机关将继续以专项监督活动为依托,持续加大各重点领域办案力度,不断总结规律,提炼推广可复制的经验和指引,健全完善重点领域公益保护的长效机制,着力发挥检察公益诉讼在促进国家治理现代化中的独特制度效能。

3. 专项监督活动方案明确,各地检察机关要因地制宜,必要时可以开展"小专项",请问各地检察机关是如何结合本地实际进行探索的?

徐全兵:各地在专项监督活动开展中,坚持落实统一部署与因地制宜相结合,积极结合本地特色将专项活动做深、做细、做透。

一是找准专项活动与服务地方中心工作、经济社会发展等的契合点、着力点。甘肃省人民检察院聚焦专项活动划定的水污染领域,持续深化"携手清四乱 保护母亲河"专项行动,大力清理整治非法排污、黑臭水体等河湖乱象,服务黄河流域生态保护与高质量发展。贵州省遵义市人民检察院结合全省"四大检察"护航"十大产业"工作部署,加大赤水河流域违法排污问题公益诉讼监督力度,服务保障当地特有白酒产业持续发展。

二是找准本地公益保护存在的突出问题和治理短板,以区域性"小专项"推动专项活动走向纵深。各地通过认真研析环境执法督察报告、食品药品执法检查报告等,发现当地人民群众反映强烈的公益受损领域,找准症结、靶向监督、精准发力。黑龙江省检察机关在专项监督开展以来,共启动区域性公益保护"小专项"43个,包括野生动物资源保护、地下水资源保护、母亲河保护、黑土地保护、打击非法处理病死畜禽等,通过"小专项"由点及面、由表及里实现更为细化深化的监督效果。

三是以培育孵化、健全完善符合本地实际的制度机制,更有针对性有实效性服务办案实践。贵州、四川省检察机关形成川黔长江流域跨省际生态环境行政公益诉讼管辖机制。福建省检察机关针对尾矿库环境综合整治难度较大问题，探索建立跨闽江、九龙江流域区域协作机制，构筑"两江"生态保护屏障等。

4. 专项活动方案明确提出坚持司法办案与完善制度相结合的要求，请问在探索跨区划行政公益诉讼案件管辖协调机制，推进民事公益诉讼惩罚性赔偿、恢复性司法等制度机制建设方面目前有何进展？

张雪樵：检察公益诉讼从哪里来、到哪里去，都离不开国家治理体系和治理能力现代化。专项活动开展以来，我们立足助力国家治理现代化，始终关注并积极推进完善公益诉讼检察制度机制。

一是在探索跨区划行政公益诉讼案件管辖机制方面。2020年，最高检在最高法的支持下，指导上海、江苏、浙江等三省建立了环太湖流域生态环境行政公益诉讼跨省际区划管辖协作机制。这一工作机制与以往很多跨区划公益诉讼协作机制的不同之处就在于加了"管辖"两个字，以往的协作机制主要涉及线索移送、调查取证、召开联席会议等。一方面，针对办案实践而言，这次的管辖协作机制形成后，一些案件就能实现跨省管辖。最高检已根据管辖协作机制交办了环太湖流域、涉及京杭大运河等的第一批案件，并通过卫星遥感技术辅助，取得了意想不到的办案效果，彰显了这一机制推动办案的突出作用，后续我们将向社会公布相关案件办理情况。另一方面，针对整体工作质效而言，跨区划管辖机制有利于解决重大有影响案件、"硬骨头"案件不够多以及办案节奏不够快、效率不够高等问题，助力整体办案高质量发展。2020年以来，我们已就长江经济带11省（市）、大运河沿线8省（市）形成相关机制，2021年将就黄河、珠江、淮河、海河、辽河等大江大河，渤海、黄海、东海等海域以及重要山脉等建立跨区划管辖协作机制，推动此项工作机制的进一步完善。

二是在推进民事公益诉讼惩罚性赔偿制度建设方面。一方面，民法典为生态环境领域的惩罚性赔偿提供了实体法依据。最高检指导江西省检察机关办理了民法典正式实施后全国首例适用民法典、提出生态环境惩罚性赔偿的民事公益诉讼案件，有力推动民法典绿色原则和生态环境惩罚性赔偿制度落实落地。另一方面，在食品药品安全领域虽然尚无明确立法依据，但最高检与最高法、农业农村部、海关部署、国家市场监督管理总局等七部门联合印发了探索建立食品安全民事公益诉讼惩罚性赔偿制度座谈会会议纪要，就深化实践探索、推动制度构建相关问题达成共识,起到指导实践的良好效果。

三是在推进恢复性司法制度建设方面。生态环境保护领域要求不仅要停止违法行为,还要对已经造成的公益损害进行恢复,光是惩罚和问责并不能直接让人民群众利益得到保护。基于此,各地检察机关积极践行恢复性司法理念,通过刑事附带民事公益诉讼或者单独提起民事公益诉讼,要求违法行为人赔偿生态环境修复、支付应急处置等费用,有效发挥生态损害赔偿修复功能;推进认罪认罚从宽制度与生态修复机制对接,将自愿履行生态修复义务作为量刑情节;积极探索补植复绿、增殖放流、替代性修复等恢复性司法举措。目前,针对中央环保督察第二轮第二批、第三批线索所聚焦的中央企业、国有企业造成环境污染问题,最高检已交办21个省级院予以办理,确保违法行为不能一停了之,督促实现环境彻底修复,真正践行"绿水青山就是金山银山"理念。

5. 我们的美好生活由很多部分组成,包括空气、水等可见的自然环境,而日常消费、个人信息保护、文物文化等也会影响我们日常生活的美好指数,怎么发挥公益诉讼作用,在更广阔的空间守护美好生活?

胡卫列: 公益诉讼检察自产生之日起就始终关注社会各方对美好生活的向往。党的十九大报告提出,中国特色社会主义进入新时代,我国社会主要矛盾已经转化为人民日益增长的美好生活需要和不平衡不充分的发展之间的矛盾。张军检察长提出能动司法检察,就是要求我们要为人民群众提供更丰富、更高品质的检察产品。正是在这样的大背景下,公益诉讼检察应运而生,其职责本质就是要满足新时代人民群众更高水平的美好生活需要。

我们要在更广阔空间守护人民美好生活,就应正确处理好专项监督活动重点领域、公益诉讼法定监督范围与新领域探索的关系。党的十九届四中全会通过的《中共中央关于坚持和完善中国特色社会主义制度推进国家治理体系和治理能力现代化若干重大问题的决定》明确提出"拓展公益诉讼案件范围",进一步明确了公益诉讼在完善中国特色社会主义制度、推进国家治理体系和治理能力现代化的重要地位和作用,也是对近年来检察机关和社会各界开展检察公益诉讼所取得成绩的充分肯定,同时也对深入推进检察公益诉讼提出了更多期待和更高要求。

近期,安全生产法、个人信息保护法等相关单行法均写入公益诉讼条款,公益诉讼守护美好生活的法定领域不断拓展。2020年以来,我们在新领域探索方面的办案实践也取得突出成效,全年共办理案件两万余件,占全部办案数量的近 20%。全国检察机关在持续聚焦法定重点领域打持久战、歼灭战的同时，以人民呼声为指针，积极稳妥进行新领域探索，有利于更好服务新时代人民群众对美好生活的新需要。一是要聚焦中央和国家层面鼓励探索的领域以及严重损害公益、群众反映强烈或者普通诉讼难以解决的突出问题，积极稳妥探索个案和类案办理。二是新领域办案探索应坚持解决突出问题、推动完善国家治理为导向。积极争取标志性的机制成果，如商地方人民法院提起诉讼等。三是要注重做足做实调查取证、研究论证、民意舆情研判等相关工作，积极争取地方党委、人大、政府等各方面和人民群众的支持，努力实现政治效果、社会效果和法律效果的有机统一。

下一步，各地检察机关要将新领域探索与最高检已经部署开展的为期一年的"为民办实事，破解老大难"公益诉讼质量提升年专项活动统筹推进。当前，我们正处于公益诉讼检察由高增速步入高质量的发展阶段，大家要更加注重质效导向，积极办理党委政府高度关注、人民群众反映强烈的"硬骨头"案件，破解公益保护老大难问题，提升公益保护质效，切实增强人民群众获得感、幸福感、安全感，推动公益诉讼检察事业科学、健康、可持续发展。

广东省惠州市人民检察院督促保护东江流域饮用水水源行政公益诉讼案

【关键词】

行政公益诉讼诉前程序　饮用水水源保护　一体化办案　圆桌会议　长效治理

【要旨】

一级饮用水水源保护区内存在多种违法情形，涉及相关主管部门职能交叉、监管不到位的问题，市县两级检察机关运用一体化办案机制联合开展调查，运用圆桌会议方式厘清监管职责，督促相关行政机关协同开展流域综合治理，并结合"回头看"，推动解决饮用水水源保护区污染问题。

【基本案情】

东江是广东省广州、深圳、东莞、惠州、河源等地城乡居民生产生活用水的主要来源。在东江流域惠州市惠城区至博罗县段东江流域地表饮用水水源保护区内，存在违法建设项目、农业种植、网箱养殖、围塘养鱼、放养畜禽等违法情形，还有部分保护区隔离设施损毁、人员或车辆随意进入区内倾倒垃圾、垂钓或游泳，危及水源安全。

【调查和督促履职】

广东省惠州市人民检察院（以下简称惠州市院）收到市人大代表以及群众反映的东江流域饮用水水源保护区污染的4条线索后，于2020年9月30日立案办理，并与惠州市惠城区人民检察院（以下简称惠城区院）、惠州市博罗县人民检察院（以下简称博罗县院）组成联合办案组，对案件展开调查。检察机关通过现场走访、无人机航拍、委托第三方机构检测等方式查明：辖区内东江流域8处一级饮用水水源保护区内存在违法建设项目、农业种植、网箱养殖、围塘养鱼、放养畜禽情形以及游泳、垂钓、船舶行驶停靠活动等共计 39 项违法情形，其中多处水质未达到国家《地表水环境质量标准》（GB 3838—2002）规定的Ⅱ类标准，并进一步核实违法活动的产生原因及危害结果。

针对饮用水水源保护存在多个行政部门职能交叉、监管不到位的问题，惠州市院于 2020 年 11 月 5 日组织召开圆桌会议，邀请有专业知识背景的市人大代表、人民监督员参会，与惠州市生态环境局（以下简称市生态局）、水利局、自然资源局、农业农村局、水务集团有限公司共同厘清各单位职责，研究整改措施。

2020 年 11 月 23 日，惠州市院向市生态局发出诉前检察建议，督促其全面核查全市饮用水水源保护区内存在的违法情形，统筹相关行政职能部门加大执法力度，及时消除饮用水水源安全隐患，并同步指导博罗县院、惠城区院分别于 12 月 3 日、12 月 4 日向当地县区农业农村和水利部门、六个属地街道办事处或乡镇政府发出诉前检察建议，督促依法履职。收到检察建议后，两级政府多次召开整改工作会议。2020 年 12 月至 2021 年 6 月，惠城区、博罗县政府共计安排 6000 余万元专项费用，对照检察建议指出的饮用水水源保护区污染问题分类施策，逐一整改销号。

2021 年 4 月上旬，惠州市院主动接受监督，邀请市人大常委会参与"回头看"活动，实地考察饮用水水源保护区污染问题整改情况。截至目前，39 类问题均已得到整改，违法建筑被全部拆除并实现场地复绿，200 余亩私人鱼塘、网箱养殖完成清理，清除垃圾 10.5 吨，增设警示牌、公示牌、宣传标语、监控设施等 70 余处。在检察机关跟进监督下，市生态局还对全市 79 个饮用水水源保护区污染问题进行全面排查，发现问题立行立改。

【典型意义】

本案中，检察机关充分发挥上下一体化办案优势，整合两级院公益诉讼办案力量开展调查核实。通过召开圆桌会议，厘清饮用水水源保护区存在的多个行政部门职能交叉、监管不到位的问题，以制发诉前检察建议督促行政职能部门依法履职，以点带面推动全市饮用水水源保护区污染问题全方位治理。通过案件办理，推动惠州市建立全市饮用水水源保护区多部门协同监管机制，惠城区、博罗县分别建立了"河长＋检察长"制度，确立了常态化巡查监管、信息资源联络共享、联合专项整治等多项工作机制。

四川省宜宾市检察机关督促整治
金沙江水域污染行政公益诉讼案

【关键词】

行政公益诉讼诉前程序　指挥中心统一调度　跨区划协同办案　长江水体污染综合治理

【要旨】

检察机关紧盯长江流域水体污染问题，通过一体化办案推动解决污水直排金沙江的"硬骨头"问题。举一反三部署开展长江生态保护专项监督活动，治理长江干支流沿河排污口及水体污染，助力长江生态大保护。

【基本案情】

四川省宜宾市叙州区马鸣溪大桥地处金沙江宜宾叙州段，距金沙江、岷江、长江三江交汇处约7公里，位于长江上游珍稀特有鱼类国家级自然保护区核心区范围。大桥附近有宜宾市翠屏区众益肉类食品有限责任公司（以下简称众益公司）、宜宾市叙州区华富商业城（以下简称华富商业城）及农贸市场、临街商铺与居民小区。众益公司经营生猪屠宰业务，该公司建有污水处理设施，污水经预处理后排入市政污水管网进入污水处理厂处理。华富商业城目前有众多居住业主、商铺和农贸市场。

2020年11月，四川省宜宾市翠屏区人民检察院（以下简称翠屏区院）干警在金沙江（宜宾段）发现金沙江北侧马鸣溪大桥下有排污口，污水直排金沙江。

【调查和督促履职】

马鸣溪大桥位于宜宾市翠屏区、叙州区交叉管辖区域，翠屏区院将马鸣溪大桥下污水直排金沙江的情况报告四川省宜宾市人民检察院（以下简称宜宾市院）。因该问题涉及翠屏区、叙州区两地复杂的地下管网和沿线众多企业商户，宜宾市院决定集中两地办案力量，统一行动、联合排查。在宜宾市院公益诉讼指挥中心的指导下，翠屏区院、四川省宜宾市叙州区人民检察院（以下简称叙州区院）联合开展调查，多次实地勘查且用无人机搜寻等方式均未发现污染源。2021年1月19日，检察机关与翠屏区、叙州区生态环境局、住建局、相关街道办事处等行政机关开展现场勘查，从马鸣溪大桥排污口往叙州区城区沿线排查2公里，掀开污水、雨水井盖约50余个，查明污染源为年屠宰生猪1万余头的众益公司、居住业主1000余户以及紧邻农贸市场商户500余户的华富商业城，两地的生产生活污水管网与市政雨水管网混接，致大量生活污水未经处理通过市政雨水管网直排金沙江。翠屏区院于1月19日立案，叙州区院于1月22日立案。

宜宾市院、翠屏区院邀请翠屏区住建局、生态环境局、西郊街道办召开现场办公会，提出众益公司应立即停止生产并进行整改的建议。宜宾市院、叙州区院多次前往华富商业城小区及附近农贸市场调查核实，并与相关部门沟通，共同研究整治具体方案。

2021年2月2日和3月9日，翠屏区院、叙州区院分别向翠屏区生态环境局、住建局及翠屏区西郊街道办事处、叙州区柏溪街道办事处制发检察建议，建议相关单位形成合力，对众益公司生产污水、华富商业城居民及农贸市场生活污水管网和市政雨水管网混接问题进行全面整治，严防污水直排污染金沙江问题再次发生，并建议相关单位加强对辖区内沿江水域排污口的全面排查监督，进一步完善辖区内城镇污水管网建设。

检察建议发出后，翠屏区、叙州区相关部门协同配合，迅速落实整改。对排污口上游段管网存在的管网混接问题进行核查修复；在市政管网修复期间监督众益公司启动应急预案，屠宰废水由2家种植企业外运并对废水综合利用。

污水管网改造涉及叙州区内涝整治项目工程，叙州区生态环境局、住房和城乡建设局、柏溪街道办事处立即向区政府报告。3月13日，叙州区政府召集区生态环境局、住房和城乡建设局、财政局、叙州区柏溪街道办事处等部门和专业技术人员现场勘验和核实，决定将整治华富商业城生活污水管网与雨水管网混接问题纳入内涝整治工程，并投入财政资金150万元进行专项治理。宜宾市院跟进监督，金沙江马鸣溪大桥段污水直排问题在60天内得到彻底整治。

该案办结后，宜宾市院公益诉讼指挥中心组织在全市检察机关开展长江生态保护专项监督活动，联合相关部门开展长江沿江排污口和城镇排水管网维护整治行动。专项监督活动共发现沿江沿河排污口 31 个，宜宾市检察机关立案办理 44 件，督促相关区、县政府投入 8800 万元开展污水直排问题专项整治、完善生活污水处理厂建设及配套管网设施，强化长江生态保护。

【典型意义】

针对跨行政区划的复杂疑难水域污染问题，宜宾市院公益诉讼指挥中心注重发挥一体化办案优势，统一指挥，统一行动，专案督导，通过跨区域联合办案、督促相关行政机关现场办公等方式，全面排查污染源，共商治污措施，形成保护合力，高效推动案涉污水直排问题彻底解决。针对涉及污染治理难易分类施策，宜宾市院公益诉讼指挥中心强化跟进指导，多方协同治理，促成相关行政部门妥善处理企业生产经营与长江生态环境保护的关系，实现民营企业健康发展和长江生态环境保护双赢，同时举一反三开展专项行动，助推解决长江干支流污水直排问题。

辽宁省抚顺市东洲区人民检察院督促整治东洲河阿金沟段水环境行政公益诉讼案

【关键词】

行政公益诉讼　生态环境保护　公开听证　跟进监督

【要旨】

针对被监督行政机关复函所称已完成整改情况，检察机关进一步调查取证，通过委托鉴定、组织公开听证，确定公益受损的客观事实仍然存在，依法提起诉讼。针对诉讼中行政机关的撤诉请求，检察机关以受损公益没有得到完全修复的事实请求法院依法判决，推动行政机关继续履职，彻底治理公益损害问题。

【基本案情】

辽宁省抚顺市东洲河阿金沟段地处浑河上游。2019年5月开始，该河段出现大量黄色吸满油污的吸棉纸，河道内有三处油污渗井，周围水域漂浮油污，现场弥漫刺鼻的汽油味。若不及时采取修复措施，将对流经抚顺、沈阳两市的河水造成严重污染。

【调查和督促履职】

辽宁省抚顺市东洲区人民检察院（以下简称东洲区院）于2019年10月21日在履职中发现上述污染情况，于10月23日立案调查。经调查发现，抚顺市生态环境局（以下简称市生态局）作为抚顺市生态环境主管部门，在2019年5月东洲河阿金沟河段出现油污污染后，未依法履行法定职责，致使该河段油污污染情况持续存在，破坏了东洲河生态环境，严重损害国家利益和社会公共利益。东洲区院于11月14日向市生态局发出检察建议，督促该局对东洲河阿金沟段油污污染问题依法全面履行监督和管理职责。

2020年3月12日，市生态局向检察机关书面回复称，油污污染系中国石油抚顺石化公司石油二厂（以下简称企业）输油管线渗漏引起，目前该企业已修复渗漏输油管线，并按环保要求对现场油污进行处理。发生渗漏油事故时市生态局委托检测部门对现场水质进行监测，未出现超标情况；企业委托第三方检测公司对渗漏处周边区域地表水、地下水、土壤进行检测，结果均符合要求，输油管线油品渗漏未对周边环境造成影响。

2020年3月19日，东洲区院对整改现场进行跟进调查，发现现场油污污染仍然存在，土壤和水仍有污染的可能，进而进行了现场拍照等取证工作，并要求市生态局继续切实履行监管职责。

2020年5月14日，东洲区院再次对整改现场进行跟进调查，发现现场河床内土壤已被平整，原有三处渗油井还剩两处，土壤和水仍有污染的可能。经委托第三方鉴定机构（与前述鉴定机构不同）鉴定，现场油污渗井中主要污染物成分为石油烃（C10-C40），油污渗井周围土壤环境受到损害，部分取样点位土壤中污染物超过国家标准，油污渗井和渗井周围土壤污染物具有关联性。

为厘清本案检察机关委托鉴定意见与行政机关及企业委托检测结论存在的差异，准确确定公益损害是否仍然存在，补强检察机关委托鉴定意见的证明力，东洲区院于2020年8月6日组织召开听证会。东洲区委、区人大、区政协有关领导，部分人大代表、政协委员以及市生态局、企业相关人员参加听证。经过激烈讨论和多方论证，市生态局和企业对检察机关委托鉴定的鉴定意见表示认同。

【诉讼过程】

鉴于公益损害没有得到有效消除，2020年8月7日，东洲区院向抚顺市东洲区人民法院提起诉讼，请求判令市生态局依法履行监管职责。

诉讼期间，市生态局对企业作出罚款20万元人民币的行政处罚决定，并责令其采取有效措施修复受污染河段水环境。东洲区院跟进调查发现，企业正在对受污染河段水环境进行修复。2020年11月，市生态局以已对企业作出行政处罚为由请求东洲区院撤诉。东洲区院认为，行政机关在收到检察建议后仍未充分履行法定职责，导致河段污染持续存在；在检察机关提起诉讼后，虽然行政机关已依法作出行政处罚等具体行政行为，受污染河段的治理正在进行中，但是该河段受污染时间长、治理难度大，受损公益没有得到完全修复，国家利益和社会公共利益仍处于受侵害状态，以判决形式判令行政机关继续履行监管职责，有利于提高其继续依法履职的积极性，确保受损公益得到高质量修复。

2020年12月11日,法院作出一审判决,判令市生态局继续依法履行对东洲河阿金沟段油污污染予以监管的法定职责,市生态局未上诉,一审判决生效。一审判决后,东洲区院继续跟进监督整改情况。截至目前,东洲河阿金沟段油污污染已全部得到修复。经第三方鉴定机构鉴定,原场地污染土壤已经得到清除,场地内土壤和地下水样品符合国家标准。

【典型意义】

本案中,检察机关以公益保护和修复为核心,以推动整改取得实效为目标,切实加大检察建议提出后对行政机关履职和受损公益修复情况的全程跟进工作力度。针对跟进中发现油污污染仍然存在,现场与行政机关书面回复不符的情况,检察机关独立委托第三方鉴定机构对受损公益修复情况进行评估,组织公开听证补强重要证据,依法确认行政机关未依法全面履行法定职责并依法提起诉讼,通过庭审质证确认证据效力及公益损害仍然存在的事实,推动行政机关依法全面履职、受损公益得到高质量修复。

九、"公益诉讼守护美好生活"专项监督活动典型案例（2021年9月9日）

甘肃省酒泉市肃州区人民检察院诉金塔县天亿化工有限公司、鑫海源化工有限公司、董某某等人污染环境刑事附带民事公益诉讼案

【关键词】

刑事附带民事公益诉讼　非法排放生产废水污染环境　生态损害赔偿　督促修复治理

【要旨】

检察机关办理环境污染案件，以生态环境修复治理为切入点和突破口，通过多部门沟通协调、召开联席会等方式，全程监督涉案企业缴纳环境修复治理等费用并恢复生态，督促政府多部门协同履职，建立健全生态环境保护长效机制。

【基本案情】

中央环保督察发现，金塔县天亿化工有限公司（以下简称天亿公司）、金塔县鑫海源化工有限公司（以下简称鑫海源公司）实际投资人均为董某某。2017年至2019年期间，上述公司均违反"三同时"（建设项目中防治污染的设施，应当与主体工程同时设计、同时施工、同时投产使用）制度非法排放废水至厂区外面荒滩，造成大面积的土壤、地下水及周边生态环境被污染破坏。

经当地政府委托生态环境部规划院鉴定评估：三年期间，天亿公司非法排放生产废水区域土壤受到染料中间体等大分子有机污染面积50342平方米、体积51510.4立方米需要进行治理，地下水受到耗氧量、挥发酚等污染，造成生态环境损害数额约为646.5万元。2019年3月鑫海源公司非法排放1500吨废水区域土壤受到染料中间体等大分子有机污染，污染面积111541.8平方米，体积75233.4立方米；受到碱污染，污染面积12673.2平方米，体积

4288.8立方米。地下水受到耗氧量、挥发酚等污染深度约为0.92—8.88米，造成生态环境损害数额约为1103.6万元。

【调查和诉讼】

2019年11月，甘肃省酒泉市肃州区人民检察院（以下简称肃州区院）收到公安机关移送起诉的刑事案件发现，天亿公司、鑫海源公司非法排放废水，对土壤及地下水造成严重污染，损害国家利益和社会公共利益。经沟通，当地政府明确表示不提起生态损害赔偿诉讼，肃州区院以刑事附带民事公益诉讼立案。经审查查明，天亿公司非法排放废水区域土壤总有机碳超出对照点1—1.29倍，偶氮苯浓度超过对照点12—184倍；鑫海源公司非法排放废水区域土壤中总有机碳超出对照点1.02—19.17倍、偶氮苯浓度超过对照点2—35倍、挥发酚浓度超过对照点1.33—2倍、邻甲苯胺浓度超过对照点2—10倍。为准确确定公益诉讼诉讼请求，肃州区院在前期刑事证据的基础上，协调当地政府委托生态环境部环境规划院生态环境风险损害鉴定评估研究中心追加鉴定公益损害相关项目。经鉴定：造成前期应急处置费用81.7万元，土壤损害恢复费用约1419.4万元，地下水损害方量为4699.79立方米、损害费用约148.1万元，荒漠生态恢复费用约为100.88万元，鉴定费530万元。

2020年5月10日，肃州区院履行了诉前公告程序，公告期满无适格的组织提起诉讼。肃州区院针对应急处置费用等问题向专家咨询并深入调查取证后，同年9月10日向肃州区人民法院提起诉讼，请求判令被告承担相应刑事责任的同时，赔偿非法排放污水造成的应急处置、生态环境恢复等费用共计1750.1万元，鉴定费530万元，共计2280.1万元，并在国家级媒体公开赔礼道歉。2021年4月21日，肃州区人民法院作出一审判决：以污染环境罪判处被告单位罚金400万元；判处被告人董某某等5人有期徒刑三年至一年六个月不等，均宣告缓刑，并处罚金50万元至3万元不等。同时，对附带民事公益诉讼请求全部予以支持。判决发生法律效力后，被告主动缴纳全部赔偿款，并在《检察日报》公开赔礼道歉。

在案件办理过程中，肃州区院多次协调当地政府及相关部门召开座谈会，全程监督涉案企业治理修复受损环境并通过易地补植复绿恢复生态，目前已种植树木28000余株，折合造林面积500余亩。同时，向环保、发改等部门发出社会治理等检察建议，督促协同履职促进化工企业规范运行，推动区域生态环境保护与质量改善。

九、"公益诉讼守护美好生活"专项监督活动典型案例（2021年9月9日）

【典型意义】

本案是中央环保督察组督办案件，检察机关在办理过程中注重加强公益诉讼与打好"三大攻坚战"、中央环保督查、生态环境损害赔偿试点改革等制度相衔接，本着最大限度保护公益原则，充分发挥刑事、公益诉讼等检察职能，加强沟通协调，灵活运用磋商、圆桌会议等方式督促涉案企业履行赔偿义务缴纳环境修复治理等费用，督促多个政府部门协同履职，积极治理受污染土壤和地下水，并建立公益诉讼补植复绿基地和生态修复法治教育警示林。同时，针对普遍性问题发出社会治理等检察建议，督促相关行政机关协同履职促进化工企业规范运行，多元聚力建立健全生态环境保护长效机制。

浙江省温州市鹿城区瓯江山福庄岩段固体废物污染治理公益诉讼系列案

【关键词】

行政公益诉讼　民事公益诉讼　生态环境保护　违法堆放固废　向水体倾倒废弃物　行政执法与公益诉讼检察衔接

【要旨】

针对重要河流岸线同一地理范围内存在多个固废污染损害的复杂情况，检察机关综合发挥公益诉讼检察职能，就向水体倾倒废弃物的违法行为人提起民事公益诉讼，向怠于履行固废监管职责的行政机关提出检察建议，实现多方协同和全面整治。

【基本案情】

瓯江是浙江省第二大河道，生态区位重要。干流自西向东流经温州市鹿城区山福镇庄岩村，庄岩村瓯江岸线"蛇尾基"呈狭长形，面积约2049平方米，东侧建有生活垃圾临时转运点。转运点长期疏于管理，导致经常出现生活垃圾随意堆放、露天焚烧、工业垃圾偷倒等情况，垃圾延伸至瓯江岸坡靠近水体位置，部分已嵌入岸坡土壤，严重污染瓯江沿岸环境。

2020年6月18日，徐某、董某某居间介绍偷倒建筑渣土，山福镇陈某某、诸某某提供"蛇尾基"作为倾倒场地。次日凌晨，某环卫运输公司、某运输公司、某建设工程公司分别将工地开挖的40立方、160立方、160立方渣土外运至庄岩村，向瓯江随意倾倒，造成瓯江水域及岸坡河段生态环境损害。

【调查和督促履职】

2020年6月29日，浙江省温州市鹿城区综合行政执法局（以下简称区综合行政执法局）在办理某环卫运输公司等随意倾倒渣土行政处罚案件时，认为相关违法行为污染了瓯江环境,该局虽作出责令清理建筑垃圾的处罚决定,但违法者并未履行行为罚义务,环境损害未能及时得到修复,遂将上述民事公益诉讼线索移送浙江省温州市鹿城区人民检察院(以下简称鹿城区院)。鹿城区院在核实线索时发现,倾倒场地出入口为生活垃圾临时转运点,固废污染严重,遂对区综合行政执法局、温州市鹿城区山福镇人民政府(以下简称山福镇政府)立案调查。该院依法调取行政机关疏于管理转运点的证据材料,采取无人机航拍固定现场证据,于8月28日公开送达检察建议书:建议区综合行政执法局对转运点垃圾随意倾倒、堆放及露天焚烧等违法行为进行查处;建议山福镇政府对转运点存在的问题进行处理及清扫保洁。

检察建议发出后,鹿城区院依法跟进监督,召开2次圆桌会议、1次听证会,促进检察建议全面落实。通过圆桌商谈,促使行政机关明确履职重点是在清理固废的同时尽快完成转运点修葺并规范管理,以阻绝新增固废对瓯江的污染,并形成整改合力。通过公开听证,邀请固废污染防治专家担任听证员,提出清除岸坡残留固废等听证意见为行政机关完全履职指明了方向。区综合行政执法局和山福镇政府积极落实整改,于9月11日书面复函,对庄岩村转运点和瓯江岸坡进行环境整治,清运垃圾60余吨,修葺新大门和围墙,并布置开展临时垃圾转运点管理专项整治,出台《山福镇临时垃圾直运点管理制度》等。

鹿城区院以此案为契机,推动九部门联合出台《关于建立瓯江干流(鹿城段)生态环境保护"执法司法+属地管理"协作机制的若干意见(试行)》,并推动山福镇新建大中型生活垃圾转运站等。

【调查和诉讼】

鹿城区院对区综合行政执法局移送的某环卫运输公司等7个主体非法倾倒渣土线索于2020年7月31日立案。经公益诉讼调查,全面查明偷倒建筑渣土的幕后利益链,徐某、董某某为3家运输企业居间介绍偷倒渣土,约定每车收取介绍费200元,陈某某、诸某某非法提供瓯江岸线"蛇尾基"为倾倒场地,约定每车收取场地费700元。鹿城区院委托司法鉴定,查明非法倾倒渣土对瓯江岸段造成的生态环境损害。经发布公告,期满后无适格主体起诉,鹿城区院于11月13日向人民法院提起民事公益诉讼,请求判令某环卫运输公司等7个主体在各自参与非法倾倒渣土数量范围内承担生态环境损害连带赔偿责任26万余元并公开赔礼道歉。2021年4月22日,法院一审判决支持了检察机关全部诉讼请求。各被告均已履行判决义务。

【典型意义】

向水体倾倒废弃物、在岸坡违法堆放固废一直是瓯江流域环境监管的难点。检察机关聚焦瓯江特定岸段固废污染顽疾，与行政机关开展良性互动配合，综合发挥公益诉讼检察职能，对于行政机关移送的公益损害民事线索全面审查，对共同违法者提起民事公益诉讼，追究其公益损害连带责任。对同一地理范围内的怠于履行固废监管职责情形，督促行政机关依法履职，通过圆桌会议、公开听证，进一步督促行政机关完全履职，根除了长期存在的固体废物违法堆放、露天焚烧及倾倒、破坏瓯江生态的恶劣现象。同时以案促治，建立长效机制，强化行政执法与检察公益诉讼衔接，合力守护好长江经济带的"美丽河湖"。

广东省鹤山市人民检察院督促整治农用物资废弃物污染行政公益诉讼案

【关键词】

行政公益诉讼诉前程序　农用物资废弃物　农业面源污染　综合治理

【要旨】

针对农用物资废弃物污染农村人居环境、危害人畜健康安全的问题，检察机关依法提出诉前检察建议，促进相关部门形成执法合力，推动建立长效治理机制，服务美丽乡村建设，着力提升乡村治理现代化水平。

【基本案情】

广东省鹤山市沙坪街道某村、址山镇某村、古劳镇某村等10个镇街，普遍存在大量包装、农用薄膜等农用物资废弃物被随意丢弃在田间地头的情形，农资经营者、使用者未积极履行回收处理义务，仅有极少数废弃物被回收且按照生活垃圾标准处理，造成农业面源污染、农村人居环境破坏。

【调查和督促履职】

2021年3月，广东省鹤山市人民检察院（以下简称鹤山市院）在开展"农药农资包装废弃物专项监督行动"中发现案件线索并予以立案。立案后，该院对辖区10个镇街30个村委会的农用地进行调查核实，并前往全市20余个农资销售场所开展摸排调研，采用无人机拍照等多种方式固定相关证据，同步建立问题台账。同时，该院专门走访相关行政职能部门，针对公益受损和管理职责分工问题进行交流和沟通。经查，该市农业农村局负责辖区内的农业固体废物污染环境防治和农产品质量的监督管理工作；镇（街）人民政府协助市农业农村局，全面负责村居环境整治和农业生产工作。对辖区大量农用物资废弃物被随意丢弃，农资经营者、使用者未积极履行回收处理义务等违法情形，该市农村农业局和镇（街）政府均未完全履行监管职责，导致社会公共利益受到侵害。

2021年4月7日，鹤山市院向市农业农村局和相关镇（街）政府发出诉前检察建议，督促市农业农村局全面履行法定职责，对鹤山市农用物资废弃物等污染源进行整治，建立农用物资废弃物回收处置体系等；督促相关镇（街）政府按属地管辖原则全面配合市农业农村局的执法和整改工作。

在检察机关的支持和推动下，当地政府和有关部门积极开展农用物资废弃物回收整治工作。鹤山市政府出台《鹤山市农药农资废弃物回收处理实施方案》。市农业农村局出动检查人员350多人次，督促相关主体及时上报农用物资废弃物回收、处理情况并建立相关台账；积极开展基层农业执法业务培训和科学用药技术培训，实施补贴水稻病虫害专业化统防统治服务，示范面积5000亩次，从源头上减少农药使用和包装废弃物的产生。下一步还将采取政府购买服务方式建立三级农用物资废弃物回收体系，积极争取资金完善回收体系建设。辖区10个镇（街）政府分别组织召开农药农资包装废弃物回收处置工作会议，部署发动各村委会组织相关工作人员进行拉网式清理和无害化处理，同时进一步加强各辖区内农资包装废弃物回收的宣传引导与巡查监督力度。

2021年6月，鹤山市院开展"回头看"工作，利用无人机对涉案农田整改情况进行复查，实地走访农资销售场所，确保检察监督取得实效。

【典型意义】

大量农用物资废弃物不当丢弃或处理于田间，不仅污染水源和农田，也给农产品质量和人畜健康安全带来严重威胁。农用物资废弃物污染防治需要有关部门的专业监管和基层政府的属地管理相互配合、共同发力，才能达到源头治理和常态监管效果。检察机关充分发挥公益诉讼检察职能，督促农业农村部门和镇（街）政府依法全面履职，力促形成行政执法监督合力，支持鼓励各方社会主体共同参与，推动建立农用固体废物长效治理机制，使农业面源污染得到有效遏制，有利于农村生产生活方式绿色转型。

福建省清流县人民检察院督促整治尾矿库行政公益诉讼案

【关键词】

行政公益诉讼诉前程序　生态环境领域　预防性公益诉讼　诉前磋商　圆桌会议

【要旨】

针对重金属尾矿库存在污染周边土壤和水环境及汛期溃坝，影响下游群众生产生活安全问题，检察机关可以探索预防性公益诉讼，运用诉前磋商等办案方式，推动相关行政机关共同履行生态环境保护监管职责，从源头上消除尾矿库污染源，维护社会公共利益。

【基本案情】

福建省清流县华龙矿业有限公司乌石垄尾矿库（以下简称乌石垄尾矿库）地处清流县余朋乡，所选矿种为铅锌矿，属于重金属尾矿库，占地96亩，坝高31.8米，库容35.6万立方米，矿区周围地表水均呈浑浊状，存在污染周边环境及汛期溃库垮坝风险，对下游数万群众生产生活构成严重威胁。

【调查和督促履职】

2021年初，清流县人民检察院（以下简称清流县院）在对乌石垄尾矿库开展综合治理专项监督过程中发现案件线索，并于4月2日作为行政公益诉讼案件立案。鉴于案情疑难复杂，清流县院先后多次走访生态环境、水利、市场监督管理、自然资源、应急管理、余朋乡政府等部门，通过调取相关书面材料，运用无人机现场航拍等，对乌石垄尾矿库周边环境污染情况进行全面调查核实。根据《尾矿库安全监督管理规定》第二十八条的规定，尾矿库运行到设计最终标高或者不再进行排尾作业的，应当在一年内完成闭库。乌石垄尾矿库于2009年建成竣工验收，2015年停止使用，该库应于2016年8

月启动闭库程序。2020年8月26日，该尾矿库被福建省应急管理厅等九部门出台的《福建省防范化解尾矿库安全风险实施方案》列入闭库或销库名单。至立案时，乌石垄尾矿库销库治理工作未取得实质性进展，尾矿库存在污染周边环境事实及重大安全事故隐患，相关职能部门怠于履行监管职责。

清流县院向党委政府主要负责同志报告专项调查情况，争取党委政府支持。鉴于该案涉及较多行政部门，且尾矿库销库治理工作耗时长，整改难度大等现实困难，2021年4月13日，清流县院通过诉前磋商方式，组织县生态环境、水利、应急管理、自然资源等部门和余朋乡政府召开诉前圆桌会议，分析研判尾矿库销库治理问题，并对隐患排查工作、销库治理推进等方面明确由县应急管理局作为牵头组织以上行政部门共同履职的责任主体，确定了由县政府兜底处理的整治方案。

清流县应急管理局组织相关行政部门督促清流县华龙矿业有限公司以尾矿回采方式进行销库治理。2021年5月8日，该公司与天津某公司签订回采施工合同并编制回采设计。7月7日，三明市应急管理局批复同意乌石垄尾矿库回采施工。目前，施工单位正在按工程进度开展尾矿回采销库治理工作。7月9日，清流县应急管理局会同相关部门向清流县院书面报告销库工作的进展及督办情况，承诺每季度对乌石垄尾矿库销库开展安全检查，确保整改回采作业过程生产安全，督促尾矿库如期完成销库治理。清流县院持续跟进监督，通过"回头看"督促职能部门依法履职，确保在规定工期内完成尾矿库销库工程，从源头上彻底消除尾矿库污染源和安全隐患。

【典型意义】

福建省清流县属于革命老区。清流县院贯彻落实《国务院关于新时代支持革命老区振兴发展的意见》中"开展尾矿库综合治理"要求，围绕县委中心工作，找准服务大局的切入点和着力点，积极开展生态环境领域预防性公益诉讼，综合运用诉前磋商、圆桌会议等办案方式，助力县委、县政府制定尾矿库"一库一策"方案，督促行政机关实施尾矿库销库工程，有效治理重金属污染源，预防重大损害结果发生，保障人民群众生命财产安全，最大限度维护社会公共利益。

安徽省怀远县人民检察院督促履行禁渔监管职责行政公益诉讼案

【关键词】

行政公益诉讼　野生动物保护　省级水产种质资源保护区　长江十年禁渔　综合治理

【要旨】

使用禁用渔具非法捕捞严重破坏水生物多样性，检察机关可以综合运用诉前检察建议、提起诉讼等方式，深化"河（湖）长＋检察长"机制，推动职能部门履行禁渔监管职责。检察公益诉讼目的全部实现后，可建议法院裁定终结诉讼。

【基本案情】

大银鱼系名贵稀有的冷温性鱼类，其所生活的水体需有较高的生物量、清新无污染，其以浮游生物和小型鱼虾为食，因富含蛋白质、维生素、矿物质，被称为水中珍品。由于过度捕捞等致使怀远县芡河湖大银鱼衰退濒危，该湖于2012年获批设立省级水产种质资源保护区。该保护区被列入《长江十年禁捕计划》，2020年1月1日起全面禁止生产性捕捞，但该保护区水面仍存在大面积的"迷魂阵"等禁用渔具非法捕捞现象。

【调查和督促履职】

2020年7月，安徽省蚌埠市怀远县人民检察院（以下简称怀远县院）开展禁渔公益保护专项巡查中发现该案线索，遂依法立案审查。经调查核实查明，案涉"迷魂阵"又称"绝户网"，学名为拦截插网陷阱，属《渔业法》《安徽省实施渔业法办法》明令禁用的渔具，因渔具网眼细密，对大小鱼类一网打尽，严重威胁大银鱼种群等生长和生存环境，破坏水生生物资源，损害社会公共利益。

2020年8月17日，怀远县院向该县农业农村局制发检察建议，要求该局依法履行监管职责，查处使用禁用渔具捕捞水产品的行为，切实保护芡河湖省级大银鱼水产种质资源保护区渔业生态资源。县农业农村局收到检察建议后未依法履行禁渔监管职责，保护区水面"迷魂阵"禁用渔具增多，对渔业水产资源的破坏持续存在。

【诉讼过程】

2020年11月10日，怀远县院依法向怀远县人民法院提起行政公益诉讼，请求判令该县农业农村局依法履行保护渔业资源监督管理职责，对在芡河湖大银鱼水产种质资源保护区内采用"迷魂阵"等方式非法捕捞水产品行为予以查处，清除捕鱼设施。案件审理过程中，怀远县院推动县农业农村局向县政府作专题报告；协调召开由荆山镇政府等相关单位参加的联席会议，研究具体处理方案；于2020年12月10日对保护区内存在的问题开展集中整治，拆除芡河湖六孔闸及其保护区内所有违规网具设施；加强保护区禁渔宣传和执法力度；争取县政府在保护区投入180余万元采购安装渔业渔政信息化监管系统等。经多部门联合验收，整改合格。

鉴于县农业农村局已经依法全面履行职责，检察公益诉讼目的全部实现，经怀远县院建议，2020年12月31日，怀远县法院作出终结诉讼裁定。此后，怀远县院制作并在相关水域设立禁渔法治宣传警示牌，会签渔业资源保护协作机制，扩大办案效果。

【典型意义】

检察机关针对行政机关怠于履行禁渔监管职责问题，推动职能部门全面整改、加强执法力度和禁渔宣传，促成安装渔业渔政信息化监管系统。鉴于行政机关已经依法全面履行职责，公益诉讼目的全部实现，建议法院裁定终结诉讼被采纳，提高了办案质效。深化"河（湖）长+检察长"等长效机制，强化渔业资源常态化监管保护，切实守护一方碧水，达到"办理一案、治理一片、教育社会面"的效果，有效推进长江"十年禁渔"落实落细。

浙江省杭州市富阳区人民检察院督促保护冷鲜禽食品安全行政公益诉讼案

【关键词】

行政公益诉讼诉前程序　食品安全　冷鲜禽　调查取证

【要旨】

针对"冷鲜禽"产品网络销售涉及的食品安全问题，检察机关可以通过检察建议分别督促负有不同监管职责的行政机关依法履职，规范"冷鲜禽"网络销售行为，消除疫病传播隐患，保障禽类产品安全，切实维护消费者合法权益。

【基本案情】

2020年下半年以来，杭州市富阳区某家庭农场养殖的家禽通过某网络交易平台销售并经快递冷链运输至全国各地。该家庭农场销售的"冷鲜禽"未按规定屠宰检疫，"一证两标"（动物检疫合格证、检疫合格脚环标志、企业产品标识标志）缺失，快递公司在承运时也未按规定进行查验，上述行为造成了食品安全风险隐患，损害消费者合法权益。

【调查和督促履职】

2021年1月，浙江省杭州市富阳区人民检察院（以下简称富阳区院）在浙江省人民检察院组织开展的"冷鲜禽"食品安全公益诉讼专项行动中发现，位于辖区某乡镇的家庭农场在某网络交易平台上注册店铺，发布"农村散养土鸡现杀冷链运输"等销售链接，页面显示所销售的冷鲜禽类月销量数百只，但缺少"一证两标"等检疫信息，可能存在食品安全隐患。2021年1月27日，富阳区院决定立案调查。

富阳区院围绕以下问题重点展开线上线下调查工作：一是采取录屏、截图等方式及时固定网络交易平台页面中的商品信息、销售量、销售评价等内容,在国家企业信用信息公示系统下载经营者营业执照信息;二是迅速派员赴涉案家庭农场进行现场勘查,通过执法记录仪对该家庭农场的家禽养殖环境、屠宰现场、现场交易情况等同步录音录像,并对经营者制作询问笔录;三是运用录音、视频等手段同步记录冷链运输的寄运环节与流程并制作勘验笔录。经过调查确认,案涉家庭农场违规销售"一证两标"缺失的"冷鲜禽"产品,而相关快递企业未查验检疫证明即予以承运等违法行为。

2021年1月29日,富阳区院根据《食品安全法》《动物防疫法》《网络食品安全违法行为查处办法》《杭州市限制活禽交易管理办法》等规定,依法分别向杭州市富阳区市场监督管理局(以下简称区市场监管局)和杭州市富阳区农业农村局(以下简称区农业农村局)制发检察建议,建议对涉案家庭农场以及快递企业的上述违法行为依法进行调查和处理,强化"冷鲜禽"屠宰检疫、线上经营、运输等环节的监管。

收到检察建议后,区市场监管局对涉案家庭农场进行现场检查并开展行政约谈,责令该农场立即整改,同时联合区农业农村局对辖区农产品第三方交易平台开展排查,督促平台建立畜禽初级农产品养殖户网络经营者清单、落实禽类产品入网经营者无证无照或无"一证两标"报告制度等。区农业农村局对涉案家庭农场立案调查,同时根据案件关联性责令涉案快递企业落实整改,规范收件查验工作,并联合区市场监管局开展专项行动,对3家大型农贸市场、58家畜禽企业开展检查。在检察机关推动下,区市场监管局和区农业农村局建立执法联动工作机制,开展线上线下联合监督执法,规范了相关责任主体的经营行为。

【典型意义】

随着"冷鲜禽"产品网络销售的日益普及,食用农产品网络经营者未按规定屠宰检疫、产品"一证两标"缺失以及冷链运输环节不规范所导致的食品安全问题时有发生。检察机关充分发挥公益诉讼检察职能作用,针对食用农产品网络销售的监管盲点、难点,坚持全流程监督,开展线上线下同步调查,督促相关职能部门履职尽责、协同治理,防范疫病传播风险,切实维护人民群众"舌尖上的安全"。

宁夏回族自治区银川市西夏区农贸市场食用农产品质量安全行政公益诉讼案

【关键词】

行政公益诉讼诉前程序　农贸市场　食用农产品安全

【要旨】

农贸（集贸）市场包括批发市场是城市食品供应的重要渠道。检察机关充分发挥公益诉讼职能，督促农业农村部门和市场监管部门协同联动，切实加强此类市场的食用农产品安全监管无缝衔接，最大限度做到源头防控，守护老百姓"舌尖上的安全"。

【基本案情】

宁夏回族自治区银川市西夏区部分农贸市场中销售的蔬菜、豆制品、水产品三大类共16种食用农产品的部分样品，检出非食用物质甲醛、吊白块，部分新鲜蔬菜存在农药残留超标等情形，具有较大食品安全隐患。

【调查和督促履职】

2021年初，宁夏回族自治区银川市西夏区人民检察院（以下简称西夏区院）接到最高检交办的案件线索后，成立了专项监督行动小组，对辖区8个集贸市场（含农产品批发市场）进行了初步调查，以春节期间消费需求量大、群众关注度高的肉制品、豆制品、水产品等作为重点，并随机对准入上述市场销售的菠菜、小白菜、西蓝花等新鲜蔬菜和豆腐、豆皮等豆制品以及鱿鱼、牛肚等水产品共三大类16种食用农产品进行了抽样快速检测，共调取书证87份，制作调查笔录3份，拍摄现场照片26张。初步调查发现，同心路综合市场的水发鱿鱼、润恒城批发市场的水发牛肚经抽样检测，均检出非食用物质甲醛；同心路综合市场的豆腐、兴泾镇农资市场的豆干、豆皮经抽样检测，均检出非食用物质吊白块；兴泾镇农资市场的西蓝花、小白菜和润恒城批发市场的菠菜经抽样检测，均检出农药残留超标。上述抽样检测不合格率高达50%，具有较大的食品安全隐患，对社会公共健康利益造成威胁。

经初步调查，西夏区院于2021年2月立案，进一步调查取证后，向银川市市场监督管理局西夏区分局发出诉前检察建议，建议其全面履行食品安全监管职责，加强农贸市场等重点场所食用农产品销售环节监管力度，加大重点食品抽检频次，依法查处违法经营行为，消除食品安全隐患；督促市场开办者和经营者认真履行进货查验和抽样检测义务，建立健全入场销售者档案和食用农产品质量安全追溯体系，确保辖区群众"舌尖上的安全"。

为保障辖区食用农产品质量安全，堵塞监管漏洞，增强监管合力，西夏区院同步向银川市西夏区农业农村和水务局发出检察建议，建议该局依法履行食用农产品质量安全监管职责，增加对生产中或者市场上销售的农产品进行监督抽查的频次和覆盖面，对不合格农产品的生产经营行为及时进行查处，确保辖区人民群众食品安全。

在西夏区院的督促下，银川市市场监督管理局西夏区分局积极履职：一是组织开展了为期三个月的食用农产品市场销售质量安全专项整治行动，共检查农产品集中交易市场6家，商场超市36家，食品经营店205家，累计抽检食用农产品367批次，立案查处不合格食用农产品案件8件，罚款金额32.2万元；二是集中约谈辖区农产品交易市场开办方负责人，督促其健全食品安全管理机构、人员及制度，严格落实索证索票、进货查验、检验检测等义务，确保入场销售者建档率达100%；三是建立长效监管机制，推动市局制定印发了《农（集）贸市场文明创建规范》，确保食用农产品质量安全专项治理工作落到实处。银川市西夏区农业农村和水务局也加大了执法力度：加大了抽检频次，对抽查不合格的2家农产品生产经营行为及时进行了查处，申请增建农产品质量监测点10个，基本达到辖区农残检测全覆盖。

经检察机关回访查看证实，涉案违法经营行为已被查处，存在问题已得到切实整改，对检察建议中涉及的食用农产品加工及经营销售环节中存在的质量安全隐患和监管盲区，行政机关已采取专人驻点包抓、加大抽样检测频次和配备合格证等措施予以监管和防范，农贸市场食用农产品经营环节行业乱象得到有效规范和治理。

【典型意义】

本案检察机关主动运用公益诉讼职能守护百姓美好生活，加强从"农田到餐桌"全流程食品安全监管专项监督，在办案过程中多措并举，以农贸市场食用农产品质量安全监管为切入点，充分调动各职能部门协同履职的积极性与主动性，最大限度凝聚保护食用农产品质量安全的监管合力，从源头把好食用农产品流入市场的第一道安全关，全力守护老百姓"米袋子、菜篮子、餐盘子"的安全。

江苏省徐州市人民检察院督促保护食品安全行政公益诉讼案

【关键词】

行政公益诉讼诉前程序　冷链食品　食品溯源　统筹协调

【要旨】

信息溯源是保障食品安全的重要监管手段。对非法走私未经检验检疫冷冻肉类产品,涉及多个行政区域的,可以由上一级检察机关统筹协调,督促同级行政机关通过健全食品安全溯源体系,加强对食品运输、储存、销售等各环节的监管,切断不安全食品流通链条。

【基本案情】

2020年以来,江苏省徐州市检察机关办理生产销售未经检验检疫的进口冷冻牛肉制品刑事案件21件,案值1560万元。涉案冷冻牛肉制品来自巴西、印度等疫区国家,可能携带疫病病原,为我国禁售食品。相关冷库经营者、农贸市场开办者和熟食店经营者均未查验牛肉来源,存在严重食品安全风险。

【调查和督促履职】

江苏省徐州市人民检察院(以下简称徐州市院)在办理刑事案件中发现上述线索,于2020年12月8日决定立案,对案发于徐州市铜山区、开发区、邳州市等地的21件刑事案件进行全面调研梳理。根据《中华人民共和国食品安全法》和《食用农产品市场销售质量安全监督管理办法》,相关经营主体存在三类违反食品安全管理法规的违法行为:一是集中交易市场开办者未依法履行食品来源查验、管理义务。如某农贸市场内的熟食店主薛某,大量购入并销售走私牛肉长达五年时间,涉案金额高达320余万元。但农贸市场开办者没有按照相关规定履行查验留存购货凭证、合格证明,以及抽样检验、快速检测的管理义务。二是食品储存场所未依法履行查验义务。如某冷库经营

九、"公益诉讼守护美好生活"专项监督活动典型案例（2021年9月9日）

者在2016年至2019年10月间，在没有查验货品合法来源手续的情况下，为价值270余万元的冷冻牛肉制品提供存储服务。三是销售者违反禁售规定。10余名熟食店经营者，明知涉案牛肉制品未经检验检疫，仍卤制加工进行销售。

徐州市院审查认为，本案时间跨度长、涉案肉品多，市场监管部门长期未能发现制止上述违法行为，怠于履行监管职责，造成大量有安全隐患的食品流向百姓餐桌，侵害社会公共利益。同时，案件涉及全市多个县区，且行政违法行为较为相似，损害相同领域社会公共利益，由市级行政主管部门从全市层面加强综合监管更为适宜。

2020年12月9日，徐州市院向徐州市市场监督管理局制发诉前检察建议，建议该局对存在违法违规经营行为的市场主体依法进行查处，在批发市场、农贸市场等食品交易的关键节点场所，全面建立食品安全溯源体系。2021年2月4日，徐州市院与徐州市市场监督管理局召开圆桌会议，进一步商讨健全食品安全保护长效机制的有效举措。

2021年2月8日，徐州市市场监督管理局书面回复履职情况：一是已依法对某农产品批发市场有限公司等3家公司和8名个人经营者进行立案查处，责令其纠正违法行为，履行法定查验义务。二是在全市范围全面推行肉品智慧监管信息化溯源体系建设，实现农贸（批发）市场、商超肉品微信扫码追溯查询全覆盖。三是联合公安、农业农村等部门，开展"夜查+"联合执法和"你点我检"活动，加大夜间路查、市场巡查、定期抽查力度，提高食品安全风险防控能力。

【典型意义】

食品安全溯源的功能在于能够准确查询到食品的源头信息，以此确保有安全隐患的食品难以进入合法流通渠道。同时，检察机关开展食品安全公益保护，上级院应当主动立案统筹协调，通过分析食品安全违法犯罪行为背后存在的治理问题，全面解决系列问题，健全食品安全溯源长效监管机制。

北京市通州区人民检察院诉段某某等6人生产销售有毒有害食品刑事附带民事公益诉讼案

【关键词】

刑事附带民事公益诉讼　保健食品安全　惩罚性赔偿　专家论证

【要旨】

检察机关办理食品安全民事公益诉讼案件，应综合考虑行为人主观过错程度、违法行为持续时间、受害人数、经营状况、获利情况、财产状况等因素，提出合理的惩罚性赔偿诉讼请求，必要时可组织专家论证会对相关问题进行论证。当生产者、销售者同时在案时，应结合具体的违法情节认定各自责任。

【基本案情】

2017年至2020年6月间，段某某在未取得食品生产许可证、保健食品批准证书等相关资质的情况下，购进胶囊外壳及含有西地那非和他达拉非的药粉等原料，雇用他人在陕西省咸阳市制作多种性功能保健食品，并销往全国各地，经查，段某某以批发形式进行销售，金额为40余万元。

2017年至2019年11月间，王某某在明知段某某没有保健食品生产销售资质的情况下，仍从段某某处大量购进名为"加拿大巨根""阿拉伯野燕麦"等保健食品，并伙同刘某某等四人，在北京市通州区、密云区等地的多家农贸市场内散发宣传性功能保健功效的广告，再通过快递邮寄等方式销往全国多地。

【调查和诉讼】

北京市通州区人民检察院（以下简称通州区院）在办理段某某、王某某等人生产、销售有毒有害食品刑事案件时，刑事附带民事公益诉讼也同步立案，重点围绕涉案保健食品的销售价款、危害性、被告财产状况等开展调查。

经查明，2019年1月至11月期间，王某某等五人从段某某处购买并对外销售的保健食品金额共计229298元，从其他渠道购买并对外销售的保健食品金额共计17174元。经鉴定，涉案保健食品中含有西药成分西地那非或他达拉非。经咨询专业机构，消费者在不知道食品中含有上述两种西药成分的情况下超量服用或与其他药品合用，对心血管疾病和高血压患者具有较大的安全隐患，对人体视神经和神经系统也会造成不良影响，因此对不特定消费者的生命健康安全产生公益损害风险。之后，在北京市人民检察院主持下召开专家论证会，对该案适用惩罚性赔偿的可行性进行充分论证，取得专家支持，对适用惩罚性赔偿的依据、条件、计算标准和方式等形成了明确的意见，为办案提供了重要参考。

2020年11月18日，通州区院向北京市通州区人民法院提起刑事附带民事公益诉讼，综合考虑违法行为人的过错程度、持续时间、获利情况和财产状况等因素，根据立法精神和裁判规则，分别对生产者和销售者主张不同范围产品价款十倍的惩罚性赔偿金，请求判令被告段某某承担销售价款十倍的惩罚性赔偿金2292980元；判令被告王某某、刘某某等五人承担销售价款十倍的惩罚性赔偿金171740元；判令被告段某某、王某某等六人以在国家级媒体上公布生产、销售有毒、有害食品事实的方式向社会公开赔礼道歉、警示危险。同年12月30日，北京市通州区人民法院作出刑事附带民事公益诉讼判决，支持检察机关提出的全部诉讼请求。

【典型意义】

在食品安全领域民事公益诉讼中探索适用惩罚性赔偿，是落实中央关于食品药品安全"四个最严"要求的重要举措。检察机关通过组织专家论证的方式对相关问题充分论证，对办案提供了重要参考，为食品安全民事公益诉讼惩罚性赔偿制度的完善积累了新的经验。

海南省海口市琼山区人民检察院督促整治农贸市场快检室未依法检测行政公益诉讼案

【关键词】

行政公益诉讼诉前程序　农贸市场　食品快检　食品安全风险

【要旨】

农贸市场食用农产品的快速检测是管控食品安全风险的重要环节和手段，针对农贸市场快检室普遍存在的违法、不规范且缺乏监管等危害公共安全的问题，检察机关督促行政机关依法履行监管职责，促进快速检测规范到位，保障农贸市场食品安全。

【基本案情】

海南省海口市琼山区培龙、六合、椰合、力合4家主要农贸市场快检室存在快速检测种类覆盖不全面、检测试剂过期、贮存检测试剂不符合要求、每日检测登记表造假等问题，导致食用农产品存在严重安全隐患，危及广大群众餐桌安全。

【调查和督促履职】

据群众反映海口市部分农贸市场快检室检测存在问题，海南省海口市琼山区人民检察院（以下简称琼山区院）于2020年10月22日立案并对辖区培龙、六合、椰合、力合农贸市场食用农产品快检室检测情况开展调查。通过查看每日检测登记表、电脑记录情况、检测试剂有效期限、检测试剂贮存情况、核对当日检测情况、向检测员了解检测相关情况等方式，发现4家农贸市场快检室快检工作存在以下问题：一是食用农产品快速检测种类覆盖不全面；二是出现检测试剂过期情况；三是对食用农产品检测标准不统一，有的市场肉类不做检测，有的市场作为必检测项；四是贮存检测试剂不符合要求；五是每日检测登记表存在造假情况；六是市场摊位号未全部标明，不利于消

九、"公益诉讼守护美好生活"专项监督活动典型案例（2021年9月9日）

费者投诉，也不利于监管部门监管等。

根据国家食品药品监督管理总局《食用农产品市场销售质量安全监督管理办法》相关规定，集中交易市场开办者应当建立健全食品安全管理制度，应当建立食用农产品检查制度，市、县级食品药品监督管理部门负责本行政区域食用农产品市场销售质量安全的监督管理工作。琼山区院于2020年11月3日向海口市市场监督管理局琼山分局发出检察建议，要求其对市场开办者未依法履行食品安全检测、检查的违法行为或不规范行为进行查处，责令限期改正，逾期未改正的依法作出相应的行政处理，并采取措施促进农贸市场快检室规范检测工作。在琼山区院的督促下，该局对琼山辖区所有农贸市场快检室进行专项检查整治，制定印发了《海口市市场监督管理局琼山分局关于印发农贸市场、超市内设农药残留快检室专项检查整治工作方案的通知》，同时对培龙、六合、椰合、力合4家农贸市场开办者进行约谈，责令开办者制定整改计划，由辖区监管人员监督落实验收等。

针对全省农贸市场同类问题，截至2020年12月底，全省检察机关共立案调查并发出诉前检察建议12件。

【典型意义】

食用农产品快速检查制度是保障集中交易市场食品安全的法定措施，农贸市场食用农产品快速检测室是加强食用农产品食品安全风险管控的一道重要防线。检察机关及时回应人民群众关切，充分发挥公益诉讼诉前检察建议协同共治的职能作用，推动市场行政监管部门开展农贸市场快速检测问题专项整治，依法保障千家万户"舌尖上的安全"，切实守护好人民群众的"美好生活"。

十、检察公益诉讼起诉典型案例

（2021 年 9 月 15 日）

以诉的形式履行法律监督本职 不断发展和完善中国特色 检察公益诉讼制度

——最高检第八检察厅负责人就检察公益诉讼起诉典型案例答记者问

近日,最高人民检察院发布了一批检察公益诉讼起诉典型案例,检察机关提起公益诉讼的案件,有哪些不同于传统诉讼的特点?实践中应注意哪些问题?最高检第八检察厅厅长胡卫列回答了记者提问。

1. 此次发布公益诉讼起诉案例的考虑和背景是什么?

检察机关提起公益诉讼是一项具有鲜明中国特色的检察制度和诉讼制度,是以法治思维和法治方式推进国家治理体系和治理能力现代化的重要制度设计,承载着重要的政治责任和公益使命。

从2017年7月至2021年6月,检察公益诉讼已全面开展4周年,共提起诉讼19695件,包括行政公益诉讼2339件,民事公益诉讼17356件(含刑事附带民事公益诉讼15320件),从领域分布来看,生态环境和资源保护14175件,占71.97%;食品药品安全4186件,占21.25%;国有财产保护、国有土地使用权出让586件,英烈权益保护45件,其他703件。

检察公益诉讼制度设计初衷和实践证明,诉前实现公益保护是最佳司法状态。虽然起诉案件的数量在所有立案办理的案件中占比不算高,但其作为检察公益诉讼监督的"后手",增强了诉前检察建议的监督刚性。

对于检察机关提起公益诉讼的案件,一方面,其呈现出诸多不同于传统诉讼的特殊性,引起了理论和实务界的广泛关注和研究,为公益诉讼制度的发展完善乃至单独立法提供了重要的实践样本。另一方面,诉讼中成功或失败的经验都有助于检察机关进一步深入思考和研究如何更有针对性开展调查取证、更合理精准确定诉讼请求、更充分履行出庭职责、更有效保障公益损害得到切实修复。

我们此次选取了12件民事公益诉讼典型案例和11件行政公益诉讼典型案例予以发布，在领域上涵盖了生态环境和资源保护、食品药品安全、国有财产保护、国有土地使用权出让、英烈权益保护以及安全生产、产品质量安全、文物保护等领域。

在行政公益诉讼中，争议焦点主要围绕是否存在公益损害、被告是否具有法定监管职责、是否依法全面履职等；在民事公益诉讼中，争议焦点主要围绕违法行为是否损害公益、公益损害认定的方法和结论、责任承担的方式和内容等。在诉讼程序方面，有的案件经历了一审、二审乃至抗诉再审；在诉讼类型方面，有行政公益诉讼、民事公益诉讼包括刑事附带民事公益诉讼，展示了检察公益诉讼全流程、多类型的丰富实践。更重要的是，发布的案例对于公益诉讼实践中一系列典型性、普遍性问题都给出了具有指引性的法律认定标准，对于社会大众、行政机关、检察机关、审判机关如何更好守法执法司法、共同加强公益保护具有重要的积极意义。

最近，最高检在全国检察机关部署开展"为民办实事　破解老大难"公益诉讼质量提升年专项活动。发布本批案例，可以指引各地检察机关敢于监督、善于监督，对于"硬骨头""老大难"案件敢于通过提起诉讼的方式强化监督效果。

实践中，有些检察机关对提起公益诉讼依然存在畏难情绪，担心影响与行政机关的长期协作关系、对自身诉讼能力缺乏信心、担心败诉承担责任等，以致不敢诉、不愿诉、不会诉。对此，我们希望以此批案例发布为契机，引导各地检察机关进一步深刻认识到，公益诉讼检察是一项崇高的政治责任、神圣的法定职责、美好的公益使命和创新的检察职能。要深刻领会坚决贯彻《中共中央关于加强新时代检察机关法律监督工作的意见》，始终坚持和依靠党的领导，以人民为中心，对内积极主动学习提升监督能力，对外强化沟通争取各方支持，将中国特色社会主义制度的优势转化为检察公益诉讼的实践效能，不断发展和完善检察公益诉讼制度，为公益保护贡献检察智慧和检察方案。

2. 检察公益诉讼与普通民事诉讼、行政诉讼有何不同？检察机关在公益诉讼中的身份地位有何特点？

一般认为，普通的民事诉讼和行政诉讼属于私益诉讼，以诉讼主体是"直接利害关系人"为核心要素，构建与此相适应的一系列诉讼原则和程序制度。检察公益诉讼制度虽然在民事诉讼法、行政诉讼法中正式确立，但与普通的民事、行政诉讼存在重大区别。检察机关基于法律监督的宪法定位，作为保障国家法律统一正确实施的司法机关，在检察公益诉讼中是以诉的形式履行法律监督本职，不是直接的利害关系人。诉讼是载体，是检察机关履行法律监督的方式和途径；监督是本质，是公益诉讼检察制度的根本属性和价值追求。以诉的形式就是要按照诉讼的要求，履行好举证、质证、辩论等诉讼义务；履行法律监督的本职就是要在办案中监督，在监督中办案，通过提起诉讼、诉讼监督、执行监督等方式确保公益得到有效修复。

《最高人民法院、最高人民检察院关于检察公益诉讼案件适用法律若干问题的解释》规定了检察机关在公益诉讼中的身份为"公益诉讼起诉人"等一系列不同于普通诉讼的程序规则。但其在受案范围、诉讼目的、起诉主体、程序设计、诉讼权利义务、判决执行、诉讼监督等方面的不同特点，不少还没有通过法律规范予以明确，实践中也有不同认识。在这批案例中，检察机关与人民法院结合个案办理，为健全完善公益诉讼相关程序制度进行了积极探索，展现了办案检察官、法官在公益司法保护中的智慧和担当。

3. 法律规定在生态环境和资源保护、食品药品安全等领域，检察机关既可以提起民事公益诉讼，也可以提起行政公益诉讼，实践中，检察机关如何确定监督方式？

虽然法律赋予了检察机关可以提起民事、行政公益诉讼的职能，但从制度本源来看，行政公益诉讼才是检察公益诉讼的核心，检察机关也是提起行政公益诉讼的唯一主体。习近平总书记向党的十八届四中全会所作的说明中指出，对一些行政机关违法行使职权或者不作为造成对国家和社会公共利益侵害或者有侵害危险的案件，缺乏有效司法监督，不利于促进依法行政、严格执法，不利于加强对公共利益的保护。由检察机关提起公益诉讼制度，有利于优化司法职权配置、完善行政诉讼制度、推进法治政府建设。

行政公益诉讼中要把握好行政机关与检察机关在维护公益中的关系问题。行政机关是公共利益的第一顺位的代表，不仅负有维护公共利益的法定职责，在专业能力和统筹资源方面也有利于修复和维护公共利益。行政公益诉讼实质上是督促之诉、协同之诉。实践中，检察机关坚持双赢多赢共赢的监督理念，通过行政公益诉讼督促解决了一大批国家利益或社会公共利益受损的问题，行政机关也从开始的不了解、有顾虑到逐步理解接受、积极整改甚至主动要求监督、让检察机关督促帮助解决治理难题，形成了良好的协作氛围和保护公益的合力。在提升综合治理效能、完善公益保护长效机制方面，行政公益诉讼也比民事公益诉讼更具优势。

关于民事公益诉讼，一方面，在行政机关已穷尽手段或执法效能不足、公益损害仍持续发生的情况下，检察机关可以通过民事公益诉讼方式来补位和兜底保护公益。另一方面，检察机关对破坏生态环境和资源保护、食品药品安全领域侵害众多消费者合法权益等损害社会公共利益的犯罪行为提起刑事公诉时，可以向人民法院一并提起附带民事公益诉讼，由人民法院同一审判组织审理，有利于节约司法资源，提高司法效率，统筹实现违法者刑事责任与公益损害责任的协同追责，相较于单独提起两个诉讼或由不同主体提起民事公益诉讼都具有明显的制度优势。比如浙江省松阳县人民检察院诉刘某某、纪某某生产、销售有毒、有害食品刑事附带民事公益诉讼案中，检察机关通过提起刑事附带民事公益诉讼，在依法追究违法者刑事责任的同时，还同时追究其公益损害责任。

实践中，检察机关开展行政公益诉讼与民事公益诉讼也并非完全单项选择、互不相干。有的情形下，先行后民、相互补缺，落实损害担责，保障公益得到及时有效修复。比如广东省广州市人民检察院诉广州市卫某垃圾厂、李某固体废物污染民事公益诉讼案中，一方面，通过行政公益诉讼诉前督促行政机关先行委托专业机构对受损环境及时修复；另一方面，在民事公益诉讼中诉请判令被告方赔偿生态环境修复费、服务功能损失费等1.31亿余元，并建议法院适用先予执行程序，保障环境修复费用执行到位。有的情形下，先民后行、由点及面，修复一类公益。即检察机关在办理民事公益诉讼案件中，调查发现辖区内普遍存在类似公益损害或监管漏洞，即以行政公益诉讼案件立案办理，以一案督促解决一类公益受损问题。如江苏省灌南县人民检察院诉李某兴等人非法采矿刑事附带民事公益诉讼案中发现，灌河流域存在大量非法码头，为盗采海砂提供了便利，相关监管部门履职不到位问题，遂向县港口建设管理局发出行政公益诉讼诉前检察建议，督促拆除非法小码头56处，恢复灌河岸线22.2公里。

4. 检察机关在民事、行政公益诉讼中一般可以提出哪些诉讼请求？

在民事公益诉讼中，人民检察院可以向人民法院提出要求被告停止侵害、排除妨碍、消除危险、恢复原状、赔偿损失等诉讼请求。在生态环境和资源保护、食品药品安全案件中，还可以结合案件实际情况提出惩罚性赔偿诉讼请求，加大违法者的违法成本，达到让违法者痛到不敢再犯的目的。对于公益诉讼能否提出惩罚性赔偿，曾经一度有较大争议，各地检察机关与审判机关加强沟通，经过了大量实践探索，逐步形成了一定共识。

2018年"两高"联合发布了首个食品安全领域的惩罚性赔偿案例，即湖北省利川市人民检察院诉吴某安等3人生产销售不符合安全标准的食品民事公益诉讼案，在民法典实施后，江西省浮梁县检察院诉某化工公司环境污染民事公益诉讼案中提起的惩罚性赔偿也获得法院判决支持。中共中央、国务院《关于深化改革加强食品安全工作的意见》以及最高人民检察院与最高人民法院、农业农村部、海关总署、国家市场监督管理总局、国家粮食和物资储备局、中国消费者协会联合出台的《探索建立食品安全民事公益诉讼惩罚性赔偿制度座谈会会议纪要》等，也先后对公益诉讼的惩罚性赔偿作出了相关要求。

在行政公益诉讼中，人民检察院可以根据行政机关的不同违法情形，向人民法院提出确认行政行为违法或者无效、撤销或者部分撤销违法行政行为、依法履行法定职责、变更行政行为等诉讼请求。在行政公益诉讼案件审理过程中，行政机关已经依法履行职责而全部实现诉讼请求的，人民检察院可以撤回起诉。确有必要的，人民检察院可以变更诉讼请求，请求判决确认行政行为违法。比如湖北省老河口市人民检察院督促履行渔业资源监管职责行政公益诉讼起诉案中，起诉后行政机关全面履职，遂结合行政机关的总体履职情况变更诉讼请求为确认被告在起诉之日前对汉江老河口段电打鱼、地笼网等非法捕捞现象未全面履行监督和管理职责违法。

此外，各地检察机关针对一些难以鉴定的公益损害还探索以专家意见、专业评估等方式确定赔偿方式和赔偿数额。如海南省人民检察院第二分院诉福建省安某康船务有限公司等非法采砂民事公益诉讼系列案，检察机关组织海洋环境实务和理论研究方面的7位专家召开论证会，提供了综合评估意见，合理认定相关公益损失。贵州省遵义市人民检察院诉肖某开、肖某波违法占用溶洞资源民事公益诉讼案中，检察机关委托专业机构对溶洞受到的损害进行评估并出具《生态修复评估报告》，确定修复方式和相关费用。青海省西宁市城西区人民检察院诉李某某等人非法捕捞水产品刑事附带民事公益诉讼案中，检察机关通过与农业农村部门建立关于偷捕对青海湖裸鲤资源造成损失进行年度动态评估的长效机制，明确增殖放流方式及费用，探索实现了特定区域特定资源损失的修复标准和模式。

5. 2017 年，中央办公厅、国务院办公厅印发《生态环境损害赔偿制度改革方案》，实践中，检察环境公益诉讼与生态环境损害赔偿诉讼是如何衔接配合的？

检察环境公益诉讼和生态环境损害赔偿诉讼都是我国生态文明法律体系的重要组成部分，虽然两者在案件范围、起诉主体、诉讼顺位、程序设计等方面存在差异，但根本目标是一致的，行政机关始终是生态环境保护的第一顺位，检察机关发挥"监督＋支持＋补位"的角色作用。《人民检察院公益诉讼办案规则》明确规定，人民检察院认为社会公共利益受到损害，存在违法行为的，符合启动生态环境损害赔偿程序条件的案件，告知赔偿权利人启动生态环境损害赔偿程序，人民检察院可以支持起诉。生态环境损害赔偿权利人未启动生态环境损害赔偿程序，或者经过磋商未达成一致，赔偿权利人又不提起诉讼的，社会公共利益仍然处于受损害状态的，人民检察院应当提起民事公益诉讼。如广西壮族自治区钦州市人民检察院诉钦州某锰业有限公司等跨省转移危险废物污染环境民事公益诉讼案，检察机关主动发函建议生态环境部门开展生态环境损害修复和赔偿工作，并积极协助推进磋商。后因本案造成损失大、违法行为主体多，存在推诿、观望态度，磋商未能达成赔偿协议，受损公益仍未得到有效修复。生态环境部门复函表示其暂不具备提起诉讼的条件，建议检察机关提起民事公益诉讼。检察机关及时补位，提起民事公益诉讼，有效追究了相关违法者的公益损害责任。

民事公益诉讼

（一）生态环境和资源保护

广东省广州市人民检察院诉卫某垃圾厂、李某污染环境民事公益诉讼案

【关键词】

民事公益诉讼　固体废物污染　财产保全　先予执行

【要旨】

检察机关加强公益诉讼检察职能与刑事检察职能衔接，提高案件调查取证效率和质量。探索运用诉前财产保全和诉中先予执行程序，保障受损环境得到有效修复。

【基本案情】

个人独资企业广州市花都区卫某垃圾综合处理厂（以下简称卫某垃圾处理厂）设立于2005年10月，2007年1月起，李某担任该厂实际投资人、管理者。在经营过程中，李某组织工人将未经处理的原生垃圾及筛下物非法倾倒、填埋于厂区山体。垃圾倾倒、堆砌到一定高度之后，再在上面堆一层浮土，用机器压平，然后再堆上垃圾，近十年时间，形成一座"垃圾山"，直至2016年8月被花都区环保局责令停业，倾倒区域植被严重破坏，土壤、地下水污染短期内难以自然恢复。

【调查和诉讼】

2017年2月，广州市花都区人民检察院（以下简称花都区院）在审查刑事案件中发现本案线索，因案卷显示案情复杂、涉案环境损失较大，遂向广州市人民检察院（以下简称广州市院）报告。2017年9月，广州市院成立两级院办案组，启动民事公益诉讼案件办理程序，于2017年9月29日发出诉前公告。在调阅刑事证据材料的基础上，办案组采取现场走访、专家咨询、实地丈量和无人机航测等措施开展调查，初步判断垃圾数量、污染程度、造成损失远超违法行为人供述。经充分研讨后，花都区院委托广东省地质测绘院对涉案场地垃圾数量进行测算，委托广东省地质物探工程勘察院对垃圾方量的内容、数量、比例等指标作进一步区分和细化，委托生态环境部华南环境科学研究所对涉案生态环境损害进行鉴定。经测算勘察和鉴定评估，受污染场地面积约3.88万平方米，垃圾倾倒量约39.3万立方米，重量24.78万吨，将涉案场地恢复至基线状态需生态环境修复费用8425.5万元，服务功能损失费用1714.35万元。

为防止被告转移财产，确保生态环境修复，2018年7月16日，广州市院依法建议对卫某垃圾厂、李某采取诉前财产保全措施，查封李某名下全部财产超过1000万元。2018年7月27日，向广州市中级人民法院提起民事公益诉讼。2017年9月12日，花都区院向当地环境保护主管部门等五个单位分别制发诉前检察建议，督促其在各自职责范围内查处涉案违法行为。各行政机关全部采纳建议内容，及时启动垃圾清理和环境整治工作。历时3年，共清运固废及固废污染土壤170多万吨，清理渗滤液26000多立方米。基于当地政府已委托第三方开展环境修复，法院采纳广州市院《先予执行意见书》，于2020年8月21日作出裁定，裁定先予执行两名被告名下财产，用于支付修复费用。

基于生态环境实际修复费用已由政府采购合同所确认，广州市院于2020年7月7日变更诉讼请求为卫某垃圾处理厂承担生态环境修复费、服务功能损失费、鉴定评估费及其他合理费用共计1.31亿余元，李某在企业对上述费用不能清偿时承担赔偿责任，并赔礼道歉。庭审中，李某提交书面忏悔书，表示愿意采取一切补救措施，配合做好环境修复工作。2020年9月11日，广州市中级人民法院一审宣判，支持检察机关全部诉讼请求。判决生效后，查封财产已全部划扣、拍卖用于支付修复费用，两名被告在广州日报刊登道歉声明，向社会公开道歉。目前，涉案场地垃圾已清除完毕，基本实现复绿。

【典型意义】

检察机关在诉前采取措施冻结被告千万资产,确保判决"不打白条";通过督促当地政府先行委托专业机构对涉案场地进行整治,探索在民事公益诉讼中适用先予执行程序,保障环境修复执行落实到位。依托两级检察院一体办案,民事公益诉讼与刑事案件同步审查、证据互通转化,刑事侦查搜集的证据为民事公益诉讼提供了坚实基础,民事公益诉讼中的生态环境损失证据对准确认定犯罪行为也起到支撑作用,推进受损环境及时修复、警示震慑潜在污染者。

最高人民检察院公益诉讼检察典型案例汇编（2021年度）

广西壮族自治区钦州市人民检察院诉某锰业有限公司等跨省转移危险废物污染环境民事公益诉讼案

【关键词】

民事公益诉讼　跨省转移危险废物　全链条责任　生态环境损害赔偿衔接　调解

【要旨】

针对跨省转移危险废物造成环境污染案件，检察机关支持行政机关开展生态环境损害赔偿磋商，磋商未能达成赔偿协议且行政机关不提起生态环境损害赔偿诉讼的，检察机关依法提起民事公益诉讼，追究参与收集、贮存、运输、处置等各环节全链条违法行为人污染环境的公益损害责任。

【基本案情】

2016年9月至2017年3月，钦州某锰业有限公司在没有办理危险废物经营许可证的情况下，从事危险废物经营活动谋取利益。广西某化工有限责任公司及其子公司某化工（防城港）有限公司主动联系柳州市某物资有限公司、东莞市某化工贸易有限公司、防城港某运输有限公司收集、交易废硫酸，熊某某居中介绍，将珠海某石油化工有限公司、东方某能源有限公司、钦州某石化有限公司等单位在生产经营中产生的废硫酸销售给钦州某锰业有限公司，并由广州某石化物流有限公司、贵州某运输有限公司、何某、关某某等安排车辆运输到钦州某锰业有限公司厂区。钦州某锰业有限公司共收集、贮存废硫酸15008.89吨，贮存于该公司厂区自建的储罐中。2017年5月12日，该公司自建储罐因倒塌导致罐体破裂，罐内废硫酸现场发生泄漏约1100吨，造成环境污染事故。经广西壮族自治区原环境保护厅委托环境保护部华南环境科学研究所鉴定，涉案的废硫酸为具有腐蚀性特性的危险废物，该泄漏事故对土壤、周边水质及空气造成了严重污染，造成损失7035.05万元，其中应急处置费1235.30万元，生态环境损害量化费用5799.75万元。事故发生后，应急处置过程中产生的约5.5万吨酸泥被转移到钦州市某固体废弃物处置中心待进一步无害化处置。

【调查和诉讼】

该案刑事案件部分被最高检和原环保部列为挂牌督办案件，2017年9月26日，广西壮族自治区钦州市人民检察院（以下简称钦州市院）同步以民事公益诉讼立案审查，并依据《广西壮族自治区生态环境损害赔偿制度改革实施方案》主动联系并发函建议生态环境部门开展生态环境损害修复和赔偿工作，对生态环境损害后果委托鉴定机构进行评估，及时妥善处置事故应急处置中产生的酸泥，避免二次污染事故发生等。经生态环境部门委托第三方出具修复方案，明确修复费用为5007.05万元，其中应急处置阶段投资费用1252.26万元、暂存于填埋现场的酸泥处置费用为3754.79万元。因本案造成损失大、违法行为主体多，各违法行为主体持推诿、观望态度，生态环境损害赔偿磋商未能达成协议，受损公益仍未得到有效修复。生态环境部门复函检察机关表示其暂不具备提起诉讼的条件，建议检察机关提起民事公益诉讼。2019年3月22日，钦州市院经诉前公告程序后，依法向钦州市中级人民法院提起民事公益诉讼，诉请判令钦州某锰业有限公司等11家单位和3名自然人依法承担连带责任，赔偿损失7035.05万元和承担鉴定费134.1万元；在新闻媒体上向社会公众赔礼道歉，并承担诉讼费用。

审理期间，珠海某石油化工有限公司、钦州某石化有限公司申请调解。法院经与本案所有涉案主体进行沟通，最终明确除钦州某锰业有限公司无赔偿意愿、一名违法行为人无法取得联系外，其他违法行为主体均有赔偿意愿。经协商，珠海某石油化工有限公司等12名违法行为主体愿意赔偿生态环境修复费用4550万元。钦州市检法两院将与违法行为主体沟通赔偿的情况反馈给生态环境部门，经研究认为调解赔偿金额可以确保修复受损的生态环境。在确保本案受损环境得到及时有效修复的前提下，钦州市院与珠海某石油化工有限公司等10家单位和2名自然人达成调解，上述违法行为人通过分期赔付的方式共赔偿生态环境修复费用4550万元，并通过媒体向社会公众赔礼道歉。2020年5月9日，钦州市中级人民法院作出民事调解书确认调解协议法律效力。同年6月9日，钦州市中级人民法院作出判决，判令钦州某锰业有限公司赔偿经济损失2475.05万元及承担鉴定费131万元，关某某赔偿经济损失10万元，两名被告在判决生效十日内通过《钦州日报》向社会公众赔礼道歉。检察机关提出的诉讼请求均得到法院的支持。

目前，珠海某石油化工有限公司等 12 名被告已赔付到位 4015 万元，钦州市政府也已组织召开协调会议，并确定酸泥无害化处置的实施单位，修复工作正在有序推进。

【典型意义】

本案中检察机关主动与环境主管部门加强协作，并以检察公益诉讼为生态环境损害赔偿诉讼补位兜底，探索将有调解意愿的被告与无调解意愿的被告分别处理，同意有赔偿意愿的企业分期赔付，既兼顾了其自愿负担环境污染责任的意愿，也符合不同被告的实际财产状况以及经营状况，在追究违法责任的同时也给企业发展机会，有利于节省司法资源和促进企业依法经营持续发展，同时保障案件的监督效果。

十、检察公益诉讼起诉典型案例（2021年9月15日）

河南省濮阳市人民检察院诉某化工有限公司等污染环境民事公益诉讼案

【关键词】

民事公益诉讼　黄河生态保护　民事调解　替代性修复

【要旨】

检察机关主动服务黄河保护国家战略，以民事公益诉讼追究违法排污主体的公益损害责任，在向企业主张生态修复费用时，通过分期支付、替代性修复等形式，有效促进环境治理修复，并引导企业通过技术改造，实现环境保护与经济发展的有机统一。

【基本案情】

2015年至2016年，山东省某化工有限公司（以下简称化工公司）、河南某生物科技有限公司（以下简称生物公司）分别将其生产过程中产生的1195.5吨、629.98吨工业含酸废水交给无处置资质的寇某汉、寇某伟，两人将其中绝大多数废水非法倾倒进河南省范县城市污水管网，部分残存废水存于某厂区罐体内。因范县污水处理厂不具备处理工业含酸废水的能力，废水排入黄河的支流金堤河内，对金堤河造成严重污染，损害社会公共利益。经鉴定，工业含酸废水属于《国家危险废物名录》中"HW34废酸类"危险废物。2017年7月14日，范县人民法院作出刑事判决，追究了相关单位和人员的刑事责任。

【调查和诉讼】

范县人民检察院发现该案存在侵害社会公共利益的情况，且公益损害较大，遂将该线索上报濮阳市人民检察院（以下简称濮阳市院）。濮阳市院于2018年8月20日立案，经公告未有相关组织提起民事公益诉讼。濮阳市院依法调取了涉案公司的经营资质、股东变更、近几年的税务缴纳明细、被行政处罚等情况,并深入其公司暗访,了解其经营情况。查明两家公司均正常生产经营,具备赔偿能力,遂向法院申请财产保全;进入范县污水处理厂现场调查,查看污水处理流程,并调取案发时段污水处理的相关技术指标,与以往非污染时段进行比对,确定指标异常程度;在金堤河的污水排入口、金堤河附近渗坑进行现场勘查,查看污染面源范围及渗坑经过污水渗透后的环境情况。经委托河南生态环境损害司法鉴定中心鉴定,根据虚拟治理成本计算法,综合本案的污染面积、社会治理成本、应急处理费用、社会公共利益受侵害的时间等因素,认为应当按照生态环境损害的三倍来计算赔偿数额。

2018年11月13日,濮阳市院向濮阳市中级人民法院提起民事公益诉讼,诉请判令化工公司将地表水环境造成的损害恢复原状或承担治理费用1075.9032万元,赔偿因倾倒危险废物造成的财产损害11.6155万元、应急处理费89.6846万元;判令生物公司将地表水环境造成的损害恢复原状或承担治理费用526.0968万元,赔偿因倾倒危险废物造成的财产损害5.6797万元、应急处理费43.8541万元,罐体内残留废液处理费13.6440万元;在国家级媒体上公开赔礼道歉。

2019年7月9日,濮阳市中级人民法院公开开庭审理。庭审中,公益诉讼起诉人围绕两名被告是否明知他人无处理资质仍委托处置、交付的工业废水是否为废酸类危险废物、范县污水处理厂是否具有处理废酸的能力、金堤河环境受损害的程度以及修复环境所需的修复费用等出示了相关证据材料。本案审理期间正值新冠肺炎疫情暴发,两公司生产经营陷入困境,主动向法院申请调解,濮阳市院为响应"六稳""六保"、尽快复工复产的政策要求,以全部实现公益诉讼请求为基础,同意进行调解。2020年4月10日,经法院主持,濮阳市院与被告达成调解协议:化工公司分二期支付治理费用459.9345万元和358.6344万元,生物公司分二期支付治理费用224.8994万元和175.3656万元;自调解书生效之日起两年内,如两名被告能够通过技术改造对生产过程中产生的污水进行处理,明显降低环境风险,其技术改造费用可以申请抵扣赔偿费用,两名被告购买环境污染责任保险的保费亦可申请抵扣。2020年11月20日,两家公司在国家级媒体上公开赔礼道歉。截至目前,化工公司已支付各项赔偿金459.9345万元;生物公司已支付各项赔偿金224.8994万元。

【典型意义】

本案系检察机关针对跨省非法倾倒工业废水提起民事公益诉讼,服务保障黄河流域生态保护和高质量发展的具体实践。检察机关在办案时，既最大限度保护社会公共利益，同时注重服务经济社会发展大局，在被告申请调解并愿意积极赔偿、主动修复生态的情况下，检察机关可以同意调解，并协同法院积极探索分期赔付、购买环境责任险、技改升级等折抵赔偿费用，增强高风险化工企业修复生态环境能力，实现环境保护与经济发展的有机统一。

上海市人民检察院第三分院诉某固废处置公司等进口"洋垃圾"污染环境民事公益诉讼案

【关键词】

民事公益诉讼　进口固体废物　消除危险　连带责任

【要旨】

检察机关运用一体化办案优势,通过跨区域取证、聘请专家辅助人、委托第三方评估等方式固定证据,追加源头企业为被告,成功追究污染者对"洋垃圾"无害化处置费用承担连带赔偿责任,改变了由政府为污染者买单的困局,为"洋垃圾"治理提供了检察方案。

【基本案情】

2015年10月,宁波某贸易公司、黄某某、薛某在明知铜污泥系国家禁止进口的固体废物的情况下,通过制作虚假报关单证的方式为郎溪某固废处置公司进口铜污泥138.66余吨。上述固体废物被上海海关查获后滞留港区,无法退运,海关代为处置手续繁杂,固废持续危害我国生态环境安全。2018年9月18日,上海市第三中级人民法院作出刑事判决书,宁波某贸易公司、黄某某、薛某均因走私废物罪被追究了刑事责任。

【调查和诉讼】

上海市人民检察院第三分院(以下简称三分院)从刑事案件中获取该线索后,认为涉案固体废物如不进行无害化处置,将会对我国生态环境造成重大污染,遂于2019年4月17日立案调查。立案后,三分院邀请司法部司法鉴定科学研究院、华东师范大学生态与环境科学学院专家作为专家辅助人协助办案,证实涉案固废存在重大环境污染风险;委托第三方上海固体废物管理中心和上海市价格认证中心评估确定涉案固体废物的处置方式和处置费用;涉案固废进口单位在浙江,进口港为上海,加工利用企业在安徽。三分院分别走访调查了源头企业、上海海关等多家单位，决定将购买固废的安徽郎溪某固体废物处置有限公司（以下简称某固废处置公司）与宁波某贸易公司、黄某某、薛某列为共同被告提起民事公益诉讼，促进固废进口的源头性治理。

经民事诉前公告，未有适格主体提起诉讼。三分院于2020年6月27日向三中院提起民事公益诉讼，要求四被告连带偿付非法进口固体废物的无害化处置费用人民币105余万元。

同年9月6日，三中院开庭审理本案，庭审主要围绕以下争议焦点展开：一是各被告是否要承担责任及承担责任的方式。二是本案的处置方式及费用是否合理。三分院认为，四被告在明知铜污泥系国家禁止进口的固体废物的情况下，共同商议、分工合作，由某固废公司确认进口货物并支付了货款、薛某在境外组织货源、宁波某贸易公司制作虚假报关单证、黄某某负责报关和国内运输，四被告在购买和进口固体废物中均起到不可或缺的作用，应承担连带责任。涉案铜污泥已在刑事案件中予以没收，无法退运，根据相关法规应作无害化处置。上海市固体废物管理中心及价格认定中心均为专业机构，对处置费用做出的意见合法合理。三中院当庭作出判决，支持了检察机关的全部诉讼请求。一审判决后，某固废处置公司不服，向上海市高级人民法院提出上诉。

2020年10月20日，上海市高级人民法院开庭审理本案，三分院和上海市人民检察院分别派员出席法庭。除了一审争议焦点外，二审还围绕涉案固废被海关查扣是否还应承担公益损害责任进行辩论。检察机关认为，对于非法入境的固体废物，即使因被查扣未造成实际的生态环境损害，违法者仍负有消除危险的民事责任。因铜污泥已无法退运，为避免环境污染隐患而需要委托有关专业单位无害化处置，相关费用属于为消除危险而产生的处置费用，上诉人与其他各方应承担连带赔偿责任。判决驳回上诉，维持原判。判决生效后，处置费用得以执行到位，上海海关委托专业单位代为处置了涉案固体废物。

【典型意义】

本案中，检察机关依法开展全面调查取证，将实际进口"洋垃圾"者列为民事公益诉讼被告，从刑事和公益诉讼程序全面追究了走私"洋垃圾"的刑事责任和公益损害责任。对于非法入境而滞留境内的固体废物，无害化处置是消除危险的必要措施，由检察机关依法提起民事公益诉讼，诉请污染者对处置费用承担连带赔偿责任，增加源头企业违法成本，让纳税人不再为违法者"买单"，彻底打击非法进口"洋垃圾"牟利的行为。

海南省人民检察院第二分院诉福建省安某康船务有限公司等非法采砂民事公益诉讼系列案

【关键词】

民事公益诉讼　海洋保护　非法采砂　专家意见　等值分析法

【要旨】

船舶所有人或经营人虽然未直接盗采海砂，但违法加装采砂设备出租他人盗采，或者配合盗采、同步承运海砂，检察机关提起民事公益诉讼追究所有违法者的公益损害责任，并督促行政机关注重并加强查处"船主"的违法行为，促进对非法采砂产业链的全面打击。

【基本案情】

海南省东方市人民检察院经走访海洋行政执法部门了解到，行政执法部门一般只对盗采海砂直接行为人作罚款处理，船舶所有人或经营人俗称"船主"因能提供租船合同往往未被处罚，违法成本低及"船主"实际参与非法采砂却不受法律制裁是非法盗采海砂屡禁不止的重要原因。

【调查和诉讼】

海南省人民检察院第二分院（以下简称海南二分院）对盗采海砂行政执法案件进行梳理，选定8件案件立案审查。经调查，"安某康3699""安某康689"号船登记的船舶所有权人为福建省安某康船务有限公司（以下简称安某康船务公司）、康某某和林某某，经营人为安某康船务公司，船舶类型为自卸砂船。船上加装有自吸式采砂设备，系安某康船务公司擅自加装，未经检验备案。安某康船务公司明知承租人非法采砂，仍将船舶分别出租给李某某、吉某某、文某某和陈某某等四人。2017年12月至2018年11月期间，李某某等四人利用上述两船在海南西部海域盗采海砂共计11700立方米，分别被处以4.9万元的罚款。"飞某6"号船登记的船舶类型为散货船（客货运），经营人为南京飞某海运有限公司（以下简称飞某海运公司）。该船预先锚泊在海南省东方市墩头湾附近海域，2018年11月11日晚，接收钟某某利用小船过驳盗采的海砂时被海警查获。经查，钟某某过驳海砂3666立方米，被处以4.9万元罚款。飞某海运公司未被处罚，但未能提供货物运输合同等正常运输经营凭证。

海南二分院组织省海洋环境资源行政主管部门及海南大学等单位海洋生态环境资源方面的专家召开专家论证会，一致认为非法盗采海砂造成的海洋生态环境资源损害包括海洋生物资源直接损失、海洋生态环境破坏、地形地貌改变、海岸线后移的潜在危险、海水水质和沉积物污染及其他损害，但由于数据较少，上述损害一般难以鉴定。7位专家提供了综合评估意见，认为根据相关调查数据、沿海工程环评报告以及国内的类似判决，采用等值分析法，可以将盗采1000立方米海砂造成的海洋生态环境资源损失评估为126325元，8件案件损失合计288万元。2019年11月，海南二分院向海口海事法院提起民事公益诉讼，诉请判令安某康公司、飞某海运公司等"船主"承担非法采砂连带赔偿责任。2020年5月至6月，海口海事法院相继对8件案件作出裁判。涉及安某康船务公司的4件案件调解结案，该公司全额支付了赔偿款。飞某海运公司被判令承担连带赔偿责任，判决认为，飞某海运公司虽不直接实施采砂行为，但对海砂合法性未尽到合理注意义务，且配合夜间过驳，构成共同侵权。飞某海运公司以未区分连带赔偿责任内部份额为由提出上诉，2020年11月16日，海南省高级人民法院判决驳回上诉，维持原判。该案赔偿款已执行到位。

2020年12月，海南省人民检察院向省委政法委提交专题报告，并向省自然资源和规划厅、省海警局发出检察建议，建议注重并加强查处"船主"实际参与盗采海砂违法行为；建议优先适用2010年颁布的《海南省矿产资源管理条例》第77条有关非法采砂的处罚标准，相比适用2008年颁布的《海南省海洋环境保护规定》第36条相关标准，更有利于惩治打击猖獗的非法采砂违法行为。省委常委、政法委书记批示相关职能部门落实。省自然资源和规划厅回复称，采纳检察机关的建议。

【典型意义】

非法盗采海砂屡禁不止，未全面打击非法盗采产业链是重要原因。检察机关针对"船主"实际参与盗采行为进行调查，抓住了关键环节；查明"船主"违法加装采砂设备出租他人盗采，或者配合盗采、同步承运违法事实，依法追究其公益损害责任。非法采砂造成的生态环境资源损害鉴定难度大、费用高，可以根据主管机关和专家意见，确定损害赔偿数额和环境修复费用。检察机关不就案办案，深入分析非法采砂行政执法及治理存在的问题，通过专题报告和检察建议进行监督，推动依法行政，严格执法标准，促进完善制度机制，形成了公益诉讼检察监督的聚合效应。

贵州省遵义市人民检察院诉肖某开、肖某波违法占用溶洞资源民事公益诉讼案

【关键词】

民事公益诉讼　喀斯特溶洞资源　虚拟治理成本法　专家出庭

【要旨】

针对溶洞生态环境损害难以量化的问题，检察机关借助"外脑""智库"，在立足相关规定的基础上，采用虚拟成本计算法确定民事公益诉讼请求，探索替代性生态修复措施。以一案推动类案，破除行业专业难题，助推市域社会治理。

【基本案情】

喀斯特溶洞既是蛇虫、蝙蝠、鱼虾等动物和蕨类、菌类等植物的天然栖息地和生长地，也是锡、锰、镁、铝等矿藏甚至镭、铀等稀有元素的聚集地，还是地下水资源的存储室和天然恒温仓库，具有不可替代的环境功能价值。2015年底，贵州省习水县习酒镇八一村原总支书记肖某开与其子肖某波，在未取得任何建设审批手续的情况下，私自占用观龙山天然溶洞及周边山林、土地，修建观龙潭山庄，并对侵占的土地挖掘、硬化，在溶洞内修建娱乐设施、酒窖，山庄外修建围墙、大门等设施。其间，国土、住建、水务等行政机关多次责令其停止违法建设行为，但肖某开、肖某波仍建成观龙潭山庄并对外营业。

【调查和诉讼】

2019年10月，贵州省遵义市习水县人民检察院在办理肖某开、肖某波涉嫌寻衅滋事、妨害公务罪一案中，发现两人违法占用天然溶洞修建山庄破坏生态环境的民事公益诉讼线索，按程序报送贵州省遵义市人民检察院（以下简称遵义市院）审查。遵义市院于2019年11月15日依法立案审查，经

公告，未有适格主体提起民事公益诉讼。遵义市院经现场勘查，走访，听取当地党委、政府及相关部门意见，对该案线索分析研判后，认为肖某开、肖某波违法占用溶洞、土地资源修建观龙潭山庄、酒窖的行为，破坏了溶洞的生态环境。因涉及岩溶、暗河、植被等专业问题，遵义市院委托贵州省地矿局102地质大队对损害进行评估并出具《生态修复评估报告》，确认肖某开、肖某波采取硬化、浇灌、碎石、构筑、添附等方式违法改造观龙潭溶洞，改变了洞内天然构造和空间形态，造成部分石芽、钟乳石永久性损毁，影响洞内由水、气候形成的微环境和洞生动植物、微生物的栖息生长环境，破坏洞穴生态系统功能和附加的景观、美学、科考、旅游等价值，生态环境修复成本为1606294.59元。同时，针对违法排污对地下河水、土壤造成的污染，以虚拟成本计算法评估环境服务期间功能损失费为79613.8元。2020年5月27日，遵义市院依法向遵义市中级人民法院提起民事公益诉讼，诉请判令肖某开、肖某波共同承担恢复原状的民事责任，拆除违法修建的"观龙潭山庄"，按照修复方案履行环境修复义务，如不能自行修复，则承担生态修复费用1606294.59元；共同赔偿违建设施观龙潭山庄经营期间排污造成的环境服务期间功能损失费79613.8元；共同承担地质环境损害及生态修复评估费128000元；向社会公开赔礼道歉。

遵义市中级人民法院于2020年10月29日公开开庭审理。遵义市院派员出庭并进行了多媒体示证，申请某高校教授作为专家证人出庭，就《生态修复评估报告》的科学合理性发表专家意见。同时，双方围绕具有专业资质但不具有司法鉴定资质的机构作出的评估报告能否作为认定生态损失的依据、虚拟治理成本法计算生态环境受损期间服务功能损失能否认定等焦点问题展开质证和辩论。检察机关认为贵州省地矿局102地质大队是具有资质的专业机构，所做评估报告经第三方专家出庭认可，应予以采纳。且根据相关规定，生态环境受到损害至恢复原状期间服务功能损失可计入生态环境损害赔偿范围。遵义市中级人民法院审理认为，肖某开、肖某波破坏生态环境和自然资源等行为，严重损害国家利益和社会公共利益，应当承担恢复原状、履行生态环境修复义务等民事责任，判决支持检察机关全部诉讼请求。判决生效后，遵义市中级人民法院、习酒镇人民政府等组成联合工作队于2021年5月12日对观龙潭山庄进行强制拆除，目前已拆除并完成生态修复，遵义市院通过审查拆除及生态修复机构资质、现场监督、委托第三方有资质机构对拆除及生态修复效果评估等方式对执行过程进行监督。

遵义市院针对本地溶洞资源丰富地域特点，以本案为范本，在全市开展了溶洞资源保护公益诉讼专项工作，截至目前，已办理涉及溶洞、暗河等资源保护公益诉讼 6 件，达到了"办理一案，教育一片"，以一案推动类案办理的作用。

【典型意义】

溶洞资源是宝贵的不可再生资源，其所附生态系统是全球生物多样性不可或缺的部分。但当前尚没有健全规范的保护制度，随意侵占、破坏溶洞资源的违法行为时有发生。检察机关立足生态环境和资源保护，充分履行公益诉讼检察职能，通过现场勘查、专业机构评估、专家证人出庭等方式，科学确定公益损害后果，提出合理诉讼请求，切实保护好本地独具特色的溶洞资源。

江苏省灌南县人民检察院诉李某兴等人非法采矿刑事附带民事公益诉讼案

【关键词】

刑事附带民事公益诉讼　　盗采海砂　　期间损害　　生态修复

【要旨】

盗采海砂不仅涉嫌犯罪，且造成海床损害，破坏特定海洋物种生存环境，导致生物多样性期间损失和生物资源损失。检察机关办理刑事案件的同时依法提起附带民事公益诉讼，并委托专业性鉴定机构对海洋物种损害进行评估鉴定，精准提出生态修复方案。

【基本案情】

2017年3月29日至5月11日，被告李某兴、苏某冬、杨某春、苏某兰等人为牟取非法利益，在未取得海砂开采海域使用权证、采矿许可证的情形下，以航道清淤的名义，用采砂船多次在连云港市赣榆区海头镇东侧海域采挖海砂，累计采砂22944.15立方米，销售22200立方米，销赃数额人民币865800元，尚有744.15立方米海砂（经鉴定价格为人民币39440元）因被查处未能销售。被告时某某在明知苏某冬、李某兴等人系非法采砂的情况下，事前通谋，并以人民币60万元多次收购海砂10300立方米用于销售。

【调查和诉讼】

2018年12月，在办理李某兴等人非法采矿刑事案件中，江苏省连云港市灌南县人民检察院（以下简称灌南县院）发现行为人盗采海砂持续时间长、损害数额大，可能对海床造成破坏，进而导致海洋生物损害，破坏海洋生态，损害公共利益，于2019年1月11日以刑事附带民事公益诉讼立案调查。经公告，未有适格主体提起民事公益诉讼。灌南县院针对海床损害和海洋生物资源损害两方面分别委托生态环境部环境规划院和江苏海洋水产研究所两家专业鉴定机构进行了鉴定。经鉴定，李某兴等人行为破坏海床结构稳定性和水源涵养恢复，并对海洋生物资源和受损海床生物多样性造成期间损害，损失共计90.8万元。

2019年5月23日，灌南县院向灌南县法院提起附带民事公益诉讼。诉请判决被告赔偿损失90.8万元，承担评估费用12万元，在江苏省省级以上媒体赔礼道歉。2019年6月11日该案公开开庭审理。庭审过程中，被告方认为，本案所采海砂并非海洋海床结构海砂，采砂行为未对海洋生态环境造成损害。检察机关从本案非法采砂所处地点、采砂行为对水文环境造成的损害、采样方法、采样程序等方面进行了举证和辩论。2020年10月20日，灌南县法院作出一审判决，认为行为人在海砂禁采区和生态红线保护区海域采砂，采砂行为影响该区域水文动力环境，冲砂洗砂过程中形成局部区域含砂量骤升会对海洋水质产生影响，危害海洋生态系统，判决支持灌南县院全部诉求。

灌南县院通过办理本案发现，灌河流域存在大量非法小码头，客观上加剧了盗采海砂行为，相关监管部门存在履职不到位问题。2018年10月31日，灌南县院向本县港口建设管理局发出行政公益诉讼诉前检察建议，督促拆除非法小码头56处，恢复灌河岸线22.2公里。

【典型意义】

盗采海砂不仅会对海床造成破坏，而且破坏海洋浮游生物和微生物资源，会对脆弱的海洋生态造成毁灭性打击，损害社会公共利益。检察机关在依法打击盗采海砂犯罪行为的同时，应当对盗采海砂行为造成的海洋生态损失进行调查，通过委托专业鉴定机构对盗采海砂造成的生态损害、盗采海砂行为与损害后果之间因果关系进行鉴定评估，制定科学合理的生态修复方案，依法提起刑事附带民事公益诉讼，由盗采海砂行为人对遭受破坏的海洋生态进行修复。检察机关办案中注重发现行政监管漏洞，通过行政公益诉讼促进社会治理。

青海省西宁市城西区人民检察院诉李某某等人非法捕捞水产品刑事附带民事公益诉讼案

【关键词】

刑事附带民事公益诉讼　青海湖生态环境　增殖放流　专家意见

【要旨】

检察机关针对非法捕捞青海湖裸鲤，破坏生态资源、损害社会公共利益的违法行为提起刑事附带民事公益诉讼，以增殖放流替代性方式修复公益，提高公益修复的执行度，保护青海湖生物多样性。

【基本案情】

根据青海省人民政府发布的《关于继续对青海湖实行封湖育鱼的通告》，封湖育鱼期从2011年1月1日至2020年12月31日。2019年5月30日，李某某雇用张某某驾驶的金杯牌白色面包车，搭载李某良、李某龙携带捕鱼工具至青海省海北藏族自治州刚察县哈尔盖青海湖湖区，非法捕捞水产品901.7公斤。经青海湖自然保护区水上公安局委托华南动物物种环境损害司法鉴定中心鉴定，非法捕捞的渔获物系青海湖裸鲤。

【调查和诉讼】

青海省西宁市城西区人民检察院于2019年10月24日对本案线索以刑事附带民事公益诉讼案件立案审查。为合理确定生态修复诉求，青海省人民检察院与省农业农村厅多次召开研讨会，就出具青海湖裸鲤生态价值评估报告和增殖放流所需费用组织专家论证，听取相关单位意见。经评估论证，提出以增殖放流青海湖裸鲤的费用作为修复受损生态所需的赔偿标准。省农业农村厅所属省农牧业工程项目咨询中心在综合计算人工培育青海湖裸鲤的成本、非法捕捞青海湖裸鲤对青海湖造成的生态污染成本，核算增殖放流修复偷捕青海湖裸鲤种群的替代价格等项目的基础上，出具了《偷捕对青海湖裸鲤资源造成损失的评估报告》。青海省人民检察院与省农业农村厅为此建立了年度评估长效机制，为办理非法捕捞青海湖裸鲤民事公益诉讼案件提供专业性依据和统一索赔方式。依据年度评估报告，李某某等人非法捕捞青海湖裸鲤共计901.7公斤，应放流鱼苗90170尾，共需费用人民币126238元。

2019年10月30日，西宁市城西区人民检察院向区人民法院提起刑事附带民事公益诉讼，请求依法判令李某某等四名被告共同承担增殖放流费用126238元；判令四名被告向社会公众赔礼道歉。同年11月27日，本案开庭审理。庭审中，公诉人及公益诉讼起诉人出示、宣读了被告人供述、证人证言、年度评估报告、过称笔录等证据，证实了李某某等四名被告非法捕捞青海湖裸鲤的行为构成非法捕捞水产品罪，同时破坏了青海湖生态环境，损害社会公共利益的事实。四名被告当庭表示无异议，并愿共同承担增殖放流费用。法院判决支持了检察机关的全部诉讼请求。宣判后，四名被告当庭通过庭审直播向社会公众赔礼道歉，并主动全额缴纳增殖放流费用126238元。该笔款项在上缴财政后，以拨款方式拨付青海湖裸鲤救护中心，由其代为增殖放流。

【典型意义】

青海湖是我国最大的内陆高原湖泊、最大的咸水湖。青海湖裸鲤是湖中的稀有物种，是青海湖生态系统的重要组成部分。针对非法捕捞裸鲤案件频发的现状，为节约鉴定时间和诉讼成本，检察机关积极探索以专业评估替代司法鉴定，通过与农业农村部门建立关于偷捕对青海湖裸鲤资源造成损失进行年度动态评估的长效机制，明确投放的鱼苗尾数和每尾鱼苗的放流成本，通过人工增殖放流的方式修复受损的生态环境，实现了以低成本、高效益、可执行的模式修复特定区域的生态损害。

（二）食品药品安全

浙江省松阳县人民检察院诉刘某某等生产、销售有毒、有害食品刑事附带民事公益诉讼案

【关键词】

刑事附带民事公益诉讼　食品安全　十倍惩罚性赔偿　社会治理

【要旨】

针对生产、销售有毒、有害食品的违法犯罪行为，检察机关通过提起刑事附带民事公益诉讼，探索提出十倍惩罚性赔偿的诉讼请求，在依法追究违法者刑事责任的同时，还让其承担巨额惩罚性赔偿民事责任，使其痛到不敢再犯。

【基本案情】

2018年10月至2019年6月，刘某某、纪某某通过互联网购买淀粉、荷叶提取物、橙子粉等原材料及国家规定禁止在食品中添加使用的盐酸西布曲明，自行生产加工减肥胶囊、果蔬酵素粉等食品，并通过百度贴吧、微信、QQ发布销售广告，直接或经中间商转手出售给众多不特定消费者。有毒、有害食品流入浙江、陕西、安徽、湖南、河北等全国多地消费市场，销售价款达1317451元。

【调查和诉讼】

2019年10月，浙江省松阳县人民检察院（以下简称松阳县院）在办理刑事案件过程中发现刘某某、纪某某生产、销售有毒、有害减肥食品的行为可能侵害众多消费者合法权益，损害社会公共利益，遂以刑事附带民事公益诉讼立案，经公告，无适格主体提起诉讼。松阳县院成立办案组，引导公安

机关补充侦查，深入查明非法生产销售的网络链条、涉案食品流入消费市场等事实，同时围绕销售金额认定、违法者是否明知存在食品安全问题等公益损害责任认定的关键要素开展取证；邀请法学专家共同对检察机关请求权基础等问题进行论证，厘清提出惩罚性赔偿诉请的法律依据。

2020年7月10日，松阳县院向松阳县人民法院提起刑事附带民事公益诉讼，指控刘某某、纪某某构成生产、销售有毒、有害食品罪，并诉请判令共同支付生产、销售有毒、有害食品销售价款十倍的赔偿金，共计13174510元。庭审中双方就违法行为是否造成重大损害风险、销售价款认定、责任承担等焦点展开激烈辩论。8月21日，法院作出一审判决：以生产、销售有毒、有害食品罪判处两名被告人有期徒刑十年四个月，并处罚金，对检察机关诉请支付销售价款十倍赔偿金13174510元的主张全部予以支持。刘某某、纪某某不服该判决，向丽水市中级人民法院提出上诉。二审庭审中，浙江省丽水市人民检察院与松阳县院同时派员出庭履职，进一步阐明检察机关提出十倍惩罚性赔偿诉请的法律依据、必要性等问题。11月2日，人民法院作出二审判决：驳回上诉，维持原判。

该案转入执行程序后，人民法院对查明确属被告人的财产予以执行，对其他可供执行的财产实施排查。检察机关对非法销售链条上的其他违法者持续调查，陆续追究8名中间商的刑事、民事责任。同时，松阳县院针对办案中发现的网络销售及线下食品安全监管漏洞，牵头市场监管部门、公安机关出台《关于建立食品药品领域公益诉讼协作配合机制的意见》，深化"刑事司法+公益诉讼+行政执法"联动，推动形成打击食品安全违法行为合力。截至目前，行政机关作出行政处罚189件，移送检察机关立案审查食品安全领域案件11件22人，净化了当地食品安全环境。

【典型意义】

生产、销售非法添加盐酸西布曲明等禁用成分的食品，严重危害众多消费者的身体健康，损害社会公共利益。检察机关综合发挥刑事公诉和民事公益诉讼多元职能作用，通过刑事附带民事公益诉讼，让违法生产者、销售者承担销售价款十倍的惩罚性赔偿责任，以办案回应广大消费者的关切，破解不特定消费者难以保护自身合法权益的难题。同时，本案以司法判决形式明确了检察机关诉讼主体资格、违法链条各环节违法者责任承担、销售价款认定及十倍惩罚性赔偿具体适用等法律实践问题。检察机关推动构建食品安全领域"刑事司法+公益诉讼+行政执法"联动配合协作机制，织密了安全防护网。

新疆维吾尔自治区伊犁哈萨克自治州人民检察院诉某气体制造有限公司非法销售假药民事公益诉讼案

【关键词】

民事公益诉讼　假药　工业氧　惩罚性赔偿

【要旨】

违法行为人将工业氧冒充药品医用氧非法销售，侵害了患者的知情权及健康权，检察机关提起民事公益诉讼，依据《消费者权益保护法》要求违法者承担销售价款三倍的惩罚性赔偿。

【基本案情】

新疆某气体制造有限公司（以下简称某公司）是一家经营多种气体生产、销售的公司。2016年1月至2019年8月，某公司在只取得医用气态氧生产经营许可手续，未取得医用液态氧生产经营许可手续的情况下，从工业氧生产企业以每吨200元左右的价格购进工业液氧，经公司相关人员非法伪造、变造医用液氧出库单、检验证明等手续后，多次将工业液氧冒充医用液氧，以每吨3000元（其中运输费用约每吨2000元）左右的价格，非法销售给伊犁州直9家医疗机构，销售金额达5140403.2元。

【调查和诉讼】

2020年6月，新疆维吾尔自治区伊犁哈萨克自治州人民检察院（以下简称伊犁州院）在办理某公司、张某某等4人非法销售假药罪一案中，发现案件可能损害社会公共利益，遂以民事公益诉讼立案办理。为确定工业氧非法冒充医用氧使用后会对患者造成的危害，办案检察官向伊犁州友谊医院等3家医疗机构的5名医疗专家进行了咨询，5名专家均认为，工业氧是一种工业产品，而医用氧系医用药品，其生产、储存等均有一系列严格规范。工业氧冒充医用氧使用后，生产中产生的杂质、有害气体等进入人体后必然会对患者的健康造成损害。经公告，未有适格主体提起诉讼。伊犁州院于2020年8月5日向新疆维吾尔自治区高级人民法院伊犁哈萨克自治州分院提起民事公益诉讼，诉请判令某公司承担非法销售额三倍共计15421209.6元的惩罚性赔偿，并在伊犁州级媒体上公开向社会公众赔礼道歉。

2020年12月11日，法院作出判决，支持了检察机关的全部诉讼请求。某公司不服一审判决，提出上诉，在上诉期间经法院依法传票传唤无正当理由拒不到庭，新疆维吾尔自治区高级人民法院遂依法作出民事裁定，按上诉人撤回上诉处理，一审判决发生法律效力。

【典型意义】

不法商家无视患者生命健康，以工业氧冒充医用氧，侵害了广大患者的知情权和健康权，检察机关在追究相关行为人刑事责任基础上，对涉案公司提起药品安全民事公益诉讼，并根据其主观过错程度、持续时间、公益损害范围、获利情况等因素，提出三倍惩罚性赔偿，加大违法者的违法成本，达到让违法者痛到不敢再犯的目的。

（三）英烈权益保护

湖南省常德市检察院诉唐某成侵害刘磊烈士名誉民事公益诉讼案

【关键词】

民事公益诉讼　英雄烈士名誉　社会公共利益保护

【要旨】

对侵害英雄烈士的姓名、肖像、名誉、荣誉，损害社会公共利益的违法行为，英雄烈士近亲属不提起民事诉讼的，检察机关可以依法向人民法院提起公益诉讼，要求违法者承担公益损害责任。

【基本案情】

2019年3月19日，江苏省苏州市消防支队吴江区大队盛泽中队副班长、四级消防士刘磊同志在营救苏州市吴江区盛泽镇清溪河新东大桥轻生女子时不幸被水流卷入，壮烈牺牲。次日，中华人民共和国应急管理部批准刘磊同志为烈士。3月22日，刘磊烈士所在家乡湖南省石门县农民唐某成在微信群"常德人聊天群"中，与网友讨论刘磊烈士的英雄事迹时，公然发表"狗熊""有什么可惜的""我说的是实话"等一系列侮辱性言论。唐某成歪曲事实、侮辱烈士的言论，侵害了刘磊烈士的名誉，造成了较为恶劣的社会影响。

【调查和诉讼】

2019年3月28日，湖南省常德市人民检察院（以下简称常德市院）在石门县人民政府官网发布的《微信群内辱骂烈士刘磊！石门网民唐某成被行政拘留15日》发现，唐某成在微信群内公然辱骂刘磊烈士，侵害了刘磊烈士的名誉，伤害了其亲友及社会公众的情感，损害了社会公共利益。4月3日，常德市院对本案线索以民事公益诉讼案件立案。检察人员赴刘磊烈士家乡石门县当面征询刘磊烈士近亲属意见，全体近亲属书面声明不提起民事诉讼，并同意检察机关提起民事公益诉讼。检察机关到公安机关、应急管理部门、退役军人事务部门等单位调取行政执法卷宗及烈士评定文件等资料并询问唐某成后查明，唐某成明知其行为可能侵犯烈士名誉，仍然在微信群中发表侮辱刘磊烈士的不当言论。5月10日，常德市院向常德市中级人民法院（以下简称常德中院）提起民事公益诉讼，诉请判令唐某成通过湖南省级以上媒体向社会公众赔礼道歉，消除影响。

6月19日，常德中院公开开庭审理本案。常德市院派员出庭，并出示相关证据材料：批准刘磊同志烈士称号的批文、追记一等功、追认中国共产党党员等材料；唐某成微信群的聊天记录截图、证人证言等；刘磊烈士近亲属出具的书面声明等。在法庭辩论中，公益诉讼起诉人发表出庭意见：认为被告唐某成公开发表侮辱性言论，诋毁刘磊烈士的品德和形象，侵害了其名誉，引起众多网友的极大愤慨，伤害了其亲友和社会公众的情感，造成了恶劣的社会影响，损害了社会公共利益，检察机关对侵害英烈名誉的行为提起公益诉讼，旨在对全社会起到警示教育作用，形成崇尚英雄、学习英雄、传承英雄精神的社会风尚。法院当庭作出判决，支持检察机关的诉讼请求。唐某成表示不上诉并当庭通过省级媒体湖南都市频道向社会公开赔礼道歉。来自消防、学校、当地群众代表以及部分人大代表、政协委员、人民监督员、军事检察院相关同志近200人听庭。

【典型意义】

该案是英烈权益保护民事公益诉讼起诉案件。该诉讼案件的审理是一次"以案释法"的法治公开课，更是一次崇尚英雄、捍卫英雄、学习英雄、关爱英雄的思想教育洗涤，网络不是法外之地，任何人不得通过各种方式歪曲、诋毁、丑化、否定英雄事迹和精神。英雄烈士的姓名、肖像、名誉和荣誉等权益是社会正义的重要组成内容，承载着社会主义核心价值观和民族情感，具有社会公共利益属性。对于侵害英雄烈士名誉的行为，在没有近亲属或者近亲属不提起诉讼时，检察机关依法提起民事公益诉讼，捍卫英烈权益，履行公共利益代表的神圣使命和职责。

（四）产品质量安全

浙江省杭州市余杭区人民检察院诉蔡某某等销售伪劣口罩民事公益诉讼案

【关键词】

民事公益诉讼　产品质量安全　销售伪劣产品　惩罚性赔偿

【要旨】

针对违法行为人在新冠肺炎疫情期间通过互联网向众多不特定消费者销售伪劣口罩，严重危害社会公众的生命安全和身体健康的违法行为，检察机关对其提起民事公益诉讼，并适用三倍惩罚性赔偿，追究其公益损害责任。

【基本案情】

2020年1月24日，蔡某某经姚某某介绍，在明知无生产日期、质量合格证及生产厂家信息的情况下，购买"三无"伪劣口罩，并假冒N95口罩向他人出售，姚某某从中获取"好处费"。1月24日至1月31日，蔡某某又自行购买"三无"伪劣口罩并向他人出售。前述口罩被销往湖北等21个省市，用于物资捐赠、药店超市销售、单位保障、民众自用等，共计流入市场37950个，销售金额为274500元。经鉴定，蔡某某销售的口罩实测过滤效率均不符合相关国家标准对具有病毒防护功能口罩应达到的过滤效率≥95%的要求。

【调查和诉讼】

2020年2月2日，浙江省杭州市余杭区人民检察院（以下简称余杭区院）在办理蔡某某等人销售伪劣口罩刑事案件中，发现该案事关社会公共利益，遂由该院公益诉讼部门与刑事检察部门同步提前介入引导侦查。在刑事案件审查起诉过程中，为疫情防控需要，避免不知情的消费者继续使用该伪劣口罩用于疫情防控，及时制止社会公共利益损害继续扩大，余杭区院研究认为本案有必要单独提起民事公益诉讼，经层报浙江省人民检察院同意，余杭区院于2020年2月11日对蔡某某等人销售伪劣口罩民事公益诉讼案立案，经公告，无适格主体提起诉讼。因案涉违法行为系蔡某某等人在余杭辖区通过互联网实施，余杭区院于2020年3月12日向杭州互联网法院提起民事公益诉讼，诉请蔡某某等人支付销售口罩价款三倍赔偿金，在全国性的新闻媒体上公开赔礼道歉，发布警示公告。

2020年3月31日，本案公开开庭审理。庭审中，检察机关出示了违法行为人与消费者之间的微信聊天记录、销售记录、相关人员笔录、鉴定报告等证据材料，充分论证蔡某某等人销售伪劣口罩已构成欺诈，对众多不特定消费者生命健康造成潜在危险，损害社会公共利益。被告蔡某某认为适用三倍惩罚性赔偿于法无据，被告姚某某以其收取好处费、并非共同销售口罩为由抗辩。杭州互联网法院经审理认为，蔡某某在新冠肺炎疫情期间虚假宣传、销售伪劣口罩，误导、欺骗消费者，危及消费者人身健康安全，侵害了消费者的合法权益；姚某某代蔡某某向他人购买口罩，并与蔡某某一起验货、提货，构成帮助侵权；两名被告应依据《中华人民共和国消费者权益保护法》承担三倍惩罚性赔偿，判令：被告蔡某某、姚某某共同支付赔偿款229200元；被告蔡某某支付赔偿款594300元；被告蔡某某、姚某某向社会公众刊发警示公告、赔礼道歉声明。判决生效后，蔡某某、姚某某在《法治日报》刊登了警示公告和道歉声明。2020年4月1日、2021年4月19日，杭州市余杭区人民法院以销售伪劣产品罪，判处蔡某某有期徒刑七年，姚某某有期徒刑一年、缓刑一年，并分别判处罚金40万元和7万元。现赔偿款以分期支付的方式强制执行中。

【典型意义】

新冠肺炎疫情防控期间，口罩作为重要抗疫物资，其产品质量直接关系公共卫生安全和疫情防控秩序，关乎人民群众的生命安全和身体健康，检察机关积极稳妥探索产品质量安全领域公益诉讼，及时发现利用互联网实施的销售伪劣口罩行为，按照最高人民法院有关互联网检察公益诉讼管辖的司法解释，向互联网法院依法提起民事公益诉讼，探索适用三倍惩罚性赔偿，制止、惩罚、威慑涉疫口罩售假行为，有效保障人民群众合法权益。

最高人民检察院公益诉讼检察典型案例汇编（2021年度）

行政公益诉讼

（一）生态环境和资源保护

内蒙古自治区呼和浩特市赛罕区人民检察院督促履行环境保护监管职责行政公益诉讼起诉案

【关键词】

行政公益诉讼　履职尽责　行政职能承继性　指定管辖

【要旨】

环境行政公益诉讼中，行政机关履职标准应当以是否全面履行其法定职责，环境损害问题是否得到治理为标准。对于历史遗留的环境问题，区划调整后承继环境监管职能的行政机关，也应全面履行其法定职责，不能以环境违法情形发生时间早于其承继监管职责的时间为由拒绝履职。

【基本案情】

自2010年开始，呼和浩特市玉泉区世纪十九路道路两侧长期违法堆放大量建筑垃圾形成渣土堆，该地块2015年划入城区范围。该渣土堆长期堆存严重污染周围环境，侵害社会公共利益。

【调查和督促履职】

2018年10月初，内蒙古自治区呼和浩特市人民检察院（以下简称呼和浩特市院）经群众举报发现该案件线索，于2018年10月9日立案。经调查，涉案地块自2010年起开始堆放建筑垃圾，原不属于呼和浩特城区范围，也非建筑垃圾规划堆放处。该地块自2015年划入城区范围，但建筑垃圾渣土堆一直没有相关部门进行清理。呼和浩特市院委托测绘公司对建筑垃圾渣土堆进行测量，查明涉案垃圾占地面积123亩，高近10米，体量为260798.6立方米。

2018年10月18日，呼和浩特市院向呼和浩特市城市管理综合执法局（以下简称市城管局）发出诉前检察建议，建议该局依法全面履行职责，及时清理涉案地块上堆放的建筑垃圾渣土堆，并对市区内建筑垃圾乱堆乱放问题进行全面严格监管。2018年12月18日，市城管局书面回复称，涉案建筑垃圾系2015年之前形成，2015年该地块划入城区范围后，并未形成新的"增量"，该局已经履行了监管职责，2015年以前形成的建筑垃圾不属于其监管职责。检察机关收到回复后对涉案现场进行了多次跟进调查，查明行政机关对该建筑垃圾渣土堆一直未采取任何监管措施，严重污染周边环境，侵害社会公共利益。

【诉讼过程】

根据《中华人民共和国行政诉讼法》地域管辖相关规定，本案应当由呼和浩特市玉泉区人民检察院管辖。呼和浩特市院在综合考虑办案力量、办案经验基础上，经与呼和浩特市中级人民法院协商，将该案交由呼和浩特市赛罕区人民检察院办理。2019年5月27日，赛罕区检察院向呼和浩特市赛罕区人民法院提起行政公益诉讼。2019年6月13日，赛罕区法院开庭审理本案。庭审围绕市城管局是否已经履行监管职责展开辩论。市城管局认为，一是建筑垃圾渣土堆形成时，案涉地块并不属于该局管辖范围。二是案涉地块划入城区规划管理后，建筑垃圾渣土堆并未形成新的增量，该局既无职责也无能力对案涉渣土堆进行清理。三是该局在辖区内综合整治建筑垃圾渣土堆方面做了大量的工作，取得了良好的社会效果。检察机关认为，虽然涉案地块原为非城区，但2015年后区划调整为城区，案涉环境污染问题始终没有得到治理。《城市建筑垃圾管理规定》《呼和浩特市城市建筑垃圾管理规定》《呼和浩特市市容环境卫生管理条例》等相关法律法规、权责清单已明确了市城管局具有法定监管职责，并未对其监管范围内的建筑垃圾的形成时间做出限定，作为执法机关不能擅自对监管职责做出"限缩解释"。市城管局提到其在综合整治辖区内渣土堆方面做过大量工作，恰恰证明其具有相应的法定职责。

2019年7月23日，赛罕区法院作出一审判决，判决支持了检察机关的诉讼请求，认为市城管局具有对案涉建筑垃圾渣土堆进行清理的法定监管职责。虽然该局已将综合整治城区存量渣土山的工作列入下一步工作计划，但并未在收到检察建议后积极履行职责,履职监管不到位。综上,判决责令市城管局于判决生效后 60 日内对建筑垃圾违法堆放行为履行监管职责。案件审理过程中,检察机关邀请 40 余名县处级行政职能部门负责人旁听了庭审,将本次庭审作为一次生动的"法治公开课"。本案判决生效后,呼和浩特市院就案件的执行问题召开了圆桌会议,督促行政机关及时履行生效判决内容。目前,该建筑垃圾渣土堆已列入市区环境整治规划,开始有序清理。

【典型意义】

环境问题具有隐蔽性和累积性的特点,容易形成历史遗留损害追责难等问题,在确实无法确定担责主体的情况下,行政机关应当承担治理和修复法律责任,《环境保护法》《固体废物污染环境防治法》等法律对此均作了相关规定。行政机关不能对公益损害以存量和增量区分其履职范围,不能以环境违法情形发生时间早于其承继监管职责的时间为由拒绝履职。检察机关注重以案释法,将诉讼过程作为一次生动的"法治公开课",提升了当地行政机关依法行政的法治意识。

吉林省德惠市人民检察院督促履行环境保护监管职责行政公益诉讼起诉案

【关键词】

行政公益诉讼　履职尽责　审判监督程序　乡镇政府

【要旨】

法律、法规、规章以及规范性文件关于行政机关法定职责的概括式规定同样属于行政机关履职尽责的内容，乡镇人民政府对辖区内环境保护具有监督管理职责，检察机关对其不依法履职行为可以提起行政公益诉讼。对确有错误的公益诉讼生效判决、裁定或者调解书，检察机关可以依法提出抗诉。

【基本案情】

2017年3月，吉林省德惠市人民检察院（以下简称德惠市院）在开展专项活动中发现，德惠市朝阳乡境内存在擅自倾倒、堆放生活垃圾情况，涉案两处垃圾堆放场位于松花江国堤内，垃圾直接就地堆放，未作防渗漏、防扬散及无害化处理，散发有刺鼻气味，污染周边环境和水质，且对松花江汛期行洪产生影响，侵害了社会公共利益。

【调查和督促履职】

2017年3月31日，德惠市院决定立案并开展调查，进行现场勘验，聘请专业机构对垃圾堆放量进行测绘，聘请环保专家对垃圾进行鉴别，咨询德惠市环境保护局意见。经调查查明，两处垃圾堆放场位于德惠市朝阳乡南岗村林场东北方位，距松花江约为500米，均在松花江河滩地上，属于德惠市朝阳乡辖区。朝阳乡人民政府（以下简称朝阳乡政府）利用辖区内天然形成的两处砂土坑设置了垃圾堆放场，用于收集和堆放周边居民日常产生的生活垃圾，历时已10年有余，垃圾堆放量为6051.5立方米。经环保部门及专家出具意见，垃圾存放处未见防渗等污染防治设施，垃圾产生的渗滤液可能对地表水及地下水造成污染，散发的含有硫、氨等恶臭气体污染环境空气。经邀请德惠市水利局工作人员现场察看并调取平面位置图，确认两处垃圾堆放场位于松花江河道管理范围，汛期会对流域内河势稳定及河道行洪产生危害，违反了《河道管理条例》《防洪法》等相关规定。

德惠市院审查认为，根据《环境保护法》《固体废物污染环境防治法》，及住建部等10部门《关于全面推进农村垃圾治理的指导意见》《长春市市容和环境卫生管理条例》《德惠市生态环境保护工作责任规定（试行）》等相关规定，朝阳乡人民政府作为一级人民政府，对本行政区域环境保护负有监督管理职责，对违法堆放的生活垃圾有责任进行清运治理，修复生态环境。

2017年4月18日，德惠市人民检察院向德惠市朝阳乡人民政府发出检察建议书，建议其依法履行统筹和监管职责，对涉案垃圾堆放场立即进行整治。2017年5月12日，德惠市朝阳乡人民政府向德惠市院书面回复，称已制定整治方案。但德惠市院四次跟进调查发现，截至检察建议整改期满，德惠市朝阳乡人民政府虽有部分整改行为，但对违法形成的垃圾堆放场未进行彻底整治，公益侵害仍在持续。

【诉讼过程】

2017年6月26日，德惠市院就该案向德惠市人民法院提起行政公益诉讼，诉请：（1）确认德惠市朝阳乡人民政府不履行对垃圾堆放场的监管职责违法；（2）判令德惠市朝阳乡人民政府立即履行监管职责，对违法形成的垃圾堆放场进行治理，恢复原有的生态环境。庭审中，朝阳乡政府辩称，其对涉案垃圾不具有监管职责，但其作为一级政府正在执行市政府的工作部署，逐步开展涉案垃圾清理工作，请求法院驳回检察机关第一项诉讼请求。德惠市人民法院一审认为，德惠市朝阳乡人民政府只对该事项负有管理职责，监管职责应由有关行政主管部门行使，德惠市朝阳乡人民政府不是本案适格的被告，裁定驳回起诉。

2018年1月4日，德惠市院提起上诉。长春市中级人民法院二审认为，行政诉讼法第二十五条规定的"监督管理职责"不包括行政机关对生态环境进行治理的管理职责，而应限定在行政机关对破坏生态环境的违法行为进行制裁和处罚的范围内；相关法律、地方性法规虽然宏观规定了乡镇政府负责辖区内环境保护工作，但未明确具体应当如何履行，乡镇政府的履职情况应由上级政府奖励及问责。故朝阳乡政府是否履行清理垃圾的职责不受行政诉讼法调整；朝阳乡政府不是履行对破坏生态环境的违法行为进行制止和处罚的监督管理职责的责任主体，裁定驳回上诉，维持原裁定。

2018年6月25日，吉林省人民检察院以审判监督程序就该案向吉林省高级人民法院提出抗诉。2019年12月30日，吉林省高级人民法院作出再审行政裁定认为，检察机关抗诉理由成立，理由：（1）朝阳乡政府具有环境保护"监督管理职责"。影响环境质量的因素具有复杂性，法律规定了政府的环境保护义务，政府具有承担统筹协调各种资源、综合治理、改善环境质量的责任。不应对"监督管理职责"作限缩解释或片面解读，应当从相关立法体系、立法本意出发，对"监督管理职责"作全面解读。（2）原一、二审适用法律错误。对于行政机关是否具有法定职责或者给付义务，属于实体判断问题，应当采用判决方式。再审裁定：支持吉林省人民检察院的抗诉意见，裁定撤销一审、二审裁定，指定德惠市人民法院再审。

2019年5月29日，德惠市人民法院重新组成合议庭，再次审理本案。由于朝阳乡政府在本案二审期间对案涉垃圾进行了清理，德惠市院变更诉讼请求为确认德惠市朝阳乡人民政府不依法履行生活垃圾治理职责违法。德惠市人民法院重审认为，对于垃圾堆放等破坏辖区范围内环境卫生行为，朝阳乡政府应当依法履行监督管理职责，判决：确认德惠市朝阳乡人民政府原不依法履行生活垃圾治理职责违法。朝阳乡人民政府未提出上诉。判决已生效。

【典型意义】

本案是省级检察院按审判监督程序向省级法院提出抗诉的案件，历经一审、二审、抗诉再审、重审，成为行政公益诉讼起诉案件的全流程样本。本案中，针对行政诉讼法第二十五条行政机关的监督管理职责应当如何理解、乡镇人民政府对辖区环境保护是否具有监督管理职责，是否属于行政公益诉讼的监督对象，检察机关、行政机关、审判机关在诉讼中曾存在较大的分歧。检察机关以保护公益为核心，立足法律监督职能定位，通过提起上诉、抗诉，依法推动乡镇人民政府准确认清自身职责，主动修复公益损害，也促成检法两家对行政诉讼法中有关行政机关监管职责的理解和认定形成共识，即法律、法规、规章以及规范性文件中关于行政机关法定职责的概括式规定也属于行政机关的法定义务范畴，并进一步明确了乡镇人民政府对于辖区内环境卫生负有监督管理职责，属于行政公益诉讼监督范围，为共同推动完善基层治理体系建设贡献了司法力量。

海南省人民检察院第一分院督促履行自然保护区监管职责行政公益诉讼起诉案

【关键词】

行政公益诉讼　毁林占地　省级自然保护区　履职尽责　诉讼请求变更　审判程序监督

【要旨】

行政机关对行政公益诉讼诉前检察建议仅采取部分整改措施或未采取实质性措施，国家利益或者社会公共利益仍持续受到侵害，检察机关应当依法提起行政公益诉讼，推动公益侵害问题的解决。

【基本案情】

牛路岭水库位于海南省三大水系之一的万泉河上游，地处琼海、琼中及万宁交界处，是海南省中部重要的生态功能区、重点公益林保护地和重要的水源地。会山省级自然保护区范围内牛路岭库区周边，长期大量存在村民通过"套种"槟榔、橡胶等经济林，以环剥树皮、钻孔注射农药"蚕食"等方式致天然林、天然次生林树木枯死的违法情形。

【调查和督促履职】

2018年3月，海南省人民检察院针对万泉河流域牛路岭库区生态破坏和水源地安全问题，会同原海南省林业厅开展了"万泉河水清又清"专项监督活动。琼海市人民检察院在参加专项活动时摸排到本案线索，于2018年6月11日立案调查。经调查查明：自20世纪90年代开始，会山省级自然保护区范围内牛路岭库区周边长期存在套种槟榔等经济林"蚕食"天然林、天然次生林占用林地等违法行为，人工林面积占比大幅提升，原有天然森林植被部分灭失，生物多样性生态系统功能遭受破坏。琼海市辖区林业主管部门原为琼海市农林局，2019年3月琼海市人民政府内设机构改革后，林业主管部门变更为琼海市自然资源和规划局。琼海市农林局作为辖区原林业主管部门，对违法"套种""蚕食"天然林的行为疏于监管，致使水源保护地森林资源和生态环境遭受严重破坏。2018年6月12日，琼海市人民检察院向原琼海市农林局发出检察建议，建议其依法履职，及时制止和遏制毁林、"蚕食"、"套种"等破坏生态环境资源的违法行为，逐步修复被毁坏的生态环境资源。该局于同年7月30日作出书面回复称：已建立巡山记录台账、设置宣传牌、发放通告，清理经济作物72亩，补种树种160多亩，并向16户发放责令整改通知书责令自行清理。但检察机关在后续多次跟进调查中发现，原琼海市农林局及现林业监管部门琼海市自然资源和规划局发放的通告只是宣传性质的法条罗列，不具有法律效力，且一直没有作出要求违法行为人停止违法行为的决定，始终没有采取实质性的遏制措施。尤其是对已查明违法行为人的26宗被侵占林地，未依法作出行政处理，库区周边森林资源和生态被大面积破坏的局面未得到有效遏制。

【诉讼过程】

鉴于琼海市自然资源和规划局未采取有效措施整改，琼海市人民检察院将该案件线索报告海南省人民检察院。根据海南省环境资源审判案件提级管辖的规定，海南省人民检察院于2019年6月24日将本案交由海南省人民检察院第一分院（以下简称海南一分院）审查起诉。2019年12月2日，海南一分院向海南省第一中级人民法院（以下简称海南一中院）提起行政公益诉讼，诉请确认琼海市资规局对已发现的26宗违法林地怠于履职违法，并于判决后1个月内对违法占地人员依法作出行政处理。

2019年12月30日，海南一中院公开开庭审理本案，海南一分院派员出席第一审法庭，检察人员在履行出庭职责中发现合议庭由3名审判员组成，违反了《中华人民共和国人民陪审员法》有关公益诉讼应由人民陪审员和法官组成七人合议庭进行审理的规定。海南一分院在庭后向海南一中院提出审判程序监督检察建议。

2020年5月12日，海南一中院重新组成7人合议庭再次公开开庭审理本案。被告以会山保护区内牛路岭库区生态存在问题历史原因多、群众抵触大、执法难，且其已履行调研摸底、下发通告、报告政府等职责，不存在怠于履职行为为由抗辩，检察机关认为保护区生态破坏之所以长期存在且演变为执法难题，归根结底是由于被告长期未依法全面履职。被告虽在收到检察建议后开展了部分宣传、调查等工作，但不能据此证明被告已经依法全面履行了法定监管职责,穷尽了行政监管措施。被告对已查实的违法侵占林地的行为人至今未依法作出行政处理的事实,足以证实被告怠于履行法定职责。本案审理期间,琼海市资规局组织违法行为人对部分被侵占林地进行了清理。经检察机关现场跟进调查,尚有7宗被侵占林地未处理,据此将原诉讼请求的26宗变更为7宗。同年6月1日,海南一中院作出一审判决,判决认为,被告没有处理好依法生态保护与现实履职的关系,履职不尽责是保护区占地毁林破坏生态资源违法行为长期存在的根本原因。其履职方式仅为文来文往、相关工作停留在表面,没有依法采取切实有效措施,更没有具体效果,保护区违法占地行为一直处于持续状态,其怠于履职行为明显违法,判决:确认被告琼海市自然资源和规划局怠于履行监管职责,对海南会山省级自然保护区内牛路岭库区已发现的违法占用林地的人员未依法作出行政处理的行为违法;限被告在判决生效之日起一个月内对会山省级自然保护区牛路岭库区已发现的7宗违法占用林地的人员依法作出行政处理,履行法定监管职责。被告未上诉,判决生效。琼海市自然资源和规划局会同琼海市综合行政执法局正进一步调查处理,已清理的林地目前已恢复。

【典型意义】

在行政公益诉讼办案中,检察机关针对行政机关的整改行为开展跟进调查,对于无正当理由部分整改或者未采取实质性整改措施的,依法提起行政公益诉讼,以诉讼形式督促行政机关依法全面履职,及时有效修复公益。针对在诉讼过程中,行政机关部分履职的情形,检察机关可以相应变更诉讼请求。公益诉讼起诉人在出席法庭时,依法履行法律监督职责,对人民法院审判程序违法情形,应当在庭后及时开展审判程序监督,保障公益诉讼审判程序依法规范。

山东省临朐县人民检察院督促履行环境保护监管职责行政公益诉讼起诉案

【关键词】

行政公益诉讼　生态环境　刑事责任与行政责任

【要旨】

违法行为构成犯罪,违法主体在承担刑事责任的同时,还应当依法同时承担行政法律法规规定的其他法律责任。负有监管职责的行政机关应当继续依法全面履行职责,责令违法主体承担相应的行政责任,维护国家利益和社会公共利益。

【基本案情】

2012年下半年至2017年3月,曾某某等人在未取得采矿许可的情况下,擅自在临朐县东城街道北范家庙等地毁土采砂牟利。该砂场共采挖土地84.7亩,其中基本农田2.6亩,其余为一般农田和村镇建设规划用地。上述非法采砂行为,不仅破坏土地,导致国土资源流失,还采挖形成南北300多米、东西近300米、深10余米不等的不规则矿坑,给当地群众生产生活带来严重安全隐患。临朐县砂资源管理行政执法局(以下简称临朐县砂管局)对曾某某等多次给予行政处罚,但被破坏土地和生态环境一直未得到修复。

【调查和督促履职】

2018年6月8日,山东省潍坊市临朐县人民检察院(以下简称临朐县院)在审查起诉曾某某等涉嫌非法采砂案时,对破坏土地非法采砂的线索进行立案。临朐县院调取了行政处罚决定书、非法开采证明、曾某某等人的供述及刑事立案决定书、判决书、证人证言、采砂现场测绘报告等证据,及中共临朐县委、临朐县政府《关于推进综合行政执法体制改革的实施意见》、临朐县砂管局及临朐县综合行政执法局权力清单等文件,实地勘查砂场现状,委托专业机构测绘该宗土地的利用规划图、现状图等。经调查认定：曾某某等人无证开采砂资源，破坏土地84.7亩，其中基本农田2.6亩，其余为一般农田和村镇建设规划用地；被破坏土地和生态环境一直未修复；临朐县综合行政执法局于2018年3月成立，行使原临朐县砂管局、临朐县国土资源局对砂资源、土地监督管理等方面的行政执法职责。2018年6月13日，临朐县院向临朐县综合行政执法局发出检察建议，督促其依法履职，责令违法行为人限期修复遭到破坏的土地，恢复土地原状。2018年8月4日，该局书面回复称：已责成当事人对采挖地块进行了恢复治理，现已经达到种植条件。临朐县院跟进调查发现，该宗地块并未得到任何修复与治理，国家利益和社会公共利益持续处于受侵害状态。

【诉讼过程】

2018年10月30日，临朐县院向法院提起行政公益诉讼，诉请判令被告依法履行责令违法采砂人限期改正或治理的职责。庭审中，检察机关依法出庭履行职责，与被告就刑事责任是否吸收行政责任，违法行为人被追究刑事责任后是否还应承担相应的行政责任，被告对违法行为是否仍具有管辖权和负有监管职责等方面展开辩论。法院经审理认为，违法行为人曾某某等虽被追究刑事责任，但其违法行为造成的损害后果不因已承担刑事责任而终结，其仍应承担行政法律、法规规定的限期改正或治理等法律责任；被告亦负有监管违法行为人承担上述责任的职责。被告收到公益诉讼起诉人的检察建议后，未按照检察建议作出行政行为，构成不履行法定职责。2019年4月28日，法院判决被告依法履行责令违法行为人曾某某等限期改正或者治理的法定职责。

判决生效后，临朐县综合行政执法局及时作出行政决定，责令曾某某等人对该宗地块进行治理。但因曾某某等均入监服刑，无力治理。为尽快推进土地和生态环境治理，消除安全隐患，在临朐县综合行政执法局组织初步治理的基础上，临朐县政府组织综合行政执法、自然资源和规划、农业农村等部门，对该宗地块综合治理进行集体"会诊"，制定修复治理方案。目前，该宗地块已投入100余万元进行治理并通过了专家组验收，土地已复垦，周边环境已复绿，矿坑四周架起金属防护网。目前，临朐县院正督促有关部门就治理资金依法向曾某某等进行追偿。

【典型意义】

刑事责任和行政责任在性质、形式、价值目标和功能等方面存有不同，不能简单地归纳为吸收与被吸收关系。违法主体被追究刑事责任后，违法犯罪活动造成的损害后果依然存在，国家利益和社会公共利益持续处于受侵害状态，检察机关督促行政机关依法全面履行监管职责，责令违法主体承担相应行政责任，切实修复受损公益。

河南省信阳市浉河区人民检察院督促履行林业资源监管职责行政公益诉讼起诉案

【关键词】

行政公益诉讼　类案监督　补种林木　公益诉讼专项基金

【要旨】

针对同一行政机关多次怠于履行职责的同类违法行为，检察机关通过制发一份类案检察建议督促依法履职，并列明全部已调查核实的违法行为。经督促，该行政机关仍不依法履职的，在与人民法院充分沟通基础上，以一案起诉，达到以最少司法资源推动一类公益修复的效果。

【基本案情】

2018年以来，信阳市浉河区林业和茶产业局对辖区内盗伐、滥伐林木类的43件行政处罚案件中，仅执行了对当事人的罚款内容，而责令当事人补种树木的处罚内容均未执行到位，既没有代履行，也没有向人民法院申请强制执行，并致部分案件超过强制执行时效；在已办理的10件盗伐、滥伐林木类刑事案件中，该局在当事人被刑事处罚后，未再责令当事人进行补种树木。该局作为林业主管部门，未依法履行责令补种树木的林业执法监督管理职责，致使生态环境遭到破坏的状况长期未得到修复，国家利益和社会公共利益受到侵害。

【调查和督促履职】

信阳市浉河区人民检察院（以下简称浉河区院）在办理刑事案件中发现该案线索，于2020年4月16日立案调查。检察人员调取了浉河区林业和茶产业局有关行政执法卷宗材料，询问了有关行政机关工作人员、行政相对人，勘验了相关案件现场。结合调查取得的证据审查认为，浉河区林业和茶产业局在办理行政执法案件期间未依法全面履行责令补种树木的法定职责。4月

29 日,该院向浉河区林业和茶产业局发出检察建议,建议该局对涉案的共计 43 件行政处罚案件和 10 件刑事处罚案件中滥伐、盗伐林木造成的林业生态环境损害情况,责令违法当事人补种,不能补种的要求其缴纳代为补种树木所需的费用,并代为履行。6 月 29 日,浉河区林业和茶产业局书面回复,称检察建议书中所列事实客观存在,但由于现行法律对履行补植补种处罚义务没有操作流程以及费用标准难以认定等客观原因未能整改。检察建议回复期满后,浉河区院经跟进调查,确认该局仍未实际履行责令违法行为人补种林木的职责,国家利益和社会公共利益仍处于受侵害状态。

【诉讼过程】

2020 年 8 月 31 日,浉河区院向浉河区人民法院提起行政公益诉讼,诉请确认被告未依法履行林业执法监管职责的行为违法,并判令被告依法履行林业执法监管职责,确保被破坏的林业生态环境得到修复。

浉河区人民法院认为本案涉及一个行政机关的多个具体行政行为,建议检察机关分案起诉。检察机关认为,从诉讼类型来看,行政公益诉讼是一种客观诉讼制度,维护的公益与国家法律秩序紧密相连,与传统的主观诉讼制度标准不同,本案被侵害的公益作为公益诉讼的诉讼标的具有整体性和不可分割性,针对的也是行政机关一个同类违法行为的行政法律关系,可作为一件行政公益诉讼案件起诉;从诉讼目的来看,行政公益诉讼相较于一般的行政诉讼具有其特殊性,其诉讼目标主要为了督促行政机关依法规范其对该类违法行为的统一执法标准,修复受损的国家利益和社会公共利益,同时具有预防性功能,即防止其在今后的执法活动中持续怠于履职。最终,浉河区人民法院采纳了检察机关的意见。2020 年 10 月 22 日,浉河区人民法院判决支持了检察机关的全部诉讼请求。判决生效后,浉河区林业和茶产业局积极履行判决确定的义务,责令涉案当事人补种树木。截至目前,涉案当事人已在原地或异地补种了 3000 余株白杨、国槐、杉树等,林业部门按照行业标准对补种林木的存活率进行跟踪评估和验收。对未依法补种的当事人,林业部门则代为履行,同时要求其承担代为履行的费用。

为解决补种代履行费用问题,浉河区院积极与区财政局磋商协调,共同推动浉河区政府设立了公益诉讼专项基金账户用于公益赔偿和生态修复,同时制定了《浉河区公益诉讼专项基金管理办法(试行)》,探索建立公益诉讼赔偿金管理体系,确保相关资金的规范管理和使用。结合本案执行情况,浉河区院与区法院、区林业部门共同在浉河区董家河镇选定了百余亩土地作为生态复植补种林木基地，并出台基地管理相关制度，目前基地已正常投入使用，2021年以来已复植补种相关行政处罚和刑事处罚案件10余件，补种树木近1000株。

【典型意义】

本案中，检察机关对同一林业主管部门多次怠于履行责令补种林木职责的同类违法行为提出诉前检察建议后，行政机关依然怠于履职，商法院以一件行政公益诉讼案件审理，对行政机关同类违法行为进行法律监督，督促其规范执法标准，节约诉讼资源，高效修复受损公益，创新实现行政公益诉讼的制度特色和价值。本案的办理凸显了行政公益诉讼制度不同于传统行政诉讼的诉讼规则和独特效能。检察机关针对行政机关履职中的深层次难题，通过办案推动设立生态复植补种林木基地和公益诉讼专项基金账户，促进当地林业生态资源管理和保护，实现办理一案、治理一片，彰显了行政公益诉讼在推动提升国家治理能力现代化过程中的制度价值和积极作用。

湖北省老河口市人民检察院督促履行渔业资源监管职责行政公益诉讼起诉案

【关键词】

行政公益诉讼　非法捕捞　长江十年禁渔

【要旨】

检察机关针对屡禁不止的非法捕捞、违反长江十年禁渔政策、破坏长江生物多样性的违法行为，督促行政机关依法履职。行政机关书面回复已整改，但检察机关经跟进调查确认其未依法全面履职、公益损害持续存在的，应当提起行政公益诉讼。

【基本案情】

接最高人民检察院的交办线索，2019年9月12日，湖北省老河口市人民检察院（以下简称老河口市院）在汉江老河口王府洲段初查发现，多个渔民正在进行电捕鱼等非法捕捞活动。经调查，汉江非法捕捞情况屡见不鲜。

【调查和督促履职】

2019年9月16日，老河口市院对该案立案调查，发现汉江王府洲段浅滩处有大量地笼网。在汉江洪山嘴段调查时，发现部分渔民正在使用地笼网捕鱼，在汉江沿线的江堤上，也有渔民售卖用地笼网捕获的幼鱼虾苗。经走访调查，检察官了解到当地渔民使用地笼网捕鱼的现象较为普遍。经调取行政执法卷宗，查明2018年至2019年老河口市渔政执法部门仅查处非法捕捞行政案件6件6人。为保护渔业资源，督促行政机关履职，老河口市院于2019年9月29日向老河口市农业农村局（以下简称市农业农村局）发出检察建议书，建议市农业农村局加大监督执法力度，采取有效措施，切实保护汉江流域水生物资源和水域生态环境。11月25日，市农业农村局回复称：已报请市政府研究同意,在该市汉江沿线开展了以打击非法捕捞为目的的专项整治行动——"清江行动",共查获销毁地笼网2000余条,收缴电捕鱼器5台,立案查处非法捕捞案件5起,且在近期农业农村部长江办和省水产局暗访检查中,老河口市内未发现非法捕捞现象。

【诉讼过程】

2020年2月至4月,老河口市院对汉江非法捕捞情况进行跟进调查,经4次现场勘查,发现相关水域内仍存在大量地笼网,随机打捞的地笼网中有大量死亡和腐烂的幼鱼幼虾,也有活鱼活虾。经进一步收集固定相关证据,7月6日,老河口市院向老河口市人民法院提起行政公益诉讼,请求法院判令老河口市农业农村局对汉江老河口段电打鱼、地笼网等非法捕捞现象全面履行监督和管理职责,有效保护汉江渔业资源和水域生态环境。

检察机关提起行政公益诉讼,引起了老河口市委、市人大、市政府的高度重视。市人大常委会在专题会议上,明确支持检察机关开展公益诉讼。市政府牵头成立由市农业农村局、公安局、市场监督管理局等相关单位组成的汉江禁捕退捕工作组,由市农业农村局承担主责,对汉江老河口段开展拉网式排查整治,共拆解有证渔船243条,收缴"三无"船舶226条,开展巡查216人次。同时,全面加大巡查力度,对农贸市场、餐馆、渔具店进行闭环清查,收缴地笼网400余条。2020年8月,为提升汉江禁捕智能化水平,老河口市投资400余万元,在境内汉江沿线布设12个双光谱热成像云台摄影机,各行政机关逐步形成合力,共抓汉江生态保护。

2020年12月3日,该案开庭审理,老河口市农业农村局表示,该案起诉后,其已积极全面履职,检察机关的公益诉讼请求已实现。老河口市院认为汉江老河口段地笼网在诉讼过程中经市政府统一部署已得到有效整治,但考虑到在该案起诉前非法捕捞现象仍大量存在,结合行政机关的总体履职情况,变更诉讼请求为:确认被告在2020年7月6日(起诉之日)前对汉江老河口段电打鱼、地笼网等非法捕捞现象未全面履行监督和管理职责违法。2020年12月24日,老河口市人民法院作出行政判决,判决支持检察机关诉讼请求,目前判决已生效。

【典型意义】

"电毒炸""绝户网"以及过度捕捞行为严重破坏了渔业资源。老河口市人民检察院坚决贯彻落实中央"十年禁渔"决策，坚持"长江大保护"理念，切实履行公益诉讼检察职责，针对行政机关的怠于履职行为，在检察建议未得到采纳的情况下，提起行政公益诉讼，在诉讼期间促成行政机关依法全面履职，为服务保障长江经济带发展、保护长江生物多样性贡献检察力量。

西藏自治区朗县人民检察院督促履行矿山环境资源监管职责行政公益诉讼起诉案

【关键词】

行政公益诉讼　矿山资源　履职尽责

【要旨】

行政机关在履行矿山环境资源保护监督管理职责时，对环境监管和行政处罚措施履职不到位，经诉前程序仍未实现督促行政机关依法全面履职目的的，检察机关应当提起行政公益诉讼。

【基本案情】

西藏自治区朗县金东乡秀沟矿区某矿业有限公司在停止开矿后一直未对造成损害的生态环境予以修复，朗县自然资源局存在履职不到位情形，致使国家利益和社会公共利益受到侵害。

【调查和督促履职】

西藏自治区朗县人民检察院于2017年8月28日对本案立案。经调查查明，2005年10月，朗县矿业开发部将金东乡秀沟铬铁矿采矿权转让给某矿业有限公司，开采许可证有效期至2011年10月14日。此后仍在作业。后因经济原因于2011年12月终止开矿。其间，该矿业公司钻孔13处，矿洞未填埋，随意倾倒矿区废石造成周边草场植被掩埋，矿区直线距离约30公里左右山坡存在不同程度小塌陷。朗县国土资源局于2010年正式成立，成立后未对涉案矿业公司采取任何行政措施督促其恢复矿区生态环境。2017年9月4日，朗县人民检察院向朗县国土资源局制发检察建议，建议其依法履职，督促矿业公司依法填埋矿洞、清理废石，恢复矿区草场植被，修复矿区地质环境。

2017年9月22日，朗县国土资源局书面回复朗县人民检察院称，由于2008年朗县国土资源局成立之初，矿产资源管理职责机构正在逐步完善之中，2010年6月朗县国土资源局正式成立正科级单位后，该矿点已停止生产，因其采矿证还在有效期内，故未下达停止生产处罚决定书。对于督促矿业公司恢复矿区地质环境事宜，朗县国土资源局称已多次以书面形式督促矿业公司做好环境恢复工作，但始终不能与其负责人取得联系。

针对朗县国土资源局回复意见，朗县检察院进一步跟进调查，确认朗县国土资源局仅对秀沟铬铁矿区生态环境破坏情况进行了专题调研、召开了专题会议并成立领导小组，就恢复矿区生态环境并无实质行动。

【诉讼过程】

朗县人民检察院启动诉前审查，为准确判断朗县国土资源局是否依法全面履职，参照最高人民检察院与生态环境部、自然资源部等九部委联合印发的《关于在检察公益诉讼中加强协作配合依法打好污染防治攻坚战的意见》以及最高人民检察院指导性案例（检例第49号）陕西省宝鸡市环境保护局凤翔分局不全面履职案中有关行政机关履职尽责的判断标准，于2019年8月22日向朗县人民法院提起行政公益诉讼，诉请判令朗县自然资源局依照《矿山地质环境规定》履行监督管理职责。2019年9月18日，朗县人民法院公开开庭审理了本案，双方就朗县国土资源局是否履职进行了激烈辩论，法院审理认为，朗县国土资源局虽然在规定期限内对检察建议进行了书面回复，但未就下一步对金东乡秀沟矿区地质环境恢复治理和土地复垦具体事项作出回应，金东乡秀沟矿区地质环境仍然未获得恢复治理，国家和社会公益仍处于受侵害状态，判决支持了检察机关的全部诉讼请求。一审判决后，朗县国土资源局积极履职，按照相关要求清理矿区废石，回填矿洞，矿区环境得到恢复。

【典型意义】

针对矿山环境资源受到破坏、国家利益和社会公共利益受到损害的情形，检察机关参照指导性案例准确认定行政机关履职尽责标准，通过制发检察建议、提起行政公益诉讼的方式，持续督促行政机关依法全面履职，对受损的矿区地质环境进行恢复治理。

（二）国有财产保护、国有土地使用权出让

江西省芦溪县人民检察院督促履行财政补贴资金监管职责行政公益诉讼起诉案

【关键词】

行政公益诉讼　国有财产保护　国家农业保险费补贴资金　分期缴付

【要旨】

针对保险公司套取国家农业保险费补贴资金的行为，财政部门收到检察建议后未及时依法追回，致使国有财产处于被侵害状态时，检察机关依法提起行政公益诉讼，督促行政机关依法追回被套取资金，挽回国有财产损失。

【基本案情】

国家从 2008 年开始支持在全国范围内逐步建立种植业保险制度。2009 年至 2014 年，中国人民财产保险股份有限公司芦溪支公司（以下简称芦溪财保公司）负责经营芦溪县国家政策性水稻及油菜保险业务。期间，芦溪县部分乡镇政府负责组织农户投保的工作人员采取虚构资料等方式进行虚假投保，协助芦溪财保公司违法获取补贴。2016 年至 2017 年，相关人员被相继追究刑事责任，累计套取国家财政专项补贴 356 万余元。根据《农业保险条例》《财政违法行为处罚处分条例》等规定，芦溪县财政局（以下简称县财政局）负有追回上述被套取财政补贴资金的行政职责。

【调查和督促履职】

2018 年 4 月，江西省萍乡市芦溪县人民检察院（以下简称芦溪县院）在梳理已办渎职案件中发现该案线索，于 2018 年 5 月 17 日对该案立案审查。通过询问芦溪财保公司、县财政局相关工作人员并调取资金拨款书等相关书

证,发现被套取的财政补贴资金未依法追回。经查明,芦溪县农业局以及芦溪县南坑镇等人民政府违反购买政策性农业保险的基本原则,明知是虚假保险合同仍然将保险公司的请款表盖章后层报县财政局申请付款;县财政局未尽依法审核义务即拨付款项,造成保费补贴资金被套取。案发后,县财政局未对套取保费补贴资金的行为责令改正,且未采取有效措施追回相应保费补贴资金。5月25日,芦溪县院向县财政局发出检察建议,督促该局依法履行职责,追回356万余元国家农业保险保费补贴资金。检察建议发出后,县财政局未书面回复检察机关,也未采取有效措施追回被套取的农业保险补贴资金,国家利益持续受损。

【诉讼过程】

2019年1月18日,芦溪县院根据当地行政诉讼集中管辖原则,向萍乡市安源区人民法院(以下简称区法院)提起行政公益诉讼,请求判令:(1)确认县财政局怠于履行监管职责、未采取有效措施追回被套取的国家农业保险保费财政补贴资金的行为违法;(2)县财政局依法继续履行监管职责,对被套取的国家农业保险保费财政补贴资金予以追回。4月29日,区法院对本案公开开庭审理。庭审中,行政机关辩称其已向芦溪财保公司发函、着手开展行政处罚调查等工作,已经履行了法定职责。检察机关围绕案件事实和证据,认为行政机关虽然有部分履职但并未采取有效措施追回保费补贴,属于未全面履职情形。10月16日,区法院判决支持检察机关全部诉讼请求,认为县财政局依法具有对保费补贴资金监督管理的法定职责,确认其在收到检察建议书后未依法、及时办理和回复的行为违法,同时责令其继续履行监督管理职责、追回被套取的国家农业保险保费财政补贴资金。鉴于一次性缴回全部款项存在困难,最后达成分期缴款协议,约定五年内分期将案涉补贴资金全部追回国库。一审判决生效后,县财政局积极履职,督促芦溪财保公司定期缴纳款项。芦溪财保公司按照协议约定于2019年11月上缴第一笔款项714000元,于2020年11月上缴第二笔款项714000元。截至目前,已追回1428000元。

【典型意义】

国家农业保险保费补贴资金是国家政策性保险补贴资金,是涉及亿万农民切身利益的一项惠农政策。在该项政策落实过程中,个别保险公司以虚假农业保险合同、通过农户过账虚假理赔等方式,套取农业保险保费补贴资金,造成国有财产的流失。财政部门具有追回保险费补贴资金的法定职责，在收到检察建议后既未按期回复，又未主动作为，致使国家利益长期受损。本案中，检察机关以提起诉讼的方式推动行政机关依法履职，增强了检察建议的监督刚性。在执行过程中，充分考虑被告态度以及关联人的实际情况，促成行政机关与企业达成分期支付的追款方式，既有效保护了国家利益，又保障了企业的平稳发展。

安徽省怀宁县人民检察院督促履行国有土地出让金追缴职责行政公益诉讼起诉案

【关键词】

行政公益诉讼　容积率改变　土地出让金

【要旨】

检察机关针对国土管理部门在收缴容积率改变国有土地出让金中怠于履职，导致国家利益受损的，通过诉前检察建议督促其依法履职。对于行政机关的整改回复，检察机关应当跟进调查，对于无正当理由未整改到位的，依法提起行政公益诉讼，追缴国有土地使用权出让金。

【基本案情】

2010年至2011年间，怀宁县四家房地产公司分别与怀宁县自然资源和规划局（原怀宁县国土资源局，以下简称怀宁自然规划局）签订国有建设用地使用权出让合同，取得四宗地块的使用权。2011年5月，怀宁县人民政府批复同意上述四家公司调整容积率，怀宁自然规划局向县政府建议四家公司补交出让金1.306274亿元，县政府批示同意。2011年8月，上述公司向县政府申请获准先行补交部分出让金，余下的缓缴1年。缓缴期满后，仍有1.125103亿元出让金未予缴纳。

【调查和督促履职】

2019年5月，安徽省怀宁县人民检察院在利用大数据平台梳理案件线索时发现，怀宁自然规划局怠于收缴四家公司开发项目容积率改变土地出让金，决定立案调查。通过调取确定行政机关职责的"三定"方案、出让合同、缴款通知书、缴款书、会议纪要、有关判决和文件等材料，询问怀宁自然规划局工作人员，查明四家公司在一年缓缴期满后仍未缴纳剩余的土地出让金，怀宁自然规划局亦未采取有效措施督促补缴欠缴的土地出让金。

2019年7月5日，怀宁县院向怀宁自然规划局发出诉前检察建议，督促其依法追缴相关公司欠缴的土地出让金。2019年9月5日，怀宁自然规划局回复表示：已专题向县政府汇报落实相关情况；已向四家公司送达催收通知书，督促补交剩余的土地出让金；正在准备诉讼材料，拟向怀宁县人民法院提起诉讼，依法追缴土地出让金。

经跟进调查，检察机关认为，怀宁自然规划局虽采取了一些措施，但仍未完全履职，致使相关公司欠缴的国有土地出让金兑现极少，国家利益仍处于受侵害状态。怀宁县院于2019年11月向怀宁县人民法院提起诉讼，请求判令确认怀宁自然规划局不完全履行职责的行为违法；判令其依法追缴国有土地出让金。安庆市中级人民法院指令望江县人民法院管辖。

2020年8月13日，望江县法院公开开庭审理该系列案，安庆市人民检察院邀请20余名省市代表委员参加庭审观摩，全市各县区自然规划局均派员旁听庭审。庭审中，双方围绕怀宁自然规划局是否已按照检察建议的要求依法履行职责这一焦点进行了激烈辩论。9月11日，望江县法院判决确认怀宁自然规划局对四家公司欠缴国有土地出让金未全面履行监管职责的行政行为违法；责令怀宁自然规划局继续履行追缴国有土地出让金的法定职责。怀宁自然规划局未提出上诉。目前，怀宁自然规划局已向四家公司送达征收决定书，责令其在一定期限内缴纳拖欠的出让金，逾期将依法申请法院强制执行。

【典型意义】

实践中，因用地规划调整、法律法规变化以及行政机关相关工作衔接不畅，容积率改变土地使用权出让金欠缴的情形易发多发。检察机关聚焦该领域，督促国土管理部门严格依法行政。对于诉前检察建议发出后，行政机关虽部分履职，但履职不完全、不充分，未穷尽监管手段的，检察机关应当及时提起行政公益诉讼，督促追缴国有土地出让金，切实维护国家利益。

(三)安全生产

陕西省宁强县人民检察院督促履行尾矿库安全监管职责行政公益诉讼起诉案

【关键词】

行政公益诉讼　安全生产　尾矿库

【要旨】

针对尾矿库未依法闭库而存在的安全生产和环境污染隐患问题，检察机关提出检察建议，在行政机关仍未依法全面履职的情况下，依法提起行政公益诉讼。

【基本案情】

陕西省宁强县境内的东皇沟铅锌矿曹家沟尾矿库（以下简称曹家沟尾矿库）位于嘉陵江上游，属B级尾矿库（B级为较高危险）、重金属矿。该尾矿库从2010年停用至本案立案前长达八年时间内，未依照《尾矿库安全监督管理规定》实施闭库，存在尾矿泄漏、溃坝等重大安全和环境隐患。

【调查和督促履职】

该案系最高人民检察院挂牌督办案件。陕西省宁强县人民检察院（以下简称宁强县院）于2018年12月6日立案。通过现场勘验、调取相关行政机关执法卷宗、询问相关人员等方式展开调查。经调查查明，该尾矿库于2010年停用，2014年企业法定代表人被判处十年有期徒刑，2016年企业营业执照被吊销。宁强县应急管理局作为当地安全生产主管部门，在该尾矿库长期未依法闭库时，未能按照《尾矿库安全监督管理规定》的规定，履行监督管理职责。2018年12月12日，宁强县院向宁强县应急管理局（原宁强县安全生产监督管理局）提出检察建议，督促其依法全面履行职责，实施闭库并消除重大安全和环境隐患。2019年1月25日，宁强县应急管理局回复称，已对曹家沟尾矿库主要隐患进行了先期治理，正在申请项目资金完成闭库，待项目资金到位后由代家坝镇人民政府负责实施隐患治理及闭库工程。收到回复后，宁强县院进行跟进调查，发现宁强县应急管理局虽于2019年对曹家沟尾矿库实施了应急治理工程，但没有按照《尾矿库安全监督管理规定》实施闭库，加之2020年汛期连续降雨，应急治理后的曹家沟尾矿库有尾矿外溢风险，安全和环境隐患仍持续存在。

【诉讼过程】

宁强县院于2020年10月30日向宁强县人民法院提起行政公益诉讼，诉请判令宁强县应急管理局对宁强县东皇沟铅锌矿曹家沟尾矿库继续履行监管职责，切实保护国家利益和社会公共利益。庭审中，宁强县应急管理局称已履行了相关职责，且其不是实施闭库的主体，无责任实施闭库。检察机关出示相关证据，证明宁强县应急管理局未对曹家沟尾矿库采取切实有效的监管措施，国家利益和社会公共利益持续受到侵害。法院审理认为，宁强县东皇沟铅锌矿曹家沟尾矿库不再进行排尾作业后未按要求进行闭库，对尾矿库下游嘉陵江流域水体环境构成潜在威胁，存在重大安全隐患，国家利益和社会公共利益仍处于受侵害状态。判决支持了检察机关的全部诉讼请求。判决生效后，宁强县应急管理局积极对曹家沟尾矿库进行闭库治理。目前，曹家沟尾矿库的闭库工程已完工，正待验收。检察机关将持续跟进，确保尾矿库安全和环境隐患彻底消除。

宁强县地处嘉陵江上游，境内现有14座尾矿库。针对尾矿库存在的安全和环境隐患问题，宁强县院将相关办案情况提请汉中市院向汉中市委、市政府专题汇报，引起高度重视，汉中市政府要求全市各县区对所属尾矿库进行全面排查治理。

【典型意义】

尾矿库安全事关安全生产和环境保护，若监管不到位会给人民群众生命财产安全带来重大危害。本案所涉尾矿库危险等级较高，针对行政机关不依法履职情形，检察机关运用提起诉讼的刚性手段，推动行政机关依法有效履职。同时，结合办案全面调查尾矿库治理中存在的困难和问题，积极运用重大事项请示报告制度，向当地党委、政府报告工作，服务地方科学决策，推动行业综合治理。

（四）文物保护

陕西省泾阳县人民检察院督促履行文物保护监管职责行政公益诉讼起诉案

【关键词】

行政公益诉讼　文物安全　郑国渠首遗址

【要旨】

检察机关积极、稳妥探索文物和文化遗产保护公益诉讼领域，针对文物保护范围内存在破坏文物风貌和安全的违法行为，采用多种检察监督方式督促行政机关履行职责，确保文物风貌和安全，推动提升文物综合治理水平。

【基本案情】

郑国渠首遗址位于陕西省泾阳县王桥镇上然村北，建于公元前246年，是迄今发现时代最早、保存最完整的拦河大坝，首开引泾灌溉之先河，对后世农田灌溉影响深远，具有独特的历史价值、科技价值和文化价值，系第四批全国重点文物保护单位，2016年成功申遗为"世界灌溉工程遗产"。郑国渠首遗址标志石碑前堆积有建筑垃圾，遗址保护范围内泾惠渠东岸农田上堆积大量道路柏油渣；部分坝体因长期取土发生雨后垮塌情形；在遗址保护范围内东段坝体上的废旧厂房开办农业养殖场，并开挖排污渠，养殖场的家禽粪水向农田直排，严重破坏了遗址文物风貌和安全。

【调查和督促履职】

2020年4月初，泾阳县人民检察院（以下简称泾阳县院）在开展"国有文物保护检察公益诉讼专项监督活动"中发现该案线索。4月14日立案后，通过多次现场勘查、调取文物档案、询问村民等方法查明案件事实。于同年5月11日向泾阳县文化和旅游局（以下简称县文旅局）发出诉前检察建议，建议其依法履行对郑国渠首遗址的保护监管职责，查处破坏遗址风貌和安全的违法行为。6月3日，县文旅局回复称，建筑垃圾和柏油渣系王桥村村民倾倒，2019年11月已要求村民进行清理；保护范围内土丘挖掘痕迹系2019年上半年王桥村委会用挖掘机进行环境综合治理时造成的，郑国渠首博物馆发现后及时制止，并要求该村委会用黄土掩埋，恢复原有风貌，此后再无挖土行为。收到回复后，泾阳县院跟进调查发现，郑国渠首遗址标志石碑前仍有建筑垃圾存在，保护范围内土丘上有新的挖掘痕迹，土丘因底部被挖掘下雨后存在垮塌情形，养殖场违法排污行为亦未得到制止，国家利益和社会公共利益仍处于持续受侵害状态。

【诉讼过程】

2020年10月12日，泾阳县院向泾阳县人民法院提起行政公益诉讼，请求判令县文旅局依法对郑国渠首遗址履行监管职责，确保国有文物安全不受侵害。泾阳县人民法院认为，被告作为文物行政主管部门对其辖区的文物保护具有实施监督管理的法定职责。被告虽对检察建议作出了回复，但其在庭审中未能提供履职尽责证明，包括对违法行为的处理情况、履行巡查的情况、养殖场处理及保护规划情况等，遂判决由被告在两个月内加强对郑国渠首遗址履行文物保护监管职责。

判决生效后，县文旅局对郑国渠首遗址保护范围内标志碑前的建筑垃圾进行了清理，设置了有效的隔离防护网，完善了养殖场的排污处理设施，排污问题已得到彻底整改。泾阳县政府下发机构改革方案，将郑国渠文管所和郑国渠博物馆合并，编制20人，缓解了遗址人员短缺，保护不力的现实问题。泾阳县院与县文旅局就郑国渠首遗址保护问题召开专门会议，会签了保护协作长效机制，建立了线索双向移送和信息共享制度，不断加强保护和宣传的力度。

【典型意义】

文物和文化遗产承载灿烂文明，传承历史文化，维系民族精神，具有典型的公益性，应作为检察机关新领域的重点进行探索。文物保护范围内存在堆放垃圾、排放污水、挖土等违法行为，严重破坏文物风貌和安全。行政机关收到检察建议后未全面充分履职,违法行为未被有效遏制,文物风貌和安全持续受到破坏,检察机关通过提起行政公益诉讼的刚性监督方式督促行政机关全面依法履行职责,同时通过建立文物保护长效协作机制,有效激活和提升了文物治理能力水平,真正实现双赢多赢共赢。

十一、烈士纪念设施保护行政公益诉讼典型案例

（2021年9月29日）

十一、烈士纪念设施保护行政公益诉讼典型案例（2021年9月29日）

陕西省延安市检察机关督促保护南泥湾三五九旅革命史迹行政公益诉讼系列案

【关键词】

行政公益诉讼诉前程序　烈士纪念设施保护　一体化办案　红色资源集中连片保护

【要旨】

针对部分革命史迹保护不善问题，检察机关发挥一体化办案优势，采用检察建议、公开听证等多种形式，督促行政主管部门加强保护，推动革命史迹全面系统保护。

【基本案情】

抗日战争时期，南泥湾是陕甘宁边区南大门，八路军三五九旅驻防于此，屯田垦荒，留下大量的红色革命史迹。八路军三五九旅英烈园遗址（以下简称英烈园）位于延安市宝塔区南泥湾赵家河村，约200余名烈士集中在此掩埋。由于英烈园曾遭国民党军破坏，部分墓冢化为平地。现英烈园中仅存关福祥烈士墓碑一块，周边土地被村民耕种，未进行管理保护。三五九旅后方医院（以下简称后方医院）于1941年3月迁驻至南泥湾赵家河村，旧址位于该村东头。1945年6月，医院随大部队转移后，由部分村民居住过，现存三大院十二孔窑洞缺门少窗，院内杂草丛生，棋盘、石台等裸露风化，未进行管理保护。

【调查和督促履职】

2021年4月，延安市宝塔区人民检察院（以下简称宝塔区院）在南泥湾赵家河村寻访革命旧址时发现了八路军三五九旅关福祥烈士的墓碑。4月28日，宝塔区院针对该散葬烈士墓管理保护工作存在的墓碑风化、环境恶劣、管理缺失等问题立案调查，并向宝塔区退役军人事务局、南泥湾镇人民政府提出检察建议，督促其全面履行对关福祥烈士纪念设施的保护管理职责。

后宝塔区院在了解关福祥烈士生平过程中，得知关福祥烈士墓址所在地现称"坟湾"，是当年集中掩埋八路军三五九旅英雄烈士的地方，称为"英烈园"。宝塔区院立即组织区退役军人事务部门、文物行政主管部门、党史研究部门组成工作组，共同查找英烈园相关历史资料。同时，区退役军人事务部门将英烈园在国家烈士褒扬信息系统登记上报，积极开展烈士身份信息确认工作。在走访调查过程中，宝塔区院在英烈园周边又发现了后方医院旧址。6月28日，宝塔区院向区文旅局、南泥湾镇政府提出检察建议，建议将英烈园和后方医院列入地方保护名录。

检察建议发出后，相关行政机关积极开展现场调研、测绘、制定设计方案、协调土地征收工作。工作组多次召开推进会、座谈会，互相通报、督促工作进度，并邀请专家对英烈园遗址和后方医院旧址的文物认定和保护方案进行评审论证。7月13日，宝塔区退役军人事务局向宝塔区行政审批服务局报请英烈园遗址的恢复重建项目。8月2日，宝塔区人民政府将八路军三五九旅英烈园遗址和八路军三五九旅后方医院旧址公布为宝塔区第八批区级文物保护单位。

针对英烈园恢复重建和后方医院旧址修缮的相关问题，延安市人民检察院于9月6日组织召开公开听证会。向宝塔区人民政府、延安纪念地管理局、延安市退役军人事务局宣告送达了检察建议，建议其依法履行职责，统筹恢复英烈园风貌，加强管理维护工作；加强后方医院的修缮和环境整治工作，推动集中连片保护。就英烈园恢复重建项目实施涉及迁址等问题与采气一厂达成一致意见。同时，与延安市退役军人事务局、延安纪念地管理局、宝塔区人民政府等10余家单位共同厘清各单位职责，研究革命旧址保护措施，并就南泥湾多处红色革命史迹集中连片保护问题达成共识。

目前，英烈园文物保护标志已设立，已确认112名烈士的信息资料，恢复重建项目用地已纳入全市整体土地空间利用规划，与南泥湾镇赵家河村委会和村民已达成土地征收协议。后方医院文物保护修缮方案已编制完成。

【典型意义】

针对革命史迹不同程度受损以及未纳入国家保护范畴情况，结合行政机关不同职能，检察机关采用检察建议、公开听证等多种方式，发挥上下一体化办案优势，督促实现烈士墓址和革命旧址全面系统保护。同时，注重区域红色革命史迹集中连片保护，有效激活和提升了烈士纪念设施及革命文物保护能力水平，切实维护社会公共利益，真正实现"双赢多赢共赢"。

甘肃省榆中县人民检察院、兰州军事检察院督促保护甘肃省榆中县兴隆山烈士纪念设施行政公益诉讼案

【关键词】

行政公益诉讼诉前程序　烈士纪念设施保护　线索移送　磋商　执法合力

【要旨】

针对辖区内烈士纪念碑、墓群、烈士纪念亭等设施管理保护不到位，致使上述纪念设施破坏严重的情形，军地检察机关充分发挥配合优势，强化诉前磋商机制，制发检察建议督促行政机关履职，促使军地检察机关与行政机关协同整改，形成保护合力。

【基本案情】

位于榆中县城关镇兴隆山卧龙湾的兴隆山革命烈士陵园于1986年由榆中县人民政府拨款建造，占地38628平方米，陵园安葬着解放兰州及对越自卫反击战中牺牲的314名烈士。陵园西南方建有无名烈士纪念碑，纪念碑周围掩埋着615名无名烈士遗骨。由于管理维护不到位，兴隆山革命烈士陵园整体环境脏乱差，墓群、纪念碑等设施自然损毁十分严重，烈士纪念亭面临垮塌的危险。

【调查和督促履职】

2021年6月，榆中县人民检察院（以下简称榆中县院）在收到兰州军事检察院移交的线索后，结合退役军人事务部、最高人民检察院对县级及以下烈士纪念设施管理保护的具体要求，军地检察机关联合对烈士陵园开展调查核实。经实地勘查发现陵园存在张一悟同志纪念碑碑面部分损坏、纪念碑亭地面塌陷裂缝，英雄烈士墓碑刻字斑驳脱落、碑身侧面破损、墓碑旁杂草丛生并堆放建筑垃圾，陵园通往无名烈士碑方向道路台阶阶面松动破裂，路旁

护栏塌陷、断落等问题。针对上述调查发现的问题,榆中县院认为当地有关部门对辖区内革命烈士纪念设施管理保护不到位,未对受损的纪念设施及时进行修复,致使社会公共利益存在受侵害情形,遂立案调查。

由于兴隆山烈士纪念设施位于兴隆山自然保护区内,修缮维护需得到林业部门同意,存在主管部门修缮维护资金缺口较大、人员短缺等困难,榆中县院采取前期沟通、跟进监督、协同整改的办案模式,与兰州军事检察院、榆中县退役军人事务局实地召开联席会议积极磋商,听取各方意见,找准问题症结。磋商会后,榆中县院及时向榆中县退役军人事务局制发诉前检察建议,督促其依据《中华人民共和国英雄烈士保护法》规定,依法履行监管职责,立即采取有效整治措施,对烈士陵园设施进行修缮、维护,规范陵园管理,更好地发挥其教育宣传的作用,维护陵园庄严肃穆的环境和氛围。同时,将检察建议上报兰州市人民检察院,抄报县人大常委会。

检察建议发出后,榆中县退役军人事务局高度重视,召开会议成立保护工作小组,开展对烈士陵园的整改落实工作,并制定专门的整改方案,上报省、市退役军人事务部门。同时,兰州市人民检察院第六检察部会同兰州军事检察院积极协调兰州市退役军人事务局就陵园破损及维护修缮情况召开座谈会,进行沟通磋商,落实资金问题。会后,市退役军人事务局一方面向省退役军人事务厅申请资金,另一方面,积极协调榆中县财政拨付3万元用于烈士陵园的紧急修缮和维护。据悉,兴隆山革命烈士陵园全面整改的350万元资金,将于今年10月全部到位。

鉴于陵园只有6名工作人员,初期整改人员缺口较大。为确保问题得到解决,公益保护取得实效,2021年9月10日,甘肃省人民检察院、兰州市人民检察院、榆中县人民检察院公益诉讼干警联合西部战区第二军事检察院、兰州军事检察院、驻兰部队官兵及榆中县退役军人事务局共计150余人,在兴隆山革命烈士陵园开展了以协同整改为主要内容的主题党日活动,全体人员协同陵园工作人员,对字迹斑驳脱落的烈士墓碑进行描红粉刷,清理杂草,对损坏的纪念设施进行了修缮。通过此次主题党日活动,使相关问题得到了整改。

【典型意义】

烈士纪念设施是中国共产党非凡奋斗历程和中国共产党人精神谱系的历史见证,是重要的红色教材。为加强烈士纪念设施特别是县级及以下零散烈士纪念设施保护,充分发挥检察机关公益诉讼法律监督职能,通过上下联动、军地联合的方式,以解决烈士纪念设施保护中存在问题为切入点,推动烈士陵园破损问题得到彻底解决。

广西壮族自治区河池市金城江区人民检察院督促保护烈士遗骸行政公益诉讼案

【关键词】

行政公益诉讼诉前程序　烈士遗骸保护　散葬烈士墓管护　联合专项行动

【要旨】

通过督促行政机关及时保护烈士遗骸、重修烈士墓和做好亲属安抚工作，整治散葬烈士墓管理保护"盲区"，补齐烈士纪念设施保护"短板"。

【基本案情】

1949年6月，为了开辟邕林革命根据地，中国人民解放军滇桂黔边区纵队第十支队战士覃通寿等5人，在覃天铭的带领下组成武工队，宣传我党政策。在执行任务返程途中遭匪帮伏击，覃通寿为掩护战友撤离，身中数弹，壮烈牺牲，年仅17岁。覃通寿牺牲后，简单掩埋于原河池县保平乡下洛村花京屯，仅立一块石头作为印记，没有留下墓志铭，墓茔年久失修，被当作无主墓。

2021年5月，河池市金城江区保平乡下洛村花京屯"旱改水"土地整治项目作业时，挖到一个顶部有枪眼的人形颅骨。此处疑似河池籍烈士覃通寿散葬墓地，项目作业当即停工。

【调查和督促履职】

河池市金城江区人民检察院（以下简称金城江区检察院）发现本案线索后遂成立专案组，于2021年6月2日立案，并迅速联合金城江区退役军人事务局和民政局共同开展调查核实工作。

通过现场实地勘查，走访覃通寿烈士的旁系亲属和知情人，查阅《金城江区烈士名录》《中国共产党金城江历史》《河池风云》等资料，最终确认工人作业挖到的疑似遗骸就是覃通寿烈士遗骸。确认覃通寿烈士身份后，金城江区检察院组织退役军人事务局、涉事施工方以及烈士亲属召开公益诉讼磋商会，共同商讨解决方案。6月12日，金城江区检察院向退役军人事务局发出检察建议，指出覃通寿烈士墓被当作无主墓处理的情况反映出辖区内的烈士纪念设施，特别是散葬烈士墓保护管理存在责任落实不到位问题，建议及时落实覃通寿烈士遗骨保存、墓茔重建、亲属安抚等相关工作；并对辖区内散葬烈士墓管护情况进行全面摸底排查，完善墓地信息、统计存在问题、做到一墓一册。

收到检察建议后，退役军人事务局会同有关部门积极整改。一是覃通寿烈士墓地于7月12日修缮完工，金城江区检察院、退役军人事务局、保平乡人民政府等单位向烈士敬献花圈，查看墓地修缮情况，并现场开展党史学习教育活动，宣传学习覃通寿等烈士的英雄事迹。二是金城江区检察院联合退役军人事务局于7月16日至27日进行专项排查，对辖区内的71处散葬的烈士墓进行摸底，发现33处墓地存在墓基下沉、碑面老旧、坟顶塌陷等9类问题，检察机关、退役军人事务部门以磋商方式推进烈士纪念设施的全面修整。

为进一步巩固县级及以下烈士纪念设施管理保护专项行动成果、推动工作开展，双方签订了《关于建立烈士纪念设施管理保护协作机制意见》，明确日常联络、信息共享、联席会议等工作机制，强化线索发现、调查取证等协作配合，着力构建良好互动、密切配合的烈士纪念设施管理保护工作格局。在协作机制推动下，行政机关拟提出方案向上级申请数十万元资金对辖区内存在问题的烈士纪念设施进行全面修整。

【典型意义】

当地退役军人事务部门、检察机关以覃通寿烈士遗骸保护案为契机，立足于河池红色文化资源丰富、红色文化底蕴深厚的革命老区实际，注重以点带面，及时部署开展辖区内散葬烈士墓管护专项行动。工作中，检察机关综合运用圆桌会议、磋商等方式，与退役军人事务部门形成办案合力，以办案实效回应烈士纪念设施管理保护的社会关切，不断推动辖区内烈士纪念设施管护水平全面提升，捍卫英雄烈士的荣光，让英烈精神代代相传，熠熠生辉。

十一、烈士纪念设施保护行政公益诉讼典型案例（2021年9月29日）

湖南省韶山市人民检察院、长沙军事检察院督促保护毛新梅等十五名散葬烈士墓行政公益诉讼系列案

【关键词】

行政公益诉讼诉前程序　散葬烈士墓　公开宣告送达　纪念设施保护等级　军地协作

【要旨】

针对散葬烈士墓管理保护不到位、不全面等问题，军地检察机关会同有关方面紧密协作，采取诉前磋商、公开宣告送达等方式，督促职能部门依法全面履职，系统修缮、保护散葬烈士墓。

【基本案情】

韶山是毛泽东同志的故乡。1925年，毛泽东与夫人杨开慧在韶山组织领导农民运动，自此，革命救国的星星之火在这里燎原，并涌现出许多以毛泽东族兄毛新梅以及李耿侯、钟志申、毛福轩、庞叔侃等"韶山五杰"为代表的革命先烈。韶山市人民检察院（以下简称韶山市院）会同有关部门调查发现，由于历史原因，毛新梅等十五名县级及以下散葬革命烈士墓地存在周边杂草丛生，墓碑、碑文一定程度污损，以及有些烈士墓无路可寻、枯叶堆积等管理保护不到位问题。

【调查和督促履职】

2021年1月，韶山市院发现上述线索并于2月25日立案办理。为切实办理好这批红色资源保护公益诉讼案件，韶山市院与韶山市退役军人事务局主动进行诉前磋商协调，就散葬烈士墓的整改问题达成了共识，并与长沙军事检察院共同分析研究案情，联合制发检察建议书，于2021年6月17日向韶山市退役军人事务局公开宣告送达。收到检察建议书后，韶山市退役军人

事务局积极与韶山市院沟通、向上级主管部门请示报告，形成整改方案，有规划性地开展维护散葬烈士墓工作，目前已投入资金 18 万余元。目前革命烈士杨再麟的坟墓及周边道路已全面修缮；革命烈士庞叔侃墓前已重塑人物雕像，碑文清晰，庄严肃穆；其他散葬烈士墓正在按计划全面有序修缮中。

与此同时，韶山市院会同有关部门以革命烈士纪念设施保护为切入点，结合韶山红色资源保护利用大局，向韶山市委提交《关于韶山市红色资源保护问题的调查报告》，从改变管理模式、完善管理机制、多元筹措资金、注重开发利用等方面提出了建议，得到了韶山市委主要负责同志的批示和认可。目前，当地有关部门已着手制定红色资源保护利用工作联席会议制度，韶山市退役军人事务局针对未列入等级的散葬烈士墓地进行分类管理，制定韶山市烈士纪念设施管理保护办法，找到葬在外地的另外两位"韶山五杰"李耿侯、毛福轩烈士墓地，拟将"韶山五杰"中的毛新梅、钟志申、庞叔侃烈士墓申请评定为县级烈士纪念设施，形成长效保障机制。

【典型意义】

为更好传承红色基因，保护好红色资源，韶山市有关方面充分发挥检察监督职能作用，积极办理红色资源保护公益诉讼案件，采取军地协作、磋商、公开宣告送达、专题报告、联席会议等方式，督促职能部门依法全面履职，加强对散葬烈士墓的日常监管，推进"韶山五杰"红色资源整体保护，形成长效保障机制，为捍卫英雄烈士权益，促进红色资源修复和传承贡献智慧和力量。

新疆维吾尔自治区人民检察院和田分院、乌鲁木齐军事检察院督促保护康西瓦烈士陵园行政公益诉讼案

【关键词】

行政公益诉讼诉前程序　烈士陵园保护　一体化机制　军地协作

【要旨】

检察机关会同行政机关通过军地联合、上下级联办、内外联动等方式优化整合资源，对具有重要教育意义的烈士陵园开展公益保护，与相关部门进行诉前磋商、事中沟通、多方跟进，促成红色资源保护利用的协同共治，让"清澈的爱，只为中国"红色基因薪火相传。

【基本案情】

康西瓦烈士陵园位于喀喇昆仑山腹地、新疆和田皮山县赛图拉镇，海拔4280米，陵园修建于1965年，安葬1962年中印自卫反击战牺牲的78名烈士、30名因公牺牲和病故的卫国戍边官兵。陵园日常由驻地部队和当地镇政府管理，但实际管理权责一直未明确，未开展分级保护。该陵园纪念碑外饰黑色瓷砖，黑漆脱落，墓体大部分由石块混合水泥修砌，围墙整体结构不牢固，园内其他设施破损老化。未开展英烈事迹史料收集、整理等工作，红色资源宣传教育功能未得到充分体现。

【调查和督促履职】

2021年7月初，新疆维吾尔自治区人民检察院（以下简称新疆区院）与解放军乌鲁木齐军事检察院会同有关部门在摸排安葬中印边境卫国戍边烈士、修筑天山公路（独库公路）牺牲烈士的康西瓦烈士陵园及乔尔玛烈士陵园等保护情况中发现康西瓦烈士陵园在有效管护、规范整修方面缺失，设施管理保护水平低，随后将该线索交和田分院办理。因该案具有涉军因素，由解放

军乌鲁木齐军事检察院与和田分院联合办案。

同年7月19日，和田分院、乌鲁木齐军事检察院就该线索决定行政公益诉讼立案。当日，检察机关与和田地区退役军人事务局召开座谈会，双方就共同开展现场调查、申报分级保护、加强管理协作等事项达成初步共识。7月22日，军地检察机关与退役军人事务局共赴康西瓦烈士陵园现场踏勘，邀请驻地部队、皮山县赛图拉镇人民政府共同研判协商，查找康西瓦烈士陵园保护和管理中存在的权责不明等问题，明确由当地护边员定期进行巡查，并当场设置了文明祭扫警示牌。

7月26日，检察机关与退役军人事务部门再次召开磋商座谈会，形成磋商会议纪要：一是和田地区退役军人事务局成立康西瓦烈士陵园修缮工作专班，制定修缮方案，明确工作目标、分解专班任务，积极解决康西瓦烈士陵园修缮工程中的具体问题；二是解放军乌鲁木齐军事检察院在职责范围内对接协调南疆军区等有关军事单位，明确烈士纪念设施及其保护范围内土地和设施的管理权属；三是和田地区退役军人事务局依照《烈士褒扬条例》第二十七条至第三十条之规定，于年内启动陵园分级保护报批工作，提高管理和服务水平，健全管理工作规范，维护纪念烈士活动的秩序，搜集、整理、保管烈士遗物和事迹史料。

考虑到康西瓦烈士陵园管理保护的重要性，新疆区院、解放军乌鲁木齐军事检察院与自治区退役军人事务厅共商陵园保护事宜。目前，在各方共同努力下，康西瓦烈士陵园的2500万元修缮资金已到位。陵园修缮以"戍边英魂，高原丰碑"为主题，已于2021年8月8日启动，纪念碑、纪念广场、纪念馆、悼念馆等主体工程预计于今年10月底前竣工。

【典型意义】

对红色资源的综合保护，应当注重在精神传承上"下功夫"，在推动落实上"做文章"。办理中，新疆检察机关整合上下级检察力量，携手军事检察机关，充分发挥公益诉讼检察监督职能，退役军人事务部门抓住契机，积极推动管理权责不明的烈士陵园归口管理，明确管护责任。相关方面密切协作配合，以履职担当守护红色信仰，坚定红色信念，为红色资源保护交出一份合格的"答卷"。

浙江省宁波市镇海区人民检察院督促保护朱枫烈士纪念设施行政公益诉讼案

【关键词】

行政公益诉讼诉前程序　烈士纪念设施保护　建设用地合法化

【要旨】

针对烈士纪念设施未经用地审批先行建设，存在重大法律障碍的困境，检察机关通过磋商和诉前检察建议，协调退役军人事务等相关部门共同依法履职，督促推动烈士纪念设施补办用地合法手续，让烈士纪念设施得到妥善管理保护。

【基本案情】

朱枫烈士，1905年出生于浙江镇海，是我党优秀的情报工作者。1949年受派到我国台湾地区协助我党潜入台湾高层的吴石将军执行党的秘密任务，为党提供了大量重要情报。1950年6月10日因叛徒出卖，与吴石将军等四人在台北英勇就义。1983年6月，被中共中央追认为革命烈士。2010年朱枫烈士殉难60周年之际，其骨灰从台北运回大陆，经朱枫后人同意，朱枫烈士骨灰安放于其故乡镇海。

2011年5月，宁波市镇海区民政局在镇海区革命烈士陵园附近地块建造朱枫烈士纪念设施，并举办了隆重的"朱枫烈士骨灰安放"和"朱枫烈士铜像揭幕"仪式，但上述纪念设施未及时办理用地审批手续。2011年8月，当地国土部门以非法占用林地为由作出行政处罚，要求退还非法占用的土地等。2015年11月，镇海区民政局在申报镇海区革命烈士陵园土地证时，将该地块并入毗邻的镇海区革命烈士陵园申报土地使用权证，国土部门未认真审核，错误办理了该地块的国有土地使用权证。此后，虽经相关部门协调，朱枫烈士墓地土地合规问题一直未得到解决。

【调查和督促履职】

2021年4月,在发现朱枫烈士墓存在的上述问题后,宁波市镇海区人民检察院(以下简称镇海区院)与宁波市镇海区退役军人事务局(以下简称镇海区退役军人局)沟通对接,了解情况。经调查查明:宁波市镇海区民政局(机构改革后相关职能转由镇海区退役军人局负责)在建设朱枫烈士墓时,未办理土地审批手续,建成后亦未及时补办手续,致使被国土部门以非法占地为由作出行政处罚;宁波市镇海区国土局(机构改革后相关职能转宁波市自然资源与规划局镇海分局)错误办理国有土地使用权登记。镇海区院认为,由于相关行政机关未正确履职,不仅有损革命烈士纪念设施的庄严、肃穆,更伤害了人民群众对烈士入土为安、敬仰烈士的朴素感情,损害了社会公共利益。

2021年6月,退役军人事务部、最高人民检察院联合开展全国县级及以下烈士纪念设施管理保护专项行动。镇海区院和镇海区退役军人局进一步加强沟通联络,会同宁波市自然资源与规划局镇海分局(以下简称镇海区资规局)等单位召开磋商会,并达成以下共识:一是加快办理朱枫烈士墓用地合法化手续;二是加强正面舆论宣传,消除对英雄烈士的不良影响;三是整治提升朱枫烈士墓周边环境,发挥红色资源传承弘扬作用。镇海区院在向相关单位发送检察建议的同时,对土地执法环节存在的工作衔接不畅等问题提出了社会治理类检察建议。

镇海区退役军人局、镇海区资规局等单位高度重视,及时依法履职,目前已完成朱枫烈士纪念设施立项审批和用地审批等相关报批手续,案涉地块已纳入现行国土空间规划并完成土地勘测定界。同时,镇海区退役军人局在镇海区院协助下,积极向区政府申请朱枫烈士墓土地划拨费、烈士陵园周边环境整治等资金约45万元。

【典型意义】

保护烈士纪念设施,既应当保护其有形的外观,也应保障其建设活动的合法性,避免产生负面社会评价。朱枫烈士在全国具有较高知名度,其纪念设施违法用地问题长期没有得到解决,不仅损害了烈士纪念设施庄严肃穆的形象和氛围,更伤害了广大人民群众对烈士入土为安的朴素情感。在专项行动中,相关部门密切协作,检察机关发挥检察监督作用,通过磋商和诉前检察建议方式,与行政机关凝聚共识,化解争议,共同推动烈士纪念设施用地合法化,保护英烈纪念设施,弘扬革命文化精神。

十一、烈士纪念设施保护行政公益诉讼典型案例（2021年9月29日）

重庆市北碚区人民检察院督促保护张自忠烈士陵园保护行政公益诉讼案

【关键词】

行政公益诉讼诉前程序　烈士纪念设施保护　环境综合整治

【要旨】

为解决英雄烈士纪念设施周边噪声污染、水污染问题，检察机关发挥检察建议、诉前磋商等程序机制优势，督促多家行政机关及时、协同履职，合力开展综合整治。

【基本案情】

张自忠烈士陵园系抗日民族英雄张自忠上将墓。1982年4月16日民政部批准张自忠将军为革命烈士。1986年至今，"张自忠烈士陵园"先后被列入第一批全国重点烈士纪念建筑物保护单位、第八批全国重点文物保护单位、第三批国家级抗战纪念设施、遗址名录。因历史规划原因，张自忠烈士陵园紧邻渝武高速公路，长期遭受交通噪声污染。陵园正门两侧景观水池污浊，陵园旁设置有一处垃圾收集站，存在污水未经处理渗入烈士陵园水池情形，影响了烈士陵园庄严、清净的纪念氛围。

【调查和督促履职】

2021年2月20日，重庆市北碚区人民检察院（以下简称北碚区院）收到最高人民检察院督办、重庆市人民检察院交办的张自忠烈士陵园存在噪声污染问题的案件线索后，经与相关部门实地调查，除查证噪声污染问题属实外，还发现张自忠烈士陵园存在正门两侧水池水域污染问题及周边污水排放导致环境污染的问题。

经深入调查，烈士陵园噪声污染、垃圾站污染问题成因、监管职责较为明确。为推动问题及时治理，北碚区院、区城市管理局、区交通局等加强沟通，协同查明了张自忠烈士陵园噪声污染程度及历史成因，北碚区院分别于2021年1月21日、4月1日向两家行政机关发出诉前检察建议，督促采取有效措施，共同推进张自忠烈士陵园环境综合整治。

为推进水池污染治理，当地在明确水池权属、污水来源等关键事实的基础上，厘清涉案水池污染监管问题，初步明确缙云人文科技城管理委员会、区退役军人事务局、区生态环境局职能职责与问题整改关联性较强。为明确整改方案，推动污染问题实质性整改，2021年6月15日北碚区院联合缙云人文科技城管理委员会、区退役军人事务局、区生态环境局召开联席会，针对本案水池污染问题开展行政诉前磋商，会上行政机关对水池污染问题治理由缙云人文科技城管理委员会负责形成工作共识。基于区退役军人事务局管理烈士陵园的工作便利，明确缙云人文科技城管理委员会负责前期整改，区生态环境局承担水池污染整治工作的业务指导工作，区退役军人事务局承担水池后续管理的工作方案。

相关行政机关积极履职，区交通局为解决烈士陵园噪声污染问题，协调重庆渝合高速公路有限公司在高速公路沿线安装声屏障，加设禁鸣标识。针对周边垃圾站污水排放问题，区城市管理局已关停梅花山垃圾收集站，并计划将该站点改建为生活垃圾分类综合宣传基地。针对水池水域污染问题，区缙云人文科技城管理委员会积极立项，筹集资金60余万元对水池进行整治，由区生态环境局承担指导工作，预计2021年10月底完工，整改质保期满后移交区退役军人事务局负责后续管护工作。

【典型意义】

张自忠烈士陵园是伟大抗战精神的见证。为协同推进解决烈士陵园水污染、噪声污染等综合问题，维护烈士陵园庄严、清净的纪念氛围，当地检察机关、行政机关加强沟通，并注重发挥检察建议、诉前磋商等多种程序机制优势，及时高效督促相关部门积极履职，推动烈士陵园环境问题的综合整治取得成效。

河南省桐柏县人民检察院、郑州军事检察院督促保护红色资源行政公益诉讼案

【关键词】

行政公益诉讼诉前程序　红色资源保护　军地协作

【要旨】

针对相关部门在红色资源保护中职责不清、权责不明，致使部分遗址纪念设施损毁严重的问题，军地检察机关通过诉前程序督促有关单位依法履职，形成红色资源保护合力，较好地维护了国防和军事利益及社会公共利益。

【基本案情】

从1926年到解放战争胜利的23年间，河南省桐柏县范围内先后共建立了3个中央级、6个省级、9个地级、12个县级党政军领导机构，刘少奇、李先念、贺龙、王震等老一辈革命家在这里工作和战斗过。全县共有革命遗址、纪念设施200多处，但因疏于管理保护，经过自然侵蚀、人为破坏，有的建筑存在较大安全隐患，有的建筑残缺破败，有的甚至已经完全灭失，红色资源受到严重损害。

【调查和督促履职】

2021年1月，桐柏县人民检察院在履行职责中发现，该县部分红色资源存在保护不善问题。根据军地检察机关有关协作机制，桐柏县人民检察院向郑州军事检察院通报了相关情况，并邀请郑州军事检察院共同对该县革命遗址和纪念设施开展调查摸底。

经查，桐柏县200多处革命遗址、纪念设施中，有3处省级保护文物存在严重安全隐患和损坏问题，有63处县级保护文物受到不同程度的损坏，部分遗址已经灭失，多处烈士墓葬及纪念设施处于无人管理状态。部分遗址所属乡镇、文物保护部门、退役军人事务局对有关红色资源保护存在职能交叉、

权责不明等问题，未能有效履职，导致部分红色资源未能得到及时妥善保护。4月19日至28日，桐柏县人民检察院分别对该县文化广电和旅游局、退役军人事务局以及6个乡镇政府公益诉讼立案。随后，桐柏县人民检察院和郑州军事检察院共同向以上责任单位制发检察建议书，督促相关部门依照法律规定积极履职、形成合力，共同保护好革命遗址、纪念设施等红色资源。

检察建议书发出后，军地检察机关针对各责任单位在文物修缮和保护中存在的障碍和顾虑，结合党史学习教育，于5月7日组织人大代表、政协委员和各相关单位负责人召开红色资源保护座谈会，通过充分交流讨论，提升思想认识，明确自身职责。随后，桐柏县人民政府下发红色资源保护的实施意见，并深入各乡镇进行具体指导；乡镇人民政府也根据检察机关建议制定相应的整改计划。月河镇人民政府对南阳地区第一个党小组成立地进行了修缮，并筹建10间房屋作为展览室；新集镇人民政府建立了南阳市第一个村级红色革命遗址纪念馆；平氏镇人民政府、城关镇人民政府派专人负责收集红色文化和党史资料、修缮革命遗址和纪念设施，并计划打造红色资源爱国主义教育基地。截至目前，各乡镇已修缮重要革命遗址30余处，树立纪念石碑50余座，收集相关党史资料300余份。

【典型意义】

军地检察机关会同有关方面通过有效发挥检察一体化办案机制优势，联合开展实地查勘、制发检察建议书、召开座谈会，针对不同位置、不同现状的文物，因地制宜、因类施策，有效提升和加强了红色资源监管和保护力度，修缮和挽救了一大批重点革命文物。

河北省石家庄市灵寿县人民检察院督促零散烈士纪念设施集中管护行政公益诉讼起诉案

【关键词】

行政公益诉讼　零散烈士纪念设施保护　集中管理保护

【要旨】

针对革命老区零散烈士纪念设施保护不力、损毁破坏严重、维护修缮不及时等问题，检察机关督促行政机关依法履职，对整改不到位依法提起行政公益诉讼，推动零散烈士纪念设施整修和集中管护工作落到实处。

【基本案情】

抗日战争时期，灵寿县是晋察冀边区政府、边区银行、抗大二分校等机关驻扎地，红色资源丰富，全县有35处英雄烈士纪念设施，503处散葬烈士墓，零散分布在15个乡镇的田间地头、屋前房后、公路边，乃至村委会院内，因长期疏于管理保护，纪念设施碑体污损严重、碑文模糊不清，周围杂草丛生、私搭乱建等问题突出，烈士纪念设施亟待修缮保护。

【调查和督促履职】

2020年6月，河北省石家庄市灵寿县人民检察院（以下简称灵寿县院）在履职中发现辖区内多处烈士纪念设施存在不同程度的自然损毁和人为破坏，随即成立专案组，并于7月10日立案调查。

为全面掌握全县英雄烈士纪念设施相关数据和管理现状，专案组历时15天，行程1000余公里，实地走访与核查了遍布全县15个乡镇的35处英雄烈士纪念设施和503处散葬烈士墓，发现有31处纪念设施未划定保护范围，29处纪念碑严重污损，3处纪念碑丢失，多数散葬烈士墓因长期疏于管理，污损破坏严重，且无人祭扫。

针对英雄烈士纪念设施管理保护工作中存在的问题，灵寿县院向县委、县人大、县政府呈报了《关于灵寿县英烈纪念设施保护现状的调查报告》，从整合红色资源、筹建烈士陵园、集中统一管理等方面提出了建议，经与主管行政部门灵寿县退役军人事务局沟通，于2020年9月29日发出诉前检察建议：一是采取有效措施，及时对丢失、残缺、污损、碑文模糊不清的烈士纪念设施进行修缮；二是划定保护范围，对侵占、挤占烈士纪念设施等问题进行整改；三是强化管理保护，对烈士纪念设施周边的杂物、杂草、垃圾进行清理，恢复英雄烈士纪念设施庄严、肃穆、清净的环境和氛围。

2020年11月30日，灵寿县退役军人事务局书面回复，已按检察建议进行整改，根据县委、县政府要求启动了烈士陵园建设工程，待竣工后将零散分布的烈士纪念设施迁入集中管理保护。

【诉讼过程】

2020年12月，灵寿县院对整改情况实地跟进监督，发现检察建议指出的烈士纪念碑丢失、破损等问题没有完全整改，筹建的烈士陵园因经费问题也已经停工。为推动英雄烈士纪念设施保护问题得到根本解决，灵寿县院于2021年2月4日依法向人民法院提起行政公益诉讼。

法院审理期间，按照退役军人事务部、最高人民检察院关于开展县级及以下烈士纪念设施管理保护专项行动的要求，灵寿县院积极牵头协调县退役军人事务局、县文物局、县民政局、县住建局等部门召开推进会，按照"应迁尽迁、集中管护"的原则，明确职责分工、制定迁入方案、协调解决搬迁中遇到的难题。在各方积极配合推动下，烈士陵园工程顺利复工，散葬烈士陆续迁入陵园，截至目前，总投资2500余万元、占地面积13000余平方米的灵寿县烈士陵园已完成工程量的90%，已有26处烈士纪念设施按照搬迁方案迁入烈士陵园集中管理保护。后续，散葬烈士墓也将陆续迁入。2021年8月25日，灵寿县院依法向法院撤回起诉。

【典型意义】

针对零散烈士纪念设施等红色资源管理保护工作中存在的问题，当地有关方面发挥检察机关公益诉讼职能，通过制发诉前检察建议督促有关部门依法履职，对整改情况跟进监督，并积极向地方党委、人大、政府建言献策。针对整改不到位问题，依法提起行政公益诉讼，有力促进了行政机关依法履职尽责，推动英雄烈士纪念设施保护问题得到有效解决，为"弘扬英烈精神、传承红色基因"贡献了力量。

十二、生物多样性保护公益诉讼典型案例

（2021年10月9日）

生物多样性保护公益诉讼典型案例答记者问

2021年10月9日,最高人民检察院发布了一批生物多样性保护公益诉讼典型案例,最高检第八检察厅厅长胡卫列就此回答了记者提问。

1. 最高检在2020年已发布过一批检察机关野生动物保护公益诉讼典型案例,此次将生物多样性保护公益诉讼作为一个专题发布典型案例,出于何种考虑?

生物多样性保护是对生态复合体和生态过程的全面、动态保护,包含物种多样性、生态系统多样性和遗传资源多样性。习近平总书记指出,"人与自然是生命共同体","生物多样性关系人类福祉,是人类赖以生存和发展的重要基础"。生物安全关乎人民生命健康,关乎国家长治久安。党的十八大以来,党中央把加强生物安全建设摆在更加突出的位置,纳入国家安全战略。我国生物安全防范意识和防护能力不断增强,维护生物安全基础不断巩固,生物安全建设取得历史性成就。

2020年以来,各级公益诉讼检察部门以习近平生态文明思想和习近平法治思想为指导,深入学习、领会和准确把握《全国人民代表大会常务委员会关于全面禁止非法野生动物交易、革除滥食野生动物陋习、切实保障人民群众生命健康安全的决定》,加强与刑事检察部门、相关行政机关以及社会组织的沟通协作,进一步加大生物多样性保护检察监督力度,完善制度机制,形成保护合力。除了野生动物保护外,检察机关公益诉讼部门生物多样性保护案件范围不断拓展,取得了积极成效。

2021年9月29日,习近平总书记在中共中央政治局就加强我国生物安全建设进行第三十三次集体学习中强调,要积极参与全球生物安全治理,同国际社会携手应对日益严峻的生物安全挑战,为世界贡献中国智慧、提供中国方案。为了配合联合国《生物多样性公约》第十五次缔约方大会(COP15)

召开，最高检此次发布生物多样性保护公益诉讼典型案例，一方面，是为了展现检察机关在生物多样性保护中的经验做法，引导各地检察机关持续深入发挥公益诉讼检察职能的独特效用。另一方面，也是对生物多样性保护领域公益诉讼检察工作的阶段性总结。我们将以发布本批典型案例为契机，继续加强对实践经验的总结提炼，更好地指导办案实践，不断深化生物多样性保护公益诉讼检察工作。

2. 本批案例有什么特点？在生物多样性保护方面，公益诉讼检察如何发挥职能作用？近年来有什么新的变化？

本次发布的典型案例有 8 件行政公益诉讼案件、3 件民事公益诉讼案件、3 件刑事附带民事公益诉讼案件，是从全国各地上报的 100 多个优秀案例中经过三轮筛选出来的。其特点：一是案例类型丰富，不仅有行政公益诉讼诉前和起诉、单独民事、刑事附带民事公益诉讼案例，还有支持起诉、申请撤诉等多种情形，基本涵盖了公益诉讼检察的监督方式；二是保护对象丰富，既有国家保护的陆生、水生野生动物、植物，也有动物栖息地、自然保护区，还有对外来入侵物种的防治和本地重要生物种群的保护，涉及生物多样性三个组成部分即物种多样性、生态系统多样性和遗传资源多样性；三是从保护级别来看，本批案例保护对象从国家一级保护动植物到"三有"保护动物（有益、有重要经济价值，有科学研究价值的野生动物），均有涉及。

依据环境保护法、生物安全法等相关法律规定，生物多样性保护属于"生态环境和资源保护"范畴，是公益诉讼检察的法定管辖领域。检察机关在以下几个方面发挥公益诉讼职能作用：一是充分发挥行政公益诉讼的职能作用。对于有关行政机关怠于履职、执法不到位或者存在监管漏洞，督促、协同行政机关依法履行监管职责。如四川省剑阁县检察院针对古柏资源保护不力问题，通过行政公益诉讼实现对全县古柏资源的有效保护，并推动跨区域跨部门协作，建立长效保护机制。检察机关办案中既充分尊重行政机关保护生物多样性执法的独立性，做到尽职不越位，又在监督的同时，加强与行政机关的协作配合，形成保护合力。如云南省寻甸县检察院针对黑颈鹤自然保护区生态环境存在的问题和隐患，依法向 6 家行政机关、3 家乡政府公开送达检察建议，督促其全面履行保护职责，制定自然保护区管理规定，形成黑颈鹤保护合力。二是发挥民事公益诉讼在生物多样性保护方面的损害赔偿和资源补偿作用。对于非法猎捕、交易、运输、食用野生动物，影响生态环境安全等破坏生物多样性保护、损害公共利益的行为，运用民事公益诉讼手段，追究行为人的民事责任。如江苏省泰州市检察院对于非法捕捞鳗鱼苗的行为提起民事公益诉讼，全链条追究捕捞者、收购者、贩卖者的连带侵权责任。山东省青岛市检察院对非法收购、出售珍贵、濒危野生动物及制品的行为提起民事公益诉讼，并根据《民法典》规定提出惩罚性赔偿的诉讼请求。三是着力发挥公益诉讼检察预防功能和治理效能，针对监管盲区和治理漏洞，提出检察建议，深化源头治理，促进完善生物多样性保护体系。浙江省丽水市莲都区检察院在公益损害发生之前，推动政府变更建设规划，对中心城区原生态樟树群整体原址保护，并推动政府出台古树名木保护机制。辽宁省丹东市宽甸县检察院在督促保护中华蜜蜂品种资源案中，一方面，通过行政公益诉讼督促相关行政机关依法履职，及时保护国家珍稀遗传品种资源，防止特有生物物种的濒危灭绝；另一方面，积极发挥检察机关助力社会综合治理及效能提升作用，争取地方党委、人大支持，推动完善地方立法对中华蜂物种的法治化规范保护，解决地方治理的重点、难点问题。

生物多样性保护公益诉讼案件的变化，除案件数量较快增长，保护对象和范围不断扩大外，还呈现出了跨区域的特征。随着互联网经济的快速发展，以观赏、养殖、品尝为由的线上野生动植物交易也不断出现，不少案件甚至涉及国际贸易，检察机关充分利用一体化办案机制与跨区域协作办案，加大对野生动植物及其制品的保护。

3. 此次发布的典型案例中有 2 件案例与督促整治外来物种入侵相关，检察机关办理这类案件有什么考虑？

外来物种入侵直接导致当地物种的退化、濒危，甚至灭绝，严重破坏当地生物多样性和生态秩序生态安全。防范和遏制外来物种入侵、保护生态环境和生物物种安全，是生物多样性保护的重要内容。2020 年 10 月 17 日通过的《中华人民共和国生物安全法》，明确将防范外来物种入侵纳入保护生物安全的法定范围。

随着国际经济文化交往的日益频繁，我国已成为遭受外来物种入侵最严重的国家之一。习近平总书记指出，"现在，传统生物安全问题和新型生物安全风险相互叠加，境外生物威胁和内部生物风险交织并存"。由于外来物种入侵涉及面广，潜伏期长，追溯源头难度大，没有特定的侵权主体或者侵权主体即被告的认定存在困难，难以用民事公益诉讼的方式进行整治，社会团体、民间组织在防范外来物种入侵方面作用发挥有限,由检察机关通过行政公益诉讼的方式,在遏制外来物种入侵、保护生物多样性方面能够发挥独特的职能作用。一方面要通过诉前磋商、制发检察建议、提起行政公益诉讼等方式督促行政主管部门履职,另一方面也要加强与行政机关的协作配合,发挥各方合力,督促履职与协调配合并行,共同防范和遏制外来物种入侵。

实践中,各地检察机关也日益重视并办理了一批遏制外来物种入侵的案件,除了本次发布的辽宁省丹东市宽甸县检察院督促保护中华蜂品种资源案、吉林省松原市乾安县检察院督促整治黄花刺茄案之外,比较典型的还有贵州省遵义市红花岗区检察院办理的督促整治福寿螺案、云南省玉溪市红塔区检察院督促防控红火蚁案、内蒙古自治区兴安盟科右前旗检察院督促整治刺萼龙葵案等。

4. "呵护自然人人有责。"公众参与是保护生物多样性的重要渠道,社会组织是生物多样性保护中的重要力量。社会组织如何参与到公益诉讼中来?怎么发挥好这支重要力量的作用,更好地保护生物多样性?

公益保护是一项系统工程,不能只由检察机关"单打独斗",需要凝聚各方共识,借助各方力量。生物多样性保护也是如此,社会组织与民间团体也是生物多样性保护的重要力量。检察机关注意加强与有关社会组织的沟通协作,充分调动各方参与公益诉讼的积极性。一是根据民事诉讼法和有关司法解释规定,检察机关拟提起民事公益诉讼的,依法履行诉前公告程序。公告期满,法律规定的机关和有关组织不提起诉讼的,检察机关才向法院提起诉讼。检察机关在民事公益诉讼中处于补充之诉的地位,对于公益保护具有兜底性。二是检察机关具有支持社会组织提起公益诉讼的职能。民事诉讼法第55条①第2款规定,对于社会组织提起的民事公益诉讼,检察机关可以支持起诉。实践中检察机关通过提供法律咨询、提出法律意见书、协助调查取证、向法院提交支持起诉意见书、出席法庭参与庭审、监督审判执行活动等方式,对社会组织提起公益诉讼给予支持、帮助。这既能发挥检察机关的办案优势,又可以调动社会组织提起民事公益诉讼的积极性,有利于凝聚和形成保护公共利益的社会合力。另外,检察机关也要对社会组织提起公益诉讼进行必要的监督,尤其要对其在诉讼中撤诉、放弃诉讼请求、和解与调解等实体性处

---

① 现为第58条。——编者注

分行为实施监督，避免社会公共利益因其不当行使诉权而受到损害。三是加强与社会公益组织的日常交流沟通，共同开展课题研究、教育培训、信息分享等，吸纳社会组织专业支持，形成检察机关与社会组织在公益保护方面的优势互补。主动提供实践经验材料和典型案例样本，共同加强公益诉讼理论研究，推动健全完善公益诉讼制度。

四川省剑阁县人民检察院督促保护古柏行政公益诉讼案

【关键词】

行政公益诉讼　植物资源保护　国家重点保护野生植物　古蜀道古柏　跨区域司法协作

【要旨】

检察机关从非法采伐国家重点保护植物刑事附带民事公益诉讼案中发现线索，通过行政公益诉讼推动构建古柏保护长效机制，实现古树资源常态化、智能化保护，同时建立古蜀道沿线检察机关古柏资源保护跨区域司法协作机制。

【基本案情】

2018年11月23日，张某某以非法牟利为目的，在未经林业行政主管部门采伐许可的情况下，将位于四川省广元市剑阁县木马镇七柏村七柏山上的2株古柏采伐，并以电锯断成原木。经鉴定，被采伐的2株古柏树的树龄均在400年左右，属国家二级保护植物，经鉴定价值为23.16万元。2019年7月16日，剑阁县公安局对张某某非法采伐国家重点保护植物立案侦查，检察机关在办理该刑事附带民事公益诉讼案件时发现，七柏山原有古柏7株，均未按照规定挂牌。经进一步调查发现，剑阁县古柏资源丰富，以"柏木之乡"著称。辖区内柏木面积14余万公顷，蓄积98.97万立方米，居四川省首位。现存8000余株古柏的千年驿道，是世界古行道树之最和我国秦汉文化积淀最多、保留最完整的驿道。其中树龄2300余年的"剑阁柏"是世界唯一物种，并仅有1株。剑阁县境内现有古树名木资源15620株，占全省26%。其中国家一级古树7632株，国家二级古树617株，国家三级古树7371株。除对集中分布在国有林、祠庵堂庙的古树进行了挂牌管理外，部分古树未进行挂牌管理，部分古树未纳入古树名木档案，已挂牌的古树也存在未规范标明树名、学名、科属、树龄、管理单位等问题，存在被盗伐和遭受自然损害的风险。

【调查和督促履职】

2019年8月14日，四川省剑阁县人民检察院（以下简称剑阁县院）以行政公益诉讼立案。2019年8月26日，剑阁县院向剑阁县林业局发出诉前检察建议，建议其严格落实古树管护制度，对剑阁县境内古树进行清查并挂牌，落实管护责任；完善协作机制，科学采取技术措施，防范病虫害、气候变化、城镇发展、环境污染等对古树造成的损害。

2019年10月16日，剑阁县林业局向剑阁县院作出回复，以资金紧张且少数古树不用建档挂牌为由不予整改。剑阁县院分别于2019年12月、2020年3月召开座谈会督促剑阁县林业局履行职责，但剑阁县林业局依然未对古树名木档案进行更新，剑阁县樵店乡、木马镇、义兴乡、涂山乡、迎水乡等地古树仍未挂牌保护。

【诉讼过程】

2020年4月24日，剑阁县院向剑阁县人民法院提起行政公益诉讼，请求判令剑阁县林业局履行古树名木普查建档、规范挂牌职责。

检察机关起诉后，剑阁县委县政府高度重视，通过召开政府常务会议等方式专题研究部署古树保护工作，并由县政府制定《剑阁县古树名木普查挂牌实施方案》。剑阁县林业局积极争取经费，聘请专业机构对全县境内古树名木开展普查，并建立"一树一档"电子数据库，针对古树生长环境、现状等开展精细化、数字化、智能化管理。该县还将古柏保护纳入离任审计，明确由县长及各乡镇长分段包干建立古柏移交项目清单。2020年8月31日，剑阁县举行古柏保护行政首长离任交接仪式。

经省、市、县三级检察机关组织相关人员对整改成效进行验收后，2020年10月14日，剑阁县院向剑阁县人民法院申请撤回起诉，10月27日，剑阁县人民法院裁定准予撤回起诉。

为进一步强化古蜀道古柏资源及其生长环境的长效保护，剑阁县院与县林业局建立"检林合作"机制，建立古柏资源保护检察工作站，联合设立古蜀道古柏资源保护基地。2020年12月15日，剑阁县院牵头昭化区、南充市阆中市、绵阳市梓潼县、巴中市南江县五地检察机关和林业部门会签协作机制，签署《加强蜀道古柏资源保护公益诉讼工作协作配合的意见》，推动古蜀道古柏资源保护跨区域协作。2021年1—4月，剑阁县院依托协作机制受理涉古柏资源及栖息地保护公益诉讼线索22件，已发出行政公益诉讼诉前检察建议 20 件。

【典型意义】

检察机关对办案中发现的古树资源保护不力问题，通过行政公益诉讼职能实现对全县古柏资源的有效保护。同时以个案为契机，推动跨区域跨部门协作，建立长效保护机制，深度保护古蜀道古柏资源，保护生态系统的原真性和完整性，保护栖息地生物多样性，在促进国家重点保护野生植物自然生态系统治理、助力剑门蜀道生物多样性保护与申报世界自然与文化遗产中发挥了积极作用。

江苏省泰州市人民检察院诉王某某等人损害长江生态资源民事公益诉讼案

【关键词】

民事公益诉讼　生物多样性保护　长江生态资源保护　生态资源损失　连带责任

【要旨】

检察机关对采用禁用渔具非法捕捞，威胁濒危的鳗鱼种群稳定，破坏长江水域生物多样性的行为提起民事公益诉讼，通过专家评估等方式确定生态资源损失的标准，全链条追究捕捞者、收购者、贩卖者的连带责任，从而最大限度地保护长江生态资源和生物多样性。

【基本案情】

2018年1月至4月，张某某等34人单独或共同在长江干流水域，使用网目尺寸小于3毫米的张网等禁用渔具，非法捕捞具有重要经济价值的长江鳗鱼苗至少4852条，出售给王某某、高某某等13人。

高某某等7人，为谋取非法利益，明知所收购的鳗鱼苗系他人非法捕捞所得，仍在靖江市安宁港、蟛蜞港等地，分别多次向张某某等非法捕捞人员收购鳗鱼苗至少5301条，并加价出售给王某某等人。

王某某等人明知所收购的鳗鱼苗系他人非法捕捞所得，仍共同合伙出资向上述张某某等34人、高某某等7人以及其他身份不明的捕捞者或贩卖者收购长江鳗鱼苗至少116999条，后加价出售给如东县鳗鱼苗养殖场的秦某某及其他收购人员。

案涉鳗鱼于2014年被世界自然保护联盟列为濒危物种，至今无法人工繁育。

【调查和诉讼】

江苏省泰州市人民检察院（以下简称泰州市院）从王某某等人刑事犯罪案件中发现损害长江生态资源的公益诉讼线索，于2019年2月14日决定立案调查。

在查清案件事实的基础上，泰州市院走访多名渔业专家、渔政执法人员，调查本案非法捕捞给长江生态资源造成的损害。中国水产研究院淡水渔业研究中心出具专家评估意见，认为本案非法捕捞、买卖鳗鱼苗所造成的危害，包括直接的鳗鱼资源损失、误捕的其他渔业资源损失以及水域生物链受到破坏的危害，所造成的鳗鱼资源及其他生态资源的损失应参照《江苏省渔业管理条例》第四十条之规定，按鳗鱼资源直接损失3倍计算。

另查明，本案王某某等收购者明知他人向其出售的鳗鱼苗是从长江中非法捕捞所得，仍多次、反复收购，甚至与捕捞者事先约定价格、支付保证金，非法捕捞、贩卖、收购者共同破坏了长江生态资源。对于非禁渔期相关人员采用禁用网具捕捞的禁捕鱼种造成长江生态资源损失的行为，虽不构成刑事犯罪，但符合民事侵权责任的构成要件。

2019年7月15日，泰州市院对王某某等人提起民事公益诉讼，请求判令被告对其非法捕捞、收购、贩卖鳗鱼苗所造成的鳗鱼资源损失351万元，及造成的其他生态资源损失（按鳗鱼资源损失的1.5倍至3倍计算）承担连带赔偿责任，并聘请水产研究专家出庭，辅助说明非法捕捞行为给长江生物多样性以及长江水域生态系统带来的危害。

2019年10月24日，南京市中级人民法院作出一审判决，判令王某某等13人在858.9万元范围内承担连带赔偿责任，秦某某、高某某等7人、张某某等分别在301.9万元、38.7万元、17.2万元范围内与王某某等13人承担连带赔偿责任。

王某某等不服，提起上诉。2019年12月31日，江苏省高级人民法院作出二审判决认为，王某某等收购者明知捕捞鳗鱼苗必然会给长江生态资源造成损害，仍积极主动收购，并存在明显的意思联络，收购行为属于对长江生态资源的侵权行为。捕捞者采用竭泽而渔的方式捕捞鳗鱼苗，给长江生态资源造成的损害具有毁灭性，本案按鳗鱼资源损失的2.5倍计算长江生态损失合理。判决驳回上诉，维持原判。

【典型意义】

检察机关对非法捕捞行为提起民事公益诉讼，全面评估非法捕捞行为对生物多样性造成的损失，既要求赔偿直接渔业损失，又要求赔偿其他渔业资源以及水域生物链受到破坏造成的损失，有利于全面保护长江生态资源。检察机关全链条追究捕捞者、收购者、贩卖者的共同侵权责任，要求各侵权人根据参与情节承担连带责任，有利于预防或杜绝非法捕捞行为，从源头保护长江生态资源。该案庭审时中央电视台等四十多家媒体全程同步直播，1600多万网友在线旁听，有效地发挥了警示教育作用。

山东省青岛市人民检察院诉青岛市崂山区某空间艺术鉴赏中心非法收购、出售珍贵、濒危野生动物及制品民事公益诉讼案

【关键词】

民事公益诉讼　野生动物资源保护　惩罚性赔偿　生态环境服务功能损失　劳务代偿

【要旨】

对于破坏生态环境的侵权行为发生在民法典施行前，但其损害结果持续存在至民法典施行后的，检察机关可按照民法典的规定探索主张惩罚性赔偿，并可选择以公益劳动的方式折抵部分惩罚性赔偿金。

【基本案情】

青岛市崂山区某空间艺术鉴赏中心（以下简称鉴赏中心）系个体工商户，经营范围为餐饮服务。其在2017年至2018年期间的经营过程中，购入并对外销售国家一级保护野生动物穿山甲1只、国家二级保护动物棕熊1只、"三有动物"孟加拉眼镜蛇3只。

【调查和诉讼】

2020年9月10日，山东省青岛市人民检察院（以下简称青岛市院）在履职中发现该线索后，依法立案调查。在查清案件事实后，为确定野生动物灭失导致的生态环境服务功能损失，检察机关委托山东大学生态环境损害鉴定研究院副院长、山东省环境科学学会环境损害鉴定专业委员会副委员、山东省高级人民法院环境资源审判咨询专家出具专家意见，认定本案生态环境服务功能损失90.75万元。

青岛市院认为，根据《最高人民法院关于适用〈中华人民共和国民法典〉时间效力的若干规定》第二十四条的规定："侵权行为发生在民法典施行前，

但是损害后果出现在民法典施行后的民事纠纷案件,适用民法典的规定。"本案鉴赏中心收购、出售珍贵、濒危野生动物的行为虽然发生在民法典施行之前,但生态资源损害后果一直持续存在至民法典施行后,检察机关可以按照民法典之规定,依法追究侵权人承担生态环境服务功能损失的同时,请求相应的惩罚性赔偿。

青岛市院经依法公告后于2021年1月16日向人民法院提起民事公益诉讼。庭审过程中,鉴赏中心同意以提供环境公益劳动的方式承担全部或者部分惩罚性赔偿。经多次庭前会商及征求专家等意见,认为以生态环境损害赔偿费用10%至一倍作为惩罚性赔偿比较合适,结合侵权人认真悔过并主动承担生态环境保护普法宣传等公益劳动,确定适用10%的惩罚性赔偿金比例。1月29日,青岛市中级人民法院判决支持了检察机关的全部诉讼请求,判令鉴赏中心赔偿造成的野生动物损失8.3万元、生态环境服务功能损失90.75万元、惩罚性赔偿99050元(为前两项之和的10%;惩罚性赔偿数额的25%以公益劳动劳务代偿折抵)、专家意见费15150元等共计108.9万元,并在全国性媒体上公开赔礼道歉。

为规范此类案件办理,青岛市院与青岛市中级人民法院会签了《关于在生态环境和资源保护领域开展公益诉讼劳务代偿工作的暂行办法》。2021年3月12日,青岛市院、青岛市中级人民法院、市场监督部门等联合在青岛市崂山区人民检察院开展青岛市野生动物保护公益诉讼专项普法暨鉴赏中心案劳务代偿公益劳动启动仪式,辖区海底捞等35家具有代表性的餐饮企业参加活动。在崂山区司法局的指导下,鉴赏中心已陆续向120余家餐饮企业送达宣传册,并参加了崂山区司法局的三次法治普法宣讲。

【典型意义】

对于损害生态环境、破坏自然资源的公益诉讼案件,检察机关作为公共利益的代表,可依据民法典规定提出惩罚性赔偿的诉讼请求。对于惩罚性赔偿的比例和数额,可以结合具体案情和法律法规的相关规定进行探索。在侵权人具有赔付能力的前提下,经协商自愿提供公益劳动以折抵惩罚性赔偿,侵权人以身说法,既警醒自己,更警醒同业者,更具有教育警示意义。

浙江省丽水市莲都区人民检察院督促保护原生态樟树群行政公益诉讼案

【关键词】

行政公益诉讼诉前程序　植物资源保护　变更建设规划　古树名木保护机制　树评制度

【要旨】

检察机关针对中心城区原生态樟树群因重点道路工程建设未经审批拟移植并遭受破坏的情况，切实履行公益诉讼监督职能，推动政府变更建设规划和土地使用性质，为樟树群"让路"，继而出台古树名木保护机制。

【基本案情】

凉塘樟树群系丽水市中心城区为数不多且规模最大的原生态樟树群，共有44棵大樟树，均为国家二级重点保护植物，其中最高树龄300年，为国家一级古树。因重点道路工程建设，樟树群被划入规划红线内，计划移植处理。截至2019年3月，业主单位已完成樟树群移植项目的招投标，计划4月底前全部移植。道路建设已全面开工，施工现场紧邻樟树群，部分樟树遭受破坏，但移植项目却未上报丽水市住房和城乡建设局（以下简称丽水市住建局）审批。

【调查和督促履职】

2019年4月1日，浙江省丽水市人民检察院接到公益线索举报后，立即将该案交由浙江省丽水市莲都区人民检察院（以下简称莲都区院）办理。莲都区院迅速立案，开展调查核实。丽水市和莲都区两级院检察长带队赴现场勘查，同时检察机关邀请公益人士参与办案，聘请专家现场认定树龄，走访行政机关和业主单位，厘清监管职责，核实道路建设、移植项目等具体情况。经调查，存在古树移植项目未经审批、樟树遭受破坏等问题，社会公共利益受到侵害。

2019年4月8日,莲都区院向丽水市住建局发出诉前检察建议,督促其依法履职,加强古树移植审批和后续保护工作。同时,检察机关主动向丽水市政府通报案情。分管副市长两次组织现场调研,四次牵头召开专题会议。2019年6月3日,丽水市住建局作出阶段性回复。7月24日,丽水市政府最终确定樟树群全部原址保留,道路做线型调整,樟树群所在地27252平方米土地性质变更为绿化用地。为此,道路建设将多支出2000余万元。

2019年9月12日,丽水市政府召开专题会议,出台《丽水市区古树名木保护工作专题会议纪要》,在全国率先建立"树评"制度,明确城市建设用地内古树名木统一由住建部门监管,上图挂牌公布,自然资源和规划部门在土地出让前应先征求住建部门意见并在规划设计条件上注明古树名木位置及保护措施。

丽水市人民检察院继而在全市组织"守古树、护名木"公益诉讼专项行动,共办理案件90件,督促对600余棵古树名木采取保护措施,推动出台规范性文件4份。在检察机关的督促和支持下,丽水市政府于2020年12月出台《丽水市生物多样性与可持续利用发展规划》,将古树名木保护项目列为十二个生物多样性保护优先项目之一予以重点推进;公益人士也于同年底成立了全省首个古树名木保护公益组织。

新华社、检察日报、法治日报分别以"城建为树让路""土地出让先过'树评'关"等为题对本案进行报道。

【典型意义】

浙江丽水是"绿水青山就是金山银山"理念的重要萌发地和先行实践地。检察机关着眼生态保护,通过履行公益诉讼监督职能,在公益损害发生之前,推动政府变更建设规划,对中心城区原生态樟树群整体原址保护,有效维护了城市生物多样性。检察机关推动政府出台古树名木保护机制,明确监管职责,提出城市建设用地出让前需先过"树评"的要求,最大程度实现经济发展和生物多样性保护双赢共赢。同时,检察机关乘势而为,部署专项监督行动,推动将古树名木保护项目列入当地生物多样性保护优先项目,提升了监督质效。此外,检察机关还构建起公益人士、公益组织参与案件办理的新模式,有效扩大了生物多样性保护的同盟军。

内蒙古自治区阿拉善盟额济纳旗人民检察院诉王某某失火刑事附带民事公益诉讼案

【关键词】

刑事附带民事公益诉讼　胡杨林保护　生态修复责任衔接　认罪认罚从宽　异地修复

【要旨】

检察机关将公益诉讼检察与刑事检察有效衔接,把当事人积极履行生态环境修复责任作为其认罪悔罪表现,积极适用认罪认罚从宽制度,实现了公益损害修复责任与刑事责任的价值互补。对于已经实现自然修复状态的或不宜在原地补植的受损林地,可以"异地修复"方式弥补受损公益。

【基本案情】

胡杨林是干旱或荒漠地区的一种特有植被,它的生存对改善干旱或者荒漠地区的生态环境有着重要作用,被称为"沙漠的守护神"。内蒙古阿拉善盟额济纳旗境内现存44.4万亩胡杨林,是当今世界仅存的三处天然河道胡杨林之一。2020年4月,王某某在额济纳胡杨林国家级自然保护区内焚烧杂草,失火引燃地边柽柳导致发生火灾。

【调查和诉讼】

2020年6月9日,内蒙古自治区阿拉善盟额济纳旗森林公安局以王某某涉嫌失火罪移送至额济纳旗人民检察院(以下简称额济纳旗院)审查起诉。经宁夏绿森源司法鉴定中心出具鉴定意见,王某某失火烧毁额济纳胡杨林国家级自然保护区核心区内国有林地73.9亩,涉案被烧毁植被种类为柽柳,生态环境修复费用为14.8万元。额济纳旗院在办理刑事案件时发现公益诉讼案件线索。同月15日,额济纳旗院以刑事附带民事公益诉讼立案,并于同日依法履行诉前公告程序。公告期满,没有法律规定的机关和社会组织提起民事公益诉讼。

案件办理过程中,额济纳旗院做细做实调查工作,发现王某某是当地建档立卡贫困户,家中尚有年迈母亲需要赡养,失火案发后,王某某主动向法院缴纳了替代补种保证金3万元,与检察机关签订认罪认罚具结书。考虑到被烧毁植被位于胡杨林国家级自然保护区内,按照生物多样性自然修复要求,不宜在保护区内补种修复;结合《内蒙古自治区林业厅关于做好森林植被恢复费用于重点区域绿化造林项目管理工作的通知》文件精神以及额济纳旗林业和草原局的意见,额济纳旗院认为可采用"异地修复"替代性修复责任的承担方式,要求王某某在指定地点按烧毁柽柳面积的2倍补种150亩防风固沙植被梭梭林。鉴于王某某缴纳了替代补种保证金,积极履行生态环境修复责任,认罪悔罪,社会危害性不大,额济纳旗院认为可对王某某适用缓刑。

2020年7月23日,额济纳旗院以王某某涉嫌失火罪起诉至额济纳旗人民法院,并于同日对王某某提起刑事附带民事公益诉讼:请求判令王某某在指定地点补种150亩梭梭林,并在旗县级媒体上向社会公开赔礼道歉。额济纳旗院积极与法院沟通,在庭前会议中完成证据交换,探讨庭审细节及诉讼请求的可执行性等。

2020年10月12日,额济纳旗人民法院依法组成七人合议庭公开审理此案并当庭宣判,判决被告人王某某犯失火罪,判处有期徒刑一年缓期二年执行;判令其在行政机关指定地点补种150亩梭梭林,若补种林地修复不达标则承担代为补种费用3万元;判令王某某在当地媒体上向社会公开赔礼道歉。检察机关的量刑建议和诉讼请求全部得到采纳和支持。庭审时邀请当地人大代表、政协委员、当地群众代表共60余人参加旁听,社会效果良好。

【典型意义】

本案系2020年9月1日《内蒙古自治区额济纳胡杨林保护条例》实施以来,全区检察机关起诉的首例保护胡杨林案件。案件办理过程中,检察机关把当事人积极履行生态环境修复责任作为其认罪悔罪表现,将公益诉讼替代修复责任承担方式与认罪认罚从宽制度适用有效衔接,充分发挥检察机关在生态环境保护中惩治犯罪和督促修复环境的双重功能,"小案件"具有"大意义"。

辽宁省丹东市宽甸县人民检察院督促保护中华蜜蜂品种资源行政公益诉讼案

【关键词】

行政公益诉讼诉前程序　生物多样性保护　中华蜜蜂品种资源　社会治理

【要旨】

检察机关以"公益诉讼法律监督＋恢复性司法实践＋社会化综合治理"相统一的方式，督促行政机关依法全面履行监管职责，完善执法体系，推动形成地域生物多样性保护长效机制。

【基本案情】

中华蜜蜂系中国独有的珍稀蜜蜂品种，长白山型中华蜜蜂是分布于长白山周边的中华蜜蜂品种，是在东北严酷的原生态条件下，经过自然进化和长期驯化而形成的优良蜂类，其自身结构优势、对气候的适应性、蜂蜜中酶肽类含量等均远胜西蜂，2006年被农业部（现农业农村部）列为国家级畜禽遗传资源保护品种，西蜂、意大利蜂等为其天敌。辽宁省宽甸满族自治县人民检察院（以下简称宽甸县院）在履职中发现，《宽甸满族自治县长白山型中华蜜蜂品种资源保护条例》（以下简称《条例》）颁布实施后，保护区周边主要路口、重要地段并没有按照条例规定设立保护标识牌；由于缺乏宣传，保护区内外相关人员对条例的颁布实施不了解；保护区内有大量外来蜜蜂饲养者进入保护区内饲养中华蜜蜂的天敌——意大利蜂，中华蜜蜂品种资源受到严重威胁。

【调查和督促履职】

宽甸县院针对发现的问题，于2019年6月13日立案，并经调查取证于2019年6月24日向宽甸县农业农村局发出诉前检察建议，要求其依法全面履行法定职责，督促其加强宣传工作，对在保护区内饲养意大利蜂的情况及时作出处理，采取有效措施保护中华蜜蜂品种资源。

宽甸县院还就相关问题解决制定了详细可行的实施方案，多次与县农业农村局协调推进。县农业农村局在收到检察机关建议后，积极履职：一是在保护区周边主要交通路口、重要地段，以县人民政府公告形式设立了10处"长白山型中华蜜蜂品种资源保护标识牌"；二是在政府网站、县有线电视台、县报以及丹东日报等主要新闻媒体广泛宣传，重点介绍《条例》的重要规定和保护中华蜜蜂的意义；三是在保护区周边乡镇发放《条例》文本410本、宣传单3300余份，积极扩大社会影响；四是加大对保护区巡查执法力度，驱离外来意大利蜂养殖户20余户。2019年7月18日，宽甸县农业农村局向检察机关书面回函。针对回函，检察机关进行了跟进工作。经跟进调查，查实宽甸县农业农村局的相关工作举措对当地的中华蜜蜂物种资源切实起到了有效的保护作用。

宽甸县院还与县农业农村局密切配合，推进建立中华蜜蜂保护长效机制，成立了中华蜜蜂品种鉴定专家组，对全县蜂业开展普查，有序发放《养蜂证》；归类细化中华蜜蜂保护问题。推动县政府制定《〈宽甸满族自治县长白山型中华蜜蜂品种资源保护条例〉实施办法》《宽甸满族自治县长白山型中华蜜蜂品种资源保护和产业发展规划》，进一步细化中华蜜蜂保护措施，并明确了宽甸县域未来5年中华蜜蜂养殖种群的发展规划，扩大中华蜜蜂规模养殖场，将西蜂养殖场减少到零。

截至2020年底，保护区内长白山型中华蜜蜂种群数量已由2018年的2.5万群发展到约3.3万群，西蜂养殖数量种群下降。目前，保护区内长白山型中华蜜蜂品种资源在有效保护的基础上正稳步发展。

【典型意义】

作为中国独有品种，中华蜜蜂具有物种特有性、遗传唯一性和种群脆弱性，一旦受到外来品种入侵戕害，极易导致生物链紊乱，进而给中华蜜蜂资源以及种植业、蔬果业、中药材等相关传统特色产业造成毁灭性打击。检察机关一方面，充分发挥行政公益诉讼预防性保护作用，督促相关行政机关依法履职，及时保护国家珍稀遗传品种资源，防止特有生物物种的濒危灭绝；另一方面，积极发挥检察机关助力社会综合治理及效能提升作用，争取地方人大党委支持，推动完善地方立法对中华蜂物种的法治化规范保护，解决地方治理的重点、难点问题。

吉林省松原市乾安县人民检察院督促整治黄花刺茄保护生物多样性行政公益诉讼案

【关键词】

行政公益诉讼诉前程序　生物多样性保护　外来物种入侵　区域协作　"社会—行政—司法"共治

【要旨】

针对外来物种入侵破坏生态环境的问题，检察机关通过实地走访调查、专业咨询，精准制发检察建议，督促行政主管部门及时采取有效整治措施。对于跨区域的生物多样性保护问题，应当将案件线索及办案材料移送相关地区检察机关，必要时可提请上级检察机关制发区域性检察建议。

【基本案情】

吉林省松原市地处世界三大草原之一的科尔沁草原与松嫩平原交汇处，全市草地资源占总辖区面积的19.9%，辖区内草原多为一类牧草，所含营养物质丰富。2020年7月，在吉林省松原市乾安县渭字村西南草原发现成片及零散生长的外来物种黄花刺茄。生长力极强的黄花刺茄会严重抑制其他植物生长，其生长之处寸草不生，草原植被严重破坏，威胁区域生物多样性，并且其果实含有神经毒素茄碱，可致牲畜死亡，危害区域农牧业安全。

【调查和督促履职】

吉林省松原市乾安县人民检察院（以下简称乾安县院）在开展生态环境"回头看"中发现疑似外来物种黄花刺茄破坏区域生态环境案件线索，2020年7月6日立案调查。经查询生态环境部、中国科学院《关于发布〈中国自然生态系统外来入侵物种名单（第四批）〉的公告》，初步判定涉案物种为黄花刺茄，提取植物样本委托吉林省长春海关技术中心进行检测，认定被委托鉴定物为黄花刺茄。检察机关立即展开调查：使用无人机对涉案地段进行调查拍摄照片固定证据材料,询问当地村民黄花刺茄对草原生态环境及牲畜放养造成的实际影响,咨询乾安县林业和草原局黄花刺茄对草原生态系统的危害并共同进行面积测算,其中安字镇渭字村西南草原处入侵面积为6829亩,进一步了解近期黄花刺茄清理铲除开展的工作情况,调查乾安县农业农村局、林业和草原局防治措施,证明黄花刺茄对草原生态安全、生物多样性造成威胁。

根据相关法律、行业主管部门规范性文件及乾安县人民政府关于农业农村局、林业和草原局职能配置、内设机构和人员编制规定,确定乾安县农业农村局、林业和草原局的主管职责。7月15日,乾安县院组织召开公开听证会,根据听证会评议情况分别向乾安县农业农村局、林业和草原局发出检察建议,督促主管部门履行毒害草原防治管理职责,同时向乾安县人民政府发出风险提示函,告知县内其他区域也可能有案涉外来入侵物种等潜在的风险,同时指出"现黄花刺茄正处于开花期,是防治最佳时期"。

收到风险提示函之后,乾安县人民政府迅速召开专题部署会,各地立即开展排查工作,其中安字镇又排查出入侵黄花刺茄3450亩,严字乡排查出795亩。收到检察建议书后行政主管部门高度重视,结合各地排查情况,立即组织对11000余亩的黄花刺茄开展清除整治工作,对地势平坦、集中连片的区域采取机械清除方式,对不适合农机作业的草原、道路边沿、林地及村屯周边的坑塘、路沟等采用人工挖除方法进行清除。截至7月底,乾安县域内11000余亩黄花刺茄已经铲除、晾晒后焚烧深埋,并已及时耕种草籽补植复绿。乾安县院全程跟踪参与,并利用无人机航拍铲除、焚烧、补植情况,同时向当地民众普及黄花刺茄的危害,避免群众生产生活遭受重大损失。为进一步加强协同共治,乾安县院与乾安县农业农村局、林业和草原局会签《关于在涉林涉草涉耕案件中生态保护协作机制》。

松原市人民检察院根据实地调查情况研判黄花刺茄具有蔓延扩散的紧迫性及危害性,部署开展全市专项监督。全市检察机关共发出督促履职检察建议7份,向当地人民政府发出风险提示函1份,均获回函采纳,当地行政主管部门对20余块涉案地段29000余亩入侵黄花刺茄均已进行整治。

【典型意义】

外来物种入侵可能导致生物多样性丧失和生态系统退化,威胁当地的生物安全。《中华人民共和国生物安全法》明确将防范外来物种入侵与保护生物多样性纳入保护生物安全的法定范围。检察机关在办理外来物种入侵公益诉讼案件所采取的快速反应、发放风险提示函开展诉前程序、强化点面集合区域协作模式等取得良好办案效果,清除了对生态有损害的入侵外来物种,推动形成草原生物多样性保护"社会—行政—司法"的共为共治的良好局面,有效保护了当地草原植被和区域生物多样性。

黑龙江省齐齐哈尔市龙沙区人民检察院诉李某某等13人非法狩猎刑事附带民事公益诉讼案

【关键词】

刑事附带民事公益诉讼　野生动物资源保护　国家级自然保护区　生态环境损害修复费

【要旨】

检察机关通过对国家级自然保护区的野生动物保护提起刑事附带民事公益诉讼，在追究资源破坏者刑事责任的同时，还使其依法承担生态环境损害赔偿责任，实现对生物多样性和生态环境的有效司法保护。

【基本案情】

2018年9月初至10月下旬，李某某等13人在黑龙江省扎龙国家级自然保护区内及周边，投放高毒农药"呋喃丹"猎杀包括斑嘴鸭、琵嘴鸭在内的鸟类22种，共计5000余只。经东北林业大学司法鉴定所鉴定，被猎捕的野生动物均属于《国家保护的有益的或者有重要经济、科学研究价值的陆生野生动物名录》中的野生动物。李某某等人非法狩猎的行为，破坏了野生动物资源和生态平衡，给国家利益和社会公共利益造成了严重损害。

【调查和诉讼】

该案跨越黑龙江和湖北两省，捕杀鸟类众多，案发地在国家级自然保护区及周边，对野生动物资源和生态平衡造成破坏，引起了社会的高度关注。鉴于该案侵害了社会公共利益，2019年3月25日，黑龙江省齐齐哈尔市龙沙区人民检察院（以下简称龙沙区院）决定立案并在《检察日报》发出公告。公告期满后，没有法律规定的机关和社会组织提起诉讼。5月23日，龙沙区院向龙沙区人民法院提起刑事附带民事公益诉讼，请求依法判令李某某等13人承担非法猎捕野生动物所造成的生态环境修复费100960元并公开赔礼道歉。该费用是由黑龙江省扎龙自然保护区管理局出具的专业意见，通过结合生态环境损害的程度、修复的难易度、行政主管机关的意见、非法狩猎者的非法获利数额等案件中的具体情况综合确定的。龙沙区院在办理案件过程中，积极与公安机关、行政机关、司法鉴定机构沟通协作，重点围绕犯罪数量、损害后果、修复费用等方面收集固定证据。

2019年7月31日，龙沙区人民法院公开开庭审理了此案，庭审历时9小时。省、市、区人大代表、政协委员、市级各有关部门及当地居民、被告人家属等170余人参加旁听。经法庭调查、法庭辩论等环节，龙沙区人民法院当庭作出判决，以非法狩猎罪判处李某某等13人有期徒刑两年六个月至十个月不等的刑期，同时对检察机关提出的公益诉讼请求全部予以支持。判决生效后，李某某等13人均赔偿了法院判决确定的生态环境修复费用，并当庭赔礼道歉。扎龙管理局联合森林公安局对被捕杀的5000余只野生鸟类进行了集中无害化处理。

案件办理后，针对扎龙国家级自然保护区周围部分居民对猎杀行为仍存在错误认识的问题，龙沙区院积极落实"谁执法谁普法"的主体责任，一方面，重回案发地，动员已刑满释放的非法狩猎人员向村民现身说法，并制作《公益诉讼宣传之野生动物保护》宣传手册，开展宣传教育工作；另一方面，以该案的办理为素材，拍摄了《守护，这生生不息的希望》法治宣传片，在四级检察机关公众号上进行宣传，使公众在了解检察职能的同时提升对生态环境和生物多样性的保护意识。同时，龙沙区院还与相邻检察机关会签了《关于加强生态检察协作服务和保障扎龙国家级自然保护区域生态文明建设的意见》，建立了跨地区协作保护机制，共同守护人类的美好家园。

【典型意义】

"世界大湿地，中国鹤家乡。"扎龙国家级自然保护区是以鹤类、鸟类等为主的重要珍稀水禽分布区，有着丰富的水生物资源和较高的生物生产率，具有调节气候、净化水质、降解污染、蓄水防洪、补给地下水、调解区域的水量平衡、防止自然力侵蚀等功能。检察机关在办理案件的过程中，为保护扎龙国家级自然保护区生态环境和生物多样性，在打击犯罪的同时，注重对野生动物保护的宣传教育。通过制作法治宣传片"以案说法"、建立协作机制等方式，增强社会公众环保意识、法治意识、责任意识，促进生物多样性保护，实现湿地资源的可持续利用，促进人与自然和谐共生。

浙江省舟山市人民检察院诉沈某某等破坏海洋生物资源民事公益诉讼系列案

【关键词】

民事公益诉讼 野生动物资源保护 海洋生物资源 生态修复补偿金 连带责任

【要旨】

针对海洋自然资源与生态环境损害民事公益诉讼案件中侵害对象与侵害客体相分离的情况，检察机关要充分考虑社会公共利益的整体性，准确认定捕杀、收购、运输、贩卖等各环节侵权人实施侵权行为之间具有的因果关系，从而全链条追究各侵权人的民事责任，全方位保护海洋生物资源。

【基本案情】

2018年9月至11月期间，沈某某等15人为非法共同获利，从舟山市辖内各码头非法收购海龟，并通过长途运输、客车托运等手段，将236只海龟运输至广东出售。10月18日晚，沈某某所有的货车在普陀区东港街道芦花塔岭下路边被公安机关查获，当场扣押海龟107只。经鉴定，涉案海龟均为国家二级保护动物。

【调查和诉讼】

2019年初，浙江省舟山市人民检察院（以下简称舟山市院）在受理沈某某等人涉嫌收购、运输、出售珍贵濒危野生动物刑事案件中，发现存在非法侵害国家野生动物资源，破坏海洋生态环境，损害国家利益和社会公共利益的情况。因刑事案件涉案人数众多，案情重大复杂，根据涉案团伙组织负责的码头区域、各当事人之间违法行为以及侦查机关的侦查进度等情况，舟山市院分为三个案件，分别于2019年4月16日、4月18日立案并刊登诉前公告。

舟山市院在刑事案件认定事实的基础上,根据"高度盖然性"的民事证据标准继续调查取证,确定被告范围,补充询问沈某某等主要被告,调取通话记录、转账明细、车辆进出流水单、舟山海域海龟历年活动数据等证据,并委托有资质的专家进行评估鉴定。同时,根据"当事人自认""有利于被告"等原则,对灭失部分的海龟种属、亲幼体、数量等事实加以认定。在没有海洋生物生态损害鉴定意见参考的情况下,检察机关认为生态修复补偿金应是野生动物资源和海洋生态环境修复所需的费用,案件中的海龟价值应归属于此。因此,按照鉴定意见中的海龟价值来确定生态修复补偿金653.04万元的诉请。同时,检察机关认为海龟的收购者、运输者、出售者与捕捞者对生物资源的破坏、生态环境的损害都具有法律上的因果关系。

公告期满后,没有海洋环境监管部门或社会组织向人民法院提起民事公益诉讼。根据《最高人民法院关于审理海洋自然资源与生态环境损害赔偿纠纷案件若干问题的规定》,2019年5月22日,舟山市院向宁波海事法院提起民事公益诉讼,请求判令各被告公开赔礼道歉,在各自的侵权范围内连带承担生态修复补偿金共计人民币653.04万元。2019年11月,2020年3月,宁波海事法院作出一审判决,对检察机关的诉讼请求全部予以支持。被告未上诉,判决均已生效。

【典型意义】

本系列案件是海洋自然资源与生态环境损害公益诉讼案件,在生态修复补偿金的确定、法律因果关系认定以及刑民交叉时证据认定等问题上具有指引作用。鉴于生物资源类侵权案件中侵害对象与侵害客体相对分离的情况较多,在因果关系、责任认定上应有别于普通侵权案件,不能将因果关系仅限定在生物被捕猎致死的环节,而是应当综合认定收购者、运输者、出售者与捕捞者(狩猎者)形成不可分割的利益链,均与损害结果之间具有法律上的因果关系,均应对损害后果承担责任。

福建省晋江市人民检察院诉邱某某等人非法猎捕、杀害珍贵、濒危野生动物（海豚）刑事附带民事公益诉讼案

【关键词】

刑事附带民事公益诉讼　野生动物资源保护　专家评估论证　生态资源损失费　"生态检察＋公益诉讼"

【要旨】

在没有扣押到海豚实物的情况下，聘请专家科学论证，确定海豚物种及发育系数，评估发育阶段，破解鉴定难题。

【基本案情】

2019年11月至12月期间，被告人邱某某驾驶渔船在中日渔业协定水域附近捕捞生产时，发现有2批次共8只活海豚误入渔网，遂指挥被告人施某某、占某某等船员将海豚拖至船舶甲板面的左右两侧，并将其中的5只海豚杀害割下牙龈取出牙齿，后将已经死亡的海豚丢弃海里。经鉴定，涉案海豚为瑞氏海豚，属国家二级保护动物。

【调查和诉讼】

2020年3月13日，福建泉州海警局对该案立案侦查，福建省晋江市人民检察院（以下简称晋江市院）发挥"生态检察＋公益诉讼"机构设置优势，提前介入引导侦查。8月19日，泉州海警局将该案移送晋江市院审查起诉。次日，晋江市院对邱某某等人非法猎捕、杀害珍贵、濒危野生动物刑事附带民事公益诉讼案予以立案并发布公告，期满未有法律规定的机关和有关组织拟就本案提起诉讼。

根据相关规定，非法猎捕、杀害珍贵、濒危水生野生动物的，以该水生野生动物的价值为定罪量刑依据，而价值则以该物种基准价值、保护级别系

数和发育阶段系数为基础来计算，物种鉴定、物种发育系数及涉案海豚发育阶段评估，就成为此类案件定罪量刑和追偿生态资源损失的关键。因国内对海豚的研究少，海豚发育系数在学术上并无统一认定，也无同类案例可供参考，且涉案海豚死后已被丢回海中，其物种及发育情况更难以判定。为解决鉴定难题，晋江市院聘请多位高校、科研机构和野生动物保护部门专家联合对本案物种、发育系数和发育阶段进行评估鉴定，专家通过对扣押到的海豚牙齿进行提取 DNA 测序和比对鉴定，结合现场视频和照片、事发海域生物种群状况，并经多次实地走访和研究，确定涉案海豚物种为瑞氏海豚，属国家二级保护动物；确定了涉案瑞氏海豚的发育系数；结合农业农村部 2019 年《水生野生动物及其制品价值评估办法》，评估出涉案海豚的生态资源损失费用合计人民币 37.5 万元。

2020 年 11 月 16 日，晋江市院向晋江市人民法院提起刑事附带民事公益诉讼，请求判令邱某某等人对非法猎捕、杀害珍贵、濒危野生动物所造成的生态资源损失费用 37.5 万元承担连带责任，并在媒体公开赔礼道歉。2021 年 2 月 1 日，该案公开开庭审理。庭审中，晋江市院组织沿海几十名渔民、村民旁听庭审，并邀请厦门大学野生动物专家利用远程视频出席法庭的方式，就猎捕海豚对生物多样性破坏程度、海豚的珍贵价值、保护救助等方面发表专家意见，起到了良好的警示教育作用。被告人当庭悔罪，并自愿承担民事赔偿责任，主动缴纳了赔偿款。

案发后，晋江市院推动成立晋江市保护海上野生动物志愿队，在晋江市与大金门岛之间的海域开展生物多样性保护宣传与监测巡护活动，有效制止并严厉打击捕杀、贩卖珍贵、濒危海上野生动物、破坏栖息地等违法犯罪行为，不断改善海域生态环境，引来了中华凤头燕鸥、中华白海豚、勺嘴鹬等极度濒危野生动物栖息、停靠，生物多样性趋于丰富。

【典型意义】

检察机关综合发挥"生态检察+公益诉讼"职能叠加优势，"提前介入"破解公益诉讼调查取证难题。在被捕杀的野生动物实物缺失的情形下，借助专家"外脑"进行论证、评估，确定野生动物物种和发育系数，科学认定生态损害赔偿金费用。在法院庭审时引入专家证人远程视频支持出庭，为案件成功办理提供了强有力的证据支撑，同时对旁听群众进行普法警示，破除沿海渔民封建迷信陋习，也为开展海洋野生动物公益司法保护积累了实践样本。

湖北省宜昌市西陵区人民检察院督促保护中华鲟自然保护区生存环境行政公益诉讼案

【关键词】

行政公益诉讼诉前程序　野生动物资源保护　自然保护区　长江大保护

【要旨】

检察机关就自然保护区存在的生态环境破坏问题，依法向有关行政机关发出公益诉讼诉前检察建议，不仅有效推动问题整治，还进一步促进地方政府建立起部门协作、社会共治的长效保护机制。

【基本案情】

中华鲟是世界上现存的最古老脊椎动物之一，距今有一亿四千万年的历史，被誉为水生物中的活化石，被列入国家一级保护动物名录，由于人类活动的影响长江水体及周边环境不断恶化，中华鲟数量持续下降、濒临灭绝。长江湖北宜昌中华鲟自然保护区于1996年建立，其中西陵辖区所对应水域全部属保护区的核心区域，是中华鲟洄游产卵区域。

【调查和督促履职】

湖北省宜昌市西陵区人民检察院（以下简称西陵区院）在履行公益诉讼监督职能中发现，在核心区域内的长江水域岸边有大量居民使用钓钩网具等非法捕鱼，附近约一公里长江堤岸被改为菜地，建设了违规构筑物，大量污染物经雨水冲刷后直排长江，严重影响中华鲟繁衍生息。

西陵区院于2020年6月立案后开展现场勘查，收集有关证据，经走访三峡大学水利与环境学院科研人员详细咨询专家意见后，了解到长江湖北宜昌中华鲟自然保护区是中华鲟重要的产卵场，核心区内居民生产生活严重影响了中华鲟繁衍生息。该院主动联系相关责任单位进行磋商，发现涉及环保、农业农村、林业、水利及所在街道办事处等众多行政机关，且各部门之间存在权限不清、多头难管等问题。为促进行政机关部门联动、合力推进问题解决，2020年6月15日西陵区院分别向宜昌市西陵区水利局、宜昌市西陵区西坝街道办事处、宜昌市生态环境局、宜昌市农业农村局、宜昌市林业和园林局发出诉前检察建议，建议上述单位依法履行监督管理职责，切实保护宜昌中华鲟自然保护区生态环境。

相关行政机关收到检察建议后启动综合整治，在岸堤上修建围栏，使保护区与生活区实现物理隔断，原菜地构筑物被拆除后种植了树木，污染情形得以改善。在岸边设置宣传牌，组织志愿者定期巡查，清理菜地2000余平方米、垃圾50余吨，整治污染源5处，劝导垂钓者，收缴违法网具，清理违法违规船舶，非法捕捞现象得到有效遏制，长江湖北宜昌中华鲟自然保护区核心区域生态环境得到有效治理。宜昌市、西陵区政府先后发布通告，明确对长江湖北宜昌中华鲟自然保护区范围实行永久禁捕，形成了中华鲟保护的长效机制。

【典型意义】

随着长江水体及周边环境的不断恶化，中华鲟资源持续下降、濒临灭绝，更加严密有效地保护长江湖北宜昌中华鲟自然保护区，对于中华鲟群恢复有至关重要的作用。检察机关通过案件办理，不仅促进有关行政机关厘清工作职责，还推动地方政府建立起部门协作、社会共治的中华鲟自然保护区生态环境保护长效机制。体现了检察机关参与社会治理的责任担当，有效助力长江大保护，服务长江经济带高质量发展。

广西防城港市检察机关督促保护红树林生存环境行政公益诉讼案

【关键词】

行政公益诉讼磋商程序　野生植物资源保护　近危红树植物　诉前磋商　抢救性保护

【要旨】

针对近危红树植物生存面临的现实侵害和紧迫危险，检察机关发挥一体化办案优势，上下联动利用技术手段快速查明红树林生存环境情况，借助专家外脑提供"抢救"方案，适用磋商程序高效推动相关部门实施抢救性保护工作，为红树林救护"抢得"一线生机，提升了检察监督的精准性和有效性。

【基本案情】

2021年3月11日，广西壮族自治区防城港市人民检察院（以下简称防城港市院）接到公益诉讼志愿观察员反映线索，位于防城港市防城区江山镇白龙村横叉尾港西南侧的"海漆—桐花树—小花老鼠簕"红树林群落生存环境遭严重破坏。

【调查和督促履职】

2021年3月15日，防城港市院指令防城区人民检察院（以下简称防城区院）依法立案，并启动一体化办案机制，抽调两级院办案骨干组成专案组开展调查。调查核实查明，案涉红树林群落生境面积为686平方米，主要分布点所处的滩涂于2020年6月被某公司出租用于修建虾塘，虾塘建设围堤后完全阻塞了红树林生境所需的海水潮汐涨落。其中包括已被列入《中国生物多样性红色名录—高等植物卷》"近危"级别的1796株红树植物物种小花老鼠簕正面临着生存威胁。根据广西红树林研究中心专项调研显示，案涉小花老鼠簕是广西已发现的2处分布点之一，生境面积占广西总分布面积的

89.6%，植株数占广西总植株数的98.1%，系保存良好较为原始状态的红树林，具有重要科研价值。2020年9月27日，广西红树林研究中心曾向防城港市自然资源局发出《关于珍珠湾濒危红树植物小花老鼠簕面临消亡的紧急告知函》，建议采取措施进行保护，否则此片红树林群落可能在6—12个月后全部死亡。

专案组数次走访防城港市、防城区两级林业、海洋行政部门和广西北仑河口国家级自然保护区管理处等单位，了解案涉红树林物种分布、生长环境保护等情况；多次深入红树林生长点实地查看，利用无人机航拍绘制生长区域图，查证海水水体交换情况，使用快速检验勘查箱检测水质情况，及时固定红树林生境现状证据材料。专案组认为，行政机关虽采取了一定措施，但并未有效改善红树林生境，而且长期没有跟进整改，该处红树林面临群落死亡风险持续增大。检察机关立即启动诉前磋商程序，对红树林实施抢救性保护。在红树林资源保护专家指导下，检察机关与防城区林业局、案涉公司达成尽快在虾塘堤坝阻塞处打开缺口，便于潮汐涨落时内外海水相互流通，形成有效海水水动力交换的磋商共识。各方于3月26日协力疏通了红树林生境与珍珠湾海域连接口，及时改善了近危红树植物小花老鼠簕群落生境。

2021年4月1日，自治区、防城港市、防城区三级检察院联合广西海洋研究院、广西红树林研究中心召开专家咨询研讨会，研讨推动建立红树林长效保护机制，并将专家意见及时通报相关行政机关。防城区委、区政府高度重视，组织召开专门会议，研究部署后续保护措施。防城区林业局根据专家意见组织人员对红树植物的叶片及气根上的悬浮胶黏物进行冲洗，保证其能正常呼吸和光合作用，并继续推进后续相关保护工作。几个月后，检察机关"回头看"时现场勘验，原近乎枯死区域的红树林已恢复绿色生机，底栖处的小花老鼠簕长势良好。

【典型意义】

检察机关坚持"急案快办"，灵活适用诉前磋商程序，仅用11天时间便快速解决久拖7个月未决的近危红树林"保生存"问题。在办案取得阶段性成效的同时，坚持"大案稳办"，借力专家外脑，紧盯长效保护"大事"，持续推动行政机关研究建立长效保护机制。此外，办案机关探索聘任具有专业背景的公益诉讼观察员，为检察机关拓宽监督视野、延伸公益保护触角积累了经验。

海南省文昌市人民检察院督促保护文昌市麒麟菜省级自然保护区行政公益诉讼案

【关键词】

行政公益诉讼诉前程序　海洋生物资源保护　麒麟菜自然保护区　中央生态环境保护督察

【要旨】

针对中央环保督察组指出的问题，检察机关通过发出诉前检察建议，督促相关行政机关依法履职，助推整改并帮助排除干扰，促进自然保护区生态环境得到有效修复，探索"环保督察＋公益诉讼检察"新型监督路径。

【基本案情】

麒麟菜是珍贵的热带海洋藻类。1993年，海南省人大常委会决定建立文昌麒麟菜自然保护区，保护区面积为6500公顷。2017年，中央环保督察和国家海洋环境督察反馈问题指出：文昌麒麟菜省级自然保护区长期来无总体规划，海藻场被盲目开发，原生麒麟菜濒临灭绝；当地政府不仅疏于保护区的管理，甚至违规填海造地，建设清澜半岛、东郊椰林、南海度假村等项目，侵占保护区174公顷。2020年中央环保督察再次指出：应于2018年年底完成的文昌麒麟菜自然保护区总体规划，以及应于2019年6月底完成的麒麟菜自然保护区生态修复方案，仍未完成。

【调查和督促履职】

2020年7月，海南省人民检察院在部署"公益诉讼助推生态环保整治"专项监督活动中，向文昌市人民检察院（以下简称文昌市院）交办了该案件线索。文昌市院立案后开展调查核实。一是调查麒麟菜生态环境破坏的现状，发现麒麟菜面临功能性灭失威胁，种类及分布面积均在逐年大幅减少。二是查明造成破坏的原因。经过实地查看、查阅资料和听取专业人员意见，查明麒麟菜锐减主要系围填海项目以及违规占用海域、违法捕捞等问题造成海洋环境污染引起。三是查明行政监管缺位问题并厘清责任。省林业局虽已于 2020 年 4 月制定了《海南麒麟菜省级自然保护区生态保护修复方案》，但有关修复工作一直未开展。2020 年 9 月 11 日，文昌市院向文昌市委市政府确定的中央环保督察牵头整改责任单位文昌市林业局发出检察建议，要求该局切实履行整改职责，积极配合省林业局和督促市相关职能部门做好管护和修复工作。针对违规围填海、违规竣工验收等造成麒麟菜自然生态环境破坏问题，向文昌市自然资源和规划局发出检察建议，要求依法采取措施消除违规围填海及违法建筑对生态环境的影响。

有关行政机关收到检察建议后积极落实整改。文昌市林业局按照《海南麒麟菜省级自然保护区总体规划（2020—2035）》和修复方案，协同相关部门开展保护区生态修复工作，在麒麟菜修复区域投放麒麟菜附着基 11800 个，投放麒麟菜 133510 株；同时拆除保护区内占用海域构筑物及周边违规建筑物 5729 平方米。2021 年 3 月，文昌市成立文昌市南海度假村人工岛和东郊椰林人工岛拆除和生态修复工作领导小组，印发《文昌市南海度假村人工岛和东郊椰林人工岛整体生态修复工作方案》，下一步将开展两个人工岛拆除和生态修复工作，麒麟菜生态环境正逐步修复中。

【典型意义】

麒麟菜自然保护区面临功能性灭失威胁，且在中央环保督察组指出问题后仍未得到有效整改，检察机关充分发挥公益诉讼检察职能在国家治理中的独特作用，主动介入，探索"环保督察＋公益诉讼检察"的工作路径，通过发出诉前检察建议，在环保督察的行政责任之外，再加一份司法责任，推动相关职能部门依法履职，形成齐抓共管的工作格局，确保公益侵害顽疾得到有效治理。

云南省寻甸县人民检察院督促全面履行生物多样性保护职责行政公益诉讼案

【关键词】

行政公益诉讼诉前程序　生物多样性保护　黑颈鹤保护　自然保护区　宣告送达

【要旨】

检察机关结合当地实际，开展野生珍稀动物专项保护活动，针对自然保护区生态环境存在的问题和隐患，向行政机关发出检察建议，督促形成保护合力。

【基本案情】

黑颈鹤是我国一级重点保护野生动物，云南寻甸黑颈鹤省级自然保护区是目前已知的黑颈鹤最南端越冬地，是黑颈鹤越冬期间的主要觅食和活动区域。据寻甸黑颈鹤省级自然保护区管护局（以下简称鹤管局）通报，在保护区越冬的黑颈鹤种群数量逐年稳步回升，2010年仅21只，到2021年1月12日，保护区已监测到73只越冬的黑颈鹤在湿地活动。但是，近年来，在该保护区存在硬件设施不足、制度机制不健全和管理不规范、规划不明确等问题和隐患，影响黑颈鹤在越冬栖息期间的安全。

【调查和督促履职】

2021年1月，云南省寻甸县人民检察院（以下简称寻甸县院）在履职中发现案件线索，随即部署对黑颈鹤保护情况进行了初步调查。同期，寻甸县院与鹤管局、县公安局森林警察大队等相关负责部门共同前往保护区实地查看黑颈鹤保护情况，发现保护区存在下列问题和隐患：（1）硬件设施不足，日常管理不到位。黑颈鹤栖息期间，保护区内有放牧、耕种等活动，且未设置围挡和进出口关卡，人员和车辆随意出入；管护站点缺乏必要的巡护设施和通讯设备,未充分配备专业人员。(2)制度机制不健全,管理不规范。寻甸黑颈鹤市级自然保护区于2011年建立,2013年升级为省级自然保护区,但至今未制定管理规定,少数农户在保护区内擅自开挖水塘进行生产,破坏保护区湿地的行为不能得到及时制止和处罚。(3)规划不明确,土地收储不到位,保护区集中管理不统一。保护区核心区和季节性核心区人为干扰活动强烈,保护核心区还有农户在进行土地耕种,影响黑颈鹤在越冬栖息期间的安全。

寻甸县院立案后,针对实地调研过程中发现的问题和隐患及时拍照取证,并听取鹤管局相关工作人员提出意见和建议。2021年3月15日,寻甸县院邀请人大代表、政协委员、人民监督员列席,依法向县林业和草原局、县水务局、县自然资源局等6家行政机关、黑颈鹤保护区所在3家乡政府以及鹤管局公开送达检察建议,督促各行政机关在各自职能范围内,全面履行生物多样性职责,共同推进寻甸黑颈鹤保护区保护工作,形成黑颈鹤保护工作合力。检察机关还召开圆桌会议跟踪问效,推动各行政机关之间沟通协调。

检察建议发出后,行政机关高度重视。鹤管局牵头起草了《云南寻甸黑颈鹤省级自然保护区管理规定》,进一步完善管理制度,在保护区南北2个主要路口加强管控,禁止无关人员和车辆进入保护区;与县自然资源局就退耕还湿工作达成一致意见,有序开展相关工作。黑颈鹤保护区所在属地乡政府严格履行属地责任,并加强与鹤管局等部门的沟通协调和会商联动,要求乡林业科和村委会在黑颈鹤集群活动区域加强野外巡护和定点看守工作。

2021年3月下旬,寻甸县院牵头,联合昆明市人民检察院、鹤管局、县法院、县公安局、县司法局等多家单位在自然保护区设立"检察公益诉讼保护生物多样性实践基地"和"寻甸县黑颈鹤暨生物多样性保护法治工作站",形成生物多样性保护共建共治的合力。

【典型意义】

自然保护区是生物多样性保护的核心区域,是我国生态安全空间格局的重要节点。检察机关结合当地实际情况,通过发出诉前检察建议、召开圆桌会议、挂牌建立实践基地和法治工作站等方式,综合发挥惩治、监督、保护等职能,与行政机关形成合力,进一步加大对自然保护区暨生物多样性的保护力度。

十三、其他公益诉讼典型案例

河南省人民检察院全面推行"河长+检察长"制

(入选2021年1月4日推进执法司法制约
监督机制建设检察改革典型案例)

【关键词】

河长+检察长　生态治理　法律监督

【改革情况】

保护黄河是事关中华民族伟大复兴的千秋大计。2018年底以来,河南省检察院与黄河水利委员会、省河长办倡议发起,统筹协调组织开展了沿黄九省区"携手清四乱、保护母亲河"专项行动。行动中,河南省检察院与省河长办通力协作,同向发力,一批难度较大、社会关注度较高的黄河流域"乱占、乱采、乱堆、乱建"等突出问题得到有效解决。同时在黄河流域九省区,首倡并推动建立了以检察机关与行政机关河湖治理协作联动为主要内容的"河长+检察长"制,为破解黄河生态治理难题贡献了"检察智慧"。

1. 主动担当,协调推动沿黄九省区开展"携手清四乱、保护母亲河"专项行动。2018年底,河南省检察院把握水利部开展河湖"四乱"问题专项整治行动的契机,主动与黄河水利委员会、省河长办沟通对接,倡议沿黄九省区检察机关、河长办联合开展"携手清四乱、保护母亲河"专项行动,得到最高人民检察院、水利部和河南省委省政府的大力支持。最高人民检察院、水利部决定共同开展专项行动,成立由张雪樵副检察长、魏山忠副部长任组长的专项行动领导小组,并将办公室设在河南省检察院和黄河水利委员会,具体承担专项行动日常协调组织工作。河南省检察院根据职责分工,积极开展工作。一是组织专项行动启动仪式。邀请九省区检察院、河长办主要负责人于2018年12月7日在郑州举行专项行动启动仪式,并发表了《郑州宣言》。二是在整个专项行动中,协助领导机关起草各种工作方案,牵头召开九省区推进会,组织九省区协同推动专项行动有力有效开展。三是与黄河水利委员会组织人员赴九省区进行实地调研督导,确保专项行动取得实效。四是及时总结推广工作经验,协助最高人民检察院、水利部召开专项行动新闻发布会,河南省检察院作为九省区检察机关唯一受邀单位介绍情况。经过九省区共同努力,黄河流域生态面貌得到初步改善。2019年10月,中央电视台《焦点访谈》栏目以《协同治理保护黄河》为题,对专项行动予以报道。

2.强化办案,推动解决了一批危害黄河流域生态环境的"老大难"问题。在协调推动九省区专项行动的同时,河南省检察院指导全省市、县区检察机关,注重立足河南,强化办案,全面发挥刑事、民事、行政、公益诉讼"四大检察"职能,以扎实成效助力黄河流域生态保护和高质量发展。一是发挥刑事检察职能作用。一方面,依法严厉打击破坏黄河流域环境资源犯罪,另一方面,对公安机关和行政执法机关依法开展刑事立案监督,防止发生有罪不究和以罚代刑等问题。2019年以来,全省黄河流域检察机关共批准逮捕破坏环境资源犯罪277件402人,提起公诉723件1225人,监督公安机关立案34件41人。二是强化公益诉讼检察职能。对负有河湖监督管理职责的行政机关违法行使职权或者不作为,致使黄河流域生态环境受到侵害的,依法发出检察建议,督促行政机关履职尽责。2019年以来,全省检察机关共受理黄河流域公益诉讼问题线索886件,立案502件。其中,检察机关自行摸排问题线索417件,立案371件。三是始终坚持效果导向。对检察建议落实情况进行件件"回头看",紧盯有无表面整改虚假整改、有无整改不到位、有无问题反弹等问题,助推问题彻底整治到位。通过与相关行政机关、司法机关的携手努力,一批历时已久、难度较大、社会关注的破坏黄河生态"老大难"问题得以解决。三门峡市某公司在黄河湿地国家级自然保护区违法修建鱼塘、楼房,占地达1400余亩。当地政府及相关监管单位发出整改通知书、处罚决定书等十余次,该公司没有作出有效整改。检察机关主动当好党委政府的法治助手,一方面督促行政机关依法全面充分履职,另一方面多次走访企业,释法说理,协助相关单位解决企业合理诉求。最终,该公司消除抵触情绪,与当地政府共同拆除违建鱼塘79个、违建楼房3000余平方米。本案的成功办理,带动了周边30多个违建鱼塘拆除整改,共恢复湿地1700多亩,黄河湿地国家级自然保护区生态功能逐步恢复,周边水域又成为白天鹅回归越冬的栖息地。

3.协同治理,为探索构建"河长+检察长"依法治河新模式贡献检察智慧。在积极参与黄河流域生态保护与治理工作中,河南检察机关始终坚持"当好党委政府的法治助手"这一定位,准确把握行政执法与检察监督的最佳结合点,充分发挥河长、检察长各自职能优势,加强与黄河水利委员会、省河长办及河长制相关成员单位的沟通协作,在实践中探索形成了以建立协作联动机制、实现行政执法与检察监督有效衔接为主要内容的"河长+检察长"依法治河新模式。一是与省河长办协同建立常态长效机制。在黄河流域九省区率先派驻省河长办检察联络员,通过开展业务交流,健全公益诉讼联席会议、执法信息共享和案件线索移交等制度。2019年,省河长办先后分三批向省检察院移交的266件黄河"四乱"问题线索,现已基本整治到位。2020年又分三批移交203件问题线索,目前正在积极有序办理中。建立"共建清单、迅速交办、联合整改、共同验收"办案协作机制,实行线索共查、联合督查、专项检查,及时研究解决突出问题和困难,推动问题整改到位。二是与河长制成员单位协同开展专项行动。先后与住建部门协同开展城市黑臭水体监督活动,与生态环境部门协同开展饮用水水源地环境保护监督活动,与自然资源部门协同开展露天矿山、绿色矿山、废弃矿山"三山"整治攻坚行动,不断增强执法、司法合力。三是与司法机关深入协作。在与黄委会、政府有关部门充分沟通、认真研究的基础上,与省高法、省公安厅会签文件,建立黄河流域环境资源跨区划案件集中管辖机制,将黄河流域河南段环境资源类刑事案件和公益诉讼起诉案件,集中移送铁路运输法院、检察院管辖,共同做好黄河流域河南段环境资源司法保护工作。

4. 深化改革,在全省全面推行"河长+检察长"制。"河长+检察长"依法治河新模式运行成效得到社会广泛关注,最高人民检察院、水利部和河南省委、省人大、省政府给予充分肯定,中央电视台等多家主流新闻媒体予以正面报道。河南省委王国生书记在省委全会等多次会议上给予肯定;省人大常委会将其写入《关于加强检察公益诉讼工作的决定》,以地方立法形式予以明确。为了发挥"河长+检察长"制更大作用,河南省委全面深化改革委员会决定将在全省全面推行"河长+检察长"制纳入2020年度重大改革事项清单,由省委常委、政法委书记领衔推进。河南省委改革办、省检察院、省河长办共同起草《河南省全面推行"河长+检察长"制改革方案》,经9月召开的省委全面深化改革委员会审议通过并印发实施。同时,河南省委改革办、省河长办、省检察院在省政府新闻办联合举行全面推行"河长+检察长"制新闻发布会,省检察院通报河南检察机关服务保障黄河流域生态保护和高质量发展工作情况,并同步发布八件黄河流域公益诉讼典型案例。

【典型意义】

"河长+检察长"制是河南省检察院和省河长办落实习近平总书记重要讲

话精神、服务保障黄河流域生态保护和高质量发展重大国家战略探索形成的一项制度创新。在河南全省全面推行"河长＋检察长"制，对推动全省生态环境综合治理、服务经济社会发展大局，起到了积极作用。检察长立足"当好党委政府法治助手"的工作定位，以建立检察机关与河长办及相关行政机关系列协作联动机制、实现行政执法与检察监督有效衔接为主要内容，探索构建协调有序、监管严格、保护有力的河湖管理新机制，发挥检察职能、协助总河长及河长破解河湖治理难题，为检察机关助推河湖生态保护，服务经济社会高质量发展提供了一个新的路径。

甘肃省兰州市人民检察院创新大数据研判与衔接平台建设推进公益诉讼工作机制创新

（入选 2021 年 1 月 4 日推进执法司法制约
监督机制建设检察改革典型案例）

【关键词】

公益诉讼　大数据研判　智能分析　平台管理

【改革情况】

甘肃省兰州市人民检察院紧跟时代步伐，运用"大数据"技术，实施"一个战略、两个行动"（大数据战略、"互联网+"行动、"人工智能+"行动），建设公益诉讼大数据应用平台，与全市 27 家行政单位达成了数据对接与信息共享机制。目前，通过平台发现大量公益诉讼案件线索。仅 2019 年上半年，审查公益线索 265 件，依法立案 230 件，发出诉前检察建议 217 件，其中通过平台发现的案件占比近 80%。实现了法律效果、政治效果和社会效果的有机统一。

1. 打破数据壁垒，构建数据互通机制。兰州市检察机关充分利用已建设的"公益诉讼大数据应用平台"，构建数据互通机制，实现数据一次性采集。一方面，通过互联网采集新闻媒体、投诉举报、贴吧论坛等涉及公益诉讼的数据。另一方面，采用主动采集方式，建立了与行政执法单位数据对接机制，攻克了以往与多单位、多系统数据对接时，需要对接单位投入大量人力物力以及第三方供应商配合的问题。具体而言，只要网络可达、系统可见、数据可见（对接单位只需提供用户名密码）即可迅速、自动完成数据采集，节省了大量时间。同时，兰州市检察机关对兰州与甘肃公益诉讼案源发现渠道数据的标准进行梳理，形成各类案件类型所需的数据资源目录体系、自然资源的知识图谱体系，完成数据源、数据格式、采集模板，开放形式等多种标准，为将来在甘肃开展的其他业务提供数据支撑，并形成全国性自然资源保护的技术标准和数据标准。

2. 智能分析研判，准确定位责任主体。兰州市检察机关在办理公益诉讼案件时，通过平台智能研判功能，将平台过滤分类的线索数据与平台中预置的研判模型进行碰撞，自动识别出线索数据中反映的违法行为，快速研判出负有监管责任主体和保护责任的权力清单，并根据已经识别出的行政区划、权责主体、涉及领域等信息，对案件线索自动"归类、合并、集中"，在线索涉及多领域或多行业时，平台为办案人员提供知识匹配，还采集了互联网中全国范围内其他兄弟检察院所办理的公益诉讼案例，结合已经预警的线索详情，智能推荐相关案例，通过大数据平台为检察官提供相关的法律法规和类似案件，拓宽检察官的办案思路，提高案件办理准确度，提升办案效率，为整个公益诉讼工作的顺利开展提供了强有力的技术支撑。

3. 细化研判规则，支撑专项行动开展。在平台的应用过程中，兰州市检察机关坚持"专项带动、以点带面"的思路，推动公益诉讼工作深入发展。根据各个专项行动要求，细化平台研判规则，对采集到涉及专项行动的数据进行分类筛选，与先期采集到的其他知识资源数据库进行交叉比对，先后开展"网络餐饮""携手清四乱，保护母亲河""明长城文物保护"等多个专项行动，排查出一批涉及专项行动的公益诉讼案件线索。例如，2018年11月平台测试期间，在最高检部署的"保障千家万户舌尖安全"的专项行动中，兰州市检察机关通过平台发现互联网案源线索1200余条，对这些案源线索梳理后，向相关单位发出27份类案检察建议，保障了人民群众的饮食安全；在2019年3月8日开展的"携手清四乱，保护母亲河"专项中，发现线索781条，梳理后向相关单位发出检察建议，严厉打击了全市湖河流域"乱占、乱采、乱堆、乱建"等现象，真正织牢兰州市河湖生态环境保护网；2020年4月，平台采集到涉及可能存在损毁、破坏不可移动文物（包括古长城、烽火台、壕堑、墓葬遗址）、古建筑及工业遗产文物的线索224条，向包括榆中县城关镇、永登县武胜驿镇、皋兰县九合镇等地的人民政府发出类案诉前检察建议，依法妥善解决文物保护与乡村治理工作的冲突矛盾，为以后文物保护工作和乡村振兴文化旅游产业发展奠定了良好的文化遗产资源基础。

4. 依托平台管理，持续跟进案件办理。兰州市检察机关通过平台对案件进行全周期管理，依据线索行政区划，通过平台"案源分配"功能，将线索分配到辖区内检察院，基层院检察官在接收线索后，根据平台智能推荐地点到现场进行初查，并在调查过程中使用无人机进行视频取证，调查结束后，相关照片、视频、调查意见等可通过平台进行填写上传，兰州市检察院可随时通过平台掌控办理进度，掌握基层院在办案中遇到的新问题、新思路、新办法，指导基层院办案，提升办案主观能动性，提高办案水平和质量。平台从数据采集、线索发现到对线索分析研判、现场调查情况、整改情况等均进行记录与留存，同时对已经发送了检察建议的案件，是否按照检察建议进行整改，整改情况是否符合法律标准，损害社会利益、国家利益、公共利益的情况是否已经停止，被破坏的资源是否得到恢复等对行政执法单位整改情况进行实时跟进，提高公益诉讼工作质效和社会公信力与满意度，努力实现检察机关公益诉讼工作法律效果、政治效果和社会效果的有机统一。

【典型意义】

科技是推动检察工作发展的重要力量。科技强检的关键是要促进科技与检察工作深度融合、取得推动检察工作发展的实效。甘肃省兰州市检察院探索建立公益诉讼大数据应用平台，将大数据、"互联网+""人工智能+"等新技术新思维与检察机关公益诉讼工作深度融合，不仅建立了与行政执法单位的数据对接，还可以自动识别线索数据中反映的违法行为，快速研判负有监管责任的主体和权力清单，具有很好的示范、推广价值。

贵州省黔西县人民检察院督促整治网络餐饮平台不正当竞争行为行政公益诉讼案

（入选 2021 年 1 月 25 日充分发挥检察职能
推进网络空间治理典型案例）

【基本案情】

2020 年初，贵州省黔西县某甲网络餐饮平台代理商要求黔西县多家网络餐饮经营者只能接受其一家提供的平台服务。如果餐饮经营者坚持在某乙或其他网络餐饮平台经营，某甲网络餐饮平台将对其做下线处理，或提高服务费收取标准、下调星级指数、通过技术手段限制交易，强制商家在某甲和某乙之间进行"二选一"，以此方式排挤竞争对手。

【检察履职过程】

2020 年 4 月，贵州省黔西县人民检察院（以下简称黔西县院）经群众举报获悉该案线索后，依法立案进行调查核实。检察机关经审查认为，本案中的"二选一"行为既破坏了公平竞争的市场秩序，也损害了网络餐饮经营者和消费者的合法权益，侵害了社会公共利益。2020 年 5 月 28 日，黔西县院向黔西县市场监督管理局发出行政公益诉讼诉前检察建议，督促该局对黔西县某甲网络餐饮平台代理商涉嫌实施不正当竞争行为查证后依法处理，对辖区内网络餐饮平台存在的不正当竞争违法行为开展全面排查整治。

黔西县市场监督管理局收到检察建议后，随即召开专题会议研究部署，成立专项执法调查组展开调查。2020 年 6 月 12 日，对某甲网络餐饮平台代理商开展行政约谈，送达行政告诫书，要求其对照《中华人民共和国反不正当竞争法》《中华人民共和国电子商务法》等相关法律法规尽快自行整改，并督促某甲、某乙等网络餐饮平台代理商共同签订了《关于促进黔西县网络餐饮服务经营健康有序发展的联合声明》。

2020 年 6 月底，黔西县院开展跟进监督，对涉案平台企业及部分商户和消费者进行回访，并调查了解平台商户上线情况，确认某甲网络餐饮平台代理商已经取消"二选一"相关不合理限制，某乙网络餐饮平台的上线商户量上升至与某甲商户量持平，公平竞争的市场秩序和相关主体的合法权益得到保障。为巩固治理成效，黔西县院联合黔西县市场监督管理局对辖区内网络餐饮平台企业开展守法合规培训。检察官通过以案释法，阐述了不正当竞争等破坏市场秩序行为造成的不利后果及面临的法律责任，倡导企业在合法经营情况下，创新活力、良性竞争，以优质、高效的服务赢得广大商户和消费者的信赖，实现多赢共赢。

【典型意义】

1.依法监督纠正网络平台不正当竞争行为，维护社会公共利益。"互联网+餐饮服务"新业态的诞生，既促进了餐饮业的新发展，也为消费者提供了更多便利。特别在疫情期间，网络餐饮平台无接触式服务的优势更加凸显。但部分平台利用服务协议、交易规则、技术等手段强制经营者"二选一"，损害经营者和消费者等多方主体合法权益。检察机关坚持"以人民为中心"的司法理念，充分发挥法律监督职能，针对网络餐饮平台"二选一"不正当竞争行为，通过行政公益诉讼督促行政机关依法加强监管，促进公平公正市场秩序的维护，切实增强人民群众的获得感。

2.积极稳妥拓展公益诉讼案件范围，规范互联网空间经济秩序。检察机关对互联网平台的不正当竞争行为开展公益诉讼监督，是切实落实党的十九届四中全会关于"拓展公益诉讼案件范围"要求，以法治思维推动互联网治理体系和治理能力现代化的重要举措。目前，已有18个省级人大常委会授权检察机关在互联网领域探索公益诉讼实践。检察机关作为公共利益代表，要充分履行公益诉讼检察职能，通过诉前检察建议、支持起诉、提起公益诉讼等方式，推动行政机关加强行政监管、严格执法，督促平台履行治理责任、崇法守法、合规经营，保障互联网经济规范健康发展。

3.落实互联网平台社会责任，推动公平竞争。互联网平台企业在经营活动中，应遵循公平竞争的市场法则，强化内部合规管理，不能凭借市场规模、技术、数据、资本等优势，限制和排斥竞争，损害经营者和消费者的利益。市场经营者和消费者发现存在不正当竞争或者垄断行为时，要积极向相关行政执法机关举报、投诉，向检察机关反映情况，依法维护自身合法权益，维护正常市场秩序。

湖南省永兴县人民检察院督促整治婴幼儿配方食品安全隐患行政公益诉讼案

(入选 2021 年 2 月 19 日落实食品药品安全"四个最严"要求专项行动典型案例)

【基本案情】

"倍氨敏"深度水解蛋白无乳糖配方粉系湖南唯乐可健康有限公司委托天津市德恒科技有限公司生产的一款固体蛋白饮料。2017 年 12 月 1 日至 2019 年 8 月 14 日,湖南省永兴县母婴用品连锁店"某婴坊""妈咪某婴坊"从湖南唯宝商贸公司购进"倍氨敏"固体蛋白饮料 1086 罐,该连锁店经营者明知婴幼儿食用特殊医学用途奶粉需明确标注特殊医学用途配方食品的类别和适用人群,仍在 11 家连锁店通过宣传海报、导购当面推销等方式夸大功效,对外宣称"倍氨敏奶粉适合过敏体质宝宝",误导家长将其当作特殊用途奶粉购买喂食给过敏体质宝宝。

【调查和督促履职】

2020 年 5 月,最高人民检察院、湖南省人民检察院对本案线索逐级交办至湖南省永兴县人民检察院。5 月 19 日,永兴县检察院对永兴县市场监督管理局不依法履职行为予以立案。永兴县检察院经调查后于 5 月 28 日向永兴县市场监督管理局发出了诉前检察建议,建议:(1)依法查处"某婴坊""妈咪某婴坊"的违法销售行为;(2)依法全面履行监督管理职责,开展专项整治行动、对辖区内的婴幼儿奶粉经营者的经营活动依法监管,确保市场交易合法有序。

收到检察建议后,永兴县市场监督管理局对"某婴坊""妈咪某婴坊"经营者作出行政处罚,顶格罚款 200 万元,将涉事产品委托生产商唯乐可公司、代理销售商唯宝公司涉嫌虚假宣传的违法行为移送长沙市市场监督管理局另案查处,对生产商德恒公司涉嫌虚假宣传的违法行为移送天津市市场监督管理部门处理,并对涉及"倍氨敏"投诉的63名消费者进行调处,由经营者按照"退一赔三"的标准进行赔偿,已赔偿1029940.58元。永兴县市场监督管理局制定了《开展婴幼儿配方食品专项整治工作实施方案》,专门对特殊食品、固体饮料等食品进行为期一个月的大排查大整治。

【典型意义】

一是落实食品安全"四个最严"要求,确保公益监督见实效。具有特殊医学用途的婴幼儿奶粉等食品,关系到婴幼儿的健康成长发育和每个家庭的幸福安康。检察机关始终坚持在办案中落实习近平总书记关于食品安全"四个最严"的要求,把人民群众的生命健康安全放在第一位,对于社会关注、百姓关心、舆论关切的敏感案件及时介入办理,督促市场监督管理部门既对涉案违法经营者从严处罚又向其他管辖权机关移送线索,协助行政主管部门解决对受害婴幼儿的惩罚性赔偿款项到位,消除事件的负面影响,共同守护未成年人"舌尖上的安全"。

二是四级院联动,一体化办案机制见成效。"某婴坊"母婴店虚假宣传销售"倍氨敏"事件曝光后,社会影响大、敏感度高。最高检、湖南省院迅速逐级交办案件线索,湖南省检察院派专人到现场指导办案,采取一体化办案模式推进办案。公益诉讼检察部门与刑事检察、未检部门紧密配合,由省检察院统筹协调把关、郴州市检察院靠前指导、永兴县检察院全面调查,充分发挥检察职能,及时回应社会关切,督促市场监督管理部门严肃查处违法行为。坚持以点带面,推进永兴县市场监督管理局专项排查整治,实现"办理一案、警示一片、教育社会面"的办案效果。

三是以"检察专项+行政专项"为引领,推进食品安全领域综合治理见长效。该案具有可复制性和示范引领性,针对在个案办理中发现的孕婴食品、特医奶粉、老年人保健品等特殊食品普遍性、规律性问题,湖南省院组织开展了固体饮料、压片糖果、代用茶等食品安全领域公益诉讼检察专项活动,从源头的生产加工到中间的批发经营再到消费终端的销售展开全流程、全方位、全链条的公益监督,推进特殊食品的综合整治,共立案298件,履行诉前检察建议、公告215件,起诉4件。湖南省各级市场监督管理部门积极回应,在全省集中开展食品安全监管百日行动,进行大排查大整治,现场检查食品生产经营单位61.02万家(次),责令整改7.17万家,整改问题9.66万个;实施食品生产和婴幼儿配方乳粉提升行动,对婴配食品生产企业100%检查,治理食品安全领域乱象,推进实现食品安全领域的国家治理体系和治理能力现代化。

四川省李某某等 5 人生产、销售有毒、有害食品民事公益诉讼案

（入选 2021 年 2 月 19 日落实食品药品安全"四个最严"要求专项行动典型案例）

【基本案情】

四川省达州市通川区某鱼庄由李某某等五人合伙经营，各占 20% 股份。2018 年 8 月 14 日至 11 月 14 日，五名被告为了节约成本和为锅底增香，安排厨师高某某将店内顾客食用后的废弃油脂过滤回收，通过加热熬制的方式"洗油"后，将回收油与新油按照 2∶1 的比例混合再次进行熬制。熬制后的油脂直接用于火锅搭锅，提供给消费者食用，期间共计销售 1768 笔回收油锅底，共计销售金额 49504 元。2019 年 12 月，李某某、高某某因犯生产、销售有毒、有害食品罪，分别被达州市通川区人民法院判处有期徒刑二年、缓刑三年和有期徒刑一年、缓刑二年，并处罚金，宣告从业禁止令。

【调查和诉讼】

2020 年 4 月 16 日，达州市人民检察院对某鱼庄生产、销售有毒、有害食品侵权行为，以民事公益诉讼案件立案审查，并依法在国家级媒体发布公告，公告期满无社会组织或机关提起诉讼。同年 6 月 23 日，达州市检察院组织召开公开听证会，受邀参会的听证员发表听证意见，建议检察机关依法严惩食品侵权行为，按照销售价款十倍提出惩罚性赔偿金诉求。

2020 年 6 月 24 日，达州市人民检察院向达州市中级人民法院提起民事公益诉讼，诉请法院判令五被告连带支付销售金额十倍的惩罚性赔偿金 495040 元，并在市级以上公开媒体向社会公众赔礼道歉。同年 9 月 22 日，达州市中级人民法院公开开庭审理后当庭宣判，支持了检察机关全部诉讼请求。判决后，被告未上诉，一审判决已生效。

【典型意义】

1. 在公益诉讼检察办案环节贯彻落实"四个最严"食品安全标准，为食品安全持续提供法治保障。检察机关结合本案的法理和情理考量，充分听取当事人和社会公众的意见，决定对本案提起民事公益诉讼，向侵权主体主张十倍惩罚性赔偿金诉讼请求，让侵权者在承担刑事责任的基础上，依法承担相应的民事责任。同时通过邀请社会公众参与案件听证、旁听庭审，在释法中普法，增强全社会对公益诉讼制度的认同感，持续向社会公开传递食品安全"最严厉的惩罚"的鲜明导向，持续倒逼食品从业者守法纪、知敬畏、明底线，自觉持之以恒依法守护好老百姓饮食安全。

2. 合理准确把握惩罚性赔偿金的适用标准，稳妥推进民事公益诉讼惩罚性赔偿实践探索。民事公益诉讼保护的社会公共利益主要是对不特定消费者造成的损害和损害危险，检察机关在办理该起民事公益诉讼惩罚性赔偿案件中，准确把握惩罚性赔偿制度的功能定位，在确定惩罚性赔偿金请求的具体数额时，以违法销售金额为基数，统筹考虑侵权人主观过错程度、持续时间、财产状况、公众情绪等方面。通过公益诉讼惩罚性赔偿，加大侵权人的违法成本，对侵权人及潜在违法者产生警示作用，有效实现"让违法者痛到不敢再犯"的震慑目的，对于维护食品安全、市场秩序，保障消费者合法权益，维护社会公共利益具有重要意义。

3. 依托公开听证践行以人民为中心的司法理念，持续提升司法公信力。检察机关在办案中，注重践行"以人民为中心"的司法理念，充分考虑疫情影响下的小微企业经营困境，民事公益诉讼制度设计初衷，以及侵权人的抵触情绪等方面，在多次案情分析研判的基础上，组织公开听证，邀请代表委员、人民监督员、特约检察员公开评议，同时邀请相关行政监管部门和餐饮业代表全程旁听，收集公众对此类案件的司法诉求，为平衡公益维护和企业利益，兼顾法理情三者关系厚植根基。听证会上，通过三轮公开论证，各方紧扣惩罚性赔偿金的法律适用问题，将本案各类影响因素和诉求"面对面"说清讲透，实现了诉前充分沟通，法理情理综合考量。通过公开听证，检察机关自觉接受人民监督和舆论监督，充分保障侵权人和社会公众的知情权、表达权，确保司法过程更接地气，司法决策更有温度，司法结果更能得到公众认同，鲜明地体现了以公开促公正、以听证赢公信的价值取向。

广东省深圳市宝安区人民检察院督促某区生态环境局履职行政公益诉讼案

[入选 2021 年 6 月 10 日检察听证典型案例（第二批）]

【基本案情】

某公司成立于 1994 年，从事漆包圆铜线生产，生产中会排放工业废气。企业位于工业用地，2014 年，距离企业厂区 110 米左右的地方用地规划改变，开始修建居民住宅楼。2019 年随着居民入住，周边居民开始向某区生态环境局投诉某公司废气扰民，各类上访达千余次，国家信访局和国家环保总局交办投诉件 300 多件，并曾多次引发群体性事件。

【检察机关履职情况】

广东省深圳市宝安区人民检察院（以下简称宝安区检察院）接到群众举报线索后，发现某区生态环境局行政不作为行为可能致使社会公共利益受到侵害，在 2020 年 10 月立案，成立以检察长为主办检察官的办案组，开展调查核实。经调查发现，某区生态环境局怠于履职，未及时发现、制止某公司擅自关闭废气处理设备的环境违法行为。由于案件涉众面广，事关居民生活环境，为了更好地履行检察机关公益诉讼监督职责，宝安区检察院在 2020 年 11 月 5 日组织召开公开听证会。

1. 制定详细听证方案，搭建高规格听证平台。宝安区检察院通过约谈涉案企业代表及行政主管部门、会见群众代表等方式听取各方意见，并制定了详细的听证方案。听证会由宝安区检察院检察长主持，邀请 3 名市人大代表、2 名人民监督员担任听证员。某区生态环境局局长、环境保护专家、居民区业主代表、某公司代表等 17 人参加了听证会。高规格的听证会平台向人民群众展示了检察机关履行公益诉讼监督职责化解陈年积案的信心和决心，也让参与部门更加重视。

2. 线上同步直播，以公开促公正赢公信。听证会上，宝安区检察院通过多媒体示证方式，详细介绍了案件情况，听证会参加人分别进行了多轮提问、讨论和说明。网络直播间的线上主持人向网民解释检察听证会的流程，向听证会现场反馈网民所提的问题和意见建议，实时互动，充分保障了人民群众的参与权、知情权与监督权。长达三个小时的听证会直播，在线人数近2万人，很多网友在网络评论区留言为检察机关深入细致的工作点赞。

3.分析深层次原因，寻求最佳解决方案。听证会融入了行政公益诉讼的诉前磋商程序，在厘清行政机关责任的基础上，检察机关主导听证会参加人共商保障居民生活质量和企业正常生产的最优解决方案，把在诉前实现维护公益目的作为听证目标。生态环境局介绍了有关执法情况，听证员解释了废气排放检测的方法，提出了督促企业进行污染工艺搬迁的建议，某公司、居民代表充分交流了有关意见。听证会后，生态环境局要求某公司将废气处理设备全部开启，同时督促该公司制定了企业搬迁计划。目前，22台漆包机已被搬迁至异地厂区，其余厂内漆包机也已停止工作。鉴于维护社会公共利益的目标已经达到，宝安区检察院依法终结案件，并将该情况及时告知了听证员。多次前往国家信访局投诉的群众代表在信访局回访文书上签下了息诉罢访意见。

【典型意义】

检察机关依法履行法律监督职责，既要保护民营企业合法权益，也要督促行政机关履职尽责，及时维护被侵害的社会公共利益，为人民群众办好实事、办实好事。通过公开听证会，检察机关搭建各方交流平台，释法说理，请听证员专业解读、献计献策，当事人共同研究讨论，督促行政机关依法履职，侵权行为人采取措施停止侵权，提升人民群众的获得感和幸福感。

浙江省嘉兴市人民检察院督促保护
嘉兴市国界桥行政公益诉讼案

［入选 2021 年 6 月 10 日检察听证典型案例（第二批）］

【基本案情】

国界桥位于浙江省嘉兴市秀洲区洪合镇洪合村，清嘉庆十六年（1811年）修建，是嘉兴市于 1981 年确定的第一批市级重点文物保护单位。桥的部分桥体位于驻地部队院内。由于国界桥附近没有设立军事管理区标志牌，为防止非军事人员进入营区影响军事安全，国界桥桥面中段修建了一面砖混隔离墙。隔离墙存续 20 多年，桥墩已出现下陷、桥面已有裂缝，存在社会公共安全隐患。

【检察机关履职情况】

浙江省嘉兴市人民检察院（以下简称嘉兴市检察院）在履职中发现该案线索，根据最高人民检察院和中央军委政法委员会联合印发的《关于加强军地检察机关公益诉讼协作工作的意见》，在 2020 年 9 月 10 日向中国人民解放军杭州军事检察院（以下简称杭州军事检察院）移送案件线索，并联合杭州军事检察院开展调查取证。经调查查明，建造隔离墙导致国界桥桥墩一定程度下沉、桥身松动位移，由于没有设置隔离防护设施，给社会公共安全带来隐患。属地政府没有设立军事管理区标志牌，国防军事利益也没有得到有效保护。经上级院批准，嘉兴市检察院、杭州军事检察院在 2020 年 12 月 3 日联合向相关单位发出诉前检察建议，督促加强国界桥文物和国防军事利益保护，保障公共安全。为解决国界桥修复保护及军事管理区标志牌设置中存在的问题，军地检察机关在 2020 年 12 月 24 日共同组织召开听证会。

1. 军地协同做好听证会准备。作为浙江省军地检察机关共同办理的首例案件，听证会由浙江省人民检察院检察长主持，解放军东部战区军事检察院检察长参加，最高人民检察院第八检察厅派员指导。同时，由于案件涉及文物保护、国防军事等专业问题,听证会邀请了文物专家、军事专家、法学教授及人大代表、政协委员担任听证员,请人民监督员监督,请属地乡镇、基层组织代表等参加。

2.充分讨论形成解决方案。听证会上,嘉兴市检察院、杭州军事检察院检察长作为承办人介绍案情,主持人明确了需要重点讨论的问题。文物专家对国界桥修复保护措施、军事专家对军事管理区标志牌及防护隔离设施设置、法律专家对国界桥保护责任主体分别发表了意见。听证会参加人围绕隔离墙拆除方式、拆除后防护设施设置、避免古桥损害等重点问题进行了讨论。主持人在总结归纳各方观点的基础上,明确了拆除隔离墙、加固桥墩、在古桥南岸设置隔离防护设施、设立军事管理区标志牌等保护方案。

3.跟进监督力促整改落实。根据听证会确定的修复保护方案,嘉兴市检察院和杭州军事检察院切实加强跟进监督,采取实地走访、联合文物专家评估等方式,督促听证会确定的各项整改措施落地落实。目前,影响国界桥安全的隔离墙已经拆除完毕,并妥善设置了军事管理区标志牌。国界桥原先存在的桥面、桥墩安全隐患随着整改措施的落实已经消除,文物风貌得到全面保护。

【典型意义】

文物和国防军事利益都是社会公共利益的重要领域。军地检察机关加强协作,有效整合资源,协同开展公益诉讼互涉案件办理,通过公开听证会,畅通属地政府和驻地部队信息沟通渠道,为开展落实相关工作奠定了扎实基础。邀请专业人员担任听证员,解决诉前检察建议落实中的专业问题,确定最优方案,守护公众安全,保护国防军事利益。

江苏省南京市建邺区人民检察院诉仇某明侵害英雄烈士名誉、荣誉罪刑事附带民事公益诉讼案

——弘扬社会正气　维护清朗网络

（入选2021年11月19日党的十九大以来网络法治典型案事例）

【概况】

2021年2月19日，仇某明在微博上使用其个人注册账号"辣笔小球"发布信息，贬低、嘲讽卫国戍边的英雄烈士。相关信息在微博等网络平台迅速扩散，影响恶劣。2月20日，仇某明被公安机关刑事拘留。2月25日，公安机关以涉嫌寻衅滋事罪提请检察机关批准逮捕。3月1日，南京市建邺区检察院依据新施行的《刑法修正案（十一）》，以侵害英雄烈士名誉、荣誉罪批准逮捕，并在军事检察机关的支持配合下，开展公益诉讼调查。

4月26日，建邺区检察院以涉嫌侵害英雄烈士名誉、荣誉罪依法对仇某明提起公诉和附带民事公益诉讼。5月31日，建邺区法院依法开庭审理，认定被告人仇某明犯侵害英雄烈士名誉、荣誉罪，判处有期徒刑八个月；并责令其自判决生效之日起十日内通过国内主要门户网站及全国性媒体公开赔礼道歉，消除影响。该案成为《刑法修正案（十一）》增设侵害英雄烈士名誉、荣誉罪后的第一案。

【典型意义】

近年来，一些歪曲历史、恶搞英烈、诋毁先辈的网络违法行为，污蚀网络环境，引起社会谴责。为此，2021年出台的《刑法修正案（十一）》增设侵害英雄烈士名誉、荣誉罪。本案作为该罪入刑后的第一案，不仅体现了检

察机关严惩犯罪、捍卫英烈名誉的坚定决心,向社会传递了"英烈不容诋毁、法律不容挑衅"的强烈信号,而且展现检察机关全面履行刑事公诉和公益诉讼检察职能,加强对英烈名誉的综合保护,在网络空间弘扬社会主义核心价值观,引领积极向上的网络文化的积极作为。